川端新著

荘園制成立史の研究

思文閣史学叢書

思文閣出版

序

勝山清次

去年の一一月一二日、川端新君は、世を厭うかのように逝ってしまった。突然の悲報になすすべもなく、私たちは何かの間違いであってくれればと祈るばかりであった。しかし厳粛な事実を前にして、これを受け入れるよりほかはなかった。そしてあれから、はや一年がたとうとしている。一周忌を前に、友人たちの尽力により、川端君が思索し、書き記した論考がまとめられたことは、私たちにとって、なお続く暗闇のなかの一条の光に比すべきものである。

一九六四年京都で生をうけた川端君は、府立北稜高等学校を卒業後、八四年京都大学文学部に入学した。教養部時代には考古学や国文学にも関心があったようであるが、専門では国史学に進み、中世史を専攻した。指導教官は大山喬平教授、また上横手雅敬教授にも随時、教えをうけたと仄聞している。これ以後、彼の学問はこの両先生の穏やかな、時には厳しい眼差しのもと、友人たちとの真摯な議論を通じて鍛えられることになる。「平安後期における大和国司」の題目で卒業論文に取り組んだ彼は、続いて「摂関家の南都統制について」を書き、八九年京都大学大学院文学研究科修士課程に進んだ。修士ではテーマの模索が続いたようで、九一年には「諸家政所下文の研究」「平安後期公家訴訟制度の研究」という報告がなされている。やがて焦点は荘園、および荘園制の研究に絞られ、九三年に修士論文「公家領荘園の形成とその構造」を提出し、文学研究科博士後期課程への進学を許された。この時期、日本史研究会中世史部会等で荘園史の新しい課題に取り組みつつ、研究委員として精力的に活動している。

九六年には京都大学助手に就任し、文学部博物館の展示「荘園を読む・歩く」を担当するかたわら、斬新な「院政初期の立荘形態」をはじめとする三つの論考を発表した。長くなった髪に気もとめず、展示の準備に飛び回っていた姿を今も想い出すが、この年のことである。翌九七年に山口大学人文学部講師として山口に赴任する。新しい環境はこれまでの研究を体系化する精神的な余裕を与えたと思われ、論文「荘園制成立史の研究」の作成に意をそそぎ、九九年三月には京都大学より博士（文学）の称号を授与された。ついで四月には助教授に昇任している。これまで述べた略歴が示すように、川端君は易きにつこうとはしなかった。そうした姿勢は、学問でも同じであったと思う。

川端君の研究は、中世史の応用問題ともいうべき大和国と興福寺から始まり、藤原摂関家の究明へと進んだ。付編IIの第一章から第三章までが、その成果である。本人は習作にすぎないとみなしていたためだろうか、いずれも活字となっていない論文である。第一章「平安後期における大和国司」は、一一世紀後半以降、大和国司（国衙）の支配が後退・形骸化していく過程を、摂関家との関係にも触れながら、具体的に跡づけている。卒業論文である本稿は、確かに叙述に意を尽くさないところがみられるものの、興福寺の支配形成を大和が摂関家の知行国であったことに求める先行研究を批判し、一二世紀に実施された数度の国検を国衙支配の再建と捉えるなど、いくつかの新たな知見をもたらしている。第二章「摂関家の南都統制について」も大和を対象としており、前稿の主題を展開したものである。摂関家の南都統制は氏院である勧学院、とくに弁別当を通じてなされるが、その統制システムの成立過程を明らかにしつつ、一一世紀末には勧学院政所が所領相論をはじめとする南都関係の事務にあたる機関として確立したことを論じている。

通常より長い修士の時代は川端君にとって、いくつかのテーマのなかで、全霊を打ち込むに足る課題を見つけだそうと模索した時期であったようである。まず最初に手がけられたのは、勧学院の研究を発展させた「諸家政所下文の研究」であったが、それはより大きな視野から捉え直され、権門裁判の究明という方向に向かった。第三章「平安後期公家訴訟制度の研究」がそれである。これまで十分に活用されていなかった「兵範記裏文書」を徹底的に読み込むことを通じて、摂関家を中心とする権門裁判の実態を明らかにした本論文は、従来様々な議論のあった太政官と院の裁判との関係についても、「広義の朝廷の訴訟制度は、官・院庁・摂関家の三者による一種の分掌を基軸として、相互に流動性をもった非完結的な構造にあった」と捉えている。この論文は「権門の裁判を含んだ公家訴訟制度の全体像」とその特質をはじめて明確にした、文字通り画期的な研究である。にもかかわらず彼は、これを修士論文として提出することを断念した。

翌九三年に修士論文として作成されたのが、第四章「公家領荘園の形成とその構造」である。そしてそれ以降、彼は荘園、および荘園制の研究に邁進することになる。その成果は博士論文として書かれ、この書の本論ともなっている「荘園制成立史の研究」と付編Iの論考に結実している。これらは一篇を除き、既発表の論文であり、すでに評価もなされているが、参考までに私自身の読みを記しておきたい。

全体としてみた場合、これらの具体的な成果は、次の五点にまとめられるであろう。一つは、王家領・摂関家領荘園の立荘手続きを詳細に検討し、寄進地系荘園形成における立荘の重要性を明らかにしたことである。このタイプの荘園の場合、寄進された私領をもとに院庁や摂関家政所の命令により立荘がなされると、本来の私領とは規模も構造も異なる広大な領域型荘園が作り出される。こうした立荘のあり方から、寄進は「券契」をうるための契機にすぎず、立荘こそ荘園の形成にとって決定的な意味をもっていたとしており、これまで下からの寄進行為を基軸にすえて組み立てられていた寄進地系荘園という概念に修正を迫っている。二つには、荘園所職体系の成立についてである。立荘によってまず、本家―預所職という基本構造が成立するが、鎌倉時代に向かうところから、貴族の家の分立と新立荘園の減少を背景にして、職の分化がおこり、荘務権を掌握する領家職が本家の側から創出されると論じている。職の体系、とくに領家職の成立に関する新しい捉え方である。

三つには、権門勢家の下文が成立する過程を解明したことである。院庁下文や摂関家下文などの権門の下文が、在地の郡司・刀禰に対して圧力をかける非公式の文書である「帖」や「告書」の機能を継承しつつも、それ自身権利を付与する文書たりえる点でこれらと異なると、明快に論じている。四つには、興福寺領荘園形成の道筋についてである。大和国では、私領の領主権は多くの場合、寺僧の「家」に法流の継承と連動して伝領されたが、大和の興福寺領荘園の成立過程はこの寺僧領の展開を軸に、寺僧領→院家領→門跡領とたどると捉えている。そして五つには、摂関家領荘園群の成立・伝領過程を復原したことである。とくに忠実の時期における高陽院領成立の意義を明らかにし、文治二年（一一八六）の京極殿領の帰属をめぐる相論が、近衛家領と九条家領ばかりでなく、摂関家の渡領と家領の区分を確定したと指摘している点は貴重である。

試行錯誤をへてたどりついた荘園史の研究において、川端君は新たな視野を切り拓いたと思う。本人もその手応えをはっきりと感じていたはずである。それは、荘園制の形成が求心的構造をとる形での権力の再編成をもたらしたことに対する着目である。彼の一連の仕事により、荘園領主側の主体的な行動を組み込み、荘園制形成史をより動態的に把握する大きな一歩が確実に踏み出された、といってよいであろう。しかし新しい荘園史の構想を実現に移す前に、彼は道半ばで、逝ってしまった。豊かな可能性を秘めた彼の歩みは、突然とまってしまった。私たちは彼の遺してくれたもののなかに、彼の思索のあとを読みとり、それをさらに発展させていきたいと思う。本書が、その契機となるとともに、多くの学問を志す人々にとって、その厳しさと創造の喜びを味わうきっかけとなることを希望するばかりである。

荘園制成立史の研究　目次

勝山清次

序

第四章　公家領荘園の形成とその構造……424

荘園制成立史の研究

序章　荘園制成立史研究の視角

はじめに

荘園制（ここで荘園というのは中世荘園を指す。また荘園制という用語は、荘園公領制という概念をも含意して使用する）は、中世社会の枠組みをなす基本的な土地制度である。かつては、奈良時代の貴族や寺社による墾田に始まり、摂関政治の全盛期に在地領主から中央への寄進によって広範に展開する、というのが、たとえば教科書などに略述された荘園の歴史についての一般的な理解であった。しかし現在では、中世荘園というにふさわしい内実を備えた荘園は一一世紀後半から一二世紀にかけて出現すること、そしてまた、少なくとも一国の半ばを荘園が覆うことになるような立荘の全盛期も一二世紀であること、すなわち質・量両面から、荘園制の成立期が一一世紀後半から一二世紀であることが常識となっている。また、荘園をたんに大土地私有とする理解も後退し、その国家的側面が重視されるようになってきている。荘園制は、ほぼ一二世紀に相当する期間、政治史的には院政期と呼ばれるおよそ一〇〇年の間に、そうした性格をもって急速に形作られた。そして、いったん作られたその枠組みはさまざまに変質を遂げつつも、中世全般を規定することになったのである。したがって、この時期における荘園制の成立過程、およびその過程に規定された荘園制の構造的特質を問うことは、中世国家・社会を基礎付ける構造の成立過程およびその特質の基礎を問うことにもなるのである。荘園制成立史研究の最大の意義はこの点に存する。やや誇張していうならば、あらゆる中世史研究が前提にしなければならない社会の枠組みが形成される、その過程の究明である。

荘園制研究は、一九六〇年代、一九七〇年代を通して中世史研究の中心テーマであり続けた。中世、とりわけ中世前期は荘園制を基軸とした社会と考えられ、そこでは領主制論や村落研究と密接に関連しつつ、荘園を舞台にして中世の基本的な社会構造・支配機構の究明が進められてきた。個別荘園研究も盛んであり、それらを統合した社会構造論にもきわめて高度の達成がみられた。現在に至る議論の枠組みが多く形成されたのも、一九七〇年代後半までのことである(1)。

一九七〇年代後半以降、中世史研究は新たな段階に入ったといわれる。社会史といわれる新たな研究スタイルの影響のもとに、史料や研究手法の多様化が進み、また考古学・民俗学・地理学等の隣接諸分野との協同も進んだ。荘園研究においても、考古学・地理学の成果や各地で精力的に進められている現況調査により、きわめて多様な論点が提示されている状況にある。その一方、ややもすれば研究の個別分散化、論点の拡散が嘆かれ、かつてのような正面切った荘園制論が試みられることは少ない。新たな分野が開かれた半面、荘園制研究はかつての地位を失い、現在は荘園制研究の不振の時期ともいわれている。

それでは新たな荘園制論の可能性はないのかというと、むろんそんなことはないであろう。確かに、研究対象が分散してそれぞれが格段に精密化している現在の状況において、かつてのように総合史・社会構造論としての荘園制論を構築することは困難かも知れない。しかし、中でもきわめて精緻な研究が蓄積されつつある収取制度や国家財政史、また政治史研究の成果は、とりわけ荘園制成立期についての新たな研究の可能性を感じさせる。また先に述べた新しい研究動向を組み込んだ荘園制論が試みられなければならないであろう。今後の荘園制研究には、二つの方向性があるのではないだろうか。

第一には、従来の議論の前提とされてきた、一九七〇年代までに達成されてきた枠組みの見直しとその再構成による、制度史的視角からする研究である。従来の議論の枠組みが組み立てられてきた頃に比べると、荘園制の全体を見渡すための視界は遥かに広がっている。網野善彦氏によって意識的に進められていた一国別の荘園公領制の鳥瞰的研究(2)は、その後に引き継がれて各国で成果を生み、加えて県史を始めとする各種自治体史、地名辞典類の充実、また荘園史講座の出版等によって、国ごとのデータがほぼ出揃ったといってよい。こうして一国別の基礎的なデータが充実し、以前より遥かに全体像を追うことがしやすくなった。また、権門ごとの荘園研究も、それぞれの家政機構の研究とともに着実な成果を上げつつある。今や、そうした各個別研究を統合し新たな体系を創造するための機は熟してきたともいえるのである。一九八〇年代以降の研究の個別化は、新たな体系のための、よい意味での準備期間であったと考えたい。

第二には、荘園故地の現況調査や隣接諸分野を含む多様な成果をもとに進められる、より具体的なイメージをともなった荘園研究である。右にも述べたような研究動向の中で、現在はかつてないほど具体的なイメージをもって荘園の様相を論じ得ることのできる状況にあるし、現にそうした新たな成果が上がりつつある。中世村落の復元研究が盛んに行われ、それは今や荘園制研究の一ジャンルから踏み出したともいわれるが、しかし荘園を離れて中世村落が存在するわけではない。耕地、水利、集落はもとより、交通路、城館、寺社、等々、荘園を構成する諸要素を位置付けた荘園制論、大山喬平氏の比喩を借りるならば、「臍＝核をもった荘園(3)」の内実の解明が必要である。むろんこの第一、第二の方向は別々にあるのではなく、最終的には総合的な荘園制論が意図されねばならない。現在はまさにそうした条件が整ってきた時期であるともいえるのである。

もとより本書はそのような大きな課題に答え得るものではなく、そのための第一歩に過ぎないが、これまで取り組んできた新たな荘園制論への準備作業ではある。ここに収録した論考は、どちらかといえば右の第一の視点、国家と荘園制の関係を問う伝統的な国制史的視角からの作業である。以下、膨大な荘園研究史の全貌をカバーすることなど到底できないし、特に荘園の内部構造にかかわる問題はここでは捨象せざるを得ないが、本書を構成する個別の論文の前提となる問題関心に基づき、いくつかの視角から、荘園制成立史にかかわる従来の研究史を振り返ってその問題点をまとめ、本書の位置を明らかにしておきたい。

第一節　荘園類型論

荘園類型は、時代・地域等により多様な姿を持つ荘園を系統的・構造的に把握するための枠組みである。その類型化にはもとよりさまざまな指標が可能であるが、従来は主として荘園の成立過程にかかわる類型が行われてきた。したがって、これまでの荘園類型論の試みは、荘園制成立過程論の試みでもあったと言い換えることもできるのである。

そのかつての到達点は、村井康彦氏による三類型理解に示されている。村井氏は、荘園制の本質を「律令国家の体制的矛盾の展開過程に出現した、貴族・寺社等権門勢家による私的大土地所有ならびにそれに基づく社会的諸関係」とし（この点はその後の研究史においては大きく変化した、後述）、荘園を構造的相違と時期的差異に基づいて、①墾田地系荘園、②雑役免系荘園、③寄進地系荘園、の三類型に分類した。村井氏によると、①は、土地支配が先行し、その後に人間支配を包含するに至る荘園で、八世紀後半以後の荘園史の主流をなすもの、②は、公民に対する雑役の一部的委譲から出発し、それが土地からの収取に転化したもの、すなわち人間支配が先行する荘園で、おもに一〇・一一世紀に発展し、畿内の寺領荘園の主流をなすもの、③は、在地領主層からの所領寄進によって成立し、重層的な職の体系をもつことを特徴とする荘園で、一一・一二世紀の公家領荘園の主流をなすものとした。(4)

右の類型は、それ以前から行われていた墾田地系荘園・寄進地系荘園という区分に、当時の荘園史研究において一世を風靡した渡辺澄夫氏による均等名荘園論、(5)その舞台となった大和の興福寺領荘園を雑役免系荘園として組み込んだものであった。そして村井氏の構想は体系的な荘園成立史論・類型論として、これ以降の研究に継承されることになった。論者によってその用語やニュアンスにいくらかの相違がありはするが、古代の墾田地系荘園（初期荘園）に対して、中世荘園には寄進地系荘園・雑役免系荘園の二系統ありとする理解が定着したのである。

村井氏の類型論が優れていたのは、それが成立論であるとともに構造論をも組み込んだ、きわめて体系だったものであったことである。その後も、この二類型は畿内（膝下）荘園・辺境荘園という地域性による二類型と、さらに寺領荘園・公家領荘園という荘園領主の違いによる二類型ともほぼ重ね合わされ、荘園領主による支配構造の問題と関連して論じられた。前者は荘園領主の力が強く、在地領主を排除して勧農権を荘園領主が直接掌握し得たのに対し、後者はそこに在地領主を介さざるを得ない、という在地領主の介在の有無、荘園領主の側からみれば勧農権掌握の可否、というように整理されたのである。(6)そして、当時の荘園史の理解は、在地領主制の評価とかかわって、この両者のどちらを荘園の主流とみるかによって大きく相違している。しかし、この種の議論もその後の領主制研究の停滞と新たな研究潮流の隆盛の中で、立ち消えになってしまったかにみえる。

しかし、それよりもいま重要なことは、近年大きく進展した実証的な一国別・地域別の荘園公領制研究の成果の前に、右の類型そのものの見直しが必要になってきたことである。まず、寄進地系荘園がその大半を占めるとされてきた王家領・摂関家領荘園の立荘過程をみると、単純な「寄進」概念だけでは説明できないものが多いことに気付かざるを得ないのである。たとえば九州の王家領荘園の場合、工藤敬一氏によって国衙や大宰府の主導による、いわば上からの立荘の様相が明らかにされている。(7)工藤氏が九州荘園の特質として描いたこうした要素は、実は九州地方に止まらない普遍性をもつものではないであろうか。寄進と立荘の間に受領の積極的な役割をみなければならないことは、他ならぬ村井氏自身が先駆的に指摘していたことであるが、国衙の動向、受領と中央とのつながり、あるいは知行国制と立荘との関係、さらにその背後にある中央の政治動態を正当に組み込んだ荘園制成立史像を構築することが要請されているのである。

一方の雑役免系荘園も、その舞台になった興福寺領荘園（実は興福寺院家領荘園）は、雑役免田起源とはいえないことが明らかになってきている。泉谷康夫氏・安田次郎氏らの研究は従来の村井氏の雑役免系荘園という理解を完全に覆し、(8)大和の荘園制成立史研究は振り出しに戻ったかのような感がある。雑役免田起源の荘園の存在一般を否定するものではないが、少なくともこの類型の立論の主要な舞台であった大和の諸荘園に関しては、別の論理による成立史研究が必要になっている。以上のように、従来の研究が大きく依拠してきた村井氏による荘園類型の基本概念は、書き換えを余儀なくされているといわざるを得ない。それは、とりもなおさず荘園制成立史を新たに問い直す必要があるということである。

このような動向の一方で、近年は新たな類型論が提示されている。小山靖憲氏は新しく①初期荘園、②免田・寄人型荘園、③領域型荘園、という三類型を提唱した。小山氏によると、②免田・寄人型荘園とは、特定の田地と特定の人間だけの支配が認められた、国衙支配に規制された荘園であり、それに対して③領域型荘園は、有機的な関係にある集落・耕地・山野河海をひとつの領域として支配する荘園をいうという。(9)

小山氏によるこの類型は荘園景観に着目したところにひとつの特徴があるが、①②③は段階論として構想されたものでもあり、とくに②免田・寄人型荘園から③領域型荘園へという展開を一一世紀後半から一二世紀にみる画期がきわめて明快である。②はいわゆる免除領田制段階の荘園であり、それに対して③は、院政下に始まるとされる、天皇・院・女院・摂関が主体となる立荘にほぼ対応するであろう。今後も中世荘園成立史の研究は、この領域型荘園という概念の内実をめぐって進むことであろうが、しかし今のところ、その内容は論者によって一定しているとはいい難い。不入権の獲得という国家的な認定形態からする制度史的な理解がある一方、[10]一定の人的空間結合を有する中世村落の形成を基礎に領域型荘園が成立するという、[11]村落研究からの魅力的な視点も提出されている。また、小山氏は寺領と公家領では領域型荘園の出現時期に差があることを指摘していたが、時期差だけではない両者の構造的な差異にも注意しなければならないであろう。

中世荘園の成立史は、今後この領域型荘園という概念をめぐって進められていくことは間違いないであろう。しかし、寄進地系荘園・雑役免系荘園という村井氏以来の把握法もまだ根強く残っている。旧説の問題点を明確にしつつ、新たな分析概念を内実化していくことが、課題として浮かび上がってくる。

第二節　荘園の領有構造

荘園制成立史研究にとって、今なお大きな影響力をもっている、というよりも、いまだに桎梏となっているのは、発表からすでに一世紀近くが経った中田薫氏の大論文「王朝時代の庄園に関する研究」に示された、寄進地系荘園成立についての学説である。中田氏は、在地領主からの第一次寄進（職権留保付き領主権寄進）、さらにそれを承けた第二次寄進（本家の寄進）の二段階の寄進によって、在地領主の私領が荘園になっていく過程を描き出した。[12]そのもっとも大きな論拠になった史料である肥後国鹿子木荘事書は、今でもほとんどの高校教科書や概説書の類に掲載されて、中世荘園の形成過程を具体的にイメージさせるという役割を果たし続けている。[13]

中田説に対して初めて本質的な批判を行ったのは、永原慶二氏であった。永原氏は、荘園制の本質を私的大土地所有とそれに基づく社会的諸関係としてきた従来の通説に対して荘園の国家的性格を主張するが、その論証の一環として中田説の問題点を鋭く批判することになった。(14) 在地領主・荘園領主の領主権の内実に分析を加え、荘園支配構造の問題にもっとも包括的かつ体系的な説明を提示した永原氏の所論の主要な論点を私なりに簡単にまとめると、次の二点が重要である。

第一に、在地領主の領主権を限定的に把握したことである。永原氏は、いわゆる寄進地系荘園の範疇に入るとされる五つの荘園について、荘園形成の原動力とされてきた在地領主の領主権の内容を検討し、それが決して「排他的な私的領有」というようなものではなかったことを鮮やかに論証した。一方、郡・郷司職の意義を重視し、寄進地系荘園における荘園領主権は、そうした国衙の支配権を継承したものであること、したがって基本的な荘務権は荘園領主に属し、在地領主の権限はさほど強いものではなかったことを明らかにした。

第二には、職の体系における本家の優位を指摘したことである。永原氏は荘園領主権の重層構造の内実を分析し、一般貴族のもつもっとも世襲性の強い荘園でさえ本家（皇室・摂関家）を上位に戴いていることを指摘して、本家の優越性を明らかにした。そして、このような荘園の領有構造の求心性を、「律令国家の重み」によるものとしたのである。

それぞれ在地領主の領主権、荘園領主の領主権に関する以上の二点の指摘のうち、ことに第一の在地領主の領主権の限定的把握という視角は、中田説に対する決定的な批判であった。中田氏は、在地領主の私領が二段階の寄進によって重層的な職の構造をもつ荘園に成長する過程を描いたが、そこでは領有の対象である所領そのもののあり方の変化は顧慮されていなかった。これに対して永原氏は、在地領主の本来の私領の内実を限定的に評価して、荘園形成を動的に捉える視点を持ち込んだのである。そして、私領から荘園へという転換を国衙公権の分割、すなわち郡・郷司職の荘園所職への転化、と説明したのであった。本家の優位を説く右の第二の点も、このことと密接に関連する。公権を分有し得る究極の主体として、国家権力に直接かかわる院や摂関家が本家として上位に推戴されると説明されたのであった。

このような公権の分有という視角を持ち込んだ荘園形成の理解は、荘園制の非封建的・古代的性格を強調する当時の永原氏の理論的要請に合致するものであり、ここにこそ永原氏の荘園制論の構想の根幹が存する。しかしながら、この点はまた永原説の限界を示すものでもある。永原氏は職の体系における本家の優位を説いた。しかし、それが公権の委譲として説明されたため、本家の側の主体性が不鮮明なのである。国衙公権の委譲という視角からして、もっとも重視されることになったのが、在地領主から荘園領主への寄進、すなわち第一次寄進の意義であり、第二次寄進は旧来通り中田氏の「本家の寄進」概念で処理されたのであった。こうしてみると、中田説を払拭したかにみえる永原氏の荘園制論も、存外中田説の残滓を拭い切れてはいない。永原説は、寄進地系荘園という枠組みを突破しうる動的な分析視角を有しながらも、その理論的要請から公権の委譲論という別の意味で静態的な説明に落ち着いたのである。

さて、永原氏の荘園制論は、同じように荘園制社会論を基礎にしながら、そこに封建制的性格をみる黒田俊雄氏による中世国家論、権門体制論とはその理論的枠組みを大きく異にし、鋭く対立するものであった。黒田氏は権門の指標として、家政機構の整備、家の文書、主従組織および私兵、荘園・知行国などによる知行体系等を挙げ、そうした諸権門の相互補完による国家を権門体制と呼んだ。(15) 権門体制論の提唱以来、諸権門の家政組織についての個別研究が格段に進展し、そうした中で各権門の性格に根ざした荘園領有のあり方が問われるようになったことは、大きな成果である。しかし、荘園制論としての永原・黒田両氏の激しい論争は、おもに封建制論として行われたため、荘園制の具体的な議論を深めるには至らなかった。

こののち研究史を大きく画することになったのは、網野善彦氏による荘園公領制概念の提唱である。[16]網野氏が中世の土地制度を荘園公領制というタームで呼ぶべきことを主張した意義は、第一には、中世における荘園と並ぶ公領の重要性を改めて指摘したことにある。しかし、さらに重要なことは、荘園を公領と並ぶ中世の国制の一環として捉え、荘園制研究を国家論に高め得る視点を提示したことであろう。ここにおいて、永原氏が強調してやまなかった荘園の国家的性格という議論は、その基本的な意味を一八〇度転換させ、より積極的な意義をもって、すなわち中世国家論の一環として、再び正面切って論じられる場を得たのである。また、権門の荘園領有形態についても、家政機構内の問題というのみならず、その国家的意味が問われることになったのである。

荘園公領制概念の提唱以来、そうした荘園制の国家的意味を問う視角を持つ研究が相次いで現れるようになった。中でも重要なのが立荘形態を問題にする研究で、ことに財政史の視点からの研究が注目される。坂本賞三氏は、王朝国家論の立場から、中世荘園の形成過程を次のように描いた。一一世紀半ばより郡郷制が改変され中世的所領が形成される。それが国家的給付の代替、すなわち便補として荘園になっていくのだという。すなわち、寄進地系荘園は寄進と便補とが結びついたところに形成されるのだという。[17]これは寄進地系荘園の形成に財政史の視角を持ち込んだものとして注目される。しかし、この論理が適用できる場合とそうではない場合があるであろう。特に、広大な王家領・摂関家領荘園の立荘を説明することはできないであろう。

この点で、国家財政史の観点から、上島享氏が王家・摂関家による立荘を取り上げ、そこに国家的給付に変わる性格を認めているのは注目される。上島氏によると、独自に立荘や課役免除を命じることができるのは院・女院・摂関に限られ、これこそがこの三者が領有構造上の最上位たる本家になる所以であるという。[18]また佐藤泰弘氏も一一世紀末から天皇や院の命令による立荘が始まることを指摘し、同じく国家的給付としての性格を認めている。その天皇や院による立荘は、立荘手続が定式化された「立券荘号」の成立というべきもので、摂関期までの荘園が代々の国判を得て由緒を重ねることによって徐々に成立するのとは違う段階にあるという。[19]これは、前節で述べた小山靖憲氏の免田型荘園から領域型荘園へという荘園の発展段階に、立荘手続の面から対応するものということができるであろう。また、井原今朝男氏は、朝廷の年中行事と荘園の負担構造との関連を追求し、そこから公家領荘園が院・摂関家を推戴することの意味を見出している。[20]

以上のような研究はまだ端緒についたばかりであるが、いずれも王家・摂関家の側に立荘や領有の主体性を置いていることに共通する点がある。これらの研究も、まだ従来の寄進地系荘園という枠組みから自由ではないが、いずれも中世王権の分有者としての王家・摂関家の荘園領有の意味を追求する視点を提示したものということができる。

以上、古く中田薫氏の所説の概要から、きわめて簡単であるがその後の研究史における荘園領有の性格について触れてきたのは、最近までの研究動向のうちに、強靱な生命力を持つ中田説を真に克服する視角が用意されてきたのではないかと考えるからである。永原氏の指摘した先の二点の中には、いわゆる寄進地系荘園という通説的な理解を乗り越える可能性が秘められていたと思う。永原氏の荘園制論は寄進地系荘園という理解の枠内に留まったが、その理論的枠組みから離れて、先にあげた二つの点をさらに徹底させることで、新たな研究の段階に進むことができると思われる。王家や摂関家による荘園の立荘・領有を「律令制の重み」によるとするのではなく、中世王権の問題として把握し直すことによってである。

第三節　政治史研究からの視角

上述のような視点からするならば、政治史研究と荘園制研究との接点をさぐることがとりわけ重要になってくるであろう。院政期政治史・制度史研究は、中世史研究の中でも近年もっとも急速に進展した分野のひとつである。最後に取り上げたいのは、そうした視角からの従来の荘園制成立史の捉え方と、その問題点についてである。かつて、摂関政治期がいわゆる寄進地系荘園の隆盛期であるという誤解が長く行われていた時代があった。摂関政治を政所政治とし、その経済基盤をなしたのが摂関家への莫大な荘園の寄進であるとする考え方である。しかしながら、これは『小右記』の「天下之地悉為一家領、公領無立錐地歟。可悲之世也」(21)という藤原実資の概嘆を無批判のままに実態と認定し、具体的な検証の手続きをほとんど欠いたものであった。これは、網野善彦・石井進両氏による一国単位の荘園公領制研究の成果によって明快に打ち消されたが、(22)それがなくとも政所政治論の否定(23)とともに自然消滅すべきものであったのである。いま試みに摂関政治期における摂関家への荘園寄進の例を検出してみると、かつてその全盛期とする評価があったとは到底信じられないほどに、その事例は僅かしか見付からない。むろん、これは史料的な制約にもよるのであろう。しかしさらに重要なことは、摂関期における権門への寄進は、その後の立荘という手続を欠いていることである。この点で、本論で述べるように、寄進をひとつの前提としながらも立荘によって領域型荘園への根本的な構造変化の起こる院政期の荘園とはまったく異なる段階にあるのである。このことは、先に荘園類型論のところで触れた、小山靖憲氏による荘園類型論の段階差の指摘にも関連する。

現在、中世荘園立荘のピークが院政期にあることを疑う者はいないであろうが、その中では、白河院政期を荘園整理の時代、鳥羽院政期を荘園乱立の時代として両期を対比的にとらえ、鳥羽院政期こそが荘園制の形成期であるとする見解が通説的位置を占めている。こうした理解は竹内理三氏に始まるが、その根拠とされたのは、①立荘を命じる院庁牒・下文の事例が白河院政期にはほとんどなく、鳥羽院政期になると急増すること、②後三条親政期から白河院政期にかけてみられた荘園整理令の発令例が鳥羽院政期にはいるとみられなくなること、この二点であった。(24)その後、網野善彦氏・石井進氏による能登・若狭両国の大田文の分析から、立荘が鳥羽院政期に集中していることが検証され、[25]②にはさらなる実証的根拠が与えられた。続いて五味文彦氏は、①②にみられるような転換は白河院政前・後期間にあるとして、その転換点を遡らせる修正案を提示し、[26]石井氏の支持も得て、[27]最近ではこの時期区分が有力になりつつある。

しかし、①の立荘増加という点については、そうした量的な側面とともに立荘の質の問題を問わねばならない。すでに院政初期に中世荘園の立荘は始まっており、網野氏は一方では白河院政期を「荘園公領制の基礎が据えられた時代」と述べてもいる。②の荘園整理令の有無という点については、次のような近年の荘園整理令研究の成果が参照されなければならない。第一に、その発令契機について、市田弘昭氏は荘園整理令の発令が内裏焼亡を契機にしていることを指摘した。[28]市田説には賛否両論があるが、これが認められるならば、荘園整理令の直接の発令意図は内裏再建のための費用調達という財政問題に解消され、当該政権の荘園政策の意図の有無とはいちおう別問題ということになる。少なくとも荘園整理令の目的が荘園の否定というよりも、課役賦課のための荘公確定作業だとする点は、共通理解になっているといってよい。第二に、荘園整理令には全国令と一国令（国司申請令）があることが明らかにされた。[29]そして、任初の国司が申請すればそれを認可し、一国令を発令するという朝廷の姿勢は、白河・鳥羽院政間で変わるところがない。この限りにおいては、朝廷の荘園整理政策が受動的かも知れないが一貫はしていたと評価することが可能である。したがって、問題なのは、竹内氏から石井・網野両氏を経て五味氏に至る、荘園整理の時代か立荘の時代か、という二者択一的な問題の立て方である。

このような考え方の淵源を探っていくと、はるか昔の院政期政治史の通説的理解に行き当たる。すなわち、白河院政期と鳥羽院政期の政策を対立的に捉えて（この背景には白河・鳥羽両院の不和という問題が置かれる）、白河院＝摂関家との対立、鳥羽院＝摂関家との妥協、という図式が描かれる。そして、後三条〜白河院政期には荘園推進派の摂関家に対して荘園抑止の政策がとられ、鳥羽院政期にはその摂関家と妥協して立荘が容認されるようになる、とされるのである。この前提には、摂関家が立荘推進勢力である、という動かぬ判断がある。しかし、その根拠はといえば、かつて摂関家が荘園を経済基盤として政治を行った、という否定された政所政治論に行き着くしかないのである。あるいは、院政下の摂関家に対する有力な見解として、院政の開始によって政治的に後退した摂関家が家政機構の充実を試み、荘園を集積したという説明がなされることもある。(30)摂関家の家政機構が院政期に格段に充実するのは事実であるが、それは院や女院についても同様である。このような考え方は、摂関家については私的権門としての側面を評価し、院については国家的側面を評価するというように、基本的な分析視角にズレがあるのではないだろうか。

現在の院政期政治史研究においては、井原今朝男氏の天皇・院・摂関による共同統治論が注目を集めている。(31)井原氏の構想全体をここで問うことはできないが、そこでは院と摂関の国制上の立場は同質のものとして描かれている。詳しくは以下の本論で述べることになるが、荘園政策に関しても、国制上の両者の立場に質的な差異を認めることは困難であろう。逆に、権門として立荘にかかわる場合の両者の関与のあり方も同質であろう。大切なのは、一方では荘園整理令を発令しながら、他方では最大の荘園領主への道を進むという院や摂関の一見矛盾したあり方を、実態として認識することである。荘園整理令の分析を基軸に据えた荘園制論の試みも繰り返されているが、制度史的視角の限界は充分に認識しなければならない。荘園整理か立荘か、あるいは立荘推進勢力か反対勢力か、というような二者択一的な議論はもう終わりにすべきであろう。

先に述べたことの繰り返しになるが、主体的に立荘を命じることができるのは、院・女院・摂関に限られ、そうした立荘が院政下に始まるという事実は何よりも重要である。このような求心性のもとで、中世荘園が作り出されていく。そのもとで立荘にかかわった諸勢力の動向を、中央の政治動態を充分に視野に入れて、解明していくことが必要である。

第四節　本書の構成

以上の問題関心のもとに、五章から荘園制成立史の諸相を論じることになる。各論はときどきの個別の関心に基づいて執筆されたものであるため、とても体系的な構成をなしているとはいえないが、上述の課題に対する準備作業の集成ではある。

第一章・第二章は、おもに王家領・摂関家領荘園について論ずる。とりわけ第一章は本書の構想の中核に位置し、右に述べた課題設定は直接は本章にかかわるものであるといってよい。立荘の経緯をできる限り具体的に跡付けることによって、従来の荘園形成のキータームであった寄進という概念を相対化し、代わって立荘の意義を強調する。こうした作業によって、寄進地系荘園という中田薫氏以来の不死身ともみえる強固な枠組みを何とか解体したい。

第二章では、第一章の分析を承けて、荘園所職の形成過程を論じる。いわゆる職の体系の成立は、寄進地系荘園という枠組みの中で説明されてきたため、それを否定するならば必然的に荘園所職の成立史にも新たな説明が要求されることになる。成立史に別の理解を与えるならば、その展開過程にも新たな説明が必要となる。それらに対するひとつの回答である。

第三章は、古文書論からする荘園制社会成立史の試みである。遥か古代に遡って分析を開始したため行論が多岐に渉ったが、その意図のひとつは、立荘を命じる王家や摂関家の下文の淵源を探ることであり、それは第一章・第二章の構想と深くかかわる。中世王権の成立を考える上で、こうした文書論の視座はきわめて有効であろうと考えている。

第四章・第五章では寺領荘園について論ずる。王家領・摂関家領と寺領荘園の成立過程の質的差異を明確にしなければならないと考えているが、寺領荘園についてはまだ体系的に論ずるに至らず、以下のものも個別論文二編である。第四章では、大和国の荘園制の形成過程を論じる。大和の興福寺領荘園に関する雑役免系荘園という考え方は近年の研究によって否定されたが、それに代わる成立過程の説明はまだなされていない。寺僧領という存在を軸に、院家領、さらに門跡領荘園の形成を見通すものである。なお補論として付した小文は、第四章の作業の基礎となった新史料の紹介である。解説部分が本論と密接にかかわるので、あわせて収録した。

第五章は寺領荘園の個別研究である。従来知られていなかった嘉祥寺領日根荘の存在を明らかにし、その歴史をたどったものであるが、寺領荘園のひとつの事例として収載した。有名な九条家領日根荘に近接する同名の荘園であり、摂関家領荘園と寺領荘園との対比という意味も込めてある。

(1) 一九六〇年代、七〇年代の荘園制研究の動向については、網野善彦『中世東寺と東寺領荘園』(東京大学出版会、一九七八年)序章・終章。
(2) 網野善彦『日本中世土地制度史の研究』(塙書房、一九九一年)。
(3) 大山喬平「荘園制」(『岩波講座日本通史7　中世1』、岩波書店、一九九三年)。
(4) 村井康彦『古代国家解体過程の研究』(岩波書店、一九六五年)。
(5) 渡辺澄夫『畿内庄園の基礎構造』(吉川弘文館、一九五六年)。
(6) 工藤敬一「荘園制の展開」(『岩波講座日本歴史5　中世1』、岩波書店、一九七五年)。
(7) 工藤敬一『荘園公領制の成立と内乱』(思文閣出版、一九九二年)。
(8) 泉谷康夫「中世における興福寺雑役免田」(『奈良教育大学紀要』二八―一、一九七九年)、安田次郎「興福寺の雑役免庄園と院家領庄園について」(『お茶の水史学』三三、一九九〇年)。
(9) 小山靖憲「荘園制的領域支配をめぐる権力と村落」(『中世村落と荘園絵図』、東京大学出版会、一九八七年、初出は一九七四年)、「古代荘園から中世荘園へ」(『中世寺社と荘園制』、塙書房、一九九八年、初出は一九八一年)。

(10) 木村茂光「不入権の成立について」(『東京学芸大学紀要』第三部門社会科学三二、一九八〇年)、上島享「庄園公領制下の所領認定—立庄と不輸・不入権と安堵—」(『ヒストリア』一三七、一九九二年)。
(11) 水野章二「中世の開発と村落—近江湖東の一地域から—」(『日本中世の村落と荘園制』、校倉書房、二〇〇〇年、初出は一九九四年)。
(12) 中田薫「王朝時代の庄園に関する研究」(『法制史論集』二、岩波書店、一九三八年、初出は一九〇六年)。
(13) 中田説の孕む問題点について、石井進氏は、かつては鹿子木事書の史料批判から、最近では中田法史学が近代ドイツ法概念の日本史への適用であるとの観点から、鋭い批判を繰り返している。石井進「荘園寄進文書の史料批判をめぐって—『鹿子木荘事書』の成立」(『中世史を考える—社会論・史料論・都市論—』、校倉書房、一九九一年、初出は一九七〇年)、「荘園の領有体系」(網野善彦他編『講座日本荘園史2　荘園の成立と領有』、吉川弘文館、一九九一年)。
(14) 永原慶二『日本封建制成立過程の研究』(岩波書店、一九六一年)。
(15) 黒田俊雄「中世の国家と天皇」(『黒田俊雄著作集第一巻　権門体制論』、法蔵館、一九九四年、初出は一九六三年)。
(16) 網野善彦「荘園公領制の形成と構造」(『日本中世土地制度史の研究』、前掲註2、初出は一九七三年)。
(17) 坂本賞三『荘園制成立と王朝国家』(塙書房、一九八五年)、「王朝国家と荘園」(網野善彦他編『講座日本荘園史2　荘園の成立と領有』、前掲註13)。
(18) 上島享「庄園公領制下の所領認定」(前掲註10)、「財政史よりみた中世国家の成立—中世国家財政論序説—」(『歴史評論』五二五、一九九四年)。
(19) 佐藤泰弘「立券荘号の成立」(『史林』七六—五、一九九三年)。
(20) 井原今朝男『日本中世の国政と家政』(校倉書房、一九九五年)。
(21) 『小右記』万寿二年七月一一日条。
(22) 網野善彦『日本中世土地制度史の研究』(前掲註2)、石井進「院政時代」(『講座日本史2』、東京大学出版会、一九七〇年)。
(23) 土田直鎮「摂関政治に関する二、三の疑問」(『奈良平安時代史研究』、吉川弘文館、一九九二年、初出は一九六一年）など。

(24) 竹内理三「院庁政権と荘園」（『竹内理三著作集第六巻　院政と平氏政権』、角川書店、一九九九年、初出は一九五五・五六年）。

(25) 網野善彦「若狭国」（『日本中世土地制度史の研究』、前掲註2、初出は一九六九年）、石井進「院政時代」（前掲註22）。

(26) 五味文彦「前期院政と荘園整理の時代」（『院政期社会の研究』、山川出版社、一九八四年）。

(27) 石井進「荘園の領有体系」（前掲註13）。

(28) 市田弘昭「平安後期の荘園整理令―全国令の発令契機を中心に―」（『史学研究』一五三、一九八一年）。

(29) 曽我良成「国司申請荘園整理令の存在」（『史学研究』一四六、一九七九年）、市田弘昭「王朝国家期の地方支配と荘園整理令」（『日本歴史』四四五、一九八五年）。

(30) 元木泰雄『院政期政治史研究』（思文閣出版、一九九六年）は、こうした視角から摂関家を位置付けた、最新の研究である。

(31) 井原今朝男『日本中世の国政と家政』（前掲註20）。

第一章　院政初期の立荘形態——寄進と立荘の間——

はじめに

　中世荘園の成立史は所領の寄進を軸にして説明されてきた。中田薫氏の古典的な学説によると、寄進は①職権留保つき領主権寄進、②本家の寄進に分類され、二種の寄進によって在地領主の私領が荘園として確立していく過程が描かれていた。(1) その後、永原慶二氏は①の寄進主体である在地領主の領主権が決して「排他的な私的領有」というようなものではないことを明快に論証し、在地領主に主導性があるかに考えられていた当時の通説に再検討を迫った。(2) しかし、寄進を荘園形成の原動力とする理解は変わることなく、中田説がもっとも大きな拠り所とした肥後国鹿子木荘の史料によって作られた荘園形成のイメージはいまだに大きな影響力をもっている。(3) 下からの寄進の連鎖によって重層的な職の体系をもつ荘園が形成されていく、寄進地系荘園という理解である。

　しかし、近年の荘園公領制研究の実証的な成果をみると、いわゆる寄進地系荘園の類型には収まりきらない事例が多いことに気付かざるを得ない。また、寄進が立荘の前提にある場合も、それのみを立荘の要因とすることには問題がある。村井康彦氏は寄進・立荘の間に受領の積極的な役割を重視すべきことを早くに指摘していたが、(4)最近大きく進展した一国別の荘園公領制研究は、受領を介した中央と在地との政治的なつながりや知行国主が立荘に果たす重要な役割を個別に指摘しつつある。特に工藤敬一氏によって進められた九州地方の王家領に関する詳細な研究成果は、国衙や大宰府の主導による立荘への上からの方向付けを明らかにしている。(5)こうした要素をも正当に位置付けた荘園制成立過程の全体像を描き直すことが必要となっている。

一方、網野善彦氏による荘園公領制概念の提唱(6)以来、荘園の国家的性格が改めて重視されるようになった。最近では、国家的給付の転化したものとして荘園を捉えようとする点で共通した視角をもつ研究が相次いでいる。坂本賞三氏は、永原氏が荘園領主権を国衙支配権の移動として説明していたのを承けて、その移動の原因を国家的給付の便補として捉え直した。(7)しかし国家的給付の転化といっても様々のレベルがあり得る。井原今朝男氏は、封戸や位田、諸国所課などの未済の代償としての立荘に注目している。(8)ここでは受領による立荘に関心が寄せられている。一方、上島享氏・佐藤泰弘氏は、それぞれの立場から天皇・院（それに準ずる女院・摂関家）が立荘を命じるようになることを指摘し、そこに封戸に代わる国家的給付としての立荘という性格を認めている。(9)

これらは従来の荘園制成立史の理解を改めて相対化するための重要な成果である。ただ、如何なる意味で国家的給付の転化といえるのか、その具体像はまださほど明らかになってはいないし、すべての立荘が同じ論理で説明できるとも思わない。本章は、特に朝廷の主導する立荘、王家領・摂関家領の立荘の事例を取り上げ、できるだけ具体的な立荘の状況を検討する中から、荘園制成立史に再検討を迫るための手がかりを得たい。特に一一世紀末から始まる白河親政・院政期に焦点をあて、そこで得られた成果から後の時代をも展望したいと考えている。

従来、白河院政期は荘園整理の時代とされ、立荘が激増する次の鳥羽院政期と対比してとらえられてきた。(10)荘園公領制の成立過程を通時的に叙述した網野氏は、白河院政期を後三条親政期の政策を継承して徹底した荘園整理が行われた時代と評価していってよいであろう。これが一般的な見解といってよいであろう。しかし網野氏は一方でいくつかの立荘事例を挙げ、荘園公領制の基礎が据えられた時代であるとも述べている。最近では白河院政前・後期間に荘園政策の転換を遡らせてみる五味文彦氏の説も支持を得つつあるが、[11]この時期の位置付けはまだ案外不明確である。佐藤泰弘氏が院・天皇による立荘の始点においているのは、寛治四（一〇九〇）年に行われた賀茂社領の立荘である。そこで、まず寛治の賀茂社領立荘の事情から説き起こすことにしよう。

第一節　寛治の賀茂社領立荘

1　社領立荘の過程

賀茂別雷・御祖両社（以下、上・下社とする）にとって、寛治四（一〇九〇）年に行われた朝廷による社領の寄進は中世賀茂社領の出発点となるできごとであった。上・下両社に不輸田各六〇〇余町が設定されるに至るその事情は、『百練抄』にある一連の記事から[12]よく知られている。

このときに設定された上・下社領荘園のうち、下社領については後世につくられた『賀茂社古代庄園御厨』という記録に、官符によって立てられたとされる一九ヶ所の荘園とその田数および九ヶ所の御厨が書き上げられている。[13]その一九ヶ所に含まれる以下の荘園については他史料にも寛治立荘が語られている。まず、但馬国土野荘では「寛治立券」「寛治五年定文」との記載がある史料をみることができる。[14]安芸国竹原荘も「寛治・応保・元暦・文治等」の証文を帯していて、[15]寛治を立荘の年と推定することができる。土佐国津野荘の場合には、もとは同国潮江荘が「寛治立券」であったが康和二（一一〇〇）年の大地震で海没したため、代わりに津野荘が立てられたのだとする史料が残っている。[16]

上社領にも寛治立荘の由緒を伝える荘園は少なくない。なかでも阿波国福田荘は立荘時の史料そのものを残している唯一の荘園である。そこには「右、任去七月十三日官符并庁宣之旨、打牓示注坪付、所立券進如件」[17]とあり、『百練抄』の不輸田六〇〇町設置記事と同日の七月一三日の官符及びそれを承けた国司庁宣によって、立券が命じられたことがわかる。このほか、若狭国宮河荘は「寛治聖代御寄進日供用途料之其一」であると伝えられ[18]、加賀国金津荘にも「寛治立券状」があった[19]。淡路国生穂荘の場合も「先年依毎日供御有宣旨被立也」とする『中右記』の記事が寛治のことを指していると推定される[20]。また「上・下社司等、寛治被寄進庄々為国司被停廃、可被直之由訴申云々」との『吉記』の記事にも上・下両社領の中核として寛治寄進の荘々がみえている[21]。

以上の事実はすでに須磨千穎・坂本賞三・網野善彦らの諸氏によって指摘され、寛治寄進は、賀茂社の経済の基礎が封戸・神田から荘園へ向かった転換点として明確に位置付けられている[22]。権門の経済基盤が荘園へと比重を移していく一般的な傾向のなかでも、賀茂社の寛治の画期は右にあげた諸証によりきわめて鮮明である。

それではこのような朝廷による荘園の新立・寄進は、どのような手続きによってなされたのであろうか。最近、下鴨神社権宮司家の新家文書から『新撰勘用記』という記録が紹介された[23]。ここには寛治年間の下社の神供料の設定に関する以下のような解状・宣旨・注進状の写が収録されている。

a寛治三年一二月二三日　禰宜鴨惟季解
b寛治四年　正月二二日　宣旨
c寛治四年　正月二九日　鴨御祖社社司等解
d寛治四年　三月二〇日　鴨御祖社社司等解
e寛治四年　三月二四日　鴨御祖社社司等解
f嘉応二年一一月二四日　禰宜鴨長継注進状

このうちa〜eは、まさに『百錬抄』に一連の記事がある時期のもので、賀茂社にとって画期的な意義をもつ社領設定の準備過程を知り得る貴重な新史料である。これによって、立荘の事情をできる限り復元してみよう。まずaを取り上げる。

鴨御祖社禰宜従五位上鴨県主惟季解　申、注進毎日御膳奉費大中小社各差号事
　合拾捌前　朝九前 夕九前
鴨御祖社御料十前之中
大六前　御料四前　日吉社料二前
中二前　河合社御料　氏神御料小二前　比良本社御事也
賀茂別雷社八前之中
大二前　御料
小六前　貴布禰社二前 若宮社二前　片岡社二前
右、件御料本自依為御祖社一処。而月次祭費勤仕其来尚矣。因茲件御膳依彼数所調進也。其由去八月五日上奏之託宣日記詳所注載也。仍今依仰注進如件。謹解
　寛治三年十二月廿三日　禰宜従五位上鴨県主惟季

これは、上・下社それぞれでの毎日御膳の内訳を注進したものである。毎日御膳の数は従来の月次祭の御膳数に準じていること、その旨は八月五日に上奏された「託宣日記」に詳しく注載されたこと、を述べている。『百錬抄』八月一六日条に「賀茂社御供事」を議したという記事があるが、この「託宣日記」上奏を承けた議定であったろう。eには、毎日御膳は「当社御膳禰宜調進経七箇年」、「不被行　公家相折之前、私奔営」とあり、『百錬抄』に「而於今者社司無力」(24)とあるのと合わせて当初は社司の力に依存していたことがわかるが、「公家相折」

の実施に当たり、その御膳配分が上申されたわけである。

続いてb・cに移る。aの解に対して朝廷から不審を示したのがb、cはその請文でbの全文を引用しているため、cの社司等解の方を次にあげる。

鴨御祖社社司等解、申請　宣旨事

壱紙　被載応令鴨御祖社司言上子細、毎日御供用途注文中、不審条々事

一、中社御菜相同大社事

（中略）

一、相加日吉社并貴布禰・片岡・若宮等料事

（中略）

一、相折外申請網代・㋐杣山・梁瀬・栗林等事

右、同伝宣、奉　勅、彼社注御膳之用途申請諸国之庄薗。㋑而相折之外申請件網代等之条頗他事。同仰社司令言上件子細者。謹所請如件。抑件杣・梁瀬・栗林等之条、播磨国餝東郡所在自賀茂網代壱処、故上野守(ママ)源家宗朝臣所奉寄也。而為社領雖経年序敢無他妨。然而為省後普聞、相副券文以去年十二月廿三日言上先畢。又同国赤穂郡所在鞍位庄杣山并梁瀬・栗林等、前筑前守源朝臣兼俊所奉寄也。其券文同日又以進上。件等二ケ所為蒙裁許言上如件。但下・上之社所勤各別。何以上社之例必可被准当社之勤哉。抑当社雖調進巨多菓子、未申請御料相折之内。若申請上社相折之内、何不被宛行当社哉。亦上社以御崎申請小社之由、有其聞。然者又当社坐十二所御崎、尤奉崇祭之神也。何申小社之内哉。仍勒在状、謹解

寛治四年正月廿九日　権祝代官鴨県主惟長

（以下、連署略）

朝廷の不審に答えた三ヶ条のうち、引用した第三の点から社領設定の様子を窺うことができる。傍線部㋐が問宣旨bの引用で、下社が申請した諸国荘園は神膳用途のためのものである、しかし網代等については相折の外であるから申請は認められない、との趣旨が下達され、これに対して下社社司は、問題となっている二ヶ所の由緒を申し、上社とは事情が違うのだと陳弁している。その中で、傍線部㋐に「彼社注御膳之用途申請諸国之庄園」とある点は重要である。神膳用途に宛てる荘園は賀茂社側がまず申請し、それに基づいて朝廷の審査が行われているように読める。傍線部㋑の二ヶ所は相折料の荘園以外の網代や杣山であり、そのために認定の可否が問題になっているのであるが、その券文は寛治三年一二月二三日に朝廷に提出したとあり、相折に充てられる荘園の券文もこの日に同じく進上された可能性が高い。一二月二三日はさきにあげたaの社司等解の日付と同日である。御膳用途数注進の解aとともに、相折料の荘園候補地の券文も賀茂社より進上され、それらがともに朝廷で審議されたものと判断できるのである。

新史料から推測し得る以上の事情を従来から知られていた史料に重ねてみると、賀茂社領立荘は次のような経緯をとったことがわかる。寛治三年八月五日、賀茂社司は託宣日記を上奏(a)。一六日に賀茂社御供のことが陣定で議され（『百錬抄』）、一〇月一八日再び陣定での議が行われている（『後二条師通記』）。おそらくその決定を承けたのであろう、一二月二三日にaの解とともに賀茂社より荘園の券文が進上され(c)、審査ののち翌四年正月二二日に宣旨bで不審事項が朝廷から下社に示された。二九日に下社司はこれに答える解cを提出。さらに三月二〇日・二四日には社司解d・eが進められて、上・下社間や朝廷との調整がはかられている。三月二六日にははじめて朝廷から神膳が進められた（『百錬抄』・『中右記』）。五月四日には内容は不明だが「賀茂御供事」が宣下（『為房卿記』）。その後、七月一三日に上・下社に不輸田が施入されたのである（『百練抄』）。先にも触れた阿波国福田荘の立荘史料によると、この日に官符が荘園所在国の国司に発せられ、国司庁宣をうけた郡司により検注が行われて立券言上状が提出されている。こうして社領荘園の設定は終了したのである。

2　便補としての立荘

新史料の検討より、寛治の賀茂社領立荘は、諸国の田畠が上から一方的に選定されたのではなく、賀茂社の申請をもとにして設置されたことが推測できた。それでは賀茂社側は、どのようにして立荘の基礎となるべき所領を準備したのであろうか。この事情は各荘園によって一様ではないと思うが、参考になるのはやはり史料c傍線部㋑の播磨国所在の二ヶ所の場合である。これらは相折外の事例ではあるが、それぞれ故上野守源家宗《ママ》・前筑前守源兼俊により寄進された土地であるという。二人とも当該期の人物であるから[25]、下社に寄進されたのもそれほどさかのぼりはしない時期である。相折料の荘園の場合にも同様の事情が想定できる。寛治立荘に先だって、賀茂社へはこうした私領の寄進が相次いでおり、それが朝廷に提出された券文の重要な部分を占めていたのではないだろうか[26]。

今度は上社の例になるが、賀茂別雷社文書には寛治三年一一月一二日付の散位藤原致継なる人物による遠江国城東郡比木郷の寄進状の案が残されている[27]。この文書はこれまでも知られていたが、寛治立荘と関連付けて言及されたことはなかった。しかし、その日付はちょうど賀茂社領の設定にむけての準備が行われているさなか、朝廷への券文の提出―下社では一二月二三日、上社でも同じ頃であろう―の直前のことである。神供料相折の設定に向けて賀茂社では社領選定の準備が進められ、このような私領の寄進が積極的に働きかけられたのではないだろうか。朝廷による立荘事業の背後には、賀茂社側の準備と、それに応じた私領寄進の動きを想定することができるのである。

寛治立荘の賀茂社領の荘々がすべて五の倍数の田数をもっていたことはよく知られている。立荘時の唯一の直接史料である阿波国三好郡司による三津郷田（立荘後の福田荘）の立券言上状[28]の田数記載を検討した坂本賞三氏は、その本田四〇町は概数ではなく、実際は見作田二三町余に過ぎないところをことさらに整えられた登録面積の田数であること、本田以外の剰田二町余の記載は、四至内にありながら本免田からはみ出した部分の田であることを明らかにしている。[29]先に検討したように、相折数の注進に基づいて立荘が進められていることからすれば、こうして意図的に整えられた田数は相折数と直接対応して算出された数値であったのではないかと思われる。賀茂社側の申請をうけ、右のような操作によって相折数に応じた田数が人為的に設定され、それが官符により四至内の本免田として確定された。もとの私領はこのような操作を経て、朝廷の認定する荘園へと作り上げられたのである。

さて、このような国家的給付としての立荘、それが権門の私領を前提にしているとなると、思い起こされるのは封物・納官物の土地への転化、すなわち便補保形成の事情である。便補保の成立に詳細な検討を加えた勝山清次氏は、その成立にあたっては権門側の条件を重視すべきであるとして、A「諸司・封家主導型」・B「国守主導型」の二類型を指摘し、A型、すなわち諸司・封家側が私領を前提にその建立を申請するタイプの立保が時代的に先行することを明らかにしている。[30]朝廷が直接関与して、官符により立荘が命じられている点を別にすれば、賀茂社領立荘はこのA型の立保パターンとの親近性をもっている。

便補保の形成については、勝山氏により封物・納官物の弁済形態の変化、すなわち特定の単位所領から所当官物の一部を徴収する弁補を前提として、その展開上に単位所領が済物の弁済地として充てられる便補保が成立する、と説明されている。先のA型を便補立保の主流とみるのならば、私領が一定の操作を経て国家的給付に転化・認定されるようになる、そのこと自体の契機を尋ねる必要もある。

そうした関心からいって重視したいのは、勝山氏が便補保の成立を右のように論理化する一方で、寛治年間の朝廷の政策について触れている点である。すなわち、寛治四年二月に紀伊国田畠一〇〇余町の熊野社への寄進、同七月にはこの賀茂社への六〇〇町の不輸田寄進がみられる。また伊勢神宮でも同時期に御厨・御園の領有が認知されているという。便補保の初見も寛治年間に石清水八幡宮で確認されることから、勝山氏はその背景に右ののような神社領保護政策があることを示唆している。便補保の形成には朝廷が介入するわけではないが、この朝廷の政策が国司に対する一定の圧力として作用したのではないかという。[31]

便補保の代表例として知られる祇園社領四ヶ保に関する史料には、

謹検旧記、当社日別御供者、事起白河・堀河両朝之御願、以賀茂例所被始置也[32]

というような文言がしばしばみられることも興味深い。すでに指摘されているように、「賀茂例」とは寛治のこと以外とは考え難い。[33] 四ヶ保への便補は承徳二（一〇九八）年のこと、祇園社への封戸の施入はその前年のことと考えられているが、[34] その供料の設定は賀茂社が先例だというのである。便補保の立保は国衙と権門との間でなされ、制度上朝廷の介入はみられない。しかしこの四ヶ保の場合、丹波・近江・備前の三国四ヶ所に設定された封戸がほぼ同時に、しかも封戸施入の翌年に早速便補されていることは、[35] 各個別の事情だけからでは理解しにくい。日別供料の設定のみならず、その後の便補も寛治の賀茂社領立荘の影響下に、当初からの朝廷の意向に沿うて始められたとは考えられないだろうか。[36]

以上、寛治年間の賀茂社領立荘と、時期を同じくする便補保成立との間には密接な関係があるように思われる。便補保の初例は、寛治年間の立保とされる石清水八幡宮放生会料米便補保の近江国細江保である。[37] よく知られているように、延久の荘園整理のときにはこれと同じ石清水八幡宮放生会料米代等の免田は停止され、国司に放生会米等の弁済が命じられていた。[38] 便補保成立の背景に朝廷の神社領保護政策を認め得るならば、延久と寛治では朝廷の政策は一変していることになる。

坂本賞三氏は中世荘園の成立を論じ、荘園領主への国衙支配権の移動を便補として説明した。国家的給与の代替給付としての国衙支配権の移動が、在地からの寄進と結び付いたところに荘園が成立するという。(39)これは、荘園成立史を下からの寄進の連鎖で考えてきた寄進地系荘園の従来の理解を財政史の観点から相対化し得る、重要な指摘である。ただ、坂本氏は様々なレベルの立荘を便補として一様に論じている。国司による済物未進の代替としての国免荘の立荘は前代よりみられるが、朝廷が主体的に荘園を国家的給付として認定するようになる画期は、国司による済物未進が顕著になる中で行われた、賀茂社領立荘に代表されるこの一一世紀末の政策に求めることができる。便補保形成も、そうした朝廷の政策下に始まった動きといえるのではないだろうか。

もっとも、これ以降にも寺社に対する封戸施入の例がなくなるわけではない。六勝寺には膨大な封戸が供養時に施入され、寺用の基盤とされていることはよく知られている。復古的との評価の可否は別にしても、同時期の他の御願寺に比して、六勝寺には独自の経済的な位置付けがなされていたとしなければならない。(40)しかし、封物の納入状況はこの一一世紀末九〇年代以降急激に悪化していき、国家権力を直接背負った六勝寺の場合も、その弁済はたちまち悪化していることが指摘されている。(41)一一世紀末に朝廷自身が発進させた封戸から荘園へという軌道は、六勝寺の寺用相折は封物を中心とするとの朝廷の意図をも越えて、荘園制に向かって確実に始動したのである。

通説によると白河院政前期は荘園整理の時代とされ、同じ寛治年間にも荘園整理令発令の可否が議せられたことが知られている。(42)また、同じ頃に「奉寄神社仏寺庄事、令停止之宣旨」(43)が発給されたことも指摘されている。(44)国家的給付としての荘園は認めるにしても、認可された神事・仏事等の用途に相応していない荘園は停廃するというのが、以後の整理令にもみられる基本的な朝廷の姿勢であろう。(45)しかし、右の宣旨は、当時春日社に寄進された近江国市荘の停廃をめぐる相論の中で引用されたものであり、この時期に社寺への所領寄進が相次いだことをよく物語ってもいる。寛治五（一〇九一）年には陣定で「賀茂作田人々事」が議され、「人々庄園事、被寄之事不能立」、「因准封戸、可被定行歟」と、賀茂社に寄進が集中していることが問題になっている。(46)賀茂社では寛治の立荘に先立って所領寄進が募られたことを推測したが、いったんとられた朝廷の政策は、所領寄進の動向に拍車をかけることになったのではないだろうか。

本節では、寛治年間の賀茂社領立荘のようすを新史料によって復元し、その立荘形態を一一世紀末の朝廷の政策と関連付けて論じた。そして、この朝廷の政策が権門の経済基盤の荘園への移行の導火線となり、寄進の隆盛を促す一因となったことを推定した。しかし、寄進と立荘の間の関係はさほど単純ではない。次節では同時期の御願寺領を素材に、引き続き立荘の具体的な状況の考察を進めることにしたい。

第二節　醍醐御願寺領の立荘

本節では白河親政・院政初期に醍醐に建立された御願寺の所領の立荘を取り上げたい。ここで主要な史料となる『醍醐雑事記』(47)は、各寺領についておもだった文書を引用しつつ立荘の経過や相折用途について述べた記事をもっている。さらに本書成立（平安末）当時に醍醐の宝蔵にあった文書の目録が二巻分を占めているので、現存しない文書の存在をも知ることができる。それに加えて編纂時に書かれた部分（以下、事書とする）も重要な記述を含んでおり、これらを合わせると史料の少ない院政初期の御願寺領立荘の具体的な手続を明らかにすることができる貴重な事例となる。

以下では、円光院領の二つの荘園を中心に取り上げる。(48)円光院は上醍醐に建てられた白河中宮賢子の発願による御願寺、賢子は源顕房女、藤原師実養女として貞仁親王（のち白河天皇）妃となり、以後その寵愛を一身に集めた女性である。応徳元（一〇八四）年九月に二八歳の若さで病没するが、円光院建立の計画は彼女の菩提を弔うために引き続き進められ、翌二（一〇八五）年八月一六日に寺名を円光院、権少僧都定賢を検校、権律師義範を別当とすることが決定、[49] 同二九日には検校定賢を導師として供養が行われた。[50]

この円光院の建立に並行して進められているのが、近江国柏原荘の立荘である。「本主山城前司源盛清領、応徳二年寄進円光院[51]」とあるように、その基となったのは本主源盛清の私領寄進であった。盛清は清和源氏満仲四男頼平の曾孫にあたり、柏原の家名を名乗りこの地を本貫とする一門である。[52] 彼の私領は御願寺の建立が始まるより前に、すでに生前の賢子のもとに寄せられていたようである。[53]

供養に先立つ応徳二年五月八日には、醍醐寺新御堂（供養後の円光院）宛の太政官牒[54]が発給され、近江国柏原荘を不輸田として領掌すべきことが伝えられている。官牒には四至が表示され、田数は計一〇九町六段一〇歩に及んでいる。また、同日に民部省へ官符が下されたことが記されている。こののち、文書目録[55]によると、供養直前の八月一一日には「一枚坂田郡司申文立券并堺等事」が、同一三日には「民部省一巻三枚」等の文書が、さらに同二七日には「民部省符一巻四枚」が発給されている。本主の私領をもとに荘域が設定され、官牒が醍醐寺に、官符が民部省に、そして民部省符が国に下されて立荘が命じられたのであろう。「坂田郡司申文」は郡司による立券言上状と考えられる。民部省符が発給されていること、すなわち官省符荘としての立荘手続を踏んでいることも注目される。

円光院供養が行われたのは八月二九日のことであるが、文書目録によるとまさにその当日、八月二九日付で「円光院相折帳一巻十枚」が作られていることがわかる。堂舎の建立と所領の立荘が並行して進められ、供養の日に仏事の規模やそれを支える用途の配分が発表されて、一連の御願寺建立事業が完了したのである。

この相折帳は最近紹介された田中家旧蔵本『醍醐雑事記』巻第一[56]に引用されていて、内容を知ることができるようになった（表参照）。前中宮職庁によって作成されたもので、官牒にある柏原荘の田数に段別五斗を掛けて

表 円光院用途相折（応徳２年８月29日前中宮職庁相折帳をもとに作成）

名目	米	内訳
a 御明油・炷・香等直	20石8斗7升	油(直米) 17石6斗2升（油8斗8升1合）{ 常灯料 7斗2升 御修法七箇日料 1斗5合 理趣三昧七箇日料 5升6合
		炷 2斗5升
		香 3石 { 不断香料 2石4斗 御修法理趣三昧等料 6斗7升
b 御仏供料	14石4斗	14石4斗 ＝4升 ×360日
c 人供料	241石7斗7升6合	検校一口 19石8斗7升2合＝5升5合2夕×1人×360日
		別当一口 19石8斗7升2合＝5升5合2夕×1人×360日
		供僧六口 119石2斗3升2合＝5升5合2夕×6人×360日
		知寺一人 10石8斗 ＝3升 ×1人×360日
		預　二人 21石6斗 ＝3升 ×2人×360日
		承仕二人 14石4斗 ＝2升 ×2人×360日
		花取二人 14石4斗 ＝2升 ×2人×360日
		大炊二人 14石4斗 ＝2升 ×2人×360日
		槌鐘一人 7石2斗 ＝2升 ×1人×360日
d 毎年御国忌理趣三昧七箇日料	14石	御仏供 3石5斗 ＝5斗 × 7日
		阿闍梨供 2石1斗 ＝3斗 ×1人× 7日
		讃衆六口供 8石4斗 ＝2斗 ×6人× 7日
e 御修法七箇日料	15石3斗2升	壇供料 4石9斗 ＝7斗 × 7日
		阿闍梨供 2石4斗 ＝3斗 ×1人× 8日
		伴僧二口 3石2斗 ＝2斗 ×2人× 8日
		承仕一人 1斗6升 ＝2升 ×1人× 8日
		駈仕一人 8升 ＝1升 ×1人× 8日
		見丁一人 8升 ＝1升 ×1人× 8日
		壇敷布一段直 5升
		阿闍梨浄衣布一段直 1石5斗
		伴僧二口浄衣布二段直 1石
		承仕駈仕見丁等浄衣布一段二丈直 1石5斗
A 已上所用（a+b+c+d+e）	306石3斗6升6合	
B 用残	241石3斗1升6合2夕（7カ）	
C 合米（A+B）	548石 8升2合2夕 ＝ 田積109町6段10歩 ×5斗〈段別〉	

得られた石高をもとに、一年を通した日別仏供料(b)、検校・別当以下の円光院所司に対する日別人供料(c)のほか、毎年の国忌および理趣三昧七ヶ日料(d)、御修法七ヶ日料(e)が定められている。国忌は毎年九月二一日の故中宮賢子忌日で、それに先立ち一五日より七日間の理趣三昧が営まれる。年中供料と賢子の忌日法要の相折料が官符によって認定された免田数と相関して決定されているのである。以上、立荘作業と相折設定の連動、官符による立荘、田数と相折数の対応など、前節でみた賀茂社領立荘の事情とほぼ共通するパターンの立荘を遂げていることがわかる。

ところが、翌応徳三（一〇八六）年、柏原荘に加えて越前国に立てられることになった円光院領牛原荘[57]の立荘過程には、右とはずいぶん違った要素がみられる。

のちの相論の際に朝廷に提出された円光院司解[58]によると、牛原立荘の経緯は次の通りである。円光院に施入された柏原荘はもっぱら仏聖供料に充てられ、僧侶の衣服料に事欠く有様で、そのため新たな寺領が立てられることになった。そこで越前守源高実が二〇〇余町の荒野を卜定して寺家に施入し、四至を定めて牓示を打ち、浪人を招いて荘の開発を進めたのだという。文書目録[59]によると、応徳三年閏二月二五日の「大野郡司注進円光院御庄四至内荒野田畠注文一巻三枚」という文書があるが、これは事書[60]に「庄建立最初立券一巻三枚 応徳三年」とある立券言上状であろう。同じく事書に「庄田開発庁宣一巻六枚 応徳三年閏二月」とある国司庁宣をうけたものと考えられる。国司の手により二〇〇余町に及ぶ荘域が設定され、その開発が進められたのである。

ところで円光院に関する事書には、他の史料が触れない次のような事情も記されている。

庄本主者東大寺五師忠範之(也カ)。白河院奉為　堀河院母后中宮、被立円光院之時、為六条右大臣顕房家御沙汰、依被尋庄券契、忠範以件文書進上遍智院僧都義範。々々寄進大臣殿所被立也。其時見作田廿町、自余者荒野也。忠範暫為下司職始被立庄之日懸札。寺使如意房賢尊也。預所未定之間、賢尊円光院始知院之沙汰

牛原荘の本主は東大寺五師忠範であった。円光院の創建にあたり、右大臣源顕房の「庄の券契を尋ねる」という沙汰に対して、忠範は荘の文書を遍智院義範を経由して顕房に寄進し、それをもとに立荘がなされることになった。忠範は下司となり、寺使の賢尊とともに立荘に立ち会って「札を懸けた」という。このようないきさつは他の史料にはみえないが、文書目録によると寛治元年七月二六日付「五師忠範申文一通三巻」の存在が知られ、五師忠範なる人物の立荘への関与を裏付けることができるし、平安末期に醍醐寺の荘園経営や文書管理に深く関わった上座慶延の手になる事書記載には、(61)それなりの根拠があると考えてよいと思う。そこで、両方の史料を使って立荘の手続を考えていこう。

右の史料中で目を引くのは「庄の券契を尋ねる」というところで、すでに井原今朝男氏がこうした文言に着目して述べているように、(62)立荘にあたっては権門側の働きかけがあったことが重要である。券契を尋ねる沙汰を主導した右大臣源顕房は故中宮賢子の実父である。寄進を仲介したとされる遍智院義範は円光院初代別当で、生前の賢子とも関わりが深かった。(63)券契を進上したという本主の東大寺五師忠範の経歴は残念ながらわからないが、おそらく賢子や義範と何らかの縁故をもつ人物であろう。

さらに注目すべきは国司の立場である。牛原立荘に大きく貢献したのが越前守源高実であったことはさきに述べたが、円光院司解は彼の関与を「為奉報柎房之旧徳」(64)(柎房は中宮の唐名)と説明している。国司を動かしたのも官符の発給による指揮命令系統ではなく、やはり故中宮との私的な縁故であった。

また、寛治二年一〇月日には前斎宮庁により相折帳が注進されている。(65)前斎宮は賢子の娘媞子(のちの郁芳門院)であり、立荘後の牛原荘は彼女の家政機関の管轄下にあることがわかる。(66)立荘は故中宮の父顕房の沙汰に始まり、その後一貫して故中宮賢子の縁辺に連なる人々の連携により準備され、経営が進められたのである。

同様の手続は、この数年後に立荘される同じ醍醐御願寺無量光院領肥後国山鹿荘に関する事書部分にもみるこ(67)

とができる。無量光院は、白河院が夭逝した最愛の皇女、郁芳門院媞子のために、円光院にならって下醍醐に建立した御願寺で、事書によると、この立荘も白河院の「庄の券契を尋ねる」沙汰に始まっている。(68)そして、本主の出の券契を取り次いで立荘へとまとめ上げたのが、郁芳門院（六条院）女房の六条院宣旨蓮妙であった。本主の出羽権守能輔も、白河院ないしは郁芳門院に仕えていた下級貴族であろうと推測されている。(69)蓮妙の子孫は代々預所、また能輔は子孫代々下司たるべしとされた。この場合も御願寺に関わる女性の縁に連なる人々の力によって立荘が進められていることがよくわかる。

さて、院・女院の縁辺の人々によって作り上げられていくこうした立荘を、始めにみた柏原荘などの場合と比較して、その特徴を整理しておこう。

第一に、官符の有無。柏原荘や賀茂社領の立荘では、国家的給付の荘園化が官符によって認定されていた。それより先、後三条親政期に行われた延久の荘園整理政策では、権門寺社領や権門勢家領が官符によって制限され、田数が固定されていた。荘園の認可自体をめぐる政策の方向は逆を向いているが、土地所有の認否が個別に官符によってなされ、認定した免田を朝廷が把握するという志向は共通している。ところが、牛原荘の立荘には官符の発給がみられない。のちの相論の史料では円光院司自身が「雖無官符豈非勅免」(70)としているので、官符の不在は史料の残存状況の問題ではない。官符の有無は、朝廷の機構の関与の有無である。ここでは院に連なる人間関係が前面に出て荘園を形作っていく有様が明瞭である。

第二に、相折料決定の方法が両者では逆である。柏原荘では本免田一〇九町余に段別五斗を乗じて得られた数値の中で相折額が決定されていた。官符にはこの免田数が記載され、それが御願寺での仏事の相折用途と連動しているのである。一方、牛原荘にも相折帳が残っているが、(71)ここではきりのよい五〇〇石の年貢が先に予定されており、田数との対応関係は失われている、あらかじめ所定の年貢額が概数で決定され、それにふさわしい規模の荘園が作られていくのである。

このように、同じ円光院領といっても、柏原・牛原両荘の立荘のようすは大きく異なっているが、ここで参考になるのは六勝寺のひとつ尊勝寺の寺用相折のあり方である。その創建時の『中右記』の記事によると、寺用相折はまず封戸で充当し、しかるのちに不足分を荘園を立てて補うとの原則がとられていたことが知られる。(72)これを円光院の場合と比べてみると、供養時に設定された柏原荘は尊勝寺の場合の封戸に、不足分を補うために立てられた牛原荘はそれ以外の部分に相当する。この例をみる限り、御願寺の経済は官の正式の認定を得た中核部分と、その補助的財源からなり、封戸に代わる国家的給付は官省符荘として立てられ、補助的財源としては、関係者の尽力による立荘がなったとみることができる。

しかし、以後の御願寺領に官符による立荘の事例をみることはできない。御願寺領のみならず、立荘の官符自体を一二世紀以降にみることはほとんどできない。(73)以後、院や女院、摂関家によって立てられる荘園は、近臣の連携によってなるタイプのものが主流をなす。牛原立荘の年は白河院政開始年にあたる。院政開始と時を同じくしてみられるようになる近臣の連携による立荘は、権門としての性格を前面に出した立荘といえる。近年、おもに鳥羽・後白河院政期の立荘を例に、院や女院の縁辺の人脈が荘園の形成に果たした役割が大きく評価されているが、(74)そうした形態をすでにこの白河院政最初期の段階に認め得るのである。

第三節　王家領・摂関家領の立荘

1　領域型荘園の形成

前節で取り上げた越前国牛原荘の立荘では、国司が荒野二〇〇町余を卜して四至を定め牓示を打ち寺家に施入している。(75) 本主忠範の私領から広大な荘園へ、国司の手を経た立荘前後でその構造は一変している。これも前節で少し触れた肥後国山鹿荘の場合には、立荘前後の変化は一段と顕著である。ここでも立荘の出発点は本主能輔の私領寄進であるが、能輔は受領を歴任する在京の下級貴族で、父祖の代の受領活動を通じて形成された私領ではないかと想像される。ところが立荘後の山鹿荘は実に二郡にまたがる大荘園であり、領主を異にする小荘園や半不輸の公領を含みこんだ複雑な構成をとっていた。(76) 本主の私領寄進をもとにして、しかしそれとは似つかぬ広大な領域型荘園が作り出されるのである。

近年の院政期政治史研究の成果は嘉承二（一一〇七）年の鳥羽天皇即位時を院政の確立期と評価するが、(77) 右のような領域型荘園の立荘が院庁下文によって命じられるようになる事例がそれ以降から現れることは興味深い事実である。その初見は天永元（一一一〇）年、仁和寺宮覚法法親王家領阿波国篠原荘の立荘である。(78) 篠原荘には立荘時の直接の史料はないが、のちの相論の記事が『中右記』にあり、そこでは立荘の経緯が争点となっている。

元永元（一一一八）年七月、新任の阿波守藤原尹経は、この荘は以前に院庁下文によって立荘されたが、加納一〇〇〇町と山が打ち籠められていると白河院庁に訴え出た。立荘を沙汰したのは白河院司の故藤原為房だということであった。(79) 事情の調査にあたった『中右記』の記主藤原宗忠は、前雑色実俊に対する事情聴取の結果を院に報告している。

　去天永元年九月依院庁下文被立之時、威儀師顕俊沙汰也。仍不知子細。次年正月被預給実俊之日、二百余町可(所カ)沙汰也。於残七十余町者、依寛助僧正申請、充給顕俊子小僧了。但近代又充給房人僧静兼也。但於実俊預所者、官○物惜弁国司了。材木取山打籠条不候事也。庄内山野少雖在四至内、取材木事全不候。於材木山者在他庄内。(80)

この実俊の言い分から、問題になっているのは官物弁済および材木伐採の可否、つまり四至領域内に籠められた加納と山の問題であったことがわかる。院は引き続き宗忠に調査を命じるが、ひと月ほど経って彼はその結果を再び院に報告する。

件庄券彼国人許所尋取也。本冷泉院庄免田十一町、不指四至。而次第伝領、寄二条関白(藤原教通)之時、成卅七町之後、代々国司依卅七丁免来也。当時仁和寺宮(覚法法親王)御領注載桂郡(勝浦)四至、田畠山野千五六百町被押入也。前司忠長任之時被入也。其前及前司司邦忠任、依為公田、弁済官物於国司也。件証文相副進上候也(81)

ふたつの記事を合わせてみると、立荘は次のような経過をたどったことがわかる。篠原荘はもとは冷泉院領一一町、そののち関白藤原教通領三七町。別種の史料から関白教通は治暦二(一〇六六)年に篠原荘を仁和寺に寄進していたことがわかるが、(82)そうした由緒ある免田三七町が立荘の基礎をなす。ところが阿波守藤原忠長任中の天永元年九月、院庁下文が発給され院司藤原為房と威儀師顕俊の沙汰によって立荘。仁和寺側の主張では田数は計二七〇町余りということになるが、宗忠の調査によると勝浦全郡の四至が記載され、田畠山野合わせて「千五六百町」が押し入れられていた。免田型荘園から広大な郡荘へ、院庁下文による立荘の前後では荘園の構造・規模は一変している。もちろん全荘域が一様な荘園になったわけではなく、おそらくもとの免田を中心とする部分が本荘とされ、「但於実倹預所者、官物愷弁国司了」とあるように、加納分については官物は国衙に弁済、つまり半不輸とされたのであろう。篠原荘での相論と並行して院庁で取り上げられている美濃国弾正荘の相論でも、「成院庁下文令立券之処、打籠人人領数百町之由」(83)が国司から訴えられており、他領やおそらく公領をも包摂した広大な荘園が同じ頃に院庁下文によって立荘されたことが知られる。院政確立期、院庁下文による領域型荘園の立券が始まったのである。

一一世紀後半から一二世紀にかけては領域型荘園の形成期である。免田型荘園から領域型荘園へという荘園の発展段階はいくつもの事例で確かめられているが、多く寺領荘園を舞台とするものである。(84)一般の寺領荘園ではまず寺解によって不入権の付与、領域化が申請され、寺解を引用する官宣旨によってそれが認可される。しかし、王家領・摂関家領が申請を請けた官宣旨で立荘されることは基本的になく、以下でも例をあげるように院庁・女院庁・摂関家政所からの発給文書で立券が主体的に命じられる。ときに郡規模に及ぶその広大さも寺領荘園とは大きく異なる。不輸・不入権を得るための領域化という説明も王家領荘園には必ずしも当てはまらない。(85)以上の例より、免田や私領を中核としてときに郡規模に及ぶ広大な荘園がなる立荘、これを王家領荘園における領域型荘園成立の特徴として確認しておきたい。こうした立荘はすでに一一世紀末に始まり、院政確立期、その立荘文書を得たのである。

2　院と摂関家

篠原荘の相論と同じ頃、摂関家領の立荘をめぐってもひとつの相論が発生している。元永二（一一一九）年三月、上野国司は関白藤原忠実家が国内に五〇〇〇町にも及ぶ荘園を立てようとしているとして白河院に提訴した。訴をうけた院は、一国中にそれほどの大荘園を立てることは不便であると忠実に伝えた。忠実は、家司である平知信のいうままに国司に申し入れただけだと答え、立荘計画を撤回している。(86)これは有名な事件で、荘園拡大に余念のない摂関家と荘園抑止の政策をとる白河院、という図式の根拠として古くから取り上げられてきた。(87)院政の開始により政治的に後退を余儀なくされた摂関家が辺境に新たな経済基盤を立てようとした事件、と評価されることもあった。(88)しかし、この立荘もこれまでみてきた王家領の立荘と共通する性格をもっているように思われる。

篠原荘の場合、立荘を沙汰したのは白河院司藤原為房と仁和寺の威儀師顕俊であり、院使が現地に下向して立券を行っていた。なかでも、関白忠実が「故為房朝臣沙汰之時、定強僻事不候歟(89)」と疑っているように、立荘は為房の策動によるところが大きかったものと推察される。為房は仁和寺宮覚法法親王とは近しく、(90)また彼にはこれ以前阿波国に配流された経歴があり、そこで在地諸勢力との関係を深めたことも想定できる。(91)

摂関家の上野国立荘計画の場合も、関白忠実の弁明が事実であるとすれば、彼は立荘に直接関知してはいない。現地の諸勢力をまとめ上げ、国司との折衝を行うなどして立荘を推進した実質的な担い手は、忠実近臣の平知信であった。知信が、おそらく在地勢力を糾合してまとめ上げた立荘計画も国司の同意を取り付けることができず、院の追及をうけて失敗したが、国司の協力を得ていれば、広大な郡規模の摂関家領荘園が政所下文によってとりあえずは成立していた可能性が充分に考えられる。

白河院政後期は、院庁の機構の確立期である。後三条・白河親政、および白河院政前期を支えてきた伝統的公卿層が没落し、代わって諸大夫層出身の院近臣が台頭する。(92)女院庁も彼らの重要な結集の場であった。一方、この時期は摂関家家政機関の充実期でもある。(93)貴族社会の再編の中において、院・女院・摂関を頂点とするような権門の系列化が進行していく。その中で、「庄なくはいかにしてかはおほやけわたくし候べき」(94)と発言するような経済基盤への欲求を持ち、受領を歴任するなどして在地との関わりを深め、一方で院庁や摂関家政所を構成する、右の藤原為房や平知信に代表される院・女院・摂関家の近臣層を実質的な立荘推進勢力とみるべきではないだろうか。

立荘に院庁と摂関家政所の果たす役割は同質である。(95)他方、院や摂関は国政処理のレベルでは加納を組み込んだ領域型荘園の存在に否定的である。篠原荘の相論では、院や関白は徹底した調査を命じ、最終的に院は「任代々国免、件庄卅七町可被立」(96)と、もとの三七町の免田に戻すべしとの意向を示している。美濃国弾正荘の相論でも同様に「除人々所領、只弾正庄許可被打牓示候」(97)と、もとの本荘の領有のみを認めて院庁下文による人々の所領を含んだ広域囲い込みは認めてはいない。少なくとも訴訟審理の場における院や摂関の判断としては、領域型荘園の存在に否定的である。[98] 紛争が起こった場合にとられる朝廷の方針は、基本的に籠作公田の、すなわち加納部分の収公である。そうした史料をみる限り、荘園整理政策が一貫して国政の基調にあったとする理解[99]もうなずける。しかし、立荘勢力は院・女院・摂関の威勢を背景に、何らかの契機を得ては院庁・女院庁・摂関家政所からの発給文書による立荘を遂げようと、領域支配の確立を目指していた。院や女院、摂関家は、一方では立荘推進勢力の大きな後盾でもあった。その機構の確立期、領域型荘園の立荘は新たな立荘文書を得て定着したのである。

3 「寄進地系荘園」再考

白河院政期後半以降、御願寺領の立荘もやはり院庁や女院庁の発給文書で命じられるようになる。立荘時には本主の寄進状が進上され、それをうけた院庁・女院庁の牒や下文により、立券が命じられるのが一般的な御願寺領立荘の手続である。立荘時には、寄進者は預所職を相伝すべきこと、定額の年貢をその仏事用途として進めることが明記されて、立荘の正当性が示される。御願寺領は従来寄進地系荘園の典型例のように取り上げられてきたが、本稿のような立場からすればどのようにとらえたらよいであろうか。

右のような手続を備えた立荘文書を残す御願寺領立荘のもっとも早い例は、大治三（一一二八）年の円勝寺領遠江国質侶荘の事例である。[100] 大治三年八月日の藤原永範寄進状[101]によると、質侶荘はもと大江公資の私領であった。そののち数代の手を経て藤原永実、その子永範が伝領する。一方、大江公資は長暦年中（一〇三七〜四〇）に道長六男藤原長家にこの私領を寄進しており、こちらは長家より女婿である藤原信長へ、さらに信長後家が本家として伝領した。[102] しかし、こののち信長後家は自らの権利を永実に売却し、質侶荘は再び本家を持たない私領となった。そこで改めて権威を募るために円勝寺に寄進するのだという。寄進状には四至が記載され、年貢三〇〇石を寺家に進上すること、その他の地利や執行雑事（すなわち預所職）は永範子孫が永く領掌すべきことが記されている。この結果、待賢門院庁牒によって寄進状の四至領域に相当する質侶・湯日・大楊の三郷が立券されている。[103]こうした手続をみる限り、四至表示された所定の領域をもつ先祖以来の永範私領が本家を上位に戴いたことがこの寄進の本質であるかにみえる。

ところが、立券の一〇年余り前に藤原永範の父永実と遠江守との間で発生していた相論の史料をみると、天永三（一一一二）年には大楊郷が、翌永久元（一一一三）年には湯日郷が国司に収公されようとしていた事実がわかる。[104]湯日・大楊両郷は加納とあり、在庁官人の注文に任せていったんは収公の手続が進められているのである。また、のちの史料は三郷のうち質侶郷を質侶本荘と呼んでおり、[105]本来の私領は質侶郷であったことが推測できる。[106]すなわち、立券後の荘域の中でも質侶郷と湯日・大楊郷はその成り立ちからみて異質の領域であった。表示された四至領域があたかも先祖大江公資以来の相伝私領であるかにみえるのは寄進状の虚構である。

ところでこの相論のときには、永実側は院宣によって国司の入勘を退けることに成功している。この段階ですでに質侶荘は白河院庁の庇護下にあり、しかも院近辺の有力者を「本家」としていた可能性が高い。[107]したがって、大治に初めて永範の寄進がなったかのようにあるのも寄進状の虚構である。おそらく、待賢門院御願円勝寺領の立荘にあたって、すでに白河院や待賢門院の周辺に内々に寄せられていた私領の候補地の中から永範の券契が選び出され、待賢門院庁牒によって正式に立券の手続を踏んだのである。前節で触れた「券契を尋ねる」沙汰の実情は、このようなものであったろう。質侶荘が選ばれたのは、当時の遠江守が待賢門院院司の高階宗章であったためであろう。院の庇護下で領域化を進めつつあった永範の私領は、御願寺領の建立という好機を得て国司の協力のもとに女院庁牒による立券を遂げ、永範はできあがった王家領荘園の預所職として、領域支配を確立したわけである。質侶荘の寄進・立荘の内実は、以上のようなものであったと思われる。

この時期の待賢門院の女房や侍の動向を、『長秋記』は「近日七道諸国門々戸々庄薗領地、彼院女房侍等、触縁尋便、不謂理非事由、皆所令押領也」[108]と語っている（これを直接女院領立荘の記事と読むことはできない）。女院庁の権威を背にした女房や侍たちは、このように様々な縁故を媒介に所領を集積し、何らかのきっかけを得ては立荘に持ち込もうと機会を窺っていたに違いない。御願寺の建立は、このような勢力に絶好の機会を与えるものであった。院や女院の近辺に集積された所領群の中から「券契が尋ね」られ、その私領をもとに領域型荘園が作り出されていくのである。

同じ白河院政期建立の尊勝寺に関する『中右記』の記事によると、尊勝寺領荘園の立荘のことが白河上皇と堀河天皇の間で問題になっている。天皇は「新御願寺可被立庄目録一巻」を院の許に示し、意向を問うた[109]。注意したいのは「立てらるべき庄」、すなわち立券以前の、荘園の基礎となるべき券契がすでに集積されていることである。いくつかの立荘候補地の券契が目録に成巻され院に進覧される。この場合、院の反対により立荘はならなかったが、肯定的な返事であれば、そうした券契をもとに立荘が始まったはずである。

立荘の作業は、そのような私領をもとにして公領を囲い込んで成立する。質侶荘のように、すでにその内実をそなえつつあった荘園もあれば、これから荘園が作られる場合もある。大治五（一一三〇）年に立てられた最勝寺領肥前国河副荘では、「最勝寺御庄肥前国河副、本数二千石也。以是宛寺相折相待之処、到来八百石也。所寄進之大僧正被申云、依新立庄、未作満田数。仍如数不進云々者」[110]と、先に年貢額が概数で決定されて、それからそれにふさわしい荘園が作られていくようすがよくわかる。

立荘の実態を以上のように考えるならば、寄進という行為のもつ意味、「券契を尋ねる」沙汰は、一連の立荘作業の中でどのような位置にあるのであろうか。

質侶荘の立券に話を戻すと、永範寄進状には寄進を正当化するものとして延喜荘園整理令のときの延喜二（九〇二）年三月一三日官符が引用され、そこに挙げられた「券契分明」「無妨国務」が寄進・立荘の法的根拠とされている。国司の協力を得て「無妨国務」という条件は無実化するが、「券契分明」の方は先祖相伝地の券契寄進という体裁をとって正当化されるのである。本主の券契は立荘を法的に正当化するための手続であり、立荘のための一契機に過ぎないといえる場合さえあるのではないかといえば極論に過ぎるであろうか。個々の事例についての分析の積み重ねが今後さらに必要であるが、寄進前の本主の私領の意義は一連の立荘作業の中に相対化して考えるべきであろう。

すでに石井進氏は、有名な肥後国鹿子木荘について、開発領主余流から大宰府長官藤原実政への第一次寄進は実政を「領家と号し」ただけのことで、後年の高陽院内親王への第二次寄進によってはじめて立券がなされたとするのが正確であると、的確に指摘している。また、摂関家領能登国若山荘について、若山荘の基礎をなす源季兼の私領は国免荘かまたは私称の荘園であり、皇嘉門院への寄進によって、能登国田数帳に「康治二年立券」とある五〇〇町もの大荘園が確立したのだと述べている。(三)本稿が述べてきた事例と併せて、王家領・摂関家領の立荘がその前提となる私領から領域型荘園への構造の転換をもたらすことを確認しておきたい。

本節では王家領・摂関家領の立荘の様相を取り上げた。院・女院・摂関の近臣の連携により、国司の協力を不可欠の要素として進められるこうした立荘は、前節でみたように白河院政最初期にすでにその早い例がみられる。白河院政期後半になってその形式を整え、鳥羽院政期に継承されていく。免田や本主の私領を基礎に、まさに作り上げられていく荘園は、ときに郡規模にも及ぶ広大な領域型荘園である。

むろん、ここで取り上げたような立荘パターンがすべての立荘に当てはまるわけではないであろう。しかし、それにしても従来の本家への寄進の意義については、評価を改めるべきであろう。寄進という行為は、立荘全体の中でのひとつの要素であるとさえいえるかも知れない。逆に、王家領・摂関家領として立荘されること自体の意味は、より強調されてよい。少なくとも、中世荘園の形成は「地の底から湧きあがるような所領寄進の連鎖」を「都市の領主が受けとめ(112)」たとされるような一方通行のものでなかったことは確かなのである。

おわりに

本章では、二つの立荘のあり方を取り上げた。まず、一一世紀末に国家的給付の荘園転化、いわば便補としての立荘が朝廷の主導下に始められる。この政策が荘園制の展開を方向付けると考えた。次に、そうした中で始まる院・女院・摂関の近臣層の連携によりなる領域型荘園の立荘である。この立荘は白河院政後半以降立荘文書を獲得し、以後の王家領・摂関家領立荘の主流になっていく。白河院政期はまさしく荘園制が導入され、また新たな立荘パターンが定着した時期であった。

それに比べると鳥羽院政期は立荘例が激増した量的な意味での画期というべきであるが、これは白河院政期に始まるこうした立荘のための条件がさらに熟した結果であろうと思われる。旧来のような荘園整理令の有無などといった政策的な観点ではなく、知行国制の進展と荘園制の展開の関連を問うような視点が今後さらに要請される。

最後に、冒頭で課題として国家的給付としての荘園、という視点の重要性を指摘したが、この点から本章の全体を見通しておきたい。

右にあげた二つの立荘のうち後者、院庁下文などによる立荘の際には、その年貢を国家的仏事などに宛てることが明記され、その国制上の位置付けが示される。そうした意味で、これを国家的な立荘とする評価は充分可能である。しかし、こうした立荘を賀茂社領でみたような意味での便補としての立荘と同一視することはできない。本文で述べたように、国家的給付を荘園に直接転化するような官符による立荘は一一世紀末以降史料的にはほとんどみられなくなるのである。

それと入れ替わるように一二世紀にかけて王家領・摂関家領の荘園群に対する官符が出現する。(113) この官符は、すでに立荘された複数の荘園を荘園群として追認し、一括して特権を付与するものである。時代は降るがたとえば仁安二(一一六七)年、皇嘉門院は女院の地位にともなう封戸の給付を辞退する代わりに自己のもつ荘園群の認定を申請し、この種の官符で許可されている。(114) このように、封戸に直接代わる代替給付の認定文書は依然官符である。それを得た荘園はやはり官省符荘とも呼ばれている。(115) しかし、荘園の構造自体の変化につれて個別の荘園の免田数の厳密な認定から既成の荘園群の一括した追認へ官符の役割は変化し、官省符荘の語の意味するところも大きく変わったのである。

さて、本章で繰り返し述べたのは、王家領・摂関家領として立荘されること自体の意義であった。王家領・摂関家領としての立荘を遂げることとは、上位権門による所領の保護とか、得分権の分割とかの問題では済まされない、荘園の構造的な変化をともなう。一般公家領が上位に王家・摂関家を本家として戴いて、院政下に存立し得たなどと説明されるのは、その間の構造差を無視しており不正確であろう。このような視点に立った上で、荘園を作り上げていく諸勢力の動向、そして彼らができあがった荘園にどのような位置を占めるのか、すなわち荘園所職の成立の問題を問い直す必要がある。

また、本章では立荘そのものの意味を問うことをおもな目的としたため、触れ得なかった点はきわめて多い。特に、立荘を可能にした在地側の諸条件についてはまったく触れることができなかった。上からの編成の動きばかりを問題にすることになったが、無論立荘はそれだけに規定されてなるわけではない。編成とその限界、また設定される枠組みと実態とのズレ、そうした矛盾がどう次代に展開するのか、このような諸側面の検討も不可欠である。荘園制成立史の研究にとって、残された課題はまだまだ多いといわなければならない。

（1）中田薫「王朝時代の庄園に関する研究」（『法制史論集』二、岩波書店、一九三八年、初出は一九〇六年）。
（2）永原慶二「荘園制の歴史的位置」（『日本封建制成立過程の研究』、岩波書店、一九六一年、初出は一九六〇年）。
（3）石井進「荘園の領有体系」（網野善彦他編『講座日本荘園史2　荘園の成立と領有』、吉川弘文館、一九九一年）が、中田説の問題点を改めて鋭く批判している。
（4）村井康彦「公家領荘園の形成」（『古代国家解体過程の研究』、岩波書店、一九六五年、初出は一九六二年）。
（5）工藤敬一『荘園公領制の成立と内乱』（思文閣出版、一九九二年）。
（6）網野善彦「荘園公領制の形成と構造」（『日本中世土地制度史の研究』、塙書房、一九九一年、初出は一九七三年）。
（7）坂本賞三『荘園制成立と王朝国家』（塙書房、一九八五年）、「王朝国家と荘園」（網野善彦他編『講座日本荘園史2　荘園の成立と領有』、前掲註3）。
（8）井原今朝男「公家領の収取と領主経済」（『日本中世の国政と家政』、校倉書房、一九九五年、初出は一九九一年）。
（9）上島享「庄園公領制下の所領認定—立庄と不輸・不入権と安堵—」（『ヒストリア』一三七、一九九二年）、「財政史よりみた中世国家の成立—中世国家財政論序説—」（『歴史評論』五二五、一九九四年）。佐藤泰弘「立券荘号の成立」（『史林』七六—五、一九九三年）。
（10）石井進「院政時代」（『講座日本史2』、東京大学出版会、一九七〇年）など。
（11）五味文彦「前期院政と荘園整理の時代」（『院政期社会の研究』、山川出版社、一九八四年）。こののち石井進氏も五味説に賛意を表し（「荘園の領有体系」、前掲註3）、この区分が定説化している。
（12）『百練抄』寛治三年八月一六日・同四年三月二六日・同七月一三日の各条。
（13）『大日本史料第三編之一』寛治四年七月一三日条所収。
（14）『経俊卿記』建長八年八月三日条、『平戸記』仁治元年一一月六日条。
（15）仁治元年閏一〇月一一日関東下知状（小早川家文書、『鎌倉遺文』五六四六号）。
（16）年未詳官宣旨（『兼仲卿記』弘安六年一一・一二月巻紙背文書）。下村效「賀茂御祖社領土佐国津野荘の成立と発展」（『日本中世の法と経済』、続群書類従完成会、一九九八年、初出は一九七二年）に紹介されている。
（17）寛治四年一〇月九日三好郡司解（『賀茂別雷神社文書』一号、『平安遺文』一二八八号）。
（18）天福元年一〇月二九日延暦寺政所下文（座田文書、『鎌倉遺文』補一一三七号）。

(19)『温故古文抄』所収前欠文書。
(20)『中右記』保安元年四月六日条。
(21)『吉記』寿永元年九月一四日条。
(22) 須磨千穎「中世賀茂別雷神社領の形成過程」(『日本歴史』二六〇、一九七〇年)、坂本賞三「都宇・竹原荘の成立」(『日本王朝国家体制論』、東京大学出版会、一九七二年、初出は一九六三年)、網野善彦「荘園公領制の形成と構造」(前掲註6)。賀茂社領についてはこのほかに、岡田荘司「中世の賀茂別雷社領」(『神道学』五八、一九六八年)や下村效氏による一連の個別研究がある。下村效『日本中世の法と経済』(前掲註16) 所収の諸論文。
(23) 生島暢「下鴨神社文書『新撰勘用記』について(紹介)」(『国書逸文研究』二六、一九九三年)。これにより、『賀茂社諸国神戸記』に引用されている寛治四年三月二四日鴨御祖大神宮申状案(『平安遺文』一二八七号)は、eの鴨御祖社社司等解の抄出であることが明らかになった。生島氏の指摘のように『新撰勘用記』が『賀茂社諸国神戸記』編纂の際の原史料の一であることは間違いなく、その史料価値は高い。
(24)『百練抄』寛治三年八月一六日条。
(25) 源家宗は承暦二年より応徳元年までの上野介在任、源兼俊は永保二年の筑前守在任が確認できる(宮崎康充編『国司補任』第五、続群書類従完成会、一九九一年)。
(26) 網野善彦氏は「寛治に寄進された諸国の社領も、じつは賀茂・鴨両社とつながる諸国の供祭人の根拠地に設定された可能性は十分あり」と、立荘以前からの賀茂社との関係を推測していた(「近江の海民」、『日本中世の非農業民と天皇』、岩波書店、一九八四年)。
(27)『賀茂別雷神社文書』三八〇号、『平安遺文』一二八五号。
(28) 前掲註(17)史料。
(29) 坂本賞三「都宇・竹原荘の成立」(前掲註22)。
(30) 勝山清次「便補保の成立について―「納官済物」納入制度の変遷―」(『中世年貢制成立史の研究』、塙書房、一九九五年、初出は一九七六年)。勝山氏の視角は、封物納入制度の変遷の解明にある。ここでは、国家的給付の土地への転化それ自体のあり方に関心がある。
(31) 勝山清次「便補保の成立について」(前掲註30) の註57。

(32) 長寛二年九月二五日官宣旨（坂本蓮華院文書、『平安遺文』三三一〇号）。このほかにも同様の文言をもつ史料は多い。西山克「院政期に於ける便補保の形成―祇園社領四ヶ保の成立について―」（『神道史研究』二二―二・三、一九七四年）参照。四ヶ保についてはこのほかに河音能平「院政期における保成立の二つの形態」（『中世封建制成立史論』、東京大学出版会、一九七一年、初出は一九六三年）、小杉達「祇園社領「四ヶ保」の成立について」（『神道史研究』一六―五・六、一九六八年）、川島敏郎「祇園社領「四ヵ保」の形成と相伝について」（『古文書研究』一四、一九七九年）などがある。

(33) 小杉達「祇園社領「四ヶ保」の成立について」（前掲註32）。

(34) 小杉達「祇園社領「四ヶ保」の成立について」・西山克「院政期に於ける便補保の形成」（前掲註32）によると、祇園社への封戸施入は史料の時期が下るにつれて古くに求められる傾向にあるが、『中右記』承徳元年四月二六日条にある堀河天皇の病気平癒のための封戸五〇烟の寄進である可能性が高いとされている。

(35) 便補の時期は、丹波国波々伯部保が承徳二年一〇月一五日、近江国犬上郡内の某保がその翌日の一〇月一六日、同国浅井郡内の某保もしくは備後国小童保の立保が『長秋記』目録同年一二月二四日条に「祇園新立庄事」とあるのに対応すると考えられており、各保の便補がほぼ同時であることがわかる。

(36) 祇園社領四ヶ保がのちに「白河・堀河両朝之御願」であることをしきりに強調し、また「准官省符荘」と主張するのは、国衙との抗争の中で生み出された文言と理解されているが、事実に近い主張なのかも知れない。

(37) 天福元年五月日八幡石清水宮寺言上状（宮寺事縁抄、『鎌倉遺文』四五一二号）。勝山清次「便補保の成立について」（前掲註30）参照。

(38) 延久四年九月五日太政官牒（石清水田中家文書、『平安遺文』一〇八三号）。

(39) 坂本賞三『荘園制成立と王朝国家』、「王朝国家と荘園」（前掲註7）。

(40) 史料的に封戸の施入がわかるのは承暦元（一〇七七）年供養の法勝寺と康和四（一一〇二）年供養の尊勝寺であるが、保延元（一一三五）年供養の成勝寺も諸国からの収入が相折の主要部分を占めていることがわかる（年月日欠成勝寺年中相折帳、宮内庁書陵部所蔵『祈雨法御書』建久二年五月紙背文書、『平安遺文』五〇九八号）ので、創建当初に封戸を経済基盤とする相折が決定されるのは六勝寺に共通する特徴と考えられる。

(41) 勝山清次「平安時代後期の封戸制―封戸制の再編と解体―」（『中世年貢制成立史の研究』、前掲註30、初出は一九七八年)。

(42)『後二条師通記』寛治七年三月三日条。坂本賞三「寛治七年荘園整理の議とその背景」(『古代文化』三七—一二、一九八五年)、戸川点「寛治七年荘園整理令の再検討」(十世紀研究会編『中世成立期の歴史像』、東京堂出版、一九九三年)。

(43)『後二条師通記』寛治七年八月一〇日条。

(44)戸川点「寛治七年荘園整理令の再検討」(前掲註42)。

(45)今正秀「保元荘園整理令の歴史的意義—平安後期荘園整理政策をめぐる政府と権門—」(『日本史研究』三七八、一九九四年)。

(46)『後二条師通記』寛治五年五月二六日条。

(47)刊本は中島俊司編『醍醐雑事記』(醍醐寺、一九三一年)。『醍醐雑事記』は平安末期に上座慶延によって編纂され原型ができた記録である。慶延は醍醐寺領の経営実務に手腕を発揮し、文書や記録の収蔵された醍醐寺宝蔵の管理にも深く関与していた人物である(安達直哉「『醍醐雑事記』について」、稲垣栄三編『醍醐寺の密教と社会』、山喜房佛書林、一九九一年)。なお、刊本の同書巻第一は鎌倉前期に書写された抄本であるが、最近安達直哉氏により、より原本に近い田中家旧蔵本が紹介された(「田中家旧蔵本『醍醐雑事記』巻第一」、佐藤道子編『中世寺院と法会』、法蔵館、一九九四年)。これは刊本の倍以上の記載をもつ重要史料で、未紹介の文書も引用されている。この新史料も有効に活用したい。

(48)醍醐寺領荘園を概観した研究に、竹内理三「寺院に於ける荘園経済の成立—醍醐寺の研究—」(『竹内理三著作集第三巻　寺領荘園の研究』、角川書店、一九九九年、初出は一九三五年)、伊藤清郎「中世の醍醐寺領」(『中世日本の国家と寺社』、高志書院、二〇〇〇年、初出は一九八二年)がある。両氏によると、醍醐寺領の形成期は一一世紀後半以降とされるが、その中核にある荘園は円光院・無量光院という御願寺領として立荘されているものが多い。これらは醍醐寺の惣寺領という性格を合わせもっているが、立荘のあり方からみれば、御願寺領、すなわち王家領荘園の事例として考えるのが適当である。

(49)『為房卿記』応徳二年八月一六日条。応徳二年八月一七日前中宮賢子令旨案(『醍醐雑事記』巻第一)。

(50)『醍醐雑事記』巻第一。

(51)『醍醐雑事記』巻第一。
(52)『尊卑分脈』三、一七六頁。
(53)本文に引用した事書には「応徳二年寄進円光院」とあるが、長承二年三月一日官宣旨案（『醍醐雑事記』巻第一二、『平安遺文』二二六六号）には、「彼庄者、同宮処分郁芳門院之地也」とあり、応徳二年以前の段階ですでに中宮賢子に寄進されており、賢子より娘の郁芳門院に譲与され、供養にともなって円光院領として立荘されたようである。
(54)応徳二年五月八日太政官牒案（『醍醐雑事記』巻第一二、『平安遺文』一二三四号）。
(55)柏原荘関係文書目録は、『醍醐雑事記』巻第一四の六一六～六二四頁に「柏原庄文書櫃一合納」として収録されている。以下同じ。
(56)前掲註(47)参照。
(57)牛原荘については、笠島清治「越前国における荘園制社会の興隆と衰退―醍醐寺領牛ガ原荘を中心に―」（『地方史研究』一〇四、一九七〇年）がある。
(58)長承元年九月二三日官宣旨案（『醍醐雑事記』巻第一二、『平安遺文』二二四一号）所引の同一三日醍醐寺円光院司解。
(59)牛原荘関係文書目録は、『醍醐雑事記』巻第一五の六二七～六三三頁に「牛原庄文書櫃一合納」として収録されている。以下同じ。
(60)『醍醐雑事記』巻第一の一六～一八頁。以下同じ。
(61)前掲註(47)参照。
(62)井原今朝男「公家領の収取と領主経済」（前掲註8）。
(63)承徳三年の中宮賢子の御産御祈の際に、東寺長者を差し置いて宣旨により孔雀経法を修したのが義範で、そのときの出生が後の堀河天皇である（『三宝院伝法血脈』）。
(64)前掲註(58)史料。高実が賢子の娘で、以後牛原荘を管掌する（後註66参照）郁芳門院媞子の女院別当を勤めていることも確認できる（『中右記』嘉保二年六月二六日条）。
(65)田中家旧蔵本『醍醐雑事記』巻第一。前掲註(47)参照。

(66) こののち、円光院では寛治四（一〇九〇）年に三十講の仏事が始められるが（『醍醐雑事記』巻第一）、牛原荘が負担するその料米の嘉保二（一〇九五）年九月五日付の相折帳は「一、被副置三十講七ケ日料米。……右、相折於六条院庁立用勘合如件」（同、田中家旧蔵本）と六条院庁で作られており（六条院は郁芳門院の御所）、引き続き郁芳門院の管領下にあったことがわかる。しかし、そののち長承三（一一三四）年八月二五日の柏原・牛原両荘の相折帳（同前）は醍醐寺の所司によって作成されており、この時点では王家領としての性格を後退させている。

(67) 山鹿荘については、吉村茂樹「醍醐寺無量光院の創立と肥後山鹿荘―醍醐寺と村上源氏との関係―」（『古代学』六―四、一九五八年）、工藤敬一「肥後北部の荘園公領制―山鹿荘と二つの玉名荘―」（『荘園公領制の成立と内乱』、前掲註5、初出は一九八五年）。

(68) 「庄本主者壱岐守能高、次子出羽権守能輔。々々之時六条院崩御之後、白河院被立無量光院之刻、為此御堂、被尋庄券契。仍能輔以当庄文書寄進六条院宣旨殿土佐前司能仲之妻、々々々進上白河院。自院施入無量光院」（『醍醐雑事記』巻第四）とあり、「券契を尋ねる」働きかけ、券契献上、立荘、無量光院への施入という手続がわかる。ただ立荘の事情に詳細な検討を加えた工藤敬一氏によると、山鹿荘は無量光院の供養以前、六条院（郁芳門院）存命中の寛治六年段階にすでに院庁に寄進され、それが改めて永長二年に無量光院に施入されたのであるという。したがって、事書の記載に全幅の信頼を置くことはできないが、無下にこれを退けることも躊躇される。すでに内々に院近辺に寄せられている荘園が御願寺領として正式に立券を遂げる例は他にもあり、この「券契を尋ねる」沙汰は、そうした御願寺領としての立荘に際してとられた手続であった可能性がある。次節参照。

(69) 吉村茂樹「醍醐寺無量光院の創立と肥後山鹿荘」・工藤敬一「肥後北部の荘園公領制」（前掲註67）。

(70) 前掲註(58)史料。

(71) 田中家旧蔵本『醍醐雑事記』巻第一。前掲註(47)参照。

(72) 『中右記』康和四年一〇月二三日条。

(73) 以後、官符による立荘の例としては太政官厨家領若狭国国富保の例がある（建久六年一二月四日太政官符、吉川半七氏旧蔵文書、『鎌倉遺文』八二〇号）。朝廷の内廷関係の所領などの立荘は、依然官符によっていたのかも知れない。

(74) 五味文彦「女院と女房・侍」（『院政期社会の研究』、前掲註11、初出は一九八二年）、石井進「源平争乱期の八条

院領―「八条院庁文書」を中心に―」（永原慶二・佐々木潤之介編『日本中世史研究の軌跡』、東京大学出版会、一九八八年）など。
(75) 前掲註(58)史料。
(76) 工藤敬一「肥後北部の荘園公領制」（前掲註67)。
(77) 美川圭「公卿議定制から見る院政の成立」（『院政の研究』、臨川書店、一九九六年、初出は一九八六年）。
(78) 篠原荘については、福家清司「仁和寺領阿波国篠原荘・勝浦荘の成立と展開」（『史窓』一八、一九八七年）。
(79) 『中右記』元永元年七月二五日条。
(80) 『中右記』元永元年八月一一日条。
(81) 『中右記』元永元年九月一日条。
(82) 『仁和寺御伝』（奈良国立文化財研究所編『仁和寺史料　寺誌編二』、吉川弘文館、一九六七年）。
(83) 『中右記』元永元年八月一一日条。
(84) 免田型荘園・領域型荘園という荘園類型は、小山靖憲「荘園制的領域支配をめぐる権力と村落」（『中世村落と荘園絵図』、東京大学出版会、一九八七年、初出は一九七四年）、「古代荘園から中世荘園へ」（『中世寺社と荘園制』、塙書房、一九九八年、初出は一九八一年）。小山氏は領域型荘園出現時期を寺領は一一世紀半ば、公家領では一二世紀初頭とズレがあることを指摘するが、両者には時代差だけではない違いがあり、領域化の要因など別々に考えるべき点が多いと思う。
(85) 上島享氏は、木村茂光氏の研究に依拠して、臨時雑役免除のために不入権が求められ領域型所領が成立する、とする。また、立荘手続きの一環として不輸権付与を重視している（「庄園公領制下の所領認定」、前掲註9)。右の理解もおもに寺領荘園の研究成果から得られたものではないだろうか。
(86) 『中右記』元永二年三月二五日・二六日条。
(87) 竹内理三「院庁政権と荘園」（『竹内理三著作集第六巻　院政と平氏政権』、角川書店、一九九九年、初出は一九五五・五六年）。
(88) 石母田正「古代末期の政治過程および政治形態―古代世界没落の一考察―」（『石母田正著作集第六巻　古代末期の政治過程および政治形態』、岩波書店、一九八九年、初出は一九五〇年）。網野善彦氏も「院政の開始によって受身の立場に立たされた摂関家が、それ自身の経済的基礎を転換させるために払った努力」とする（「荘園公領制の形成と構造」、前掲註6）。また、峰岸純夫氏はこの立荘計画を浅間山噴火の大災害後の再開発であると論じているが、院と摂関家の荘園政策上の対立については、従来の見解を踏襲している（「浅間山の噴火と荘園の成立―十二世紀の東国社会―」、『中世の東国―地域と権力―』、東京大学出版会、一九八九年、初出は一九八四年）。

(89) 『中右記』元永元年八月一二日条。

(90) 為房は、この少し後に覚法法親王家別当になっていることが確認できる（興福寺本『僧綱補任』五、天永三年の項）。

(91) 福家清司「仁和寺領阿波国篠原荘・勝浦荘の成立と展開」（前掲註78）。

(92) 元木泰雄「摂関政治の衰退」（『院政期政治史研究』、思文閣出版、一九九六年、初出は一九九四年）。

(93) 元木泰雄「摂関家家政機関の拡充」（『院政期政治史研究』、前掲註92、初出は一九八一・八四年）。

(94) 『大槐秘抄』（『群書類従』第二八輯）。

(95) 従来、院と摂関との荘園政策をめぐる対立を軸に、白河院政期の荘園整理策が説かれ、荘園整理から荘園の容認へという政策変化もその動向上で説明されていた。しかし本文中にも述べたように、両者の立場は基本的には同質であると考える。この点は院政下における摂関家の位置という問題にかかわるが、これは今後深めたい。なお、摂関家領荘園の形成は古く、すでに頼通段階で主要な荘園群が形成されている（川端新「摂関家領荘園群の形成と伝領―近衛家領の成立―」、上横手雅敬監修『古代・中世の政治と文化』、思文閣出版、一九九四年、本書付編Ⅰ第一章）。しかし、一二世紀以後の荘園の構造までを伝領関係を根拠にして摂関期に遡及させることはできない。たとえば、もっとも広大な摂関家領荘園である九州の島津荘の場合も、その起源は一一世紀半ばの寄進にあるが、荘域拡大の最大の画期は院政期にあり、「都市的・貴族的領有の強化（領域支配の確立）の契機において理解する」べきことが指摘されている（工藤敬一「九州における荘園公領制の成立と内乱」、『荘園公領制の成立と内乱』、前掲註5、初出は一九七七年）。摂関期に起源をもつ荘園も、のちの構造転換を考えるべきであろう。

(96) 『中右記』元永元年九月九日条。

(97) 『中右記』元永元年八月一二日条。

(98) 『中右記』には、この時期院庁での同様の相論の記事が目立つ。古く八代国治「記録所考」（『国学院雑誌』一一一一～六、一九〇五年）は、これらの裁判を天永の記録所の活動とみている。これに従うことはできないが、一連の相論を記録所上卿であった藤原宗忠が担当していることからすると、記録所の活動の延長線上にある政策との評価は可能かも知れない。いずれにせよ、この時期の白河院の荘園整理の姿勢は明らかである。

(99)　今正秀「院政期国家論の再構築にむけて—王朝国家体制論の視角から—」（『史学研究』一九二、一九九一年）。

(100)　質侶荘については、堀池春峰「遠江国質侶荘と待賢門院御願円勝寺」（京都大学読史会編『国史論集』一、一九五九年）、佐々木清治「遠江国質侶荘の歴史地理学的研究」（『静岡英和論集』二、一九六五年）、原秀三郎「遠江国質侶荘に関する二、三の問題—関係文書の調査と立荘をめぐって—」（『静岡県史研究』創刊号、一九八六年）、石上英一「質侶荘の成立と構造」（『古代荘園史料の基礎的研究』、塙書房、一九九七年、初出は一九九四年）。なお、質侶荘は大治の立券時にはまだ質侶牧と呼ばれており、質侶荘となるのはやや降るが、便宜上質侶荘に統一する。

(101)　大治三年八月日藤原永範寄進状案（東大寺図書館所蔵『弥勒如来感応指示抄一』紙背文書、『平安遺文』四六九二号）。

(102)　永範寄進状には「又従彼民部卿（藤原長家）家、九条前太政大臣（藤原信長）家伝領、次同後家又領知、即為本家」とある。ところが『平安遺文』はこの「後家」を「俊家」と誤読している。これによって堀池氏は「俊家」を伝領過程に介在させるため、また年代を合わせるために、信長より中御門家の俊家—宗俊—宗忠へという史料にはない伝領を想定して、本家職を売却したのは宗忠だとしている（前掲註100）。以後の研究もこの誤解をそのまま踏襲している。しかし、信長の没（一〇九四年）後にその後家（長家女）が伝領し、彼女がその本家を手放したというのが単純な事実で、質侶荘が中御門家領になったことはない。なお、石上英一「質侶荘の成立と構造」（前掲註100）は、本章（初出一九九六年）の指摘によって、著書収録時に伝領関係が大幅に書き直されているが、以下に述べる立荘時の構造変化については従来通りの平板な理解に留まっている。付編Ⅱ第四章註(39)参照。

(103)　大治三年一二月日待賢門院庁牒案（東大寺図書館所蔵『唯識論第五巻問答抄』紙背文書、『平安遺文』二一二二号）、大治四年三月二八日遠江国質侶荘立券文案（同、『平安遺文』二一二九号）など。

(104)　永久元年一〇月一四日遠江守源基俊請文案（同、『平安遺文』一七九九号）。

(105)　治承二年四月二六日藤原永範譲状案（同、『平安遺文』三八二六号）。

(106)　坂本賞三氏は本荘・新荘関係の性格を論じ、荘園名の本・新関係は一般に分割によって生じるのではなく、「新荘は（中略）本荘の本免田以外に新たな荘地が一つの所領として本荘の荘園領有に付加されてくる」こと、すなわち本荘には本免田の「本」の意味があることを明らかにしている（「都宇・竹原荘の成立」、前掲註22）。質侶荘では「本荘」の語がみえる史料（前掲註105）はのちの預所職の分割時のものであるが、湯日・大楊両郷が加納とされている点と合わせると、質侶郷が本主の本免部分であったと考えるのが妥当である。坂本氏も、分割される荘園のなかにも、もともと本・新関係がその前提となっているものがあることを指摘している。

(107) 前掲註(104)文書の副状である藤原永実宛の永久元年一〇月一五日大蔵卿藤原為房書状（天理図書館所蔵、『平安遺文』一八〇〇号）に「依院宣停湯日入検国司請文并大蔵卿消息按」との端裏書があることが原氏によって紹介され、永実の背後にすでに白河院があることが明らかになった（前掲註100）。また、この文書には「可被進覧本家之状、如件」とあり、この段階で「本家」が存在したことが知られる。石上氏はこの本家を永実自身とするが、永実宛の書状に「可被進覧本家」とある本家を、永実本人とみることには無理があり、院近辺の有力者であろうと考えられる。なお、この書状は従来「大蔵卿公房書状」とされてきたが、石上氏により草名の誤読が訂正された（前掲註100）。

(108) 『長秋記』大治四年三月二四日条。待賢門院をめぐる人脈については、五味文彦「女院と女房・侍」（前掲註74）参照。

(109) 『中右記』康和四年一〇月二三日条。

(110) 『長秋記』大治五年七月二〇日条。

(111) 石井進「荘園の領有体系」（前掲註3）。

(112) 大石直正「荘園公領制の展開」（『講座日本歴史3　中世1』、東京大学出版会、一九八四年）。

(113) 上島享「庄園公領制下の所領認定」（前掲註9）において、「一括免除」の官符とされているものである。

(114) この事情については、川端新「摂関家領荘園群の形成と伝領」（前掲註95）参照。

(115) 元久元年四月二三日九条兼実置文（天理図書館所蔵九条家文書、『鎌倉遺文』一四四八号）に、「右、堂舎家地庄薗等、……多是相伝之領、官省符之地也」とあるが、この「官省符之地」が、本文に述べた仁安二年の皇嘉門院の得た官符で認められた荘園群であろうと考えられる。皇嘉門院領はのちの九条家領の中核をなす荘園群である。

第二章　荘園所職の成立と展開

はじめに

今日に至る公家領荘園研究の基本的な枠組みを作ったのが、一九六〇年前後に書かれた永原慶二氏の二論文であるということに異存のある者はないであろう。「公家領荘園における領主権の構造」、それに続く「荘園制の歴史的位置」(1)、ここに示された永原氏による荘園領主権の内容の理解、およびそれに基づく荘園領有構造の類型は、以後の研究を長く規定することになった。その後、いくつかの批判的な研究が現れ、そのなかには永原説の根幹にかかわるものがあったにもかかわらず、結局それらも部分的な批判にとどまって、いまだにその通説としての位置にそれほど変わりはないようにみえる、というよりも、これに代わる体系的な研究が現れないまま現在に至っているといったほうが正確であろうか。永原氏の荘園制論は、その職の体系の理解である職制国家論と一体をなすものであるが、荘園所職の成立・展開に関する議論は荘園制の本質にかかわるものであるだけに、新たな荘園制社会成立史像を構築しようとするならば、いま一度永原氏の所説に立ち返って、その論拠を検討し直すことから始めなければならないであろう。

前章とのかかわりという点からすると、ここでの主要な問題関心は次のようなものである。前章では院政期の立荘形態を再検討し、寄進地系荘園という枠組みを批判して、寄進よりも立荘そのものの意義を重視すべきであることを述べた。そうした判断を前提にするならば、下からの寄進の連鎖で説明されてきた重層的な職の体系の成立、これをどのように説明し直すか、という問題が直ちに起こってくるであろう。これに対する一定の回答を示すことが本章の課題である。

まず永原氏による荘園領主権の理解の概要を示しておこう。

前掲二論文では、いわゆる寄進地系荘園の集中者である王家(2)および摂関家の荘園領有形態を検討する史料として、王家領としては安楽寿院領に関する庄々所済日記(3)、摂関家領としては近衛家・九条家それぞれの家領の根本史料である近衛家所領目録(4)および九条道家処分状(5)が検討された。そこで明らかにされたのが、次のA・Bのような荘務権の有無による本家の荘園領有形態の二類型である。

A 本家が荘務権をもたない荘園＝領家が荘務権を有する、上分得分権のみからなる本家職所有

B 本家が荘務権をもつ荘園＝荘務権をともなう本家・領家未分化の荘園

そして、王家領と摂関家領の比較から、王家領ではAの荘務権をもたない荘園が主要形態、摂関家領ではBの荘務権を有する荘園が中核でAはそれに次ぐ、との結論が得られたのである。

さらに一般貴族の荘園領有形態の分析の対象として、藤原定家の御子左家領が取り上げられた。ここでは、定家の日記『明月記』にみえる家領支配のあり方から、a家領型所領・b俸禄型所領という二類型が抽出された。aは、相伝の家領というべき荘園で、荘務権を自ら把握し荘務執行に当たっているもの、bは、所職の保持も短期間であり、荘務権をともなわない得分権を実体とする所職であるとされる。この分析から得られた成果をも組

み込んで、先のA・Bの二類型は、結論として次のようにまとめられることになった。

A荘務権をもたないもの

(一)本家職のみをもち、別に荘務権をもつ領家の存在する場合

(二)請所

B荘務権をもつもの

(一)本所が家司等を預所等の下級所職に補任し、この任免を随時行いうるもの

(二)本所が寄進者の慣行的権利を尊重し、荘務執行をこれにゆだねるもの

永原氏による荘園領主権の理解の大枠は以上のようなものである。そして荘務権の有無を分類の基準とする荘園領主権の類型理解は、以後の研究に受け継がれることになった。宮川満氏はこうした理解を前提に、本所・領家型から本所・預所型を経て代官請負制へ、という荘園制の変遷を論じ(6)、井原今朝男氏も宮川氏によるこのシェーマを承認している(7)。石井進氏は、荘務権の有無による二類型を平家没官領荘園に適用して、その性格を論じている(8)。個別荘園の研究においても、以上の類型が使用されることはまだ多い。

しかし、永原氏の以上の分析には史料解釈上の問題点が含まれている。永原氏が検討の対象とした史料は、現段階においても公家領荘園研究の基本史料である。それらの史料を検討して、永原説の問題点を明確にしたい。そのうえで、荘園所職の成立・展開についての再検討を試みる。すでに重要な批判がなされている点もあるので、そうした成果にも拠りながら、検討を進めることになる。

第一節　荘園領主権の理解をめぐって

1　本家の領主権

永原氏によって荘務権の有無という本家の領主権の二類型が導き出されたのは、直接には近衛家所領目録にある荘園の分類の記載からであった。近衛家所領目録は、建長五（一二五三）年一〇月、近衛兼経によって作成された家領目録である。この前年に兼経は摂政を辞し、弟の兼平がその後を嗣いでいる。これによって近衛家から兼平の鷹司家が分立することになるのであるが、この目録はその両家の分立に際して作成されたものと考えられている。ここで近衛家領の荘園は、次のような分類のもとに配列されている。[9][10]

①「相伝所々」　計一四所
②「庄務無本所進退所々」　計五一所
③「寄進神社仏寺所々」　計　七所
④「年貢寄神社仏寺所々」　計　四所
⑤「庄務本所進退所々」　計六〇所
⑥「請所」　計二〇所

永原氏が取り上げたのは、右のうちの②⑤⑥のグループである。とりわけ永原氏に荘務権の有無による類型を構想させたのは、もっとも多くの荘園を含む②と⑤の対比であった。永原氏の解釈は次のようなものである。②「庄務無本所進退所々」は、近衛家には荘務権がない荘園で、別に荘務権をもつ領家が存在し、近衛家は一定の得分権者に過ぎない。これこそ中田薫氏のいう「本家寄進」によって近衛家領となった荘園である。一方、⑤[11]

「庄務本所進退所々」は、近衛家が荘務権を直接保持する荘園であり、預所を補任して荘務が執行される。⑤に属する荘園には各荘ごとに預所と考えられる人名が注記されているが、②の荘園に人名の注記がほとんどみられないのは、以上のような領有形態の差による。

しかし、この永原氏の理解は「庄務無本所進退」・「庄務本所進退」という文言を表面的に解釈したもので、その内容の検討を経たものではなかった。この点を批判したのが槇道雄氏である。槇氏は、②「庄務無本所進退所々」は近衛家からその子女などに譲与された所領であり、①「相伝所々」とともに、当時の近衛家の支配から事実上離脱した所領群であることを指摘した。(12)②の荘園群には槇氏のいうように近衛家の子女等一一人の名のもとに数ヶ所ずつの荘園名が書かれており、彼らが近衛家から所領の譲与を受けた人々であることは、この史料を普通に読めば明白この上ないことである。槇氏の批判を待つまでもなく、摂関家領の伝領研究においては従来からもちろん正しく読まれていたのである。(13)にもかかわらず、永原説が直接批判をうけることなく長年受け入れられてきたことは、私にはまったくもって不可解である。すでに譲与した②の荘園群に対して近衛家当主が荘務権をもたないのは当たり前である。②の各荘園の下に預所の人名がないのは、預所職の補任は被譲与者によってなされ、近衛家当主の関与するところではなかったためである。

もっとも、槇氏は考慮に入れていないが、近衛家当主が譲与したはずの②の所領群が、それ以後も依然として近衛家領の一部を構成しているという事実は重要である。私はこれを本家のもとでの領家職の創出というべき事態を示すものと考えているが、このことは後に改めて論じることにしよう。いずれにせよ、「庄務無本所進退」という②の所領群に対する近衛家当主の関与のあり方は、鎌倉中期に至るまでの近衛家内部の相続形態がもたらした後発的な問題であって、「本家寄進」によって生じた形態ではない。②⑤にみられる荘務権の有無という差は、本来的な荘園の領有構造に由来するものではないのである。

近衛家所領目録の解釈から立論された二類型が成り立たないとすると、他方の九条道家処分状に対する永原氏の解釈も共倒れになる。こちらはさほど立ち入った史料解釈を経たものではなく、近衛家領での分析結果を九条家領にやや強引に適用したものに過ぎないからである。

王家領の領有形態に関する永原説にも、その史料操作に問題があることが、すでに福田以久生氏により指摘されている。永原氏は安楽寿院領について、安楽寿院古文書中の庄々所済日記という史料に列挙された荘園に付された人名に注目し、これを寄進者を示すものだとした。そしてこれを根拠に、王家領の領有形態は、一部の根本所領を除けばほとんどが荘務権を保留する領家からの上分寄進、すなわち中田薫氏のいう「本家寄進」によって作られた、得分権のみからなるものである、と結論した。しかし、福田氏の検討結果によると、ここに記された人名を一律に寄進者と考えることはできず、むしろその逆に、大半は恩給によって預所職を与えられた人物である可能性が高いという[14]。ここでも、永原氏の荘園領主権に関する理解を承認することはできないのである。

以上から、荘務権の有無による本家の領主権の二形態というのは、少なくとも荘園制成立期の事情としては成り立たないといわざるを得ない。また、本家としての王家・摂関家の荘園領有形態の差も、これらの史料から判断することはできない。本家（王家・摂関家）のもとで各荘園ごとにその知行者が一人ずつ挙げられている、という単純な構造が、右の所領目録類からまず読み取ることのできる、基本的な事実である[15]。

2　一般貴族の領主権

続いて、一般貴族の荘園領有形態の分析の素材となった藤原定家の御子左家領について検討を加える。まず永原氏の分析の概要を記しておくと、次の通りである。

藤原定家の家領は彼の日記『明月記』から一五ヶ所が確認できるが、それを大別すると二つのグループに分けることができる。まず、近江国吉富荘・播磨国越部荘・伊勢国小阿射賀御厨・播磨国細河荘の四ヶ所、これらは相伝の家領というべき性格のもので、定家が一貫して知行し、荘務権を把握して荘務執行に当たっていた。他方、下総国三崎荘以下の一一ヶ荘は、所職の保持も短期間であり、荘務をともなわない得分権を実体とする所領である。定家家のような一般貴族の所領は、前者のような世襲性の強いa家領型所領と、後者の如き一時的に給付されるb俸禄型所領から構成されていた。以上である。

さて、a・bとして分類された所領を比べると、家領としての安定度に差があることはそれなりに納得できる。『明月記』からみる限り、前者は長期にわたって記事がみられるのに対して、後者の知行は長期には及ばず、その収益も確保されているとは言い難い傾向にある。しかし、両者の差を領有構造上の問題と考えることは正しいのであろうか。永原氏が両者を分ける判断の根拠にしているのは、①世襲性の強弱、②荘務権を持っているか得分権のみか、という二点のようである。そこで、b俸禄型所領の筆頭に分類されている下総国三崎荘を例にとり、まずは②の点から『明月記』の記事をしばらく検討していこう。

下総国三崎荘は九条家を本家とする荘園である。(16) これが定家に与えられたのは正治元（一一九九）年七月二五日のことで、この日定家に九条良経から政所下文が与えられている。永原氏は定家の権利を預所職とはみていないが、預所職に補任する旨の下文と考えてよいであろう。

補任を受けた定家は、「蒙種々恩、是奉公本意也」、「遼遠所雖不幾、御志之至超過傍輩、可謂面目本意」(17)と述べ、遠隔地荘園であり収益がさほど期待できないことを知りながら、これが与えられたことを喜んでいる。同月二九日には、雑色の光沢という者を三崎荘へ下向させている。(18) 預所の交替を地頭に触れ、年貢のことを交渉するためであった。光沢は九月二〇日に帰京した。その報告によると、年貢は懈怠なく沙汰する、というのが地頭の返事であった。けれども地頭は遥々下向した使者光沢に最下品の馬二匹しか与えず、定家は憤りを書き連ねている。[19] 同年の暮れから翌正治二年正月にかけては、三崎荘から所課が定家のもとに届いている記事がある。[20] 同八月には地頭との間でトラブルが生じたのであろうか、九条良経の仰をうけて、定家は鎌倉に「三崎庄地頭之間事」について折紙を送っている。[21] こののちも、三崎荘から所課が届いている記事が『明月記』には散見する。[22]

三崎荘が定家の手から離れるのは、建仁二(一二〇二)年二月七日のことである。その前年より定家は「依無面目」という理由で三崎荘の辞退を九条家に申し出ていたが、この二月になってそれが認められ、代わりに伊賀国大内東荘が与えられることになったのである。定家は次のような感想を記している。「三崎尋常所也。雖又有興復之聞、遼遠之上、所課極難堪。此事雖又不知其程、近所極以為本望耳」。[23]

定家の三崎荘に対する以上のような関与をみるならば、これを一時的な得分権からなる俸禄型所領とするのは、いささか割り切りすぎであろう。[24] 預所に補任された定家は地頭と交渉し、また幕府に働きかけ、年貢の確保につとめている。現地を地頭が掌握している不利な状況の中でも、[25] 少なくとも定家には本家から荘務権が委ねられ、荘務執行にあたっているというべきである。「有興復之聞」というから事態は好転しつつあったのかも知れない。しかし一方で「所課極難堪」とあるので、やはりその成果ははかばかしいものではなかったのであろう。「依無面目」という理由で定家が辞退を申し出たのも、預所に求められた年貢所課の確保という義務を果たすことができなかったためであろう。

こうしてみると、定家家による三崎荘の領有が不安定であることの理由は、その本来的な領有構造に根ざすものではなく、鎌倉中期段階における京都の都市領主による遠隔地荘園(ことに東国荘園)支配一般の問題というべきである。このように、俸禄型所領とまとめられた荘園も、その領主権の内実を一時的な得分権のみからなるとすることは必ずしもできないし、定家家の支配が貫徹せず収益が確保されないのは、領有構造上の問題であるとはいい切れないのである。

伊勢外宮領である伊勢国小阿射賀御厨の事情をみてみると、これはa家領型所領のほうに分類されている所領であるが、定家家の関与の仕方は三崎荘とほとんど同じである。小阿射賀御厨を定家が得たのがいつのことかは判然としないが、ここには関東御家人の渋谷氏が地頭として補任されており、定家家の経営は苦しいものであった。正治元（一一九九）年以来、事情はよくわからないが百姓等と地頭の間で紛争が起きていたようで、同年一二月に伊勢から使者が帰ってきていうことには、百姓等が地頭を恐れたため、供給に預かることさえできなかったという。[26]翌二年七月二一日には、地頭の張行不当につき定家家から下文が出され、同八月から九月にかけても地頭に関する記事がみえる。[27]一二月には伊勢から使者が帰ってきたが、所課の絹を一寸も持ち帰ることができなかった。[28]地頭の非法に悩まされ、所課が上がってこない定家家の所領支配のようすは、『明月記』をみる限り三崎荘の場合と何ら変わるところがないのである。

以上はほんの一部分を検討したに過ぎないが、②の点は区分の明確な根拠には必ずしもなっていない。とすればa・bの区分の差は、①世襲性の強弱ということになる。永原氏が四ヶ所だけをaとした決定的な根拠は、どうやらのちの相論文書にある「中納言（藤原定実）家遺領者近江国吉富庄・伊勢国小阿射賀御厨・播磨国越部庄・当庄（細河荘）領家職以下数箇所也[29]」という一文に、定家から相承された領家職として四ヶ所の名がみえることであるらしい。

確かに貴族の家にとって、世襲性の強弱によって家領に対する意識の違いはあったし、それが本家の側にも充分に意識されていたことを示す史料は多い。しかし、逆に世襲性の強い所領が簡単に本家による与奪の対象になっている事例にも事欠かないのであって、定家家領の場合も、たとえばa家領型所領に分類され、もっとも豊富な記事を残す新熊野社領近江国吉富荘では、その中の一荘である箕浦荘が「外祖之沙汰」として寄進された荘園で子々孫々相伝すべしとの証文もあったにもかかわらず、後白河上皇の沙汰によって一時他人に与えられたことがあったといい、[30]相伝の由緒が本家のもとでは必ずしも確固たるものではなかったことをよく示している。中流貴族の中では比較的史料に恵まれた勧修寺家領の場合も、歴代の当主に相伝され続ける所領は意外に少ないことが指摘されている。(31) こうしてみると、世襲性の強弱というのは、本来は本家の優位の下での相対的な区分に過ぎないのではないであろうか。

右の四ヶ荘のうち播磨国越部荘の場合、『明月記』の寛喜二年の記事に「至愚老去春請取庄務」、「去年給播州本所領之後」(32) とある。しかし越部荘の記事は寛喜元年以前からあり、永原氏は寛喜元年以前は定家は預所職の地位、寛喜元年になって本家九条家から領家職を賜ったのだと解釈している。そうだとすると、定家家の越部荘に対する権限の強さも後に改めて付与されたものだということになる。結局のところ、六一頁にあげた永原氏の分類を生かすならば、本来的にはほぼすべての公家領荘園はBに、それが世襲性の相対的な強弱により(一)(二)に分類されるであろう。それに対してAのようにみえる荘園が出てくるのは、この越部荘の例のように後発的な問題である。(33)

(一)本家の領主権、(二)一般貴族の領主権、について永原氏の所論を検討した。ここからいうことができるのは、永原氏の指摘した荘園領主権の類型は、少なくとも荘園の本来的な領有構造上の問題からする類型とはいえない、ということである。荘園領主権の構造を考えるならば、成立期の領主権のあり方をまず検討し、それが次代にどう展開するかを検証する、という順序で論を進めるべきであろう。以上が本節での検討から得られた永原説のもっとも大きな問題点である。これは、永原氏の職の体系の理解が静態的に過ぎるという石井進氏の批判(34)にも通じる点であろう。

さて、荘園領主の領主権の内実の理解について、その問題点ばかりを指摘することになったが、永原氏の分析が先駆的であったのは、王家・摂関家と一般公家の荘園領有形態の決定的な差を指摘したことである。右にみたように永原氏は一般公家領における家領型・俸禄型の二類型を抽出したが、重要なことは、もっとも独立性の高い世襲的な所領とされた家領型所領であっても、一般貴族は独自にこれを維持することができず、権門（具体的には院・女院・摂関家）を本家として仰がざるを得なかった、という事実を明らかにした点である。ほとんどすべての公家領荘園が上位に院・女院・摂関家を戴いていることは、今では常識と化しているが、公家領荘園研究がまったく手薄であった当時にあって、このことを初めて明快にした指摘であった。これは、職の体系における上位者優位の構造を先駆的に指摘したものとして、近年の研究でも再評価の対象となっている。(35)

もっとも永原氏の叙述をよく読むと、最近の研究が評価するほどには「上位者優位の構造」が一方的に強調されているわけでもない。永原氏は本家を上位に戴くことの重要性を強調しながら、他方では本家への寄進を名目的なものだとする記述を再三繰り返しもしている。このあたり、永原氏の所論には不徹底なところがある。

永原氏の荘園支配構造論の意義およびその問題点については序章で述べた。そこで指摘したことは、永原氏の領主権の理解は中田薫氏の古典的な寄進地系荘園の理解を越える可能性を秘めながら、結局はその枠内に留まっているということであった。中田氏は、在地領主の私領が第一次寄進、第二次寄進を経て重層的な職の体系を有する荘園が形成されていく過程を鹿子木荘事書をもとに描いたが、そこでは所領自体の構造変化は顧慮されていなかった。永原氏は、その第一次寄進、すなわち在地領主の寄進の内実を検討し、在地領主の本来の権限を限定的に捉え、荘園の形成を国衙公権の分割、すなわち郡・郷司職の荘園所職への転化として説明し直した。その結果、国衙公権を受け継いだとされる領家の権限が重視され、さらなる本家への寄進は名目的なものだとされた。(36)すなわち第二次寄進（本家寄進）については中田説の枠内にあり、荘園領主内部での上位者優位を一方で強調しながら、不徹底なままに終わったのである。

これに対し、私見は前章で詳しく論じたように、寄進ではなく立荘そのもののもつ意義を重視する。そうした視点によってのみ、荘園形成のダイナミズムを捉えることができるであろう。そして荘園領主権に即していえば、永原氏の想定以上に、圧倒的な上位者優位の構造を描くことになるであろう。次節では、永原氏の荘園領主権に関する所説は本来の荘園領有構造に基づくものではないという本節での結論に基づき、荘園制成立期における領主権のあり方を取り上げることにする。

第二節　立荘と職

1　領家と預所

本家・領家・本所・預所といった荘園領主権を表す語の用法は、研究史において少なからず混乱している。こうした用語の示す内容を史料に即して検討することは不可欠ではあるが、なかなか簡単な作業ではない。安田元久氏は本家と本所を区別すべきことを主張し、本家・領家いずれかの「排他的領主的支配権」の所在の名称が本所であるとした。(37)しかしこれも必ずしも、とりわけ平安～鎌倉前期においては、史料上の実態に適合するわけではない。最近では網野善彦氏がこれらの用例を整理し、本家・領家と本所・預所は、本来別系統の語であるとした。(38)用例を調べてみると、確かに本家・領家は前代より一般的に用いられていた語であるのに対して、本所・預所は一一世紀末～一二世紀初頭に現れる用語であることは注目される。このことを始め、網野氏が語の用例の時期による違いに着目した点は重要であり、その視点を継承したい。

こうした用語の中でもとくに混乱が甚だしいもののひとつに領家と預所の関係がある。「史料上は預所とあるが、実際は領家である」といった類の文章を目にすることがよくあるが、「実際は……」に各論者の感覚的な判断以上の論拠があるわけではない場合も多いのである。

領家・預所については、同一の対象を指して両者がともに使用されている例があり、このことが実態の理解を困難にしているが、この問題にひとつの回答を出したのが槇道雄氏である。槇氏は荘園所職の用法を収集・整理し、領家―預所の関係を相対的な概念であるとした。それによると、預所とは寄進主体を指す語、領家とは寄進で生じた上級領主を指す語であるという。(39) さらに最近の西谷正浩氏の研究も槇説を継承し、荘園の領有構造を「本所―預所」関係の連鎖する多層構造的な請負の体系ととらえている。(40) しかしこれでは、どの位置がもっとも規定的かという問題を見失うことになるであろう。加えてこのような考え方は、下からの寄進とそれを承けた補任、その繰り返しで荘園が作られていくという、いわゆる寄進地系荘園形成の古典的な理解に通じるものである。それは私の採るところではない。

それではこのような用語を、どのように整理するべきであろうか。前節で述べたように、荘園領主権の内容は時代を逐って変化していると考えられるから、用語の問題についてもまずは荘園制成立期の問題を把握し、しかるのちにその変容を検証するという順序で考察を進めねばならない。

そこで、まず平安時代までに限定して荘園所職を表す語の用例を集めてみると、次のようなことに気付かれる。それは、「〇〇職」と、明らかに荘園所職の名称として史料上に出てくるのは預所職・下司職であり、本所職はもちろん、本家職・領家職という用例は基本的にみられない、という事実である。(41) 領家職の方は、平安最末期になると若干の事例が現れるが、本家職の出現はそれよりも下る。「職」の字が最後に付くか付かないかでそれが指し示す内容に差があるとは必ずしもいえないが、しかし荘園所職の名称として初発的に現れるのが預所職・下司職であるという事実は動かない。また、本家や領家は前代から一般的に用いられてきた語であるのに対して、預所や下司というのは院政期、すなわち荘園制の成立期に出現する語であるという事実も重要であろう。そもそも、荘園において「〇〇職」が一般化するのは院政期に入ってからのことである。したがって、これらは荘園所職の名称として登場した語であるということになるわけである。

以上のような事実を前にして、荘園所職の成立の問題を考えようとするならば、荘園領主側の問題としては、まず預所職を取り上げなければならないことは明らかであろう。職一般の初見史料として知られるのが「山預職」[42]であるという事実に示されているように、そもそも「預」という語、「預かる」という行為こそ、職の根幹をなすものである。[43]以下、預所職の成立について検討することにしよう。

2　預所職の成立

院政期になると、領域型荘園の立荘が本格化する。立荘の形態は寺領と王家領・摂関家領ではずいぶん違っている。寺領荘園の場合、領域荘園化を申請する寺解に対し、官宣旨によってそれが認可されるのが普通であるが、王家領の立荘の場合には本主の寄進を前提とし、寄進状（史料用語では寄文）を承けた院庁（または女院庁）下文・牒で立荘がなる。寄進状には四至領域と相伝の由緒が示され、「於御年貢者、以米〇〇石毎年進上。至預所職者、以〇〇子々孫々可令沙汰者」と、毎年所定の年貢額を納めること、預所職は寄進者の子々孫々が相伝すべきことが必ず記される。このような立荘文書に現れるのは、いずれの場合も領家職ではなくて預所職である。立荘によって登場するのは預所職なのである。

それでは寄進主が上位に本家を推戴して預所になったのかというと、事はそれほど単純ではない。前章で指摘したように、立荘文書の内容には虚構が含まれていることがある。そのことに留意しつつ、いくつかの事例から立荘の実情とその際の所職の成立の事情を検討してみたい。

まず、一一世紀末に醍醐寺無量光院領として立荘された肥後国山鹿荘を取り上げる。[44]次に引くのは『醍醐雑事記』の山鹿立荘以下の事情を記した部分である。

庄本主者壱岐守能高、次子出羽権守能輔。々々之時、六条院（郁芳門院）崩御之後、白河院被立無量光院之刻、為此御堂、被尋庄券契。仍能輔以当庄文書、寄進六条院宣旨殿(蓮妙)土佐前司。能仲之妻々々々進上白河院、自院施入無量光院。能賢入道者、宣旨殿之聟也能仲。女宣旨殿譲件庄於女子能賢。妻々々又譲俊雅之妻能賢。女々譲俊雅息侍従俊定之時、内大臣源朝臣雅通押而被知之。能輔子有仲、々々養子為宗次第相伝文書云々。自能輔七代可為下司職之由、賜白河院庁下文云々[45]

この史料に補足を加えながら説明すると、立荘の経緯は次の通りである。山鹿荘の本主は壱岐守能高、続いてその息能輔であった。白河院の愛娘郁芳門院が若くして死去すると、院は彼女のために無量光院を建てることを計画し、その経済基盤となるべき荘園の券契を尋ねた。本主の能輔は文書を郁芳門院の女房であった六条院宣旨蓮妙の手を経て白河院に進上し、院から無量光院に寄進された。こうして立荘がなった結果、預所職は立荘を仲介した六条院宣旨蓮妙から相伝され[46]、また本主である能輔は下司職の子孫相伝が認められた院庁下文を賜ったのである。

ここで注意しなければならないことは、立荘前後における構造変化である。本主の能高・能輔は受領クラスの下級貴族であろうと推定されており、能輔による寄進地は父祖の代の受領活動を通じて形成された私領であったと想像される。しかし立荘がなった山鹿荘は、そのなかに他領や公領を含み込む、二郡にまたがる広大な荘園であった。もとの本主の私領がそのような大規模なものであったとはほとんど考えられない。また、立荘を主導したのが「庄券契を尋ねる」という院の側からの働きかけであったことも見逃してはならない。本主による寄進の地をもとにしながらも、それとは隔絶した規模をもつ大荘園が、院のもとに創出されたのである。そして立荘の実態をこのように考えるならば、下からの寄進と上からの補任という単純な図式で荘園所職の成立を説明することは、不可能である。この場合、広大な王家領・摂関家領荘園の創出に関わった立荘仲介者が預所職に補任されているのである。そして下司職に補任された本主能輔の役割は、在地における組織者というべきであろう[47]。

次に、のちに高野山領となる備後国大田荘は、寄進地系荘園の代表例として知られる荘園である。在地領主橘氏から平重衡への第一次寄進、平重衡から後白河院への第二次寄進によって、王家領荘園大田荘が成立すると説かれてきた。しかし、橘氏から重衡への寄進という事実を史料的に確認することはできない。立荘時の史料としては立荘を命ずる永万二（一一六六）年の後白河院庁下文(48)が残っているが、そこから分かるのは平重衡が寄文を院庁に提出し、それを承けて立荘がなったということだけである。

しかも、寄進状には虚構が含まれているという前章での指摘が、この場合にも当てはまる。これまでのところ大田立荘の事情をもっとも正確に把握しているのは五味文彦氏の研究であると思われるが、五味氏は立荘をめぐる人脈を精査して、次のようなことを指摘している。まず、重衡はこのとき僅か一〇歳であり、実際に立荘に関わったのは父の清盛としか考えられないこと。さらに、その背後には院近臣で平氏とも近かった備後知行国主・国守の藤原光隆・雅隆父子の力があり、院のもと、平清盛と国司の協同による国衙領の分割というのが大田立荘の実態であったと考えられること(49)。以上が立荘の実情であるならば、在地領主から始まる二段階の寄進の連鎖で大田荘が成立したというのは、後に触れる鹿子木荘事書をもとに作られた寄進地系荘園形成のイメージが投影された虚像であるといわねばならないのである。

したがって、ここでも下からの寄進と上からの補任という職形成の説明は当たらない。院とその近臣が主導する立荘自体が出発点であり、それに深く関与した人物ができあがった荘園の預所職を知行する。この場合、子の平重衡が預所職に補任されているのは、五味氏が推測するように、清盛の地位が預所職の知行者としては高位に過ぎたためであろう。そして下司職になった橘氏は、先の例と同様に、立荘をまとめ上げた在地における組織者というべきではないだろうか。

最後に、貴族の家領が荘園に作り上げられるケースを取り上げよう。越後国小泉荘は藤原俊家以来の中御門家領であり、その孫宗忠が伝領したが、彼の日記『中右記』には小泉荘に関する記述がある。長承二（一一三三）年八月二七日条には「今日越後守清隆朝臣送小泉庁宣也。免田三十町任旧也」とあり、小泉荘が三〇町の免田からなる国免荘であったことがわかる。このちょうどひと月前の七月二七日条には、宗忠が大殿藤原忠実のところにいって「越後庄事」を申し入れている記事があるので、国司庁宣の発給は忠実の口入によるものであったこともわかる。宗忠は忠実の右腕ともいえる有力な家司であり、摂関家に頼ることで免田の領有が実現されていたのである。

ところが仁平三（一一五三）年になって、小泉荘が鳥羽上皇の御願寺、金剛心院領として立荘されることになった。この結果、三〇町の免田に過ぎなかった中御門家領小泉荘は、実に岩船郡一郡に及ぶ大荘園に転化しているのである。(50)当時の越後知行国主は鳥羽院中随一の近臣である藤原家成であり、かかる郡規模立荘は彼の関与を抜きにしては到底ならなかったであろう。もとの免田を中核にしながら、しかしそれとは大きく規模の異なる郡荘が、国司の協力を得て創出されたのである。こののちも小泉荘は中御門家領であり続けているが、それは王家領の預所職という形をとってのことであった。(51)荘名が同じであることをもって、立荘前後の大きな構造差を見逃してはならない。立荘によって広大な領域型荘園が作り出され、もとの免田の本主は新たな荘園の預所職を知行することになったのである。

以上、若干の事例からではあるが、立荘と職の成立の関係について述べた。王家領・摂関家領としての立荘によって、預所職・下司職が創出される。預所職の保有者は本家から荘務を委ねられて荘園を知行する。下司職の保有者はより現地に密着する形で荘務に関わる。「寄進者」の側に視点をおいて立荘前後の変化をみるならば、事態は次のように言い替えることができるであろう。免田や私領の領有から領域型荘園の職の知行へ。そして立荘前後の構造変化をこのように認識するならば、よくいわれるように院政期になって公家領が上位に本家を戴いて存続し得たなどという評価がいかにも不充分であることが理解されるであろう。立荘前後の大きな構造変化の中で、預所職が作り出されるのである。

それでは、領家という語をどのように考えるべきなのか。領家職という表現が本来存在しないことは先に述べた。少なくとも平安時代においては、領家というのは領主の家という一般的な意味しかないのである。したがって、それが職の名称である預所と重なって使われていることがあっても不思議ではない。預所は職の名称であるが、領家はそうではない。両者は本来並列されるような性質の語ではない。これが平安後期までの両語の基本的な用法であると思われる。

このことを端的に示しているのが次の史料である。これは後白河院が没する直前に作成した定文で、これと同種のものがほかにも三通残っているが、引用したのは長講堂に関する定文で、荘園についての規定の部分である。

一、庄園事

右庄々、或多年領掌之地、或往古不輸之領、尋捜子細寄附仏閣、以其地利定宛寺用。向後牢籠大小国役、永可随停止之由、可被下官符。若奸濫貪吏有致遏妨者、言上公家、宜令科処。彼千帝万王、皆可在我之後裔。国宰郡令、何不出我之旧僕。多年之間飽浴厚恩、縦不報海（寺）岳之皇沢、争可疎寺院之仏地哉。君殊察懇篤、臣又可助善願。亦領家無指故遁避年貢、及三箇年者、差遣守使、可令催促。其上猶致懈怠者、縦有相伝由緒、可止預所職。執行又乗勝致非拠者、庄家言上、須待裁報。加之、執行所司等敢以寺用勿宛他事。兼又寺用相折・庄領敷地油田、注別紙同副之(52)

傍線部は長講堂領荘園の年貢の未進を戒めている部分であるが、「領家」が年貢を遁避して三年に及び、催促を加えても懈怠があった場合は、相伝の由緒があろうとも「預所職」を止めるべし、と書かれている。ここにある「領家」と「預所職」の知行者とは同一であるが、両者は異なるレベルの概念を表す言葉として使用されている。つまり領家が預所職を知行する、というのがことの実態であると思われる。

次のような事例も参考になる。

右、権中納言兼皇后宮権大夫侍従藤原朝臣(成通)家去十一月三日寄文偁、「件所領者、……望請　庁裁、件庄限以永代、可為不輸祖(租)田、永不可入国使并寺使。至毎年貢者、敢不可有懈怠。Ⓐ於預所者、永任領家附属、可被補」者。任申請旨、為御領、使者相共堺四至打牓示、可立券言上。至于御年貢能米拾斛者、毎年運進高野御山。Ⓑ於預所者、任彼家譲状、可令執行之状、所仰如件[53]

これは紀伊国神野真国荘の立荘を命じる鳥羽院庁下文である。引用されている藤原成通家の寄進状には、預所と領家の語が両方出てくる。寄進状の文中の傍線部Ⓐについて、領家である成通家が預所の補任権を保留している、と解釈されることがある[54]。それが成り立つならば、本家のもとに領家があり、そのもとに領家の補任する預所がある、という荘園領主の職の三重層構造が見出せる。しかし、下文本文の傍線部Ⓑと併せて読めば、預所職は成通家の譲状の通りに補任すること、すなわちこれは領家たる成通家が預所職を世襲することを承認する文言と解釈すべきである。そうするとこれは「於預所職、以〇〇子々孫々可令沙汰」というような寄進状の常套文言と異なるものではない。領家が預所職を相伝するのである。

荘園成立史は寄進を軸に説明されてきた。在地領主の私領を起点に、寄進の連鎖が本家に届くまでの過程に即して、職の体系の成立が説かれてきた。その寄進地系荘園の理解に決定的ともいえる大きな影響を与えてきた、有名な鹿子木荘事書に描かれた荘園所職の成立過程は、次のようなものであった。開発領主寿妙の末流、中原高方が年貢四〇〇石をもって藤原実政に寄進し、実政を領家と仰いで自らは預所となった。さらに、領家実政の末流願西が領家得分の内二〇〇石をもって高陽院内親王に寄進し、これを本家と仰いだ。本家―領家―預所という職の構造が創出される右の過程はあまりにも有名であるが、この事書は鎌倉後期の相論に際して作成された、作為的な史料であることがすでに明らかになっている[55]。院政期の史料をみていても、これほどきれいな三層構造の荘園領主が存在する荘園に出会うことなど、実はほとんどない。そして、下からの寄進に起点を置くのではなく、王家領または摂関家領としての立荘という時点に照準を合わせて考えるならば、荘園領主側の問題に限っていえば、本家（＝王家・摂関家）と、本家が補任する預所職、というのが荘園領有構造の基本形である。荘園所職の基幹にあるのは、補任の対象である預所職なのである。

立荘の実態を以上のように考えるならば、本家たる王家・摂関家が預所職をもつ領家に対して決定的に優位に立っているのはきわめて当然のことである。もちろん、相伝の由緒に由来する本主権の強弱はあり、それを本家が考慮していることを示す史料はある。しかし、たとえば前掲の長講堂領に関する史料に、年貢遁避が続くならば「縦有相伝由緒、可止預所職」と、その改替が定められているように、職の補任・改替は究極的には本家に属するのであって、世襲性の強い家領に対しても、そうした強権を行使している事例は決して珍しいものではない。本家―預所という関係において本家が優越するのは、荘園の成立事情に由来する構造的な問題なのである。

第三節　荘園所職の展開

鎌倉時代に入ると、預所職の他に領家職・本家職という用語も使用されるようになる。また、本家と預所の間に位置し、荘務権をもつ領家の存在も一般に認められる。本家か領家かいずれが本所か、という議論が該当するのはこの段階になってからのことであろう。ここからは、成立期の荘園所職が何らかの変質を遂げていることが想定できる。本来ならば用語の網羅的な収集とその用法の検討を行うべきであるが、ここでは上位に本家を戴きながら荘務権をもつ領家の出現という現象について考えることで、荘園所職の展開の一端を明らかにしたい。

再び基本史料である近衛家所領目録に戻り、六二頁にあげた分類の中の②「庄務無本所進退所々」を取り上げ

表　庄務無本所進退所々（建長５年10月日近衛家所領目録による）

人　名	荘　園	伝　領	課　役
A　知足院尼上	山城国巨倉荘・小巨倉荘・讃岐国塩飽荘・美濃国武義荘・山上荘・美田荘・三河国志貴上条・越後国大嶋荘	富家（忠実）→播州（播磨局）→知足院尼上	（注記なし）
B　北小路前大納言兼基卿	近江国鈎御園・伊勢国野代荘・備前勅旨・伊勢国河曲荘	普賢寺殿（基通）・北小路尼（基通室）→兼基	三ヶ所は近年優免、河曲は勤仕せず
C　長谷前大僧正円忠	美濃国蜂屋荘・志津野荘	普賢寺殿（基通）→円忠	（注記なし）
D　浄土寺前大僧正円基	摂津国橘御園・山城国岡屋荘・近江国蔵垣荘・国友荘・大和国保津荘・美濃国貝小野荘・紀伊国田仲荘	普賢寺殿（基通）・北小路尼（基通室）→円基	岡屋・橘御園・蔵垣・国友等は勤仕せず
E　円満院大僧正円浄	山城国菱河荘・播磨国大幡荘・伊勢国船江荘	普賢寺殿（基通）・北小路尼（基通室）→円浄	船江は勤仕せず
F　前大僧正静忠	摂津国八多荘・播磨国有年荘・近江国犬上荘	普賢寺殿（基通）・北小路尼（基通室）→静忠	八多・犬上は勤仕せず
G　一乗院前大僧正実信	大和国守荘・美濃国神野荘・大和国長河荘	普賢寺殿（基通）・北小路尼（基通室）→実信	神野・仲村は勤仕せず
	山城国小泉院廐・下野国仲村荘・伊勢国益田荘・美濃国揖斐荘・鎮西島津荘	大夫三位（藤原邦綱女）→実信	
H　武蔵	山城国古河荘・猪隈荘・桂殿・侍従池（のち摂津国弘井荘）・摂津国榎並荘上西方・美濃国河辺荘・気良荘・丹後国稲富位田・摂津国御位田	普賢寺殿（基通）→武蔵	（注記なし）
	出雲国木津嶋荘・山城国梅津荘・美濃国遠山荘	（不明）	
I　鷹司院御匣	紀伊国賀太荘	平信範→信範女→御匣	（注記なし）
J　入道二位前大納言基良	大和国喜殿荘・田永荘・越後国奥山荘	（不明）	近年勤仕せず
K　北小路中将経嗣	三河国志貴下荘	平信範→信範女→道経→経嗣	（注記なし）

る。ここには一一人の人名があげられ、それぞれの所領が記載されている。長いものなので引用は控え、その代わりに概要を表に示すことにした。一一人のうち冒頭のA知足院尼上の素性はよくわからないが、これに続くB～K一〇人は近衛基通の子・孫・甥などにあたる人物である。表の伝領の欄にまとめたように、これらはおもには近衛基通夫妻から、あるいは他のルートを経て、これら近衛家庶流の人々に伝えられた所領である。

この「庄務無本所進退所々」についての永原慶二氏の解釈に対する槇道雄氏の批判は第一節で紹介した。槇氏の永原批判は正鵠を射たものであったが、そこでも少し触れたように、槇氏が②を①「相伝所々」とともに近衛家の支配から離脱した所領であると判断した点は不正確である。①と②が同質の所領ならば、両者が二グループに分けられている必然性がないであろう。

それでは両者の差がどこにあるのかというと、①が、以後近衛家の手から完全に離れる所領であるのに対し、②は依然として近衛家の下に包摂されている所領であるという点である。①は、近衛家実からその子の鷹司院(長子)・鷹司兼平[56]に、また近衛基通から竜前に譲られた、計三つの所領群からなるが、その主要部分はのちに鷹司家領として史料にみえる[57]。また、近衛家所領目録の記載をみても、①の末尾部分には「件三方領等、家中課役一向不勤仕之」とあって、ここには近衛家からの課役がかからなかったことがわかる。年貢はもちろんこれら被譲与者のもとに入るわけであるから、収益の面からみても①は近衛家の支配から切り離された所領群である。それに対して②は、例えば北小路前大納言に譲与された四ヶ所のうち三ヶ所について「近年依有被示之旨、又課役優免」、他のところにも「依有子細、不勤仕課役」、「当時不勤政所役」などとあるように、一部の所領に対する課役免除がこの段階での特殊事情として示されている(表の課役の欄を参照)。逆にみると、課役賦課権は①とは違って原則的には近衛家に属していたといえるのである。②は、荘務権は近衛家にはなくそれぞれの被譲与者が預所を補任して荘務を行うが、決して近衛家領でなくなったわけではないのである。

それではこのような所領はどのようにして作り出されたのであろうか。②に属する所領の多くは近衛基通およびその室からの譲与を受けたものであるが、それよりも成立の古いA知足院尼上領を取り上げて考えてみたい。A知足院尼上の八ヶ荘の所領には、「已上八ヶ所、播州自富家賜之。播州又譲尼上正治二年十月廿二日」とあり、富家すなわち藤原忠実から播州なる人物の手を経て知足院尼上に伝えられたことが記されているが、最初の忠実からの譲与を直接示す、次のような史料が残っている。

（端裏書）「新陽明門院御領事 □□三年十一月十六日被申之 一校了」

御庄々

大嶋 越後国　　塩飽 讃岐国

巨倉 山城国　　武義 美乃国

小倉 山城国　　山上 美乃国

志貴 参川国　　吉田 美乃国

紙屋 越後国　　真水 巨倉内

泉殿 小巨倉内　　五条殿 巨倉内

保元々年七月　日

法性寺殿御自筆返事案

宣旨此午時許入滅由、所承候也。甚可憐々々。世間無常、不始今候事歟。

抑処分播磨所々不可相違之由、皆存候也。何況有此仰哉(58)。但其所々忽不覚悟乎。可注給目録候也。下文なとも可成献候歟。可被委仰下候。以此旨可被洩申。謹言

この史料は後の写であるために形式に少し不自然なところがあるが、後半の書状本文には、「播磨」への処分

に相違はないこと、しかしその所領が具体的にはわからないので目録を注し給わるように、ということが記されている。これに答えて、荘名が前に書き加えられ返送された、これは複合文書の写と考えるべきであろう。荘園の名が近衛家所領目録の②Aにあるものとほぼ合致するので、「播磨」が先の「播州」であることは疑いない。

この書状は誰と誰の間で取り交わされたものであろうか。「法性寺殿御自筆返事案」という注記を信じるならば、差出者は藤原忠通である。宛先の方はどうかというと、これが忠通の父藤原忠実に宛てたものであることは確実であろう。なぜならば、この書状で忠通は「播磨」に譲られた所領名を問い合わせているのであるが、「播磨」に所領を譲った人物は、近衛家所領目録から藤原忠実であることがわかるからである。そして「播磨」が忠実愛妾として他史料に名のみえる播磨局なる女性であることも、間違いないであろう。(59)

これが忠通から父忠実への書状であるとすると、気にかかるのはその年月である。保元元（一一五六）年七月といえば、両者の対立をその一因として勃発した保元の乱の、まさにその月にあたるからである。保元の乱によって摂関家領は大きく動揺する。乱の直後に摂関家領没官の宣旨が出されるが、乱の勝者となった忠通と敗れて政治生命を完全に断たれた忠実との間で急遽の妥協が行われ、忠実の管掌下にあった摂関家領を忠通の手に移すことで辛うじてその保全がはかられたという事情はよく知られている。書状の出された時期から考えて、この書状も両者の間での摂関家領の処置をめぐる交渉の一環として取り交わされたものであるに違いない。忠実はこれまで管領してきた摂関家領を忠通に渡すに当たって、その一部を愛妾播磨のもとに残すことを願い、忠通もそれを諒承して具体的な所領の名を父に問い合わせた。それに答えて忠実が荘園名を書き加え、忠通のもとに返送した。以上がこの史料の語る事情であると考えられる。(60)

状況の説明が少し長くなったが、この所領群について、注目すべきは次の二点である。第一に、これが忠実から播磨局に一括して譲与されたものでありながら、それ以降も摂関家領としての性格を失っていないこと。第二には、しかし播磨局は預所職に補任されたわけではなく、譲与という手続きによってこれらの所領を得ていること。この後も播磨局から知足院尼上へ、さらに知足院尼上から新陽明門院に伝えられたという事情が他史料からわかるが、(61)近衛家に対する課役を負担する近衛家領という性格を維持しつつ、しかし荘務権＝預所補任権は保留したまま相伝される。こうした所領は近衛家領内部の、いわば別相伝所領というべきであろう。それがこの場合は忠実愛妾に、他の多くの場合は近衛家庶流の人々に、経済的給付として与えられているのである。これが②にあげられた「庄務無本所進退所々」の領主権の内容である。

以上、②に属する権限の性格を改めて述べたのは、これこそが領家職の創出というべき事態を示すものではないかと考えているためである。永原慶二氏はこの②「庄務無本所進退所々」を、荘務権を持つ領家が寄進によって得分権のみを持つ本家＝近衛家を上位に戴いたものと解釈したが、事実はそれとはまったく逆である。近衛家が荘務権の別相伝を認め、みずからは課役得分権のみからなる本家の位置に退いたのである。こうして領家が本家の側から分出されたのである。

これと同様の動きは、王家領においても認められる。膨大な八条院領荘園群は、八条院から昇子内親王に譲与された。そのことを書き記した『玉葉』の記事によると、その際に「庁分御庄々等、分賜中将良輔之外、併可有姫宮御分也」(62)とあるように、一部が九条兼実の息である八条左府良輔に「分賜」された。良輔は、兼実と八条院女房であった三位局の間に生まれた子で、八条院とはとりわけ近しい関係にあったのである。良輔に与えられた八条院領は『門葉記』に「八条左大臣家遺領」(63)としてあげられているほか、九条道家処分状にも「八条禅尼寄進領」とある中に載せられ、良輔没後にその後家から最勝金剛院に寄進されて、九条家領の一部を構成していることがわかる。(64)問題はその領主権の内容であるが、良輔が「分賜」された所領も依然として王家領であり続け、嘉元四（一三〇六）年の昭慶門院御領目録に載せられている。(65)このことと合わせ、良輔領に含まれる越前国気比社に対する領主権の内容を詳細に検討した外岡慎一郎氏は、さきの「分賜」の内容は本家職の分与ではなく、本家からの領家職の創出であることを明らかにした[66]。この場合も先と同様、本家の側から領家職が作り出されているのである。

九条良輔に関しては、興味深いひとつの史料について付言しておこう。かつて良輔の父兼実は、次のようなその父忠通の言葉を引いて、王家領の下職の知行を拒絶したことがあった。

　未聞補領家之職知行田舎之事例。然則於有御用者、更以不可執申。於上下之沙汰者、已為家之瑕瑾[67]

そして、次の『明月記』の記事によれば、その子の良輔も同様の発言を繰り返していたことがわかる。

　三位中将(一条実経)仁和寺宮御領預所、尤得分之至要也。故八条左府(九条良輔)歓喜光院庄預所見苦之由、厭却給、不叶時儀事歟[68]

しかしながら良輔が実際には「厭い却す」どころか、領家として王家領を知行していたことは先にみたとおりである。自らが本家として臨み、上位に本家を決して仰ぐことはしないという摂関家のプライドは、定家が喝破したようにもはや「時儀に叶わざること」であった。そして「もっとも得分の至要」というのが現実に九条良輔がとった選択肢であった。摂関家の中でも九条家との相論に勝って安定した家領を確保した近衛家[69]は別として、九条家や近衛家から分出した鷹司家などの家領には王家領の領家職が含まれている[70]。右の『明月記』の記事によると、一条家領も同様であったようである。庶子家であればなおさらであろう。分裂する各家の経済基盤の確保の要求から、領家職が創出されるのである。

　再び近衛家所領目録に戻り、さらに注目したいことは、同種の権限の譲与が摂関家の有力家司に対する給付としても確認されることである。②のうち、G一乗院前大僧正実信領八ヶ所中五ヶ所は藤原邦綱女から譲与されて、またI鷹司院御匣領およびK北小路中将経嗣領それぞれ一ヶ所は平信範女から譲与されて、②の一部を構成している。さらにこれらはかつて藤原邦綱・平信範それぞれの所領であったことが確認できる。②を構成するA～K

の人物の持つ所領に対する権限は同一であると考えられるから、邦綱・信範がかつて持っていた所職も補任の対象たる預所職ではない。彼らはともに摂関家の有力な家司であったが、これらの所領に関しては、主家から預所職に補任されたわけではなく、別相伝を許される領家の立場にあったのである。

藤原邦綱に与えられた所領については、もう少し詳しい事情のわかる史料がある。Gの一乗院前大僧正実信領は、こののち興福寺一乗院領として伝えられたため、一乗院の歴史を記した『簡要類聚鈔』にその由緒が述べられている。そこには大隅・薩摩・日向国の島津荘、美濃国揖斐荘、伊勢国益田荘、下野国仲村荘、山城国西院の五ヶ荘について、次のようにある。

> 已上近衛殿御家領也。邦綱卿依年来之忠功、法性寺殿(藤原忠通)御時可令子孫相伝之旨、彼卿知行御家領等光雅卿于時弁官奉行、被下御教書了。仍重邦朝臣・大夫三位局(茂子)・別当三位局(邦子)・大納言典侍局(輔子)、此等之子息等ニ分譲之処、別当三位局ハ□(無)其跡。大納言典侍依為重衡卿室家下向西国□(刻カ)、為普賢寺殿(藤原基通)之御計、皆被召上了。大夫三品□(局)分庄々也。故僧正(実信)御房へ被譲進也[71]

右の記載によると、これらの家領は藤原邦綱が知行し、子孫相伝の旨も忠通の御教書によって認可されていた。邦綱はそれを重邦・茂子・邦子・輔子の子女に分譲した。ところが邦子には後継者がなく、また輔子は平重衡室として西国に落ちたため、近衛基通が召し上げることになった。それ以外の茂子の所領が実信に譲られ、一乗院領となったのである。これが近衛家所領目録の②Gの所領群の伝領の事情の詳細である。

注目されるのは、邦綱に子孫相伝のことを保証したという忠通の御教書の存在である。預所職に補任する政所下文ではなく、御教書によってその相伝の権利が保証されているのである。あるいは、預所に補任されたのちに、重ねてその相伝が認可された可能性の方が高いかも知れない。[72] むろん、その上位には常に近衛家があり、西国に落ちた重衡室輔子の所領の措置がそうであったように、非常事態における究極の知行権は本家近衛家が把握している。『簡要類聚鈔』を詳しく分析した大山喬平氏は、そのほかの譲与も背後には近衛家の暗黙の支持があったろうとする。(73) しかし、近衛家がそうした権限を潜在的に把握していたにはせよ、実質的にはこれらの所領群の譲与権は邦綱以下に認められているのであり、その権限を保証した忠通の御教書は、本家のもとでの別相伝所領群を分出したものというべきであろう。

平信範からその女を経て伝えられたI・Kのほうも、邦綱領と同じ性格を持つのであろう。Kの北小路中将経嗣領志貴下荘の注記には、次のようにある。

北小路中将 知足院右府王 三歟 男 経嗣
参川国志貴下
号知足院右府 前右大臣道経卿知行所々 三池・坂越・賀太・志貴下
信範卿申事由、将来可進今年前 前右大臣童名 之由、示置之、譲女子 建礼門内侍、道経公母儀也。 平信範女。但於今者、
無人于管領

これによると、三河国志貴下荘伝領の経緯は次の通りであった。平信範が一期分として信範女で道経母の建礼門院内侍に譲与、これが道経を経てその子経嗣の手に渡った。信範→建礼門院内侍→道経→経嗣と伝領された権限は同一内容と考えられるから、信範に許されたのも別相伝の領主権であるというほかない。もっとも、ここでも近衛家周辺からは離脱しないような潜在的な本家の権限が働いているようではある。

さて、本家からの領家職の創出というべき事態をみてきた。(74) その萌芽は以上のようにすでに平安末期にあるが、近衛家所領目録によると、別相伝所領が多く分出するのは鎌倉期に入ってのことである。その背景としては、さし当たっては次のようなことが考えられるであろう。先にも関連する点を少し述べたが、第一に、貴族の家の分

立、それにともなう各家による経済基盤の確保の要求。そして第二には、そうした要求にもかかわらず、王家領・摂関家領の新たな立荘の運動が鎌倉期に入るとほぼ途絶すること。したがって、第一の問題の解決は、貴族社会内部での収益の再配分という方向へ向かわざるを得ない。これが職の分化という現象が起こってくる大きな原因であると考えられる。ここではその分化の一形態を観察したに過ぎないが、さまざまの形で職が複雑に分化・展開するのであろう。

さて、最後に職の展開過程を知る上で重要な平安末期の史料をもうひとつ取り上げて、本章を終えることにしたい。次にあげる史料は、保元の乱後に崇徳上皇方についた藤原忠実・頼長父子のもつ荘園の没官が決められたときの宣旨を載せる、『兵範記』の有名な記事である。

今日頭弁奉　勅、仰下諸国司云、
宇治入道（藤原忠実）猶令催庄々軍兵由、有其聞者。件庄園并左大臣（藤原頼長）所領、慥令没官、可令停止彼奸濫。朝家乱逆已当此時。国司若致懈緩者、可有罪科者、依綸旨、執啓如件
重仰、彼所領等中、当時公卿為預所庄々者、付件家不可有改易。於其外者、国司可致沙汰。抑関白被補氏長者了。於長者所摂之庄園者、不在此限。但関白未被知行以前、且停止本沙汰、可待長者之下知也(75)

諸国の国司に対して忠実・頼長家領の荘園を没官することが命じられている。忠実がその荘園から軍兵を催しているというのが没官の理由であった。注目したいのは傍線部、没官の対象となった所領の中でも、公卿が預所である荘園については、その権利を侵害しないことが定められていることである。先にも触れたように、摂関家領は忠実から忠通の手に渡ることで辛うじて没官を免れ、現実に没官の対象となったのは頼長領のみであったが、当初は莫大な数の摂関家領を没官するという未曾有の処置が決定されるに当たり、貴族社会全体に巻き起こる大混乱が予想され、このような規定が付されたのであろう。

これは保元の乱という非常事態に際してとられた措置ではあるが、所職が朝廷によって保証されているという点で重要な意味を持つ。これまで述べてきたように、本来補任の対象であった預所職から、別相伝所領となった段階の所職を領家と呼んでよいならば、この事例などは事情はずいぶん異なるが、朝廷から認可された領家職の創出ということができるのではないだろうか。その際に線引きの基準になっているのは公卿であるか否かであることも重要である。公卿たる身分に対する国家的な経済給付として、本家を越えて朝廷から所職の安堵がなされているのである。鎌倉末期に成立した『沙汰未練書』の「領家トハ朝恩所領也」という法解釈の淵源を、ここにみることができるかも知れない。

以上、前節で述べた荘園形成にともなう所職の成立事情に引き続き、本節ではその展開過程の一様相を描くことを試みた。鎌倉期における職の展開は相当複雑で、不明確な点がまだまだ多いが、以上に示した新たな展開が保元の乱の直後から確認されることは注目される。摂関期までの主たる経済基盤であった貴族に対する封戸の給付状況は、一一世紀末になって急速に悪化する。(76)「庄なくはいかにしてかはおほやけわたくし候べき」(77)とある貴族が語ったのは、そののち一二世紀も後半に入った後白河院政期のことである。こうして荘園所職の歴史には、早くも次なる動きが始まったのである。

おわりに

本章で述べたそれぞれの論点については、個別の事情としてはすでによく知られたことばかりであったかも知れない。しかし、いまだに寄進の連鎖によって職の体系が成立するという理解が幅を利かしている現在、それとは異なる荘園所職形成過程の見取図を提示することも無益ではなかろうと考え、自分なりの整理を試みた次第である。

立荘によって成立するのは預所職・下司職である。これが荘園所職の初発的な形態である。そして、本家が預所に対して優越するという上位者優位の構造は、立荘の経緯からみればきわめて当然な構造的な特質である。それ以後の荘園所職の展開については一部を概観したに過ぎず、ことに語義の確定が不十分であり、鎌倉期の史料の博捜とその分析を今後進める予定ではあるが、いくつかの事例から領家の創出というべき事態を確認した。職の体系は、寄進の連鎖で形成されるのではない。本家―預所という基本構造から展開するのである。それがあたかも成立期からの構造であるかにみえるのは、本家・領家間相論にみられるような、鎌倉後期の職の一円化の過程で起こった当事者の主張によるところが大きいのではないだろうか。いまだに大きな影響力を持つ鹿子木荘事書が、まさしくそうした時代の産物であったこともすでに明らかにされている。(78)

以上は荘園所職の成立、およびその変質の、ほんの一端に触れたに過ぎない。しかし、ひとまずはこれで充分である。職の体系が寄進―補任の連鎖で形成されるという理解が事の実態とは懸け離れたものであることを明らかにすることが、ここでの目的であったからである。本稿を通じて何度目かの繰り返しになるが、寄進が荘園成立史の基軸にあるのではない。立荘こそが起点である。本章で述べたかったのも、このことに尽きる。鎌倉時代を舞台とする研究も、こうした成立時の構造を充分に理解した上で、進められねばならないであろう。

（1）　永原慶二「公家領荘園における領主権の構造」、「荘園制の歴史的位置」（『日本封建制成立過程の研究』、岩波書店、一九六一年、初出は順に一九五八年、一九六〇年）。永原氏には関連する論文・著作が多いが、最新の構想は近著『荘園』（吉川弘文館、一九九八年）に示されている。以下、永原氏の見解は特に断らない限り始めの二論文によるが、必要に応じてこれにも触れることにする。近著というときには『荘園』を指す。

（2）　永原氏は、前掲二論文では皇室領、近著では天皇家領という用語を用いているが、本稿では永原氏の見解を引く場合にも王家領に統一する。天皇を家長とする一箇の家でなく、複数の自立的な権門（院・宮）を包含する家系の総称たる王家が、分析概念として適当であるからである。黒田俊雄「朝家・皇家・皇室考—奥野博士の御批判にこたえる—」(『黒田俊雄著作集第一巻　権門体制論』、法蔵館、一九九四年、初出は一九八二年)参照。
(3)「安楽寿院古文書」(『城南—鳥羽離宮址を中心とする—』、城南宮、一九六七年)所収。
(4)建長五年一〇月二一日近衛家所領目録写(近衛家文書、『鎌倉遺文』七六三一号)。
(5)建長二年一一月日九条道家惣処分状(九条家文書、『鎌倉遺文』七二五〇号)。
(6)宮川満「荘園制の解体」(『岩波講座日本歴史7　中世3』、岩波書店、一九六三年)。
(7)井原今朝男「摂関家領における代始安堵考」(『日本中世の国政と家政』、校倉書房、一九九五年、初出は一九八四年)の註34。
(8)石井進「平家没官領と鎌倉幕府」(「中世の窓」同人編『論集中世の窓』、吉川弘文館、一九七七年)。
(9)以下、本稿で本家というのは、荘園領有構造上の最上位に位置し得る、王家および摂関家を指す。
(10)近衛家所領目録の性格については、義江彰夫「摂関家領相続の研究序説」(『史学雑誌』七六—四、一九六七年)、吉村亨「近衛家領研究序説」(日本史研究会史料研究部会編『中世日本の歴史像』、創元社、一九七八年)、川端新「摂関家領荘園群の形成と伝領—近衛家領の成立—」(上横手雅敬監修『古代・中世の政治と文化』、思文閣出版、一九九四年、本書付編Ⅰ第一章)、金井静香「近衛家所領目録とその後」(『中世公家領の研究』、思文閣出版、一九九九年、初出は一九九六年)を参照。
(11)中田薫「王朝時代の庄園に関する研究」(『法制史論集』二、岩波書店、一九三八年、初出は一九〇六年)。以下、中田氏の見解はすべてこの論文による。
(12)槇道雄「公卿家領の成立とその領有構造」(『院政時代史論集』、続群書類従完成会、一九九三年、初出は一九八六年)。
(13)義江彰夫「摂関家領相続の研究序説」(前掲註10)。
(14)福田以久生「安楽寿院領荘園について—「安楽寿院古文書」の検討—」(『古文書研究』九、一九七五年)。
(15)付け加えるならば、⑥「請所」の理解にも問題がある。永原慶二氏は請所となるのは、多くの場合、とりわけ東国の所領については、在地の開発領主的地位にある者であるとしている。しかし、近衛家所領目録に請所としてあげられた荘園の中にも、平安末期には近衛家が預所を補任して荘務を執行している例があることが明らかにされている（井原今朝男「東国における摂関家領荘園の構造―平安末期の信濃国大田荘を中心に―」、『日本中世の国政と家政』、前掲註7、初出は一九七六年）。近衛家所領目録の荘園の分類は、やはり鎌倉中期という段階において理解しなければならないのである。

(16) 三崎荘については、横田光雄「九条家領下総国三崎荘について」（『千葉県の歴史』四二・四三、一九九二年）がある。

(17) 『明月記』正治元年七月二五日条。

(18) 『明月記』正治元年七月二九日条。

(19) 『明月記』正治元年九月二〇日条。

(20) 『明月記』正治元年一二月二九日条、同二年正月一三日条。

(21) 『明月記』正治二年八月四日条。

(22) 『明月記』正治二年九月一五日条、同年一二月二八日条。

(23) 『明月記』建仁二年二月七日条。

(24) 永原慶二氏は俸禄型所領の内容をかなり柔軟に用い、その中には「荘務権なき得分的所職である場合と、荘務権を委ねられる預所職の場合がある」としているが、「定家の場合は後者のタイプのものが確認できなかった」（とも に「公家領荘園における領主権の構造」、前掲註1、一四四頁）とも述べているので、三崎荘以下を荘務権なき得分権のみの所職と考えていることが明らかである。近著においても定家家領の俸禄型荘園一一ヶ所を、「年貢の一部を受けとるだけの権利にすぎない」（九八頁）としている。

(25) 三崎荘ではこののち地頭請が成立していることが確認できる（〔承久二年〕一〇月九日兼時奉書〔『民経記』寛喜三年一〇月巻紙背文書、『鎌倉遺文』二六五五号〕に「下総国三崎庄造内裏用途事、為地頭請所之間」、建長二年一一月日九条道家惣処分状〔前掲註5史料〕にも「下総国三崎庄地頭請所」とある）。『明月記』正治元年七月二九日条にも「此庄又雖有拝領面目、已以不及重下沙汰。只依地頭進止、相尋其運上云々」とあるので、この段階ですでに地頭請所となっていた可能性もある。

(26) 『明月記』正治元年一二月二六日条。

(27) 『明月記』正治二年七月二一日条、八月一二日条、同二八日条、九月二三日条。

(28)『明月記』正治二年一二月二八日条。
(29)正和二年七月二〇日関東下知状（冷泉家文書、『鎌倉遺文』二四九二八号）。
(30)『明月記』建保元年一二月六日条。
(31)槇道雄「公卿家領の成立とその領有構造」（前掲註12）。
(32)『明月記』寛喜二年一二月一四日・二四日条。
(33)A(一)の荘務権を持つ領家の出現については第三節で詳しく論ずる。
(34)石井進「中世社会論」（『中世史を考える—社会論・史料論・都市論—』、校倉書房、一九九一年、初出は一九七六年）。
(35)西谷正浩「鎌倉期における貴族の家と荘園」（『日本史研究』四二八、一九九八年）など。
(36)近著においても、本家を上位に戴くことの重要性を指摘しつつ、「最上位の本家は多くの場合、領主権能の点でも取り分の点でも一つ一つの荘園についていえば大きくなく、実際の中心は荘務権をもつ領家であり、これが国衙の国務権とそれにともなう取り分をひきつぐ主体であったのである」（一〇〇頁）としている。
(37)安田元久『日本荘園史概説』（吉川弘文館、一九五七年）。
(38)網野善彦「荘園史の視角」（網野善彦他編『講座日本荘園史1　荘園入門』、吉川弘文館、一九八九年）。
(39)槇道雄「院領荘園支配機構とその性格」（『院政時代史論集』、前掲註12、初出は一九八一年）、「院政時代における預所職」（『政治経済史学』三四九、一九九五年）。
(40)西谷正浩「鎌倉期における貴族の家と荘園」（前掲註35）。
(41)この事実については早くに上横手雅敬「国衙領と職」（『日本中世政治史研究』、塙書房、一九七〇年）が指摘していた。上横手氏は寄進から職の成立を説く永原氏を批判し、職の本質を世襲と補任に求める。また、職出現の時期に留意して、荘園における職は預所・下司職が中核で、それが身分的に上下に波及していき、そうした上下への波及（重層化）にともなって私財・得分的性格を強めていくとする。上横手氏の職論は、その後に継承されることがなかったが、以上のようにきわめて重要な論点を含んでいる。本稿もここから多くの示唆を得た。
(42)天慶九年八月二六日伊賀国神戸長部解案（光明寺古文書、『平安遺文』二五五号）。
(43)網野善彦「荘園公領制と職の体系」（『日本中世土地制度史の研究』、塙書房、一九九一年）。

(44)　山鹿荘については、吉村茂樹「醍醐寺無量光院の創立と肥後山鹿荘―醍醐寺と村上源氏との関係―」（『古代学』六―四、一九五八年）、工藤敬一「肥後北部の荘園公領制―山鹿荘と二つの玉名荘―」（『荘園公領制の成立と内乱』、思文閣出版、一九九二年、初出は一九八五年）。以下の山鹿荘に関する記述はこの二論文、とくに工藤論文による。なお、山鹿荘については本編第一章でも簡単に触れた。

(45)　『醍醐雑事記』巻第四。

(46)　蓮妙から子孫に相伝された所職が預所職であることは、天仁二年一二月二二日白河院庁牒案（『醍醐雑事記』巻第一三、『平安遺文』一七一四号）の事書に、「可早令任尼蓮妙譲状、以女孫藤原仲子、永預沙汰院領肥後国山鹿庄壱処事」とあることから判断できる。

(47)　下司がたんなる開発・寄進の主体なのではなく、複数の開発領主の組織者というべき存在であるという、五味文彦氏の指摘は重要である。五味文彦「守護地頭制の展開と武士団」（『岩波講座日本歴史5　中世1』、岩波書店、一九七五年）。

(48)　永万二年正月一〇日後白河院庁下文案（丹生神社文書、『平安遺文』三三七五号）。

(49)　五味文彦「備後国大田荘」（『遥かなる中世』二、一九七七年）。

(50)　建長七年一〇月二四日関東下知状案（色部文書、『鎌倉遺文』七九一一号）所引の四至による。ここに示されている立券後の小泉荘の領域が岩船郡に相当することは、高橋一樹「院御願寺領の成立―金剛心院を中心に―」（一九九二年一二月一七日日本史研究会中世史部会報告レジュメ）による。なお、永原氏も近著『荘園』においてこの小泉荘を取り上げ、立荘に当たって公領が取り込まれる事例として紹介している（七五～七七頁）。しかし、このような理解はこれまでの永原氏の荘園制論からは逸脱するものであるから、全体の論旨にうまく収まっていない。

(51)　『吾妻鏡』文治二年三月一二日条に載せる下総・信濃・越後三ヶ国年貢未済荘々注文の越後国小泉荘の項に「新尺迦堂領、預所中御門大納言」とある。中御門大納言は、宗忠の孫の宗家である。

(52)　建久三年正月日後白河院庁定文（伏見宮記録元二五、『鎌倉遺文』五八〇号）。

(53)　康治元年一二月一三日鳥羽院庁下文案（高野山文書又続宝簡集、『平安遺文』二四九一号）。

(54)　たとえば、安田元久編『日本史小百科3　荘園』（近藤出版社、一九七七年）の神野真国荘の項（吉井宏執筆）。

(55)　石井進「荘園寄進文書の史料批判をめぐって―『鹿子木荘事書』の成立」（『中世史を考える』、前掲註34、初出は一九七〇年)。

(56) 近衛家所領目録にある「摂政」が『鎌倉遺文』等の比定する近衛兼経ではなく鷹司兼平であることは、槇道雄氏の考証に従う(槇道雄「公卿家領の成立とその領有構造」、前掲註12)。

(57) 鷹司院長子・鷹司兼平は、兼経の妹弟である。この両人に譲られた荘園は、正応六年四月日鷹司兼平処分状案(鷹司家文書、『鎌倉遺文』一八一八二号)にみえるので、こののち鷹司家領となって近衛家からは離れたことがわかる。竜前については、近衛基通の女かと考えられている(槇道雄「公卿家領の成立とその領有構造」、前掲註12。金井静香「近衛家所領目録とその後」、前掲註10)が、基通夫妻からの譲与の多くは②「庄務無本所進退所々」に含まれているのに、竜前分のみが①にあること、さらに彼女に譲られた所領のうち数ヶ所がのちに近衛家領としてみえること(建武三年一一月二八日光厳上皇院宣写、近衛家文書、『岐阜県史 史料編 古代中世四』)、この二点は以上の説明と整合せず不審である。しかし②と区別して①の方に記されているのであるから、鷹司院・鷹司兼平への譲与分と同様、いったん近衛家に戻ったのではないかと推測している。金井氏は、のちに彼女が近衛家嫡流男子に譲与し近衛家領からは離脱した所領と考えるしかないであろう。

(58) 保元元年七月日藤原忠通書状写(天理図書館所蔵文書、『平安遺文』二八四七号)。『平安遺文』は端裏書を落としているが、東京大学史料編纂所架蔵影写本によって補った。

(59) 播磨局については、『台記』久安六年二月一二日条に「播磨 禅閤愛妾」とある。また『兵範記』仁平三年三月一日条に「女房播磨局知足院堂供養也」、同二〇日条に「今朝、入道殿自宇治令参天王寺給。其儀密々。女房播州同参詣云々」とみえ、同四月二八日条には、この日頓死した頼長娘が播磨局の養女となっていたことも記されている。

(60) 本論の論旨とは直接関連しないが、この藤原忠通書状については、私はもうひとつの仮説をもっているので、この機会に紹介しておきたい。私が以前から疑問に思っていたのは、「宣旨此午時許入滅由、所承候也。甚可憐々々。世間無常、不始今候事歟」という書状冒頭において、忠通が忠実に対して追悼の意を表している「宣旨」とはいったい誰だろうかということである。本文で述べたように、この書状が保元の乱直後に出されたものと考えられるだけに、とりわけ気に掛かってならないのである。先行研究はこれを摂関家に近侍した女性であろうとし、なかには具体的な女性を充てているものもある。しかし、その根拠は確かではないし、摂関家司平信範の詳細な日記『兵範記』にも、該当するような女性の死没記事は見当たらない。この緊迫した時期に忠通から忠実への書状で言及されているのであるから、よほど重要な、それも乱に関わった人物ではないかと考えたくなるのである。結論をいうと、私はこれを「左府」の誤写ではないか、すなわち乱で敗死した左大臣藤原頼長を指すのではないかと考えている。突飛なようであるが、「宣」と「左」、「旨」と「府」は、書体が崩れると結構似ているのである。現存する書状写は、東京大学史料編纂所架蔵の影写本でみるとはっきり「宣旨」とあるが、写が作成されたときに読み誤られたのではないか。保元の乱時の頼長の行動を追ってみると、次のようである。戦闘が開始されたのは七月一〇日の夜半、一一日には早くも決着がつくが、その後頼長は重傷を負いながら大和へ落ち、一足早く興福寺に入った父忠実を頼ろうとする。しかし忠実は保身のため面会を拒絶し、頼長は一四日に落命する。『兵範記』七月二一日条にある興福寺僧の報告では「十四日巳刻許薨去」とあり少し時間がずれるが、『保元物語』には「つひに其日の午刻許に御ことききれにけり」とあって、「此午時許入滅」とあるのと一致する。以上はまだ憶説の域を出ないが、もし当たっているならば、これは大和の忠実が京の忠通へ頼長の死を知らせた書状に対する忠通の返書ということにもなる。いかがであろうか。

(61)　弘安三（一二八〇）年一一月二八日の新陽明門院御領目録案（早稲田大学図書館所蔵文書、『鎌倉遺文』一四一九一号）には、「自知足院禅尼被伝進領」として、美濃国山上荘・同武義荘・三河国志貴上条・越後国大嶋荘、それに富家殿内として志水・五条の両所が書き上げられている。これは近衛家所領目録にあった知足院尼上領の主要部分と一致する。以上から、藤原忠実→播磨局→知足院尼上→新陽明門院という伝領が確認できる。新陽明門院に至る伝領は、本文に引用した保元元年七月日藤原忠通書状写（前掲註58）の端裏書からも裏付けられる。

(62)　『玉葉』建久七年正月一四日条。この伝領の事情については、遠城悦子「春華門院昇子内親王の八条院領伝領についての一考察」（『法政史学』四八、一九九六年）、龍野加代子「八条院領の伝領過程をめぐって」（『法政史学』四九、一九九七年）などがある。『玉葉』にある「姫宮」の比定をめぐって見解に相違があるが、ここではいちおう龍野氏の見解に従う。

(63)　左大臣藤原良輔家遺領目録（『門葉記』雑決一、『鎌倉遺文』二四〇九号）。

(64)　建長二年一一月日九条道家惣処分状（前掲註5史料）。

(65)　嘉元四年六月一二日昭慶門院御領目録（竹内文平氏所蔵文書、『鎌倉遺文』二二六六一号）。

(66)　外岡慎一郎「中世気比社領の基礎的考察―「建暦社領注文」とその周辺―」（『福井県史研究』一一、一九九三年）。

(67)『玉葉』文治元年九月二五日条。

(68)『明月記』文暦元年八月一八日条。

(69) 文治年間の近衛家と九条家との間で起こった激しい家領の争奪戦の経緯とその意義については、川端新「摂関家領荘園群の形成と伝領」（前掲註10）で詳しく述べた。

(70) 鷹司家領の全貌は、正応六年四月日鷹司兼平処分状案（前掲註57史料）からわかるが、長講堂領四ヶ所、最勝寺領一ヶ所などの王家領の下職が含まれている。

(71)『簡要類聚鈔』は、『京都大学国史研究室所蔵一乗院文書(抄)』（京都大学文学部国史研究室、一九八一年）による。

(72) 第一節で触れた藤原定家に対する播磨国越部荘の荘務権付与（六八頁参照）が、これと同じ事態を示すものであろう。

(73) 大山喬平「近衛家と南都一乗院―「簡要類聚鈔」考―」（岸俊男教授退官記念会編『日本政治社会史研究』下、塙書房、一九八五年）。

(74) 以上では、本家のもとで荘務権を委ねられた別相伝所領を領家職としてきたが、史料用語からの立論でない点、趣旨が一貫していないことを自覚している。史料上の用語の検討は今後の課題である。

(75)『兵範記』保元元年七月一七日条。

(76) 勝山清次「平安時代後期の封戸制―封戸制の再編と解体―」（『中世年貢制成立史の研究』、塙書房、一九九五年、初出は一九七八年）。

(77)『大槐秘抄』（『群書類従』第二八輯）。

(78) 西谷正浩「「鹿子木荘事書」成立の背景―徳政と「職の体系」の変質―」（『熊本史学』六八・六九、一九九二年）。

第三章　荘園制的文書体系の成立まで——牒・告書・下文——

はじめに

古文書の様式がその機能と、さらにはそれを規定する政治や社会のあり方と深い関連をもつことは、今さらとりたてていうまでもない。かつて林屋辰三郎氏は御教書の発生を政治形態や社会構造との関連から読み解くことを試みた。(1)以来、古文書の様式や機能と国家・社会のあり方の関連を問う視点は、「古文書学と歴史学とのあいだ」(2)に位置する重要かつ有効な手法として、さまざまの成果を生み出してきている。

なかでも近年の古代古文書に関する研究の進展には目覚ましいものがあり、古文書学の概説書の古代の文書に関する部分は大幅な増補・修正の必要に迫られている。早川庄八氏は、公式令の規定を所与の前提にして、そこから中世の文書様式の発生を説いていた従来の古文書学に対して、古代古文書学樹立の必要性を唱えている。(3)そこでは古文書学を中世史家に任せていたことに対する、古代史の立場からの反省が述べられているが、古代文書の多様な実態に無関心であった中世史研究者の側にも、公式様—公家様という図式にとらわれずに古代から中世への文書体系の変化を見通す新たな研究が要請されているというべきであろう。

かかる視点をもって、私はまず古代以来盛んに用いられた牒という文書の検討から始めることにしたい。牒は、その性質上社会にもっとも弾力的に浸透した文書であると考えるが、まずそうした牒の機能の変遷をたどることから始め、もちろん限られた側面からということになるが、古代から中世への文書体系の変質の一端を探ることを目的とする。それは、一二世紀に確立する荘園制のもとでの文書体系の成立を見通すことであり、さらにいえば、中世荘園制社会成立史を再検討する作業の一環をなすものでもある。

第一節　公式令と牒

律令官司制における官司間文書として、養老公式令には次の三つの文書が定められている。所管―被轄官司間の下達文書である符、上申文書である解、そして統属関係にない官司間で行われる移である。唐制と比較して単純簡素な構造をもつ日本の官司間階統制は、基本的にこの三種の文書によって運営されていた(4)。ところで符・解・移以外に、牒という文書が広く用いられていたことも周知の事実である。本節では次節以下の前提として、牒の基本的な性格を確認しておく。

養老公式令には牒式条の定める個人の上申文書としての牒のほかに、移式条に諸官司と僧綱及び三綱の間で授受される牒、いわゆる移式准用牒の規定がある。しかしそれにとどまらず、令外官を中心に官司間で牒の授受が盛んに行われていたことも常識に属する。古文書学の概説書では、この種の牒は、移式准用規定が拡大解釈されて令外官を中心に使用が一般化したものであり、ついには移の領域をも侵犯して広範に用いられるようになる、などとされてきた(5)。しかしこの理解には問題が多い。牒の多用は早い段階からみられるのであって、このことは移式准用規定の拡大という説明を許さないし、のちに移の領域を侵犯したという理解も成り立たないことは後述する通りである。

それでは官司間文書として使用される牒の起源はどこにあるのであろうか。早川庄八氏はかつて、①移式准用規定の拡大解釈、という説明に加えて、②大宝令の牒式が唐の牒制に近い規定であり、養老令施行後もそれが否定されずに行われた、③令の規定如何にかかわらず唐の牒制が准用された、という三つの可能性を提示していた。(6)その後、文書木簡や正倉院文書にある牒は、官司の牒・個人の牒ともに上申から下達まで幅広く用いられていることを指摘し、改めて唐の牒制との関係を説いている。(7)ここで日唐の牒の比較に紙数を割くわけにはいかないが、牒は公式令の規定とは無関係に広い用途に用いられていたこと、またその前提に唐の多様な牒の用法(8)があることは、すでに共通認識となっているといってよいであろう。

牒の性格を考えるためには、従来の古文書学では取り上げられることもなかった、次のような牒の存在にも注意する必要がある。

国司上下相牒式

　某事

牒云云。今以状牒。牒至准状。故牒

　　年　月　日　　主典位姓名牒

守姓名

　右、守在治郡、牒入部内介以下式。若守入部内、牒在治郡介以下云、検調物所牒国衙頭。介以下報云、
国衙頭牒上検調物所案典等。若長官不在者、以介准守。余官不在、節級相准亦同（年月日下典者史生通之）

検調物使　牒上国衙頭

　某事

牒云云。員録事状、謹請進止。謹牒

年　月　日　主典位姓名牒

介姓名

右、介入部内、牒在治郡守式。掾以下署如令[9]

この史料は『延喜式』国司上下相牒条・調物使牒条で、国衙にある守と部内の介以下（検調物使）、もしくは入部した守（検調物所）と国衙にある介以下との間で往復する文書の様式を定めたものである。したがって、ここで用いることになっている牒は、国衙機構の内部で取り交わされる牒、すなわち官司内文書としての牒である。唐公式令の定める官司文書は官司間文書・官司内文書の二本立てになっていて、官司内での本局から別局への下達には牒、別局から本局への上申には刺、別局間の互通文書として関と、三種の官司内文書の規定があった。しかし、官司内別局の未発達の日本の公式令は官司内文書の規定を削除し、刺・関という文書は存在しない。その代わりに、必要に応じて牒が官司内文書としての役目を上申・下達両用ともに引き受けているのである。[10]

右の事実は、公式令の継受関係だけでなく、広く現実に行われていた文書の受容のあり方を検討する必要があることを改めて示唆する。律令官司制のあり方からいって右のような牒の用途が大きかったとは考え難いが、式文によって牒が公式令の定める文書体系を補足する役割を果たしていることは重要である。公式令の規定以外にもこうした牒がそれを補い、さらにその周辺には日常的に取り交わされる多様な牒が存在していたのである。

ただし、多様な牒の守備範囲にもひとつの原則があることだけは確認しておかねばならない。令制官司間の文書はあくまで符・解・移であり、その部分に牒が参入することはないということである。移と牒はその境界が曖昧であり、そのため牒に侵犯されて移は消滅すると説かれることがある。しかし、両者の境界は確かにきわめて曖昧なところがあるが、早川氏が指摘するように、令制官司間に限っていえば互通文書として用いられるのは移の方であり、これは後世に至るまで牒に譲ることのない固有の領域をなす。牒は、あくまでも公式令に規定のある官司間文書体系の枠から逸脱した部分を補う役割を果たす文書である。その前提には中国の牒の多様な用法があり、その性格故に牒は柔軟に活用されたのである。

このほかにも牒に関する若干の点を付け加えておく。

まず、牒という文字についてであるが、日本で行われている牒には、正字の「牒」と異体の「牃」の二種がある。正倉院文書を通覧すると両字とも用いられているが、平安期以降になるとほとんどすべてが「牃」である。異体の「牃」字は唐朝において太宗李世民の「世」「民」両字が避諱されたために顕慶二（六五七）年より用いられた漢字であり、(11)日本でこれを避諱する必要などないが、それにもかかわらず「牃」字が定着するのは、律令の受容とは別次元で、中国で広く行われた文書様式の影響が及んだ結果であろう。なお、両字の使い分けに機能の別は認められないので、以下では正字に統一している。

次に、牒の書止について。公式令では、牒式条の個人上申牒は「謹牒」、移式准用牒では「故牒」と書き止める。しかし、現実の牒では、変則的なものを除くと「故牒」「以牒」「謹牒」の三種の書止が普通である。現実の運用に必ずしも明確な区別があるわけではないが、おおよその傾向としては「以牒」を基準に、「謹牒」が上申調、「故牒」が下達調、すなわち故→以→謹の順に厚礼になると考えてよい。(12)この点は、次節において互通文書としての牒(13)の機能を論じる際のひとつの目安になるであろう。

第二節　平安時代の牒

1　新様式の牒

前節では、牒は符・解・移によって維持される律令官司間文書体系の埒外にありながら、それを柔軟に補足する役割を担っていたことを確認した。ところで平安時代の牒を通覧すると、ある時期から以前の牒にはない、もちろん公式令の規定にもない一つの共通する特徴が現れることに気付かれる。

表1には九・一〇世紀の牒を一覧にしたが、注目したいのは宛所の下に「衙」という文字が添えられていることである。この特徴は九世紀半ばから現れ始め、一〇世紀以降にはほとんどすべての牒にみえるようになる。長くなるので表示するのは一〇世紀末までにとどめたが、これ以後の牒も見事にこの特徴を備えている。[14]宛先が国の場合「○○国衙」といういい方に違和感はないが、表からわかるように「衙」はあらゆる宛所に付された一種の脇付というべきであるから、国に宛てた場合も「○○―国衙」ではなく「○○国―衙」である。このことは「衙」だけが横に寄せて小さく書かれている例がかなりあることからもわかる。また、文書によって字句に若干の差はあるが、「……之状、牒送如件。乞也衙察状、以牒」というような牒特有の書止文言の中にも、書出に対応して「衙」が挿入されるようになる。これらは瑣細なことのようであるが、牒に特徴的かつ統一的に現れる現象であり、その変質を物語るものに違いない。このことを手掛かりに、平安時代における牒の特質を考えたい。

「衙」が宛先に付される例を遡って尋ねてみると、天平勝宝二（七五〇）年の造東大寺司牒に「造東大寺司牒北大臣家衙頭」[15]とあるのがもっとも早く、これが奈良時代では唯一の事例である。その後、表1に示したように弘仁一一（八二〇）年に「□(川)原寺牒　尾張国衙頭」とあるのを経て、承和一一（八四四）年に「阿波国牒　東大寺衙」、以下一〇世紀以降には、宛先に「衙」の付く牒―このような様式上の特徴をもつ牒を、かりに衙式牒と呼ぶことにする―が定着している。「衙」は一般に役所を意味する語である。先駆的に現れる「衙頭」は「衙のほとり」であろうから、これには文書の具体的な送付先を指定するという役割があったと考えられる。(16)初期の「衙」字の付加にもそうした機能があったのであろう。しかし、あらゆる宛所に一律に「衙」を付すことになる段階においては、牒という文書自体の属性にかかわる意味をもつものになっていると考えねばならない。

実は表1では意図的に除いたが、衙式牒の普及後も決して「衙」字を付けないいく種かの牒が存在する。太政官牒・大宰府牒・僧綱牒、それに蔵人所牒で、これ以外のほとんどすべての牒には「衙」が付くようになるから、その有無は発給主体によってはっきりと分かれているわけである。この非衙式牒を検討することから、逆に衙式牒の基本的な性格を考えることができるのではないだろうか。

そこでまず太政官牒・僧綱牒であるが、これらはいうまでもなく公式令の移式准用牒である。僧綱牒はもちろん、太政官牒もすべて寺もしくは僧綱に宛てられている。(17)大宰府牒の宛先もすべて寺で、これも衙字を付けない移式准用牒の本来の様式を守っている。(18)しかし、これ以外一般の牒は授受の一方に寺があるか否かにかかわらず一様に衙式牒に移行するから、衙式牒は公式令の規定を墨守する太政官牒・僧綱牒・大宰府牒といった国家レベルの牒とは別のところで、移式准用か否かとは無関係に発生したものであることがわかる。

次に蔵人所牒については、諸司の供給・逓送、所々職司の補任、召物、裁定などに使用され、国を宛所として発給されることが、蔵人所関係の記録類から検証されている。(19)その実例はさほど多くはないが、平安期の現存例をみる限り宛先に「衙」は付いていない。蔵人所牒を考える上で注目されるのは、蔵人所から牒が諸国に出されるのに対して、諸国からは解が蔵人所に届いていることである。たとえば康平三（一〇六〇）年三月一八日の和泉国宛蔵人所牒案(20)によると、この牒は「国司解状」をうけて発給されたものである。すなわち蔵人所牒は、国か

表1　九・一〇世紀の牒

年月日	差出	宛先	書止	出典
延暦20(八〇一)・12・16	東大寺三綱牒上		仍録可沽却状、……、以牒上	東南院文書(平二)
弘仁5(八一四)・7・26	〔東大寺〕三綱牒		仍録事状、以牒上	正倉院文書(平四三九五)
弘仁11(八二〇)・10・17	〔川〕原寺牒	尾張国衙頭	仍録患由以請国裁、謹牒	安藤文書(平四六)
承和8(八四一)・1・16	筑前国牒	観世音寺	仍……返送如件、今以状牒	尊勝院文書(平六七)
承和11(八四四)・10・11	阿波国牒	東大寺衙	仍具事状、……、以牒	東南院文書(平七五)
貞観8(八六六)・10・11	延暦寺政所牒	天台別院園城寺	牒到准状、故牒	平松文書(平四九七)
貞観9(八六七)・3・26	前斎院高子内親王家庄牒	観世音寺政所	仍還牒如件、以牒	早稲田大学所蔵文書(平一五四)
貞観10(八六八)・2・23	筑前国牒	観世音寺	随裁下弁行、以牒	早稲田大学所蔵文書(平一五七)
貞観10(八六八)・2・27	〔観世音寺牒〕	〔大宰府〕	今録具状、以牒	早稲田大学所蔵文書(平一五八)
貞観10(八六八)・10・12	内蔵寮博太庄牒	観世音寺政所	仍今録具状、附還使申上、以牒	早稲田大学所蔵文書(平一六〇)
貞観13(八七一)・10・30	〔造東大寺司〕牒	東大寺政所	衙察此状、依件任用、以牒	東南院文書(平四五〇八)
延喜13(九一三)・3・23	〔藤原有実家牒〕	〔東大寺衙〕	乞衙察之、以牒	東南院文書(平二〇八)
延喜13(九一三)・5・1	按察家牒	東大寺衙	乞衙察之、今勒状、以牒	東南院文書(平二〇九)
延喜13(九一三)・8・29	按察家牒	東大寺衙	乞衙察之、以牒	東南院文書(平二一〇)
延喜15(九一五)・9・11	東寺伝法供家牒	丹波国多紀郡衙	乞也衙察之状、……、以牒	東寺文書(平二一二)
延喜15(九一五)・10・22	丹波国牒	東寺伝法供家	乞也察之、以牒	東寺文書(平二一三)
延喜20(九二〇)・9・11	右大臣家牒	丹波国衙	乞衙察状、……、今勒寺家使、以牒	東寺文書(平二一七)
延長2(九二四)・8・7	東寺伝法供家牒	丹波国衙	乞也衙察之状、……、以牒	東寺百合文書(平二一九)
延長3(九二五)・8・25	伊勢太神宮司牒	東寺政所衙	乞也衙察状、……、以牒	東寺百合文書(平二二三)
延長4(九二六)・3・10	〔大和〕国庁牒	弘福寺衙	乞衙察状、今勒還使、以牒	東寺文書(平二二四)
延長6(九二八)・5・9	〔上野国牒〕	〔東大寺〕衙	乞衙察状、以牒	菅孝次郎氏所蔵文書(平二二八)
延長7(九二九)・7・21	太神宮司牒	斎宮寮衙	今勒状、以牒	内閣文庫所蔵文書(平二三五)
承平2(九三二)・9・22	丹波国牒	東寺伝法供家衙	乞也察状、以牒	市島謙吉氏所蔵文書(平二四〇)
承平5(九三五)・10・25	東寺伝法供家牒	丹波国衙	乞也衙察之状、……以牒	東寺百合文書(平二四五)

天慶3(九四〇)・5・6	観世音寺牒	筑前国衙	乞□、……仍勒事状、以牒	東大寺文書(平二五〇)
天慶4(九四一)・2・2	因幡国牒	東大寺衙	乞衙察之、今勒勧朝、以牒	東南院文書(平二五二)
天慶5(九四二)・4・25	東寺伝法供〔家〕牒	丹波国衙	乞也衙察之状、……、以牒	東寺文書(平二五三)
天暦5(九五一)・10・23	足羽郡庁牒	東大寺諸庄収納使衙	乞也察状、今勒状、以牒	東南院文書(平二六三)
天暦9(九五五)・10・8	淡路国牒	延暦寺戒壇院衙	衙察之状、……、今勒状、以牒	『朝野群載』巻第一六
天暦10(九五六)・4・21	出雲国牒	東大寺戒壇院衙	乞衙、……、今勒状、以牒	『朝野群載』巻第一六
康保元(九六四)・12・13	醍醐寺牒	当(山城)国衙	乞衙察状、……、故牒	三宝院文書(平二八三)
天禄4(九七三)・9・1	〔東〕寺伝法供家牒	丹波国衙	乞衙察状、……、今勒状、以牒	東寺百合文書(平三〇七)
寛和元(九八五)・10・—	造東大寺牒	上野国衙	所請如件、故牒	根岸文書(平三二二)
永延元(九八七)・12・9	筥崎宮塔院謹牒	当(筑前)国衙	衙察之状、……、仍注事状、以牒	石清水文書(平三二八)
永祚2(九九〇)・11・21	栄山寺謹牒	当(大和)国衙	乞衙察状、……、謹以牒	栄山寺文書(平三四一)
正暦2(九九一)・3・12	(大和)国使謹牒	東大寺衙	乞衙察之状、……、今勒状、謹牒	東南院文書(平三四七)
正暦2(九九一)・3・14	添上郡謹牒	(大和)国使衙	乞衙察之状、今勒状、謹牒	東南院文書(平三四九)
正暦2(九九一)・3・14	(大和)国使謹牒	東大寺衙	乞衙察状、今勒事状、謹牒	東南院文書(平三五〇)
正暦3(九九二)・7・28	摂政家牒	興福寺	乞察之、……、今勒事情、以牒	『朝野群載』巻第七
正暦5(九九四)・9・9	栄山寺謹牒	当(大和)国衙	乞衙察状、……、今勒状、以牒	栄山寺文書(平三五九)
長徳2(九九六)・7・25	観世音寺牒	大府衙	今録状、謹以牒	東京文科大学文書(平三六六)
長徳4(九九八)・11・5	観世音寺牒	大府衙	勒状、以牒	内閣文庫所蔵文書(平三七五)

註1．太政官牒・僧綱牒・大宰府牒、および個人の牒は含まれていない。
　2．差出・宛先の欄は、牒の書出をそのまま採用したが、欠部は〔　〕で補い、また適宜(　)で補足した。

らの上申文書である解に対する下達文書なのである。このような朝廷の中枢の令外官から発給される下達牒は、衙字を付さないのである。(21)

これと比べると、衙式牒となるのは国↕家、国↕寺、家↕寺、寺↕寺などのように、互通文書として使用されているものであるということがわかる。衙式牒では、本文中でも相手を「衙」「貴衙」などと呼び、以前に相手から受け取った文書は「得衙牒云……」というように表現される。文末に付く「乞也衙察之」という文言も含め、これらの「衙」の用法からは敬称に近い印象を受けるのであるが、「衙」字の付加は、相手への一種の敬意を含んだ互通関係の表現といえるのではないだろうか。衙式牒の書止としては上申・下達調を帯びない「以牒」が最も多いことも、互通文書としての牒の確立と関連するであろう。

もうひとつ重要なことは、本来役所を意味する「衙」は、官司ではない宛所をも疑似官司化するという働きをもつことである。特徴的な事例をあげると、「氏人等衙」(『平安遺文』一七七四号)、「氏公卿衙」(同三六三八号)、「出羽守并平蔵人衙」(同三九五七号)などのように、組織にあらざる宛所にも必ず「衙」字がついて宛所を組織のように装っている。このことは、牒が官司間の文書であるという性格を強め、「衙」字によって常にそれを維持していることを示している。以上より、衙式牒は奈良時代以来多様な機能を果たしていた牒が、九世紀から一〇世紀にかけてその様式を官司間文書体系内の互通文書として整えたものと考えることができるのではないだろうか。

それではこのような衙式牒はいかなるところから使われ出したのであろうか。前述したように、これは中央で起こった変化ではない。変化が現れ出す九世紀の事例がきわめて少ないので確実なことはわからないが、衙式牒が定着する九~一〇世紀は、受領への国務委任システムが形成され国司受領化が進展する時代である。そうした中で、国を中心とした文書授受の中で定着したものと考えておきたい[22]。国牒や国宛の牒の機能は国衙機構研究の中で論ぜられるべき問題であり、今はその場ではないが、ごく簡単に概観しておこう。

まず国牒であるが、『平安遺文』に一二通、すべて寺宛で書止は「以牒」。国牒の使用は一〇世紀後半以降に激減すること、それが国務処理方式の変遷と関連することが指摘されている[23]。国牒が代表的な国務文書として盛んに用いられたのは、衙式牒が定着する九~一〇世紀のことである。残存例は寺宛のみであるが、『朝野群載』には神社宛の国牒も載っている[24]。また国内の有力者に対しても国牒が発給されていた(これは後述)。なお、国相互については『朝野群載』に長和四(一〇一五)年の上野国移の例があり[25]、令制官相互は移とする原則が生きていることが知られるが、その書出も「上野国移　武蔵国衙」と、衙式をとっていることは注目される。移の実例は少ないので衙式が移でも慣用されているのかどうかは判断できないが、これも「衙」を付すことが互通文書の特徴と考えた先の推測の傍証にはなる。

国に宛てた牒としては、寺牒がもっとも多い。『平安遺文』は一〇〇通足らずの寺牒を載せるが、その三分の二ほどが国に宛てたものである。寺の発給文書として牒が用いられるのは移式准用規定からいえば当然であるが、すでに述べたようにこれらも他の牒と同様いっせいに衙式牒に転じている。寺牒の書止は「以牒」がもっとも多い。しかし、たとえば同じ国に宛てている場合でも、東大寺牒は「以牒」が多いのに対し、栄山寺牒は「謹牒」とするのが普通でより厚礼を示す。明確な基準があるわけではないが、書止の別は差出と宛先の関係をある程度表しているとみることができる。書止文言で上下関係を微妙に表しつつも、互通関係を維持しながら、牒が往復するのである。時期別にみると、寺牒は一一世紀に半分以上が集中し、一二世紀になると十数例を数えるに過ぎない。[26]

従来の研究でもっとも注目されてきた牒は家牒・宅牒である。佐藤宗諄氏によって九世紀における家牒の「公認」の意義が論ぜられ、[27]続いて西山良平氏は、家牒はすでに八世紀後半より国司に送られて諸家の恣意を実現しつつあったことを指摘している。[28]家牒・宅牒の現存例は少ないが、著名な延喜二〇（九二〇）年九月一一日右大臣藤原忠平家牒[29]を始め、一〇世紀以降のものはいずれも衙式をとり、多くは国に宛てられて臨時雑役免除や立券を要求している。書止は「以牒」が多い。[30]

以上のように、衙式牒の定着する九～一〇世紀、そして一一世紀にかけては国をめぐって牒が盛んに取り交わされるが、それに関して確認しておかねばならないのは、寺社や貴族から郡に宛てた牒は、例外といえる一例を除いては存在しないことである。[31]院宮王臣家の活動に対して、たとえば「前件使等、不由国司、闌入部内、凌轢百姓、略奪田宅、妨取調庸」という事態について、「諸院諸宮諸家調庸若有未進者、先牒国司、将令弁進。非有国符、不聴入部」[32]とあるように、在地への口入は国司に牒して行うべしとされているが、実際にも郡宛に直接牒が出されることはないのである。

このことは、衙式牒の機能に即していえば、次のように説明することができる。奈良時代において牒が幅広い用途に用いられていた段階には、郡司に宛てた下達調の強い牒も存在し得た。ところが衙式牒が確立すると、郡はその互通関係の対象の枠外にはみ出されたのである。もっともこのことは、中央から郡に直接宛てられる文書がないということを意味するものではない。これは三節で詳述するが、しかし少なくとも中央から郡に宛てた牒は消滅したのである。

これらのことに関連して最後に付け加えておきたいのは、「国衙」「郡衙」という語についてである。「国衙」は、奈良時代にはほとんど用例がなく[33]、平安時代から用いられる用語である。しかし、平安前期の用例を調べてみると、すべてが牒の文中のものであることに気付く。これは先述したように本来「○○国―衙」であるから、「国衙」という語が成立しているとはいいがたい。国の役所という一般的な用例が普及するのはようやく一一世紀半ばのことである。「国衙」は衙式牒の様式に由来する語で、右にみたような国を中心にした牒の盛んな往来が、やがてその語を派生・定着させたのである[34]。

一方、「郡衙」という用語も研究史上無造作に使われてきたが、これは実は史料上には存在しない語である。そしてこのことも、衙式牒の用法から説明することができる。のちに述べるように郡レベルの在地でも衙式牒が用いられている例はある。しかし、右に述べたように中央からみて郡は衙式牒の宛先にならず、中央と郡との間で牒が取り交わされることはなかった。このために国の場合とは異なって、「郡衙」という語が発生する機会が生まれなかったのである。

2　牒の諸相

牒が往復するのは一方に国がある場合だけではもちろんない。衙式牒は様々なレベルで用いられている。ここではできるだけ多様な史料から、牒の往復する社会関係をみることにしたい。

時代はやや降るが、一一世紀初めの伊勢神宮では大中臣氏一族による祭主・宮司庁諸機関の家産化が進行し、それに対する禰宜・権禰宜層荒木田・度会両氏との抗争が激化していた。長暦三（一〇三九）年二月、荒木田利方を筆頭とする禰宜・権禰宜らは数多の神民を率いて上京し、一三ヶ条にわたる訴状を朝廷に提出した。この訴状の最終項には「第十三、太神宮司与禰宜、可被定置移牒官事[35]」とある。宮司と禰宜とを「移牒官」に定め置くべし、とする禰宜の要求は何を意味するのであろうか。

伊勢神宮では元来、朝廷への奏状は禰宜等注進→宮司解→祭主解という手続を経て上奏されることになっていた。ところが禰宜等は、祭主・宮司が彼らの注進を抑留して上奏しないことを愁い、朝廷への直接の越奏権を主張していた。そうした中、長暦元（一〇三七）年に内宮一禰宜が正四位下の位階を得て宮司の上階に立ったことにより、禰宜等の越奏権がひとつの根拠を得ることになった[36]。右の争点もこのことと関連するものである。この訴の結果、禰宜等の要求は認められて従来の神宮の文書体系は崩れ、以来禰宜等は「自去年以来、誇位階違例、依相互移牒、不随宮司符[37]」と、宮司の「符判」に従おうとはしない状況が現出したのである。禰宜等の要求した「移牒官」とは、律令制的な統属関係を脱し、自立した相互の立場を授受文書のあり方に即して表現した語であり、禰宜層にとっては祭主—宮司支配からの離脱を法的に表現する語として用いられたのである。

「移牒」という表現は、別種の史料にも見出すことができる。次の史料は『将門記』にみえる「移牒」である。

而間常陸国居住藤原玄明等、素為国之乱人為民之毒害也。望農節則貪町満之歩数、至官物則无束把之弁済。

……于時長官藤原維幾朝臣、為令弁済官物、雖送度々移牒、対捍為宗敢不府向

ここでは常陸介藤原維幾が「国乱人」藤原玄明に官物弁済を要求する「移牒」を送っている。ところが玄明はこれに従わず、その振舞いに変わるところがなかった。

長官稍集度々過、依官符之旨擬追捕之間、急提妻子、遁渡於下総国豊田郡之次、所盗渡行方・河内両郡不動倉穀糒等、其数在郡司所進之日記也。仍可捕送之由移牒、送於下総国并将門。而常称逃亡之由、曽无捕渡之心

そこで維幾は官符によって玄明を追捕しようとする。玄明はこれを逃れ、遁走して下総国に入った。維幾は今度は下総国と平将門の許へ「移牒」を送達し、その追捕を要請している。この後、将門も「不可追捕之牒」を国に送っている。戸田芳実氏は、将門や玄明に「移牒」が出されていることから、国家の官職をもたない彼らが「国衙と同等な一種の公的機関の地位を与えられているように思われる」ことを指摘している。(38)「国衙と同等」か、また「公的機関」といえるかどうかは別にしても、この「移牒」の語も玄明や将門の自立的な立場を物語るものということはできる。

藤原玄明や平将門が国司から受けた「移牒」はもちろん現存しないが、次の牒などは軍記の「移牒」に類する文書の唯一の実例といってよいのではないだろうか。

二所太神宮神主牒　出羽守并平蔵人衙

欲被早張本余類相共慥追討其身、熊野山逆賊等先日誅戮外逃去輩、猶浮海上交山林、連々成盗犯間、神人抱恐怖不安堵状

使

牒、件逆賊等去正月廿一日乱入神宮御郷内、旁成犯科之刻、衙被来向、或誅戮之、或搦捉之。其外余類逃去

云々。而彼逃退之兇徒等、猶浮海上交山林、経廻嶋々浦々之由、日来風聞之間、乱入阿曾御薗、焼失在家、襲来鵜方御厨、盗取資財之旨、所司等所申上也。……然則罷彼他行之議、一向奉守護神宮、兼又張本余類相共、慥欲被追討其身之状、牒送如件。乞也衙察状、牒到准状。以牒

治承五年二月　日

（署判略）(39)

源平内乱初期のこの史料は、伊勢神宮が伊勢国一志郡に本拠をもつ軍事貴族、出羽守平信兼(40)（平蔵人の方は未詳）に対して熊野凶徒の追捕を要請した牒で、宛所の信兼らに「衙」字を加えて疑似官司化し、文中でも信兼を「衙」と呼ぶ衙式互通牒である。この場合の伊勢神宮は伊勢国司としての立場にあると考えてよいから、右の牒の授受の関係は先の常陸国と将門の関係に擬することができる。将門の時代から二世紀余りを隔てているが、将門に玄明の追捕を要請した常陸国の「移牒」も、このような牒ではなかったろうか。

さて、『将門記』を始めとする軍記には、ほかにも牒がみえる。「将門固陣築楯、且送簡牒、且寄兵士。于時律中孟冬、日臨黄昏。因茲各各挽楯、陣々守身」（『将門記』）、ここにある「簡牒」は、敵陣への挑戦状でもあろうか。「然レバ既ニ各ノ軍ヲ儲テ、可合戦義ニ成ヌ。其後ハ牒ヲ通ハシテ日ヲ定テ、其ノ野ニテ合ハム、ト契ル」（『今昔物語集』巻第二五第五）、ここでは牒によって両軍の間で合戦の日時と戦場の決定がなされている。「既ニ其契ノ日ニ成ヌレバ、各軍ヲ発シテ、此ク云フ野ニ巳ノ時計ニ打立ヌ。……各兵ヲ出シテ牒ヲ通ハス。其兵ノ返ル時ニ、定レル事ニテ箭ヲ射懸ケル也」（『今昔物語集』巻第二五第三）、これは両軍の使者が開戦前に交わす、文字通りの最後通牒。これらの牒は自力救済＝私戦の世界における「合戦のルール」(41)を担う文書である。ときには一方に追捕官符が下され、その場合には私戦と公戦の論理が入り乱れながら合戦が進展することになる。

所領相論においても状況はよく似ている。相論は法廷への提訴から始まるのではなく、はじめに当事者間で牒が取り交わされる。延喜一三（九一三）年の因幡国高庭荘をめぐる東大寺と藤原有実家の相論では、まず事態を

打開せんとする東大寺が度々の牒を有実家に送り、有実家も少なくとも三度東大寺に返牒している。[42]当事者の交渉が不調に終ったその末に、東大寺が解で朝廷に上申し、初めて公の裁判沙汰が開始されたのである。[43]正暦二（九九一）年の大和国春日荘を対象とした興福寺と東大寺の相論も、もとはといえば荘内の免田の進退権を主張する東大寺宛の興福寺牒に端を発し、両寺間の交渉が決裂した結果、東大寺解が朝廷に提出されて裁判が始まっている。[44]牒による交渉によって当事者間で事態の解決に至る場合もあるだろうし、ある場合には実力行使による決着が計られるかも知れない。官や国に提訴され、その裁判システムに則って審理が開始されるのは、ひとつの選択肢が選ばれた結果である。

さらに官や国が法廷となった訴訟の進行中にも、訴訟当事者は黙してはいない。対論中の相手へ、また国へと牒を発し、事態の好転、打開に奔走する。貞観九・一〇（八六七・八）年の筑前国博多荘をめぐる相論で、内蔵寮と対決する観世音寺の動きは活発である。荘園や郡司へ働きかけ、筑前国へ、また大宰府へも牒を送る。[45]相論自体が一方当事者の観世音寺を中心に動いている感さえある。先に触れた正暦二年の大和国春日荘の相論でも、国と両当事者間で盛んに牒がやり取りされ、また国使と郡の間でも牒の往復により審理・調整が進められている。[46]官―国―郡という指揮命令を縦軸としながら、互通牒を横軸として、この時期の紛争解決は進むのである。[47]

最後に、在地社会における牒にも触れておく。中央から郡以下の在地への下達牒は存在しないことを先に述べたが、郡や荘園のレベルでは相互に行き交う牒がある。ここでも「足羽郡庁牒　東大寺諸庄収納使衙」（『平安遺文』二六二号）、「添上郡謹牒　国使衙」（同三四九号）、「神戸司牒　名張郡司衙」（同二七五四号）、「紀伊国園御庄牒　大和葛上郡衙」（『雑筆要集』）などと、衙式牒が使われている。郡と国使、郡と荘園など、郡のレベルでも衙式牒を用いる互通関係をみることができるのである。

以上、本節では九世紀から一〇世紀にかけて、宛所に「衙」字を付す互通牒＝衙式牒が成立することを指摘した。前代の多様な牒の中から、官司間の文書という枠組みを維持しつつ動く衙式牒が定着したのである。衙式牒は、さまざまなレベルにおいて相互に自立的な官司・集団間で用いられている。そうした多層的な互通関係を重要な構成要素として、当該期の社会関係は維持されていたのである。

第三節　下文の源流

1　牒と帖

康保年間（九六四〜九六八）、伊賀国名張郡広瀬・薦生両牧の立券申請を行った勘解由長官藤原朝成に対して、薦生牧は東大寺領板蝿杣の四至内であると主張する東大寺との間で起こった紛争に関する一連の文書が、院政期の反古文書の紙背に書写されて東大寺文書の中に残っている。(48)関連史料は計一三通、その全体にかかる端裏書には「薦生牧証文案藤井庄領主進、自院被下之　長寛三年三月日」とあって、相論から二〇〇年を経た長寛三（一一六五）年、後白河院庁での訴訟の際に訴人である藤井荘の領主が証拠文書として提出し、院より東大寺に下された文書群であったことがわかる。訴訟の論人となった東大寺は陳状を院庁へ提出せねばならず、そのためにこの文書群が反古文書の紙背に写し取られたのであろう。(49)

この相論に触れた研究は多いが、ここで取り上げるのは相論そのものではなく、相論の過程で藤原朝成宅（朝成は当時正四位下であり、朝成「家」以前の朝成「宅」の段階にあった）(50)が発給した文書についてである。前節では、自立した組織間の互通文書である衙式牒の機能を検討したが、本節ではまずこの朝成宅発給文書を素材にして、そうした官司間文書体系の枠組みからいわば逸脱した文書の存在を指摘したい。一連の文書は案文であるが、長寛の相論に際して東大寺側は論駁の必要上一字一句正確に書写せねばならなかったはずであり、案文とはいえ微細な文言にこだわる以下の考察にも充分に堪え得る史料であると判断することができる。ここには朝成宅発給文書そのものが残っているわけではないが、請文などの中に引用されているので、その部分をすべてあげることにする。[51]

【史料A】

伊賀国名張郡司解　申請勘(解脱)由長官殿御帖事

（中略）

右、被今月十七日御帖今日到来偁、「件牧地等、元故転経院延珍僧都所領也。而今於伝領宅既畢。仍帖送如件。宜悉之。与使者共牓示四至、立券宅名、可報示其由」者。須郡随御帖旨、任所被下公験、定四至立券言上

【史料B】

大和国山辺郡都介郷刀禰等解　申請勘解由長官御帖并郡符事

（中略）

右、蒙殿今月十七日御帖到来之偁、「件御牧地等、元故転経院僧都所領也。而今伝領宅既畢。仍帖送如件。宜悉之。与使者共牓示四至、立券宅名、可報示其由。以勿違失」者。又郡同廿二日符到来偁、「件御牧地新牧地新(衍カ)開治田等、依勘解由長官殿御帖旨、件薦生・広瀬両御牧、立券彼殿御名、言上其由」者

【史料C】

東大寺告　伊賀国名張郡司

不可募寺家事妨申勘解由長官殿薦生御牧事

右、得彼殿今月十日御牒偁、「如彼牧立券使清忠王并郡司刀禰等勘文者、件牧不可入御寺領。而如清忠申詞

者、所被差遣之寺家使所申之詞虚言多端。因茲不能立券」者。寺家之板蝿杣四至有其限。又彼殿所領御牧四至有其限。而頻有被送遣彼殿御**牒**也

【史料D】

伊賀国名張郡夏身郷薦生村刀禰等解　申請郡符事

（中略）

右、被今月廿三日郡符同日到来偁、「彼殿今月十七日御**牒**今日到来偁、『件牧任公験可立券之由、**帖**送先了。……仍相副彼寺不妨之由告書、**帖**送如件。宜承知之、早立券宅名、兼免除牧内居住浪人臨時雑役。以勿疎略』者。又東大寺今月十五日符偁、『勘解由長官殿御**牒**偁、……而頻有被送遣彼殿御**牒**、……』」者

以上四つの史料から注目したいのは、藤原朝成宅発給文書を指すのに「牒」「帖」の二字が用いられていることである。「帖」という字はこれまで意に留められることもなく、また「牒」と特に区別されて考えられたこともなかった。しかしここでは両字が併用されており、筆者（一連の案文はすべて同筆である）の書き癖によるものとは考え難い。そこで原文書の書式が忠実に写し取られていると判断して、その用法を比べてみよう。

Aに引用された「勘（解）由長官殿御帖」は、名張郡司宛である。B所引の「勘解由長官御帖」は大和国山辺郡司宛。山辺郡符に副えて都介郷刀禰等へ伝達されているので、あるいは郡司并刀禰宛であったかも知れない。C所引「彼殿今月十日御牒」の宛所は東大寺。Dには二通の文書が引用されている。まず名張郡司宛の「彼殿今月十七日御牒」、本文の引用部には二ヶ所に「帖」と、ここだけ両字の混用があるが、文書自体の引用を重視するならば名張郡司宛の「帖」である。D所引の東大寺符がさらに引く「勘解由長官殿御牒」、これは東大寺宛で、Cの「牒」と同一のものを指している。朝成宅では幾度も郡司に立券を命じ、それを妨害する東大寺と交渉しつつ、薦生牧の立券を画策するのであるが、その際に、以上からわかるように東大寺宛には「牒」を、郡司宛には

「帖」をと、両者を確かに使い分けているのである。Ｄに一字だけ反例があるが、両字合わせて一五文字中の一字のみであり、それも文書本文の引用部ではない。両字の区別があると考える方がはるかに自然である。「帖」とは、郡司に宛てるときに用いられた、牒とは別の文書なのではないだろうか。

右の史料だけでは結論を得るに十分ではないし、すべて引用史料だから「帖」の様式を知るための手懸かりにもならない。そこで『平安遺文』を検索してみると、一〇世紀末から一一世紀初頭にかけて、「帖」の正文（史料Ｅ）、案文（史料Ｇ）、写（史料Ｆ）それぞれ一通を得ることができた[52]。

【史料Ｅ】

大僧正(寛朝)房帖　大和国添上郡楢郷刀禰并郡司

可立券言上家地壱処事　副公験壱通

使

帖、件家地法春大法師所買進也。仍帖送如件。宜察状、早任公験立券言上。又依土風之例、定進便田、莫以忍□。故帖

正暦五年(九九四)二月十一日

別当大法師「深覚」　院司法師

勾当威儀師　法師「成誉」

威儀師　法師

大法師「成教」

【史料Ｆ】

金剛峯寺帖　伊都・那賀・有多三箇郡司等

可任道理、糺行寺領志賀・長谷・毛無原・阿手河等郷々雑事状

帖、件山河内郷々、建立大師従寺家建立之時、所被定置四至内也。自爾以降、専他雑事所不負也。及末代人々妨方出来、建立大師御置手已相違也。……郡々司等家《察》之状、無他妨可令相叶寺家并造大塔所雑事。敢勿致阿容。故帖

寛弘五年（一〇〇八）十月廿七日　　都維那法師

座主僧正

別当阿闍梨

上座大法師

寺主大法師

【史料G】

案文

法務（雅慶）大僧正房帖　大和国添□（上）郡司□

応早任本公験并神主幹高等寄進文、□

副本公験并調度文書等

使威儀師　従僕師雲晴

帖、件庄公験等、依幹高子□掌也。任文書道理并依土風例□状、帖送如件。郡司刀禰宜承知□。故帖

寛弘八年（一〇一一）十二月□

別当西寺当（専脱カ）大法師

威儀師

威儀師
威儀師 在（判）□
大法師
勾当大法師 在
行事大法師 在
大法師

これら三通の「帖」をみると、大寺院、または有力僧の家政機関を差出とし、いずれも朝成宅「帖」と同じく郡司または郡司・刀禰を宛先とする。なかでも貴重なのは唯一の「帖」の正文であるEであるが、これはGとともに便田の立券を郡司・刀禰に命じたものであり、朝成宅「帖」と同様の機能を果たしている。Fは所領四至内の郷司が造大塔所雑事を務めるべきことを金剛峯寺が三郡の郡司に命じたものである。国に対して牒を送り、それをうけて国符が郡司に下されるというのが、官物免除などの際にとられる手続であるが、朝成宅「帖」を含めたこれらの「帖」は、いずれも私領立券や雑役に関する命令的意志を、国の頭越しに直接郡司・刀禰に伝達する際に用いられているのである。

さらに注意したいのは様式の点で、いずれも宛先に「衙」の付字がなく、前節で指摘したように必ず「衙」字を付す互通牒とは異質の文書であることが明らかである。文末にも「乞也衙察之」というような牒特有の文言をもたない。書止はすべて「故帖」で、下達調をもつ。朝成宅「帖」に対して郡司等が上申文書の解による請文で応じていたことも、「帖」が互通牒とは異なる下達文書であることを示している。

以上、藤原朝成宅「帖」および右の三通の「帖」の検討から、「帖」は一〇世紀末から一一世紀頃に非所管の在地郡司以下への命令下達文書として用いられている、牒とは別の文書であることを確認することができた。(53)

2　帖・告書

貴族や大寺院の家政機関から郡司に直接宛てた文書というと、ほかに告書という文書があることが知られている。現存する告書は二例しかないが、すでに部分的に引用した薦生牧に関する前掲史料Cがその一例である。藤原朝成宅からの要請をうけて、寺家の威を募って朝成宅の立券を妨げることのないよう、東大寺が名張郡司に命じたものである。文書様式をみるために改めて次に引用するが、署判が年月日の前にくるという公式令符式を援用しながら、「符」を「告」でもって代えた、特異な文書である。

東大寺告　伊賀国名張郡司
　不可募寺家事妨申勘解由長官殿薦生御牧事
右、得彼殿今月十日御牒偁、……仍所仰如件。宜承知、不可募申寺家妨由、不得疎略。故告
別当少僧都　　　都維那
上座　　　　　　目代
寺主
権寺主
　康保元年(九六四)十一月十五日

告書の初見は承和八（八四二）年二月一一日の淳和院政所告書であり、時を隔てて一〇世紀末から一一世紀前半にかけて、再び史料上に現れる。この時期の告書の唯一の実例が右の東大寺政所告書案で、そのほか上級貴族の政所から出された告書が数例、これはすべて他史料の引用から知られる。引用例をも含めた告書の一覧が表2である。菊池武雄氏の丹念な検討によって明らかになったその基本的な性格をまとめると、告書とは、①公式令

表2　告書

	年月日	文書名	宛所	内容	典拠・引用史料
a	承和8(八四一)・2・11	◎淳和院政所告書案	越中国諸庄別当文室長主	浪人を勘定し申上すべきことを命じる	内閣文庫所蔵文書(平六八)
b	康保元(九六四)・11・15	◎東大寺告書案	伊賀国名張郡司	藤原朝成宅領伊賀国薦生牧の妨げの停止を命じる	東大寺文書(平二八一)
c	天禄元(九七〇)・1・27～2(九七一)・5・22	(藤原伊尹)「右大臣殿御告書」	(伊賀国阿拝郡司)	伊賀国湯船荘の立券を命じる	天禄2・5・22伊賀国阿拝郡司解案(東南院文書、平三〇四)に所見
d	長元7(一〇三四)・―・―	(藤原長家または頼宗・能信)「権大納言殿御告書」	(山城国紀伊郡司)	山城国石原荘の臨時雑役等免除を命じる	長元7・8・2山城国紀伊郡司解(神田喜一郎氏所蔵文書、平五三五)に所見
e	長久元(一〇四〇)・―・―	(某家)「長久元年……告書」	(山城国奈美郷刀禰カ)	山城国川原畠の立券を命じる	延久4・9・5太政官牒所引の刀禰請文(石清水田中家文書、平一〇八三)に所見
f	長久4(一〇四三)・12・19	(源師房)「按察大納言殿政所御告書」	(山城国乙訓郡司)	山城国長岡荘の臨時雑役等免除を命じる	長久4・12・28山城国乙訓郡司解(神田喜一郎氏所蔵文書、平六〇六)に所見

註・文書名欄の◎は正文・案文が現存するものを示す。それ以外の他史料にみえるものは、史料中の表記のまま「　」で示した。

符式の書式を援用し、踏印なく、「符」とあるべきところを「告」とした文書で、②その発給者は大寺か上級貴族の政所、③受信者はほとんどが発給者の管轄外の在地郡司、④内容は私領の立券や臨時雑役の免除が主なものである。(54) このうち、②～④の点は、本節で検討してきた帖にもそのまま該当する。①の様式は帖とは異なるが、符式の援用は下達調の表現といえるから、その効果としては共通する点がある。

告書の実例、引用例は菊池氏の指摘にある事例に尽きるが、他にも告書という文書名がみえる史料があるので、補足しておこう。まず、最近紹介された『法曹類林』残巻[55]にある石帯の盗難事件に関する貞元二（九七七）年の法家問答の中に次のようにあるのがそのひとつである。

于時甲副丙之所進日記申文、経愁於検非違使庁及本家中、下符告書於丁之在地刀禰可糺返之由。而刀禰

（後欠）

これによると、盗まれた石帯を取り返すために、甲は検非違使と本家に提訴した。それとともに犯人丁の在地刀禰に「符告書を下し」（または「告書を下符し」）て石帯を糺返すべきことを命じているのである。ここでも在地に対する命令文書として告書が用いられている点が重要である。

もうひとつ、諸国申請雑事定における摂津国解の一条にも告書がみえる。

一、応停止神社仏寺院宮王臣家、不触国宰帯符・牒・告書、闌入部内庄園、宛陵郡内百姓事[56]

この史料は鎌倉期のものであるが、儀式化した雑事定の国解の内容は古態を保存していると考えられるから、往時の摂津国での実態を物語るとみてよい。社寺や院宮王臣家が国司を無視して在地へ介入することを禁じたものであるが、これをみると告書は符や牒と並んで—というよりも私の考えからいえば告書こそが—その直接の在地支配の手段たる役割を果たしている。一一世紀半ば以降にその使用はにわかに途絶し、その結果一二世紀には告書という名さえ忘れ去られている[57]が、右のような史料をみるならば、告書は残存数から想像される以上に普及していた文書であったと考えないわけにはいかないのである（もっとも、その所見例が畿内・近国に限られるという地域性は考慮に入れねばならない）。

以上、帖・告書について検討してきたが、両者に共通するのは、中央の大寺院、貴族、または有力僧の家政機関から在地の郡司・刀禰に宛てて、国を超越して発給される命令下達文書であるという点である。右のような発給者からみて、郡司・刀禰は牒の対象としては下位に過ぎる。しかし符は所轄関係にある者に対する命令下達文

書である。そこで、被管にあらざる在地司に対する非公式の命令文書として採用されたのが、帖・告書だったのである。

一方両者の違いについては、貴族の家からの発給例をみると、宅の文書としては帖、家の文書としては告書が使われており、告書の方が格の高い文書であるような印象を受ける。しかし、前掲E・Gの帖を発給しているのは、寛朝・雅慶といういずれも大僧正の房である。これについては史料的な制約も大きく、厳密な区別があったかどうかも定かではないので断定は避けたい。

告書の起源をなすのは、文書木簡や正倉院文書にみえる告という名の文書であろう。早川庄八氏によると、五例の告のうち四例が下達文書で、位署と年月日の位置関係からみると位署が前にある符系統のものと、年月日が前にくる牒系統のものがある。(58) 菊池氏によると、告書のさらなる淵源は中国六朝にあるというが、(59) 一方の帖についても、唐代の中国に公式令外の文書としての帖が存在することが指摘されている。西域出土の帖を整理した荒川正晴氏は、帖は下達文書で、紀年が省略されるなど官文書としては不完全なものであるが、官民を問わずに柔軟に出せる性格をもち、民間の世界に深くかかわる文書であるだろうとしている。(60) これは日本の帖の性質を考える上でも示唆に富み、その系譜関係については今後検討を重ねる必要があるが、告にせよ帖にせよ、日唐双方の公式令には規定されることなく、しかし「公式様」文書の裏側に確かに存在した非公式の文書である。官司間文書の体系という理念に基づく文書授受の世界の裏には、こうした非公式の命令文書が潜在、伏流していた。それが所管にあらざる在地司に対する命令下達文書として、貴族や寺院の在地支配の手段となって浮上したのである。

さて、はじめに取り上げた伊賀国薦生牧の相論は、一〇世紀の国郡制を考える上で重要な位置を占めている事例である。高橋浩明氏は、この相論では藤原朝成宅や東大寺が郡司と直接連絡をとっており、国や太政官の介入が見られないことに注目し、相論を主導する郡司の役割を重視して一〇世紀の郡司制の再評価を試みている。(61) しかし、立券を求められた名張郡司が「令須殿与彼御寺理非相定被下之日、立券将言上」[62]、山辺郡司とともに立券すべき立場にある都介郷刀禰も「但相論一定後、将立券言上」[63]と述べているように、相論の解決は朝成と東大寺の交渉次第であり、その結果を待って動く郡司の姿勢は職権的とはみなし難い[64]。むろん郡司勘申の意味は重要であるが、この相論からまず重視すべきは国を超越して直接郡司を指揮せんとする東大寺や朝成宅の権威であり、その手段として用いられたのが帖や告書といった非公式様文書であったことである。これこそ権門の発する「下文」の前身と評価できるのではないだろうか[65]。

下文とは「上級の機関または人間が下級の機関または人間に下付する非公式様文書の一形式」で、その下付対象となる範囲は、「一般に公式様文書のように管轄被管に限定されるとはいえず、発給者が何らかの意味で下付対象とし得る広い範囲の機関または人間を対象としていた」[66]。下文の用途は広いが、一一世紀中葉になって現れる諸家政所下文、それに続く院庁下文は、多く郡司や在庁官人に直接宛てられ、彼らに対する命令を重要な一機能としてもっている。ここで明らかにした前代の告書や帖の存在は、その前提をなすものである。帖や告書は、次に述べるように符の機能とも合流して下文の中に吸収され、その歴史的役割を終えて発展的に解消するのである。

第四節　荘園制的文書体系の成立

1　政所下文の成立

前節で結論を先取りすることになったが、ここで改めて政所下文の成立について考えることにしたい。政所下文がいかにして成立したかという問題について、古文書学の概説書類は官宣旨の影響を指摘する。しかし個別の研究では、「家の文書」の中で政所下文が出現する意義が問われている。諸説を紹介しながら、私見を述べることにしたい。

佐藤宗諄氏は家牒に関する研究の結びにおいて、家牒から政所下文へ、という見通しを示していた。(67) 摂関家政所下文について詳細な検討を加えた井原今朝男氏はこれを批判し、摂関家政所下文は原則として摂関家の被管に宛てられるから、基本的には家符の系譜を引くものだとした。(68) 井原氏の研究は摂関家の家政運営全般に目配りしたものであるが、右のような文書の系譜の理解については直ちに従うことはできない。井原氏も別の箇所でその意義を問うているように、摂関家政所下文には家領の荘官などに宛てたものだけでなく郡司・刀禰宛、のちには在庁官人宛のものが多く、少なくとも文書の文面に現れる下付対象は被管に限られるわけではないからである。

前節でも取り上げた菊池武雄氏の告書に関する研究は未完の遺稿であり、菊池氏の構想の詳細を知ることができないのは残念であるが、残されていたというメモには、告書は「政所下文の中に吸収解消された特殊歴史的な古文書の一型式である」、との見通しが記されていた。(69) これを継承するのが森田悌・中野淳之両氏の研究である。(70) 諸家政所下文の成立を論じた中野氏の場合は、その直接の前提を告書に求めつつも、その系譜はひとつではないとして家符と政所告書の融合したものと結論付けている。私もこうした見解が妥当であろうと考えているが、その根拠を改めて確認しておきたい。

中野・森田両氏が重視しているのは、長久四・五（一〇四三・四四）年の二通の山城国乙訓郡司解(71)である（表2f・表3g）。前者は「乙訓郡司解申請　按察大納言殿　政所御告書」とあるように政所告書の請文、後者は「乙訓郡司解　申請　按察大納言殿政所御下文」と、政所下文の請文である。この按察大納言家の告書や下文そのものは残されていないが、この二通の郡司請文から判断する限り、それぞれの割書に「可被載早令停止色々切物、免除長岡庄田畠臨時雑役状」、「可被載任前日御下文、免除進御庄田臨時雑役并切物等状」とあるように、家領長岡荘の臨時雑役免除を要請するほぼ同一の内容を、一年違いで同じ乙訓郡司に命じたものである。しかも中野氏の指摘のように、一方は政所告書の終見史料、他方は政所下文の初見史料である。もちろんこの両年を境に一斉に家の文書に制度的な変更が加えられたなどというわけではないが、両者の継承関係を示す史料であることは間違いないであろう(72)。

さらに両者の関係を裏付けるために、右の史料も含めて表2と表3を比べてみたい。表3は一一世紀にみられる諸家政所下文を一覧にしたものである。この時期の例は少ないので、表2と同様に引用例もできるだけ収集した。これをみると成立期の政所下文は在地の郡司・刀禰に対して発給され、所領立券や臨時雑役免除など、前代の告書が担っていた機能を継承している。初期の政所下文が告書の機能を吸収していることは確実である。

むろん、両者の機能がまったく同じものであるわけではない。摂関家政所下文について、井原氏が家符に代わる文書だとしているように、従来は家符で処理されていた権門内部の家政処理の案件が政所下文に受け継がれるようになることも間違いない。しかし、その下付対象が符のように所管―被管関係に限定されることがないというう下文の属性を考えるならば、その前提に告書があったことの意味は大きい。政所下文は政所告書の基本的な機能を継承し、家符など従来の家政内部の文書も取り込みつつ、新たな家の文書として使用されたのである。

さて、政所下文の前身が政所告書に求められることは、以上の点からいって間違いないであろう。しかし、その機能をみた場合、両者の間にはやはり見逃すことのできない段階差があるように思われる。そのことを確認するために、もう一度表2・3から、今度は文書の伝来の状況を調べてみたい。

まず政所告書について、前節では告書が一〇・一一世紀にはかなり一般的に用いられた文書ではなかったかと推測したが、その実例はこの時期にはｂひとつしかない。伝来数の少なさはその機能と無縁ではなかろう。表2のｃｄｆは郡司解＝請文に引用されてその存在が知られるものである。またｅは、延久の記録所に提出された刀

表3　一一世紀の諸家政所下文（院庁下文を含む）

	年月日	文書名	宛所	内容	典拠・引用文書
g	長久5(一〇四四)・10・6	(源師房)「按察大納言殿政所御下文」	(山城国乙訓郡司)	山城国長岡荘の臨時雑役等免除を命じる	長久5・10・7乙訓郡司解(神田喜一郎氏所蔵文書、平六一八)に引用
h	寛徳2(一〇四五)・5・18	(藤原頼通)◎関白左大臣家政所下文案	摂津国嶋上郡水成瀬郷刀禰住人等	摂津国水成瀬荘を①元の如く荘領とすべきこと、②去今年の地子物を弁ずべきこと	内閣文庫所蔵文書(平六二三)
i	天喜3(一〇五五)・―・―	(藤原長家)「民部卿殿……御下文」	？	(摂津国猪名荘の公験)	天喜3・10・16東大寺僧善久解(東大寺文書、平七三四)に引用
j	康平7(一〇六四)・⑤・―	(藤原頼通)「宇治殿政所下文」	近江国高嶋郡司幷在地刀禰等	法成寺領の住人に対する非例の課役停止を命じる	長承2・7・12明法博士中原明兼勘注(『知信記』紙背文書、平三八二)に事書が引用
k	治暦4(一〇六八)・4・16～延久5(一〇七三)・10・7	(藤原教通)「故関白家政所下文」	？	(摂津国榎並荘の公験)	『水左記』承暦4・⑧・11条に所見
l	延久6(一〇七四)・4・10	(藤原師実)「京極大殿政所下文」	？	伊勢国益田荘の年貢雑役の備進を命じる	宝治2・11・―伊勢国益田荘申文(近衛家文書)に引用
m	承保3(一〇七六)・9・3	(藤原師実)◎関白左大臣家政所下文案	大和国高市郡司幷在地刀禰等	大和国喜殿荘の立券を命じる	東大寺文書(平一一三三)
n	永保2(一〇八二)・12・―	◎陽明門院庁下文案	伊賀国名張郡司幷在地刀禰等	伊賀国字矢川・中村の立券を命じる	東大寺文書(平一一九八)
o	寛治4(一〇九〇)・3・17	(源俊房)「左大臣家下文」	？	伊勢国曽禰荘の①本家所勘に従わない住人のこと、②郡司が恣に住人を譴責すること	文治2・4・8醍醐寺文書目録(『醍醐雑事記』、鎌八三)に事書が引用
p	永長年間(一〇九六～九七)	(藤原師通)「関白内大臣家政所御下文」	？	(尾張国長岡荘の堺の確定)	建長3・10・―近衛兼経家政所下文案(『参軍要略抄下』紙背文書、鎌七三七四)に引用

註1．文書名欄の◎は正文・案文が現存するものを示す。それ以外の他史料にみえるものは、史料中の表記のまま「　」で示した。
2．kの年推定の根拠は、上限が藤原教通関白就任の治暦4年4月16日、下限が藤原憲房没の延久5年10月7日。

禰請文に引用されたもので、公験として保存され記録所へ提出されているのは政所告書ではなくて請文の方である。国司を経ない帖や告書は、正規の手続を超越して郡司・刀禰に対していわば非公式の圧力をかける文書であり、公験として保存されているのは在地秩序の担い手である郡司・刀禰の作成した文書なのである。

これに対して政所下文は、それ自体が公験になる文書であるという点で、政所告書とは異なる段階にある。もっとも表3のgは郡司請文に引かれたもので、告書の場合と変わらない。しかし、案文が現存しているhは、東大寺の文書目録にも「殿下御下文并郡司刀禰等請文寛徳二年」(73)とあって、郡司刀禰請文とともに公験として保管されていたことがわかる。それ以降は下文自体が重視されており、hmnは案文が現存するし、oは単独で醍醐寺の文書目録に載せられている。ijklpも、それぞれ訴訟の際に持ち出された公験である。公験となるのが郡司・刀禰の請文から権門の命令文書自体に移行している様子が明瞭である。

右の事実は諸家による在地への命令文書自体が、法的に認定される存在となっていることを示している。したがって、ここにまず諸家の地位の相対的な上昇をみるべきであろう。告書や帖の段階からみれば、権門の権威は一一世紀半ばには確実に進展している。これは政所下文を成立させた諸家の家政機構の充実とも密接に関連するであろう。

文書自体に即していえば、これは政所下文がそれ自身権利付与文書であるということを示している。告書から下文への変化は、文書の物権化という現象に相応している。これとほぼ同時期に成立する国司庁宣について、田村憲美氏は庁宣は権利保持者に直接交付されることを指摘し、それが国司庁宣の成立に付随していたのではないかと述べている。(74)また上杉和彦氏は、権利付与文書としての国司庁宣が物権化することを論じている。(75)命令文書自体が物権化し、宛先と給付先が乖離するという中世的な文書の動きの特徴は、これらの新たな様式の文書の出現に対応するものであるといえるかも知れない。

さて、最初に述べたように、佐藤宗諄氏は家牒から政所下文へという展望を示していた。これは文書様式や機能の系譜という点からいえば成立するものではないが、時代を代表する文書の交替というほどの意味においては、妥当な見解であろう。国を中心にして官司間文書体系の中で動く牒の時代から、その体系には収まらなかった非公式な命令文書が法的な位置を獲得した、権門の下文の時代へ。しかし、中世荘園制の枠組みの中で動く文書の体系を提示するためには、さらにもうひとつの段階を説明しなければならない。

2　権門の系列化と文書体系の編成

一〇世紀後半から一一世紀前半にかけて、政所告書によって郡司・刀禰を指揮していたのは、表2にみえるように当時の上層貴族の諸家にわたっている。帖の事例も入れると、その裾野はさらに広がる。政所下文の段階になると摂関家の事例が多くなるが、それでも表3のgに源師房家の例があり、またoの源俊房家の例も事書に「郡司忩譴責住人事」とあることが知られるので郡司に対する命令を含んでいると考えられ、これら諸家でも引き続いて政所下文によって郡司に命令していたことがわかる。政所下文の出現する一一世紀後半以降、諸家の家政機構は一定の整備を遂げ、来たるべき荘園制を準備しつつあったのである。

ところがこのような諸家の動きは、次代に向けて決して順調に展開するわけではないことに注意しなければならない。一二世紀に入ると、郡司・刀禰、やや遅れては在庁官人に宛てられるのは、摂関家政所下文、および院庁・女院庁下文に限られるのである。これ以外の諸家の政所下文ももちろん引き続いて存在するが、基本的に自家領の荘官に宛てられたものであり、郡司や在庁官人に宛てたものは一般貴族の家ではみられなくなる。これは、帖や告書が寺や貴族から郡司に宛てて頻繁に発給されていた時代に比べると、大きな変化であるといわねばならない。

一二世紀は荘園制の確立期である。荘園は、院・女院・摂関とその周辺勢力の主導のもとで形成されていく。(76) 荘園を主体的に立荘し得るのは院・女院・摂関に限られ、この三者ができあがった荘園の本家となる。一方、一般貴族の所領は王家領・摂関家領の領有体系の中に組み込まれ、同時に進行する家格形成の運動とも連動して、貴族社会は荘園所職を媒介に再編を遂げる。職の体系として現れるような、院や摂関家、女院がそれぞれ緩やかな頂点をなす「権門の系列化」(77) の進展である。一一世紀以来の上層貴族の諸家もこの再編の中で新たな家格に相応した場所に位置付けられていく。この結果、ほとんどすべての公家領荘園は摂関家・院・女院のもとで存在することになるといってよいから、荘官に宛てた一般貴族の下文は、すなわち本家の下での領家下文、預所下文である。一一世紀半ばを発給文書からみた諸家家政機関の充実期とするならば、一二世紀以降はそれが荘園制に即応した体系に再編された時期ということができる。いわゆる荘公下職に対する文書の発給権は、一二世紀、すなわち院政期になると、院・女院・摂関家のもとに収斂したのである。

摂関家政所下文・院庁下文については、これが公的なものかどうかという議論が古くからある。これらの文書が太政官系統の文書に代わって国政を動かすものであったか否かという話ならば、これはかつての政所政治論・院庁政治論とともに否定されるべきものである。しかしそうだとしても、これらが郡司や在庁官人を宛所としていることの意味は別に問われなければならない。権利被付与者に交付されるという中世的な文書発給手続の原則から、このような宛所を形式的であると片付けることは許されない。文書の効力は宛先の保証能力を前提としたものだからである。また、摂関家政所下文や院庁下文は単独では機能せず、国務文書を副えられて始めて効力を発揮するのだとする考え方もあるが、これは私には基本的には文書の施行手続の問題であるように思われる。

右の課題に対して、本章はそうした郡司や在庁に対する命令権の由来するところを明らかにしたものでもある。荘官司間文書体系の枠組みの裏側に伏在していた「権門」の在地への命令文書がやがて法的な地位を得、さらに荘園制の確立とともに、その項点に位置する権門である院・女院・摂関のもとに、そのような文書の発給権が収斂した。すなわち、文書体系が荘園制的に編成されたのである。それは、院政期になって体制化した中世的な広義の進退権とでも称すべきものである。保立道久氏によると、それはやがて源頼朝の獲得する「国衙在庁進退権」に展開するのであるという。(78)

一方、一二世紀には衙式互通牒の用例は減り、国に宛てた寺牒や家牒も少なくなっていく。荘園の立券や相論の裁定等を命ずる院庁や女院庁からの発給文書をみても、国に宛てた院庁牒・女院庁牒は次第に姿を消して荘公下職に宛てられた院庁下文・女院庁下文にその役割を譲り、後白河院政期になると国宛の院庁牒・女院庁牒はまったくみられなくなる。国を中心に衙式牒の往来する互通関係に代わり、社会を荘園制的な秩序が覆っていくのである。

しかし、中世にも使い続けられる牒がある。最後にこのことに触れて、章を終えることにしよう。

中世の牒というと、寺と寺の間で、たとえば嗷訴への参加を他寺に要請する牒などは印象的である。こうした牒の様式は崩れているが、ことさらにヨコのつながりを強調する局面において、中世においても牒という文書が用いられているのである。

荘園間を往来する牒もある。仁治三(一二四二)年、安芸国安摩荘衣田嶋と宮内荘の間では牒が取り交わされ、在地において殺人事件の解決がはかられている。(79)こうした牒の存在は、荘園制的秩序が貫徹したかにみえる中世前期の社会においても、非求心的な秩序維持の構造が確かに存在することを物語っている。中世前期にこのような例はみえにくいが、中世後期の在地社会に「牒送り」なる村落間慣行が存在することが明らかにされている。(80)この場合の「牒」が実際にはいかなる形式の文書であったかは別にしても、それが「牒」と表現されていることの意味は重要であろう。中世後期の在地社会に姿を現すこうした「牒」に対しては、荘園制的な秩序が覆い隠していた在地における互通関係の再浮上というような評価も、たとえば可能なのではないだろうか。

おわりに

公式令における官司階統制は、符・解・移の三種の官司間文書によって運営されていたが、牒という文書は多様な機能をもち、令制逸脱部分を柔軟に補足する役割を果たしていた。そののち牒も官司間文書という側面を強め、九世紀から一〇世紀にかけて新様式の衙式互通牒が成立する。この牒は官司間文書という枠組を維持しつつ、さまざまの自立的な官司・組織間で多層的に用いられるものであった。

そうした官司間文書体系の裏側には、非所管在地司への命令文書が潜在していた。一〇世紀後半に史料上にその姿を現す帖・告書という文書がそれで、貴族や寺院の家政機関はそうした命令文書を発給しては在地への恣意の実現をはかっていたのである。帖や告書はその残存数から想像される以上に盛んに用いられていたと考えられるが、官司間文書体系の原則からいえば、在地の郡司以下に対して圧力をかけるあくまで非公式の文書であった。

しかし、「権門」の成立にともなってこうした文書の機能が前面に出ることになる。一一世紀には在地への命令機能は政所下文に継承されて、社会的な承認を得る存在になる。さらにそれが一二世紀に確立する荘園制の枠組に規制され、院・女院・摂関に収斂されたのである。荘園の本家たる院・女院・摂関を頂点とした、これこそが荘園制的な文書体系の成立というべきであろう。

本章で明らかにしたのは、おおよそ以上のようなことである。対象とした時期が長期に、論点も多岐にわたったため論述の過不足が甚だしく、充分に展開できなかったところも多いが、今はこれで稿を閉じねばならない。荘園制的文書体系の成立とはいったものの、荘園制の中で動く文書は実に多種多様であって、これに尽きるものでないことはもちろんである。論じることができたのはそのごく一部分、しかもまだその前史に過ぎない。太政官系統の文書との関連についてはほとんど触れることができなかったし、もうひとつの様式上の柱をなす御教書、書札様文書にもまったく言及していない。文書の様式・機能から、それを規定する社会の変化を論じるという目的が成功したかどうかも甚だ心許ないが、論じ残した数多くの点とともに、今後さらに深めていきたいと考えている。

(1) 林屋辰三郎「御教書の発生」(『古代国家の解体』、東京大学出版会、一九五五年、初出は一九五〇年)。
(2) 石井進「古文書学と歴史学とのあいだ」(『中世史を考える―社会論・史料論・都市論―』、校倉書房、一九九一年、初出は一九七三年)。
(3) 早川庄八『宣旨試論』(岩波書店、一九九〇年)。
(4) 吉川真司「律令官司制論」(『日本歴史』五七七、一九九六年)。
(5) たとえば、相田二郎『日本の古文書』上(岩波書店、一九四九年)一九五頁。
(6) 『日本思想大系3　律令』(岩波書店、一九七六年)公式令補注14。
(7) 早川庄八「公式様文書と文書木簡」(『日本古代の文書と典籍』、吉川弘文館、一九九七年、初出は一九八五年)。以下に引用する早川氏の見解はこの論文による。
(8) 唐の牒制については、盧向前「牒式及其処理程式探討―唐公式文研究―」(『敦煌吐魯番文献研究論集』第三輯、北京大学中国中古史研究中心編、一九八六年)。
(9) 『延喜式』巻五〇。山口英男「十世紀の国郡行政機構―在庁官人制成立の歴史的前提―」(『史学雑誌』一〇〇―九、一九九一年)、戸川点「国司相牒条・調物使牒条―所と使について―」(『延喜式研究』七、一九九二年)が九世紀の国衙の所や国使に関する史料として取り上げている。ただし戸川氏はこの牒も移式准用とする。
(10) 吉川真司「奈良時代の宣」(『律令官僚制の研究』、塙書房、一九九八年、初出は一九八八年)の註63、「律令官司制論」(前掲註4)。このほか官司内文書としての牒は、少納言―弁官間(『延喜式』巻一一)、刑部省―判事間(同巻二九)などにみられるが、いずれも上申・下達両用である。
(11) 中村裕一「唐代史料にみえる「世・民」両字の避諱」(『唐代官文書研究』、中文出版社、一九九一年、初出は一九八五年）。

(12) 牒の書止については、西山良平「家牒・家符・家使―〈律令国家〉の一断面―」（『日本史研究』二二六、一九八〇年）、尾上純一「「家牒」と家令制―八世紀における「家の文書」・「宅の文書」―」（『史学研究集録』一一、一九八六年）に関連する指摘がある。

(13) 官司間の文書として使用される移や牒は、論者によっては平行文書という用語でまとめられることがある。しかし平行文書というと同格同等の官司間での授受文書というニュアンスを含みかねず、かつて移がそうした文書であるという誤解のもとに、その用例から神祇官の地位やその変遷が論じられたこともあった（中村直勝「文書の形式より観たる神祇官の地位」、『寧楽』七、一九二七年、今江広道「太政官文書」、『日本古文書学講座2　古代編Ⅰ』、雄山閣出版、一九七八年、など）。しかし渡辺寛氏が指摘するように、移は所管―被管関係にない官司間の文書で、官司相互の地位とはまったく関係がない（「「移」について―公式様文書の一考察―」、『皇学館論叢』一一―三、一九八八年）。本稿でも無用の誤解を避けるために、また文書の動きの双方向性という意味合いをもたせるためにも、互通文書という用語を採用する。

(14) 「衙」字の付加が牒の書式と関係することは、八木充「国府・国庁・国衙」（『日本古代政治組織の研究』、塙書房、一九八六年、初出は一九八五年）や鐘江宏之「八・九世紀の国府構成員―文書行政への関わり方を中心に―」（『弘前大学国史研究』一〇二、一九九七年）が簡単に指摘している。

(15) 天平勝宝二年八月一七日造東大寺司牒（正倉院文書、『大日本古文書』三―四一四頁）。

(16) 衙式牒ではないが、一節で引用した『延喜式』国司上下相牒条・調物使牒条にあげる牒が書き出しを「検調物所牒　国衙頭」あるいは「国衙頭牒上　検調物所案典等」、また「検調物使　牒上国衙頭」としているのは、まさに文書の送付先・差出の場の特定に他ならない。

(17) 長保六年六月二二日太政官牒案（到津文書、『平安遺文』四九一六号）が「太政官牒　八幡宇佐宮弥勒寺衙」と、例外的に衙式をとる唯一の太政官牒であるが、案文でもあり検討を要する。

(18) 大宰府が発給する牒には、以下のような興味深い特徴がある。①大宰府牒は一一世紀前半で消滅し、以後は多数の大小監典が連署して大宰府の最高責任者が袖判を据える大宰府政所牒に代わる。②大宰府牒は衙式をとらないが、新たな大宰府政所牒では衙式牒になる。③ただし、大宰府政所牒も宛先は寺に限られており、国に宛てては大宰府政所符が出るというように、移式准用規定を完全には脱していない。④しかも面白いことに、大宰府政所牒はすべて署判が前、年月日が後になっている。これは符の特徴であるから、大宰府政所牒は符式を取り入れて下達調を表しているといえる。以上のうち、①に関しては、すでに石井進氏の指摘があり、大宰府機構の変革期を示すことが明らかにされている（「大宰府機構の変質と鎮西奉行の成立」、『日本中世国家史の研究』、岩波書店、一九七〇年）。ここでは②以下の特徴を付け加えるにとどめるが、これらのことを考慮に入れて、大宰府機構の変質の意味をさらに考えることも可能であろう。後考を期したい。

(19) 渡辺直彦「蔵人所牒の研究」（『日本古代官位制度の基礎的研究　増訂版』、吉川弘文館、一九七八年、初出は一九七二年）。

(20) 康平三年三月一八日蔵人所牒案（高野山文書又続宝簡集、『平安遺文』九五三号）。渡辺直彦氏も、この書止が下達調の強い「故牒」であることなどを指摘し、文書形式は牒であるがその実は「国司解状」に対する符または下文的な性格をもったものとしている（「蔵人所牒の研究」、前掲註19）。

(21) もっとも鎌倉期の蔵人所牒には「衙」字を付した国に宛てた牒がある。これは後述する「国衙」という語の定着によるのであろう。建武政権期の雑訴決断所牒も非衙式で蔵人所牒と共通するが、国宛にのみ「衙」が付き、それ以外には付かない。これも同じ理由による。

(22) 鐘江宏之氏は宛所に「衙」が付くようになるのと並行して、国宛の牒の差出や宛先が「〇〇国司」から「〇〇国」へ変化するという現象を指摘している（「八・九世紀の国府構成員」、前掲註14）。これも牒が組織間の授受文書として確立することと関係するであろう。

(23) 富田正弘「平安時代における国司文書について—その位署形態と国司庁宣の成立—」（『資料館紀要』四、一九七四年）、田村憲美「機能上から見た国司文書の変遷」（『日本中世村落形成史の研究』、校倉書房、一九九四年、初出は一九七八年）。

(24) 永保元年六月一二日遠江国牒（伊勢神宮宛、『朝野群載』巻第二二）。これも衙式牒で、書止は「以牒」。ただし神社に対しては、伊勢神宮宛の伊勢国移（弘仁一二年八月二二日太政官符に引用、『類聚三代格』巻一）などのように、国移が出されることも多い。なお、神社から国へは現存例はないが、引用例をみると、摂津国宛の住吉神社牒（貞観一三年五月二日太政官符に引用、同巻一）のように牒が用いられている場合と、豊前国宛の宇佐宮移（万寿三年三月二三日大宰府解に引用、『類聚符宣抄』第三）など移が用いられている場合があり、神社の個性によるものと思われる。宇佐宮では「一、応府国牒移事。右、府者可奉牒。国者可移。国者返牒」（寛平元年一二月二六日宇佐八幡宮行事例定文、宮寺縁事抄、『平安遺文』四五四九号）と、大宰府には牒、諸国には移、との規定があった。

(25) 長和四年三月四日上野国移（『朝野群載』巻第二二）。

(26) 寺牒の残存例のピークが国牒よりも遅いのは、国に対して寺牒が出ても、国からの返牒は一〇世紀後半以降になくなるという国務形態の変化とともに、一一世紀には東大寺から国への封物催牒が大量に残っているという事情にもよる。寺牒の機能は時期別・用途別に検討する必要がある。

(27) 佐藤宗諄「「家牒」の成立」（『平安前期政治史序説』、東京大学出版会、一九七七年、初出は一九六八年）。

(28) 西山良平「家牒・家符・家使」（前掲註12）。ほかに家牒や宅牒を扱った研究に、西別府元日「王臣家牒の成立と王臣家の動向について」（『歴史学研究』四七六、一九八〇年）、山本幸男「八世紀における王臣家の発給文書の検討」（『ヒストリア』八九、一九八〇年）、森田悌「平安期権勢家の発給文書」（『金沢大学教育学部紀要』社会科学人文科学編二九、一九八一年）、尾上純一「「家牒」と家令制」（前掲註12）がある。

(29) 延喜二〇年九月一一日右大臣藤原忠平家牒（東寺文書、『平安遺文』二一七号）。

(30) 時代が下るが院庁牒・女院庁牒も衙式牒である。院庁や女院庁が国と互通関係にあるとは考え難いが、これらが衙式をとるのは家牒の属性を踏襲しているためであろう。院庁牒の書止をみると、白河院庁牒は「以牒」、鳥羽・後白河院庁牒は「故牒」となっており、時代が下るにつれて下達調が強められている。

(31) この時期に中央から郡に宛てた唯一の牒が、表1にもあげた延喜一五年九月一一日東寺伝法供家牒（東寺文書、『平安遺文』二一二号）である。ただ一例であるとはいえ、私の理解に反する例であり、またこの牒は従来の国郡制研究において相反する評価を受けているものでもあるので、そのことを含めて言及しておきたい。

この牒は、丹波国多紀郡に宛て治田一町二段七二歩の認定を求めたもので、奥にはそれを承認する郡判がある。ところで同年の一〇月二二日には東寺伝法供家宛の丹波国牒（東寺文書、同二一三号）が出されているが、評価が分かれているのはこの二通の関係についてである。高田実氏は、東寺が国司を無視して直接郡に牒を発給した、それに対して丹波国はその郡判を否定し、改めて国牒を発給したのだとして、国による郡の機能の吸収の過程を示す史料と位置付けた（「中世初期の国衙機構と郡司層」、『史学研究』六六、一九六八年）。これに対して高橋浩明氏は、郡判と国牒の内容は同一で、郡判の否定とはいえないとして高田説を批判し、郡の機能を再評価している（「伊賀国薦生牧争論と十世紀の郡司制」、『国史学』一三一、一九八七年）。解釈が分かれているのは丹波国牒の事書の冒頭、「牒、依衙去九月十一日牒状、令下却在地郡」の部分であるが、この「衙九月十一日牒状」は右の東寺伝法供家牒そのものであり、これが丹波国に届いてそこから多紀郡に下されたと考えるほかないから、郡判をうけた九月一一日東寺伝法供家牒が国衙に廻送され、それを国司が在地の郡に下し返した、という高田氏の解釈は無理であろう。ただし問題なのは、九月一一日東寺伝法供家牒がまず国に届いているにもかかわらず、多気郡を宛所としていることである。こうした問題では国宛の牒が国に届き、国から郡に命令が下るというのが通常であるから、これはやはり異例の文書というべきであろう。思うに郡の勘申機能を東寺側が先取りして国宛であるべき牒を郡宛に作り、その結果丹波国がそのまま多紀郡に下したというような特殊事情があったのではなかろうか。この解釈は我ながら苦しいが、しかし中央から郡に宛てた牒はこれ以外に皆無であることは、重ねて強調しておきたい。

したがって、これを郡宛の唯一の牒とする高田氏の認識自体は正しいものである。高橋氏は、康保年間の伊賀国薦生牧の相論の事例をあげてこれを批判するが、次節で詳論するように、そこで使われている文書は牒ではない。郡に対する直接の命令が現実にあることは高橋氏に賛成するものの、それが牒ではない文書であることが重要である。

(32) 寛平三年六月一七日太政官符（『類聚三代格』巻一九）。

(33) 奈良時代の「国衙」の用例は一例（『続日本紀』宝亀一一年七月戊子条）だけで、軍事的防衛の拠点として使われている。衙には兵営という意味があり、日本では本来この意味で使われていたという（八木充「国府・国庁・国衙」、前掲註14。青木和夫『日本の歴史第5巻古代豪族』、小学館、一九七四年、一〇〇頁）。

(34) 国衙という語が牒の様式に由来することは、八木充「国府・国庁・国衙」（前掲註14）に指摘がある。ただし八木氏がこれを移式准用の牒の中で用いられたとするのは正確ではない。なお、「国衙」が牒の文面から離れて使用されているのは、寛仁二（一〇一八）年五月一三日善通寺司解案（東寺百合文書、『平安遺文』四八一号）に「請被令聞国衙」とあるのが早い例で、さらに一般化するのは一一世紀後半のことである。

(35) 『太神宮諸雑事記』（『群書類従』第一輯）。

(36) 棚橋光男「中世伊勢神宮領の形成」(『中世成立期の法と国家』、塙書房、一九八三年、初出一九七五年を改稿)。
(37) 長暦四年六月三日官宣旨(狩野亨吉氏所蔵文書、『平安遺文』五八二号)。禰宜等の要求は、宮司からの異議により「応任神代根元、停止二宮神主等移牒宮司事」と、結局この官宣旨により否定されている。
(38) 戸田芳実「中世成立期の国家と農民」(『初期中世社会史の研究』、東京大学出版会、一九九一年、初出は一九六八年)。これに対して高橋昌明氏は、常陸国から玄明にあてた「移牒」を「牒」の写が「移」送されたものと解し、その牒を玄明より王臣家負物を収納すべき旨を記し王臣家から国衙宛に出された家牒と推定して、玄明がいずれかの王臣家の僕従であるとする(「将門の乱の評価をめぐって」、『文化史学』二六、一九七一年)が、この解釈には従い難い。
(39) 治承五年二月日伊勢太神宮神主牒案(神宮雑書、『平安遺文』三九五七号)。
(40) 平氏軍制からも自立した平信兼の立場については、稲本紀昭「曽禰荘と平信兼」(『日本史研究』二三四、一九八二年)、西村隆「平氏「家人」表―平氏家人研究への基礎作業―」(『日本史論叢』一〇、一九八三年)参照。
(41) 石井紫郎「合戦と追捕―前近代法と自力救済―」(『日本国制史研究II　日本人の国家生活』、東京大学出版会、一九八六年、初出は一九七八年)。
(42) 延喜一三年三月二三日・五月一日・八月二九日の按察使藤原有実家牒(東南院文書、『平安遺文』二〇八～二一〇号)。
(43) 延喜一三年一〇月三日東大寺解(東南院文書、『平安遺文』二一一号)。
(44) 正暦二年三月一二日大和国使牒(東南院文書、『平安遺文』三四七号)。
(45) 貞観一〇年二月二三日筑前国牒案・二月二七日観世音寺牒案(早稲田大学所蔵文書、『平安遺文』一五七・一五八号)など。
(46) 正暦二年三月一四日大和国添上郡牒・三月一四日大和国使牒(東南院文書、『平安遺文』三四九・三五〇号)など。
(47) この時期の訴訟制度については、下向井龍彦「王朝国家体制下における権門間相論裁定手続について」(『史学研究』一四八、一九八〇年)があるが、そこに描かれた手続がきわめて職権主義的であることには違和感を覚える。
(48) 『大日本古文書　家わけ第十八　東大寺文書之十』に「名張郡薦生牧券文案」(八号)と一括して収載。

(49) 黒田日出男「板蠅杣・薦生牧と四至」(『日本中世開発史の研究』、校倉書房、一九八四年、初出は一九七八年)は、この文書群の伝来について、東大寺が都合の悪い文書を回収するためにこれらの証文案を獲得したとする。しかし端裏書を素直に読めば、この文書群はもともと藤井荘領主が院に提訴した際の副進文書で、院庁から東大寺に対して陳弁を求めて下付されたものの写であると考えるのが適当である。五味文彦「儒者・武者及び悪僧」(『院政期社会の研究』、山川出版社、一九八四年、初出は一九八一年)を参照。

(50) 宅については、岩橋小弥太「宅司考」(『上代官職制度の研究』、吉川弘文館、一九六二年)、宅の文書については、西山良平「家牒・家符・家使」(前掲註12)を参照。

(51) 典拠は以下の通り。A康保元年九月二三日伊賀国名張郡司解案、B康保元年九月二五日大和国都介郷刀禰等解案、C康保元年一一月一五日東大寺告書案、D康保元年一一月二三日伊賀国夏見郷薦生村刀禰請文案(東大寺文書、『平安遺文』二七八・二七九・二八一・二八二号)。

(52) 典拠は以下の通り。E正暦五年二月一一日大僧正寛朝房帖(関戸守彦氏所蔵文書、『平安遺文』三五八号)、F寛弘五年一〇月二七日金剛峯寺帖写(金剛峯寺雑文、同四四八号)、G寛弘八年一二月(日欠)法務大僧正雅慶房帖案(東大寺文書、同四六〇号)。

(53) 帖を牒とは別の文書だとすることについてはなお異論があろうかと思うので、補足しておきたい。

一一世紀初頭までの帖の実例は本文にあげた例に尽きるが、他史料中に帖の名がみえるものはほかにもある。たとえば、筑前観世音寺から前高子内親王家領(のちに内蔵寮領)博太荘へ「今年三月廿三日帖」・「今月十一日帖」(貞観九年三月二六日高子内親王家荘牒案・同一〇年一〇月一二日内蔵寮領博太荘牒案、早稲田大学所蔵文書、『平安遺文』一五四・一六〇号)に「条司并刀禰等所被下帖也」とあるのは大和国添上郡司から条司刀禰に対する帖、寛弘九年三月二五日大僧正雅慶書状(久原文庫文書、同四六五号)に「今須在地郡司帖送慥之由」とあるのは雅慶房から添上郡司への帖であろう。寛和三年二月一三日添上郡大岡中郷刀禰等解(関戸守彦氏所蔵文書、同三二六号)は、東大寺別当寛朝房からの「今月十一日御帖」の請文である。これらの中には引用過程で「牒」と混用されているものも多いが、しかし「帖」字が使われているものにはいずれも在地に対する命令文書という共通点がある。また寛平元年一二月二六日宇佐八幡宮行事例定文(前掲註24史料)の「一、応令宮検非違使召糺諸国宮人愁事」には「検非違使令帖遠近、弁糺於盗犯」と、検非違使が「遠近」には「帖」するとされていて、同史料中の宇佐宮と大宰府の授受文書の規定には「牒」とあるのと対照的である。長保五年八月一九日宇佐宮司等解案（同、同四五九九号）にも「仍為後日備、宮帖送両郡」と、郡に対しては「帖送」すべき旨がみえ、宇佐宮では在地に対するやや軽微な命令文書を「帖」としていることが窺える。

このほかにも「帖」の字は散見するが、中には明らかに「牒」と混用されている例があることは認めざるを得ない。両字は音も通じるために混同され易いのであろう。しかし、私としてはやはりこの時期の「帖」の正文・案文・写計三通（E・F・G）すべてが様式上牒とは明らかに異なる文書であること、しかもその機能には共通性があり、それが朝成宅「帖」を始めとする引用例からも裏付けられることを重視したい。ただし一二世紀以降にみられる「帖」には以上の説明が当たらない例もあり（この時期の帖は、『平安遺文』二三九七・三一六三・三四〇一号、『鎌倉遺文』三五四・八四二号など）、両字の区別も曖昧になっていくようである。

(54)　菊池武雄「日本の「告書」に就いて」（『東京大学史料編纂所報』一三、一九七九年）。以下、菊池氏の見解はすべてこれによる。

(55)　西岡芳文「金沢文庫新出の『法曹類林』残巻について」（『金沢文庫研究』二九二、一九九四年）。

(56)　正元二年四月一三日太政官符写（『壬生家文書』一九三三号、『妙槐記』同日条にも引用）。同文の摂津国解は『勘仲記』永仁元年八月五日条にもあり、儀礼化した摂津国解の定型文言であったことがわかる。

(57)　長寛三年四月日東大寺三綱等陳状土代（東大寺文書、『平安遺文』三三四九・三八三五号。『平安遺文』の両通が連結することは、五味文彦「儒者・武者及び悪僧」、前掲註49の指摘による）は康保元年の東大寺政所告書に触れ、「告書」に「時牒状」との注記を付している。一二世紀の段階で告書はすでに消滅し、もはや忘れられた文書になっているのである。

(58)　早川庄八「公式様文書と文書木簡」（前掲註7）。中野淳之「諸家政所下文の発生と機能―公家権力の一側面―」（『ヒストリア』九八、一九八三年）も、八世紀の告と告書の関係に触れている。

(59)　菊池武雄「日本の「告書」に就いて」（前掲註54）は未完の遺稿であるが、残されたメモには「告書なる名辞は中国六朝時代の梁・陳・隋制の公文書の名称のうち（諸王の世子、その王国を摂政する時、管下群官に下す命令書を「告」という）から借用して作成されたものと考えられる」という見通しが記されている。

(60) 荒川正晴「クチャ出土『孔目司文書』攷」(『古代文化』四九—三、一九九七年)。なお中国における帖の存在については、内藤乾吉氏が「帖という文字は当時の文書に屢々見えるが、符とか牒などよりは軽い略式の文書のようである」とし(「西域発見唐代官文書の研究」、『中国法制史考證』、有斐閣、一九六三年、初出は一九六〇年)、中村裕一氏も「「帖」と「牒」が明確に区別されていることから考えて、両者は同一でないことは明らかである」と述べ(「唐代官文書研究の意義と課題」、『唐代官文書研究』、前掲註11)、唐公式令にも規定のない帖の存在を認めていた。このような唐日双方の公式令にはない、しかし広く社会的に行われていた文書を含めた文書システムの受容を検討することは、古代古文書学の重要な課題であろう。

(61) 高橋浩明「伊賀国薦生牧争論と十世紀の郡司制」(前掲註31)、「国郡制支配の特質と古代社会」(『歴史学研究』六五一、一九九三年)。本章では文書の発給者の検討までに問題を限定したが、帖や告書の出現は、その命令の受け皿となる在地構造の変質ともかかわる問題である。近年盛んな九・一〇世紀の国郡機構をめぐる議論との関連は今後を期したい。

(62) 康保元年九月二三日伊賀国名張郡司解案(東大寺文書、『平安遺文』二七八号)。

(63) 康保元年九月二五日大和国都介郷刀禰等解案(東大寺文書、『平安遺文』二七九号)。

(64) 佐藤泰弘「立券荘号の成立」(『史林』七六—五、一九九三年)がこの相論について同様の評価を下している。

(65) 朝成宅帖の意義については、文書様式が論じられているわけではないが、小川弘和「八~十一世紀における国郡「勘申」と土地支配体制」(『古代・中世国家と領主支配』、吉川弘文館、一九九七年、初出は一九九五年)も評価を同じくする。

(66) 義江彰夫「くだしぶみ」(『国史大辞典4』、吉川弘文館、一九八四年)。

(67) 佐藤宗諄「「家牒」の成立」(前掲註27)。

(68) 井原今朝男「摂関家政所下文の研究—院政期の家政と国政—」(『日本中世の国政と家政』、校倉書房、一九九五年、初出は一九八一年)。以下、井原氏の見解は本論文による。

(69) 菊池武雄「日本の「告書」に就いて」(前掲註54)。このメモには、「この「告書」の存在の期間はせいぜい二世紀未満であって、やがて消滅し、史上から忘れ去られたものであったが、公式様文書から公家様文書様式が生み出された端緒にくらいするものとして歴史的意義を認めるものである」という大きな展望も記されていた。

(70) 森田悌「平安期権勢家の発給文書」(前掲註28)、中野淳之「諸家政所下文の発生と機能」(前掲註58)。
(71) 長久四年一二月二八日山城国乙訓郡司解・長久五年一〇月七日山城国乙訓郡司解（ともに神田喜一郎氏所蔵文書、『平安遺文』六一六・六一八号）。
(72) 貴族の政所からのものに限定せずに初期の下文についてみると、寛弘九（一〇一二）年三月三〇日大僧正雅慶房下文（東大寺文書、『平安遺文』四六六号）がもっとも早い例である。これは「大僧正房下　今木庄司等幷使等」とあって、雅慶領の荘官に宛てられたものである。雅慶房では郡司に対しては同じ時期に帖が発給されており（一一六頁史料E)、下文と帖が併用された時期があったようである。
(73) 嘉応元年一〇月二六日摂津国水成瀬荘文書目録（東大寺文書、『平安遺文』三五一八号)。
(74) 田村憲美「機能上から見た国司文書の変遷」(前掲註23)。
(75) 上杉和彦「中世的文書主義成立に関する一試論―国司庁宣の副状について―」(『日本中世法体系成立史論』、校倉書房、一九九六年、初出は一九八七年)。
(76) 川端新「院政初期の立荘形態―寄進と立荘の間―」(『日本史研究』四〇七号、一九九六年)。本書第一章。
(77) 黒田俊雄「中世の国家と天皇」(『黒田俊雄著作集第一巻　権門体制論』、法蔵館、一九九四年、初出は一九六三年)。
(78) 保立道久「日本国惣地頭・源頼朝と鎌倉初期新制」(『国立歴史民俗博物館研究報告』三九、一九九二年)。
(79) 仁治三年二月日安芸国安摩荘衣田嶋牒（厳島神社文書、『鎌倉遺文』五九八五号）など。
(80) 酒井紀美「徳政一揆と在地の合力―村落間交渉の視角から―」(『日本中世の在地社会』、吉川弘文館、一九九九年、初出は一九九四年)。

第四章　興福寺院家領荘園の形成

はじめに

　中世大和の荘園を代表するのは膨大な興福寺関係の諸荘である。従来それは、①律令的給付の土地化による雑役免荘園の成立、②その一円化による中世興福寺領荘園の確立、という二段階を経て形成されると説明されてきた。①の段階の荘園の姿を示すのが有名な延久二（一〇七〇）年の興福寺雑役免坪付帳であり[1]、それが発展した②の段階の姿とされたのが、例えば文治二（一一八六）年の池田荘や出雲荘の検注帳[2]にみられるような一円的な景観を持つ荘園である。こうした理解から、大和の興福寺領荘園をおもなモデルとして雑役免系荘園という中世荘園の一類型が立てられてきた[3]。

　ところが近年の研究によって右の通説はもはや覆されたといってよい。雑役免荘園の設定に関する①の理解については、田村憲美氏が批判したように、雑役免田の前提をなすような国家的給付の存在を明示する史料はないし、そもそも延久の坪付帳にみえる二〇〇〇町近い免田の前提となる国家的給付を想定すること自体、到底不可能なのである。田村氏は、雑役免荘園の基底にあるのは国衙領の名を構成する私領であることを明らかにし、雑役免荘園の成立は、基本的にはそうした私領主と権門寺院の私的関係から理解すべきことを論じている。(4)

②の点についていうと、たとえば延久の坪付帳にみえる興福寺領池田荘と文治の検注帳にみえる一乗院領池田荘はその領有関係を異にした存在で、前者から後者へ、すなわち寺門領から院家領へという筋道は成り立たないのである。このことは泉谷康夫氏によって明確に指摘され、(5)それを承けた安田次郎氏は、かつて村井康彦氏が興福寺による荘園一円化の手段と評価した「相坪の論理」(6)なるものが、実は鎌倉期の相論当事者の一方的な強弁に過ぎないことを明らかにした。(7)泉谷氏や安田氏は、興福寺院家領の荘園の起源を、官人や寺僧の私領寄進にみるべきことを指摘している。

こうして通説の枠組みが雲散霧消したいま、大和国の中世荘園形成史を組み立てていくには、どのような視点が必要なのであろうか。右にあげた研究成果によるならば、重視すべきは私領および私領主の動向であろう。平安末期の大和国では、「大和国併春日御社興福寺等負所寺僧領知、無一歩公田」(8)とあるように、寺僧領とよばれる私領の存在が大きな政治問題となっていた。この文言は荘園領主としての春日社や興福寺の威勢を示すものではもちろんなく、ここでいわれているのは負所がその上に設定されている公田の寺僧領化という問題である。平安末期の南都での紛擾に際しては、いくどか寺領に加えて寺僧領の没官が議されていることからわかるように、当該期の朝廷はこれを南都勢力の重要な基盤とみなしていたのである。私領が多く寺僧領として現象するところに当該期の「宗教領国」大和の大きな特徴がある。以下、寺僧領の展開を軸にして、中世大和国の荘園成立史を見直す作業にとりかかりたい。(9)

第一節　平安末期の興福寺寺僧領

私は先に、南都大乗院の坊官であった福智院家に伝来した福智院家文書に含まれる寿永二（一一八三）年三月日興福寺食堂造営未進注文（以下、未進注文Aと呼ぶ）を紹介し、それと対になる内閣文庫所蔵大乗院文書中の未進注文[10]（こちらを未進注文Bとする）とともに、平安末期の寺僧領についての基本史料となるものであることを述べた。[11]この二つの未進注文は、南都焼打後に「寺僧沙汰」として寺僧集団の主導下に進められた食堂造営段米の徴収の過程で作成されたものである。未進の徴収について議した寺内上臈中臈集会の決定を記す部分には、

去々年段米、云寺僧云国民多遁避少究済之間、食堂于今不被造畢。依之、自去年有様々議定、雖催促敢無究済之人云々。於国民領者、以金堂段米沙汰之次、可被捜尋。寺僧之中、自僧綱以下至于中臈者、先以進未注文可被触仰其領主也[12]

とあり、養和元（一一八一）年に始まった段米賦課の対象が寺僧と国民（俗人領主）の所領であったこと、この段階で未進徴収の対象とされたのは寺僧領の方であったことがわかる。未進注文には田数と未進高が寺僧領主の名ごとに書き上げられ、その後の徴収のようすが書き加えられている。記載があるのは未進所領のみであり、これを各寺僧の所領の全貌とすることはできないが、これほどまとまって寺僧領の姿を知ることのできる史料はほかにない。未進注文の作成に至る経緯や段米徴収の実態については補論を参照していただくことにして、ここではそれと若干重複するが、未進注文に現れる寺僧とその所領の関係について確認しておく。

右引用部から、このときの未進徴収は「寺僧之中、自僧綱以下至于中臈」、すなわち興福寺の上臈・中臈の寺僧を対象に行われたことがわかる。興福寺僧は、興福寺維摩会の研学竪義を遂業して得業、さらに講師を経て已講と呼ばれ、そこから僧綱への階梯が続くが、上・中臈の分かれ目は維摩会研学竪義の成業・非成業の間にある。[13]

幸い未進注文A・Bには寺僧の通称が記載されているので、それぞれがどの範囲の寺僧のものかがすぐに判断できる。

未進注文Aにあがっている寺僧は、得業が二八人と五師が三人。已講以上は現れないので、ここにあるのは上臈中の得業および五師である。上臈の中の得業より上位、すなわち已講・僧綱分の未進注文が別にあったはずだが残念ながら残されていない。一方、未進注文Bにある寺僧は、一七人全員が「〇〇公」と官職名をともなった通称、すなわち公名をもつ。この呼称をもつのは、寺僧の二大身分である良家・凡人（修学者とも）のうちの良家僧であり、かつ維摩会竪義遂業以前の中臈僧である。また、中臈中の凡人分の未進注文も別にあったはずであるが、これも残されていない。

次に、書き上げられた所領の記載をみると、単に「田」とのみあるものと、荘号を有するものに分かれる。そのほか寺号や院号をもつものなどもみえるが、これらは荘号に準じて考えてよいであろう。荘号をもつ所領の規模は数町から数十町とさまざまである。未進注文Aには、〇〇得業と呼ばれる良家僧と、▽▽房得業と呼ばれる凡人僧がともに含まれているが、荘号をもつ所領の領主は官職名をもつ良家僧にほぼ限られていることが注目される。一方「田」の方は、概して荘号を持つものよりも田数が少ない。一町に満たないものがある一方、中には数町から十数町、まれに数十町に及ぶものもあるのでその性格を一概にいうことはできないが、相続や売買等によって分割された荘園内の田地の領主権などからなるものが多いのではないかと思われる。(14) ただし、所在郡の名と若干の注記以外にほとんど情報がないので、ここから所領の具体像を知ることはできない。したがって、以下に取り上げるのも荘号をもつ良家僧の所領に限られる。表1は、未進注文A・Bより、荘号をもつ所領を抜き出したものである。

従来南都における領主としての活動がおもに注目されてきたのは、東大寺の覚仁の華々しい活躍によるためであろう、荘園経営の手腕に長け、弁舌にすぐれ、ときには悪僧としての活動も辞さないその覚仁に代表されるような三綱クラスの実務僧であったように思われる。しかし、未進注文の記載からそれとともに重要な課題として浮かび上がってくるのは、法会での役の遂業により昇進して僧綱に至る、またその予備軍をなすような寺内の上層を占める学僧、しかも良家出身の有力僧の所領の実態、およびその領主としてのあり方の検討である。ここでは大和の荘園史を問い直すために、ここにみられるような寺僧領の成立・伝領のあり方、さらにその展開についてみていくことにする。

表1　興福寺食堂造営段米未進注文にみえる寺僧領

未進注文A（福智院家文書）

僧名	通　称	荘　名	所在郡	田　数
玄隆	越前得業	大嶋荘	高市郡	2町3段 70歩
実叡	侍従得業	椿荘	城下郡	10町　180歩
範慶	按察得業	伊香谷	宇陀郡	1町2段
信教	興福院得業	三宅荘	宇智郡	9町9段200歩
		若狭荘	城上郡	13町2段240歩
		高殿荘	高市郡	7町3段
尋教	上野得業	甲斐荘	城下郡	20町2段120歩
忠賢	美作得業	大呂院田	添上郡	5町
		結崎荘	城下郡	16町8段300歩
		松本宕根荘	十市郡	4町3段120歩
		大仏供荘	十市郡	24町6段120歩
		大仏供荘	城上郡	59町2段180歩
		池上荘	山辺郡	5町8段180歩
		淡路荘	山辺郡	39町4段120歩
		谷殿荘	高市郡	4町
		谷殿荘	葛上郡	18町3段120歩
		梨子荘	高市郡	23町6段100歩
		脇本荘	城上郡	7町4段180歩
		豊田荘	広瀬郡	6町4段180歩
		稲津荘	宇陀郡	11町8段180歩
寛清	弼得業	中村荘	広瀬郡	2町
覚心	伊予得業	藤井寺	葛下郡 忍海郡	52町　320歩
		大倉荘	宇智郡	4町
盛縁	卿得業	新木荘	山辺郡	11町7段300歩
		新木荘	城下郡	7町8段180歩
		新木荘	城上郡	1町3段
		新木荘	十市郡	23町　180歩
		古木荘	十市郡	2町2段
		古木荘	高市郡	13町
勝長	宰相得業	中長屋荘	山辺郡	22町4段
		二柳荘	山辺郡	1町4段
		出雲荘	広瀬郡	3町9段120歩
円隆	正見房五師	南勝院領	十市郡	4町9段
宗慶	輔得業	福安寺領	平群郡	3町2段204歩
		河貴村	宇陀郡	「不知田数」
		梵福寺領	十市郡	31町
成信	土佐得業	大西谷荘	葛上郡	26町9段
勝円	三位得業	都荘	城下郡	21町2段
乗信	弁得業	守道荘	宇陀郡	30町

未進注文Ｂ（大乗院文書）

僧名	通　称	荘　名	所在郡	田　数
□□	大夫公	東小倉荘	城上郡	7町1段
		山賀荘	宇陀郡	6町2段
実円	伊賀公	上土田荘	平群郡	12町1段240歩
朝恵	和泉公	雲梯荘	高市郡	4町5段
慶隆	東北院大納言公	下長荘	平群郡	26町5段
弘詮	侍従公	竹林寺呉原荘	高市郡	12町9段180歩
朝慶	中納言公	今南荘	城上郡	5町8段300歩
覚春	助公	玉手荘	葛上郡	4町2段300歩
寛賀	伊賀公	小畦荘	高市郡	14町
		小原荘	高市郡	「不被注田数」
順慶	助公	安倍山荘	高市郡	5町8段
厳範	弁公	永富荘	忍海郡	8町3段
		今井荘	宇智郡	9町3段 80歩
光永	但馬公	今井荘	忍海郡	8町
長心	弁公	河合荘	城上郡	6町1段
		河合荘	十市郡	5町2段
忠弘	甲斐公	桧垣荘		「不被注田数」

註．２通の未進注文にみえる寺僧領のうち、荘号等の記載のあるもののみを表示した。従って、これが未進注文にある全寺僧の所領ではない。また各寺僧の所領のすべてでもない。

第二節　寺僧領の成立と展開

1　寺僧領の伝領

まず、未進注文にみえる荘園の中からその成立以来の姿が知られる例を取り上げてみたい。未進注文Ａの冒頭近くにあがっている玄隆得業領大嶋荘（高市郡、田数二町三段七〇歩）は無名の荘園であるが、一二世紀の相論史料が東寺百合文書に残されており、幸いその成立の頃から平安末にいたるまでの経緯を窺うことができる。永保二（一〇八二）年五月七日の僧頼昭家地売券案[15]（ａ）は、次に述べる相論のときの具書と考えられるが、頼昭が興福寺僧慶義に高市郡の家地を売却した文書である。この文書自体には大嶋荘の荘名はみられないが、端裏書に「大嶋庄新券案文并本券目録」とあるので、関連文書であることがわかる。売券には家地二町の四至および坪付とともに「便宜要門田弐町参段柒拾歩」の坪付が記載され、売却の対象となっているが、この田数は寿永の未進注文にある大嶋荘の田数と変わるところがなく、その直接の前身であると考えて間違いない。一一世紀に設定され、売却された便田の田数がそのまま受け継がれて、未進注文にみえる平安最末期に至ったのである。[16]

保安四（一一二三）年四月一一日の大嶋荘下司伴常国解[17]（b）は、大嶋荘下司が川原寺住人による押妨を訴えたものであるが、ここでは春日社常燈供を勤仕する春日社御供所として大嶋荘の荘号をもっており、これ以前に春日社に毎年の供料の寄進がなされたことにより春日社領としての荘号がなったと推測することができる。なお、aの坪付は現在の橿原市五条野の丘陵部に相当する。坪付からは散在的な田地のようにみえるが、相論の対象となっているのは「大嶋御庄山地内」の麦畠であり、大嶋荘は山や畠を含んだ、田数から想像されるよりはかなり広い荘園であったようである。

このときの相論については、bの解の挙状とみられる四月二五日の僧宗覚書状[18]（c）が残っている。a・bはこの宗覚を介して川原寺の本寺である東寺にもたらされ、今に残ったものと判断できるが、宗覚とはいかなる立場の人物であろうか。『尊卑分脈』によると、未進注文にある寿永二（一一八三）年段階の大嶋荘領主玄隆は隆兼の子であるが、『維摩講師研学竪義次第[19]』によるとその隆兼は「五師宗覚真弟子」とある。したがって、下司の解を仲介している宗覚は大嶋荘の領主であり、大嶋荘は宗覚—隆兼—玄隆と相承されたことがわかるのである。下司の解状を東寺に送達しているのが春日社ではなく僧宗覚であることは、大嶋荘の基本的な領主権が春日社にではなく寺僧領主宗覚にあることを示している。

さて、大嶋荘をここで取り上げたのは、その伝領の経緯がたどれる好例という理由だけからではなく、寺僧領主宗覚—隆兼の活動やその相承のようすを他の史料にもみることができるためである。

信円筆『因明四相違』紙背文書には、大和国河上荘の相論を裁許した院庁下文が残っている。[20]訴人である領家藤原氏の解によると、河上荘をめぐる相論の原因は本領主季清と宗覚の対立にさかのぼる。その時点で宗覚の主張は容れられず、勝訴した季清は河上荘を藤原宗忠に寄進した。ところが宗覚の子の隆兼は領家代替わりの時機を狙って強縁に属し妨げをなしたので、領家は提訴して長者宣を手に入れた。隆兼がなおも非道の訴を続けるので、院庁下文を申請するのだという。ここでも宗覚—隆兼の領主としての活躍が確認される。

さらに『兵範記』仁平三（一一五三）年六月六日条には、宗覚—隆兼という所領の相承の背景を語る、次のような事件が記されている。故宗覚五師の真弟子兄弟、隆兼・玄重が宗覚の処分をめぐって争い、互いに藤氏長者藤原頼長に訴えた。その結果「舎弟玄重道理之由」と、玄重に勝訴の裁定が下り、長者宣が与えられた。ところがこれを不服とした隆兼は「大兄隆兼付縁申達子細」と、縁に付して再び頼長に提訴した。頼長は以前の裁決を改めることにし、先に玄重に与えた長者宣を回収するため、玄重が逃げ籠もっていた賀茂社に使者を遣わした。それが賀茂社の廻廊内で流血沙汰に及び、大騒動となって『兵範記』に記録された、悪左府頼長の酷薄さを語る好例として知られる一件である。

『維摩講師研学竪義次第』によると、宗覚は保延三（一一三七）年に四四歳で興福寺維摩会の竪義を遂業した良家僧であった。また彼は衆徒の代表である五師としても活躍する僧であった。宗覚の領主としての立場は、そうした活動を維持する重要な基盤であったろう。右の相論に勝って宗覚の跡を継承した隆兼は、その後永暦元（一一六〇）年に四五歳で維摩会竪義を遂業している。一方、結局敗訴した玄重には竪義を経た所見がない。隆兼は「宗覚真弟子」とあるが、『尊卑分脈』では村上源氏の源雅光の子になっているので、あるいは宗覚の養子かと思われるが、宗覚遺領の争奪戦の対象は単なる所領なのではなく、それによって維持される擬制された僧の「家」の継承権であったといえるのではないだろうか。(21)

以上、大嶋荘ならびにその領主の歴史から確認された点をまとめると、次の通りである。まず、一一世紀に便田として設定された私領が春日社を負所領主として戴くことにより、荘号を獲得する。国衙支配への対抗上、権門寺社の負所田として荘園となるというのは、一一世紀の大和の荘園の一般的なあり方である。一方、その領主権は法流を継承すべき寺僧の「家」に継承されることになった。それが一二世紀には藤氏長者の裁許によって認定されていることも重要である。そうした裁許を得るためには「縁」の有無が決定的であったことにも注目したい（後述）。

さて、先にも引用した「大和国併春日御社興福寺等負所寺僧領知[22]」という平安末期の大和国を評した一文は、大嶋荘のあり方とよく合致し、他の多くの寺僧領の性格を類推させる。しかし、負所の基底をなす私領は本来公田たることと矛盾するものではない。にもかかわらず、右の文言が続けて「無一歩公田」という評価を導くのはどういうことであろうか。これに先立つ天養元（一一四四）年、知行国主藤原忠通のもとで大和の国検が企てられた際にも、知行国主側は「雖検注、於寺僧領者不可為国領[23]」と、寺僧領主に対して譲歩の姿勢をみせざるを得なかった。これらによると、平安末期には寺僧領は公領と区別される存在に浮上していることになる。

公領のうちばかりではない。ともに宇智郡に所在する未進注文Aの興福院得業信教領三宅荘や未進注文Bにある但馬公光永領今井荘は、保元三（一一五八）年に栄山寺に下された官宣旨に「応同停止宇智郡宇野・今井・三宅散在寺領私主事[24]」とある私領の系譜をひくものであるに違いない。栄山寺領は古来の官省符荘であるが一二世紀には形骸化し、その中に簇生した私領が継承されたものであろう。

右にあげた史料はいずれも大和国司権力の再建が目指されたときのものであるが、一二世紀以降の大和国はそうした数度の例外的な時期を除いては、国務がほとんど形骸化した独特の展開を遂げることはよく知られている。この時期の寺僧領の位置は、こうした大和の特殊性の中で考えねばならないだろう。以下、さらに寺僧領の具体相を追ってみよう。

2　寺僧領の拡大と藤氏長者

承保二（一〇七五）年のことと推定されている関白藤原師実の息覚信の南都下向は貴種入寺の初例であり、のちの記録にはこれをもって大和国務の興福寺への寄付とするものがある。(25)実際には大和国司の活動はもうしばらくの間確認できるのでこれを額面通りに受け取ることはできないが、この事件が興福寺ならびに大和国にとって大きな画期であったことは間違いない。(26)これを機に摂関家と興福寺との関係が深まり、貴族社会のさまざまの縁が寺院社会に持ち込まれることになったことは、早くから指摘されている。(27)そうした縁を頼りに有力僧の私領が増大し、国衙の支配を形骸化させた大きな要因になったのであろうと考えられる。しかし、その過程を直接跡付けることは史料の制約上困難である。ここでは、覚信入寺より程なくして大和国司の国内支配が貫徹しがたい様相が窺われること、(28)同じ頃、他ならぬ右の覚信も大和国に私領を有し、その住人が国衙の所課に従わないというような史料があることを、(29)参考までに指摘するにとどめる。

我々が目にすることのできるのは荘園領主側の史料であるから、そこからおもに知られるのは荘園領主と寺僧領主の対立のようすである。中でも一二世紀における寺僧領主のもっとも精彩に富む活動をみることのできる舞台は、東大寺領雑役免荘園関連の史料である。久安四（一一四八）年の雑役免顚倒荘注進状(30)には十余りの荘園が書き上げられているが、それによると、その顚倒の主因は領主による寺役の対捍にあることがわかる（表2）。そこにあがっている東大寺雑役免荘の負人である領主は大半が寺僧、しかも多くは得業の称を持つ興福寺・東大寺上層の有力な学僧であり、彼らがさまざまの権威を募って寺役を滞らせているのである。

このような東大寺領荘園の顚倒はいつ頃からのことであろうか。東大寺は康和二（一一〇〇）年六月に国司の臨時雑役賦課によって「各領主等恣為遁国役、募他所威勢、不叶寺家之所堪」(31)ことを訴えており、一一世紀最末期には領主が他所の威勢を募ることによって国司の支配からも東大寺の支配からも逸脱する動きをみせていることがわかる。大和国司による国務の形跡が消滅し、国衙の支配が急速に衰退するのはこのすぐあとのことである。

このころ東大寺は雑役免荘の再建をはかり、同じ康和二年には雑役免荘九ヶ所について「件庄々可為寺領之

表2　雑役免顚倒荘々

郡	荘　園	事　由
添上郡	南横田荘 10町	本官物弁済不退寺、雑役勤仕東大寺之処、近来偏募不退寺領、不勤所役。領主済円僧都、伝領覚顕得業、久覚光得業領。同不勤寺役之。
	北横田荘　6町	本領主端院々主宗範得業之時、寺役無闕怠之処、願覚伝領之後、近年募禅定院僧都御威、不勤寺役之。
	北田中荘　4町(10町内)	募勧(ママ)禅院威、不勤寺役之。
	□(山カ)村荘　　4町	本当寺覚俊得業領、沽却花林院権僧正之後、不勤寺役。当時領主覚昭得業弟子。
山辺郡	池上荘　　11町5段	不知領主。
	兵庫荘　　15町	当寺兼覚得業領。依入交興福寺進官免、近来不勤所役。当時領主彼弟子寛厳一乗院侍并定祐得業也。
十市郡	喜荘　　　9町8段	備中守資賢領歟。
	西吉助荘 26町8段	本鳥羽権僧正領。近来御室御領、少々興福寺範延得業領中庄少々負之云々。従遍昭寺任中牢籠之。
	東吉助荘 16町3段	播磨守忠盛領。自同比牢籠歟。
城上郡	西吉助荘 14町	御室御領少々。多分範延得業領也。
	東吉助荘　4町	播磨守領。
	大神荘　　2町7段	元東南院御領也。而相博黒田新庄之後、伝領遠江入道子信基山階寺僧、死去之後、譲与住京女人了云々。
平群郡	花厳会免田 12町	領主一乗院領。少々并郡内下人等散々領之。

註．久安4年9月25日東大寺領大和国雑役免顚倒荘注進状(『平安遺文』2654号)より作成

由」の宣旨を蒙り、それに基づいて九ヶ荘が再立券されている(32)。さらに嘉承元・二(一一〇六・七)年には国判により検田権の委譲を得るに至る(33)(これが大和国司の発給文書の終見)。一連の動きは東大寺の支配の強化策にみえるが、それから四〇年余り後の久安の顚倒荘注進状にみえるような状況は、国衙による規制が失われ、負所領主たる東大寺と本領主が無媒介に相対せざるを得なくなった、その力関係の結末を物語るものということができると思われる。それではそれぞれの荘園ではいかなる事態が進行していたのであろうか。

十市・城上両郡にまたがる広大な東・西吉助荘では、興福寺権別当で白河院近臣僧としても有名な

範俊が平正盛とともに東大寺との間で相論を繰り広げていた。康和三（一一〇一）年九月の東大寺への問宣旨によると、範俊と正盛の側が東大寺による私領の押領を訴えている。[34]これは東大寺が右に述べた「件庄々可為寺領之由」との宣旨を入手した直後のことなので、東大寺側が領主との対決姿勢をみせたことに対し、領主範俊は白河院にともに近侍する縁を頼って正盛の協力を得、東大寺に対抗したものと考えられる。[35]東大寺側の再建策がかえって領主との相論を激化させ、俗界の有力者との関係を現地に持ち込むことになったのである。その結果はといえば、久安四年雑役免顚倒荘注進状の東・西吉助荘の項に、正盛息の忠盛とこれも正盛息で範俊弟子の範延が領主として記載されていることに明らかである（表2参照）。

添上郡にある同じく雑役免荘園の北田中荘では、領主権の争奪戦が行われていた。保安四（一一二三）年に興福寺観禅院院主である覚厳の妨害行為を訴えた荘司平資範解[36]によると、北田中荘は資範の私領であったが、観禅院が妨げをなし、「或招寄本寺悪僧、運取納稲、或相語権門下部、押作田畠」という状況であったので、資範は子細を藤氏長者に訴えた。その結果、勧学院勘状によって領掌を認められたが、嘉承年間（一一〇六〜一一〇八）に資範が鎮西に下向している隙に覚厳が長者宣を申し下して押領しているのだという。

右引用部分の「納稲」を運び取るという行為に関して、田村憲美氏は荘園の管理経営機能の中心をなす納倉への妨害であることを、他の例を引きつつ推定している。[37]このように観禅院側は現地の私領経営の中核部分に攻勢をかけているのであるが、その役割を担って活躍しているのは興福寺の悪僧や権門下部であった。また、資範側のいったんの勝訴にもかかわらず、資範の留守中に覚厳はいとも簡単に一方的に長者宣を申し下して領掌を遂げている。先にみた範俊が白河院との緊密な繋がりをもち、そのもとには悪僧の活動を含んだひとつの党派的な集団があったことが指摘されているが、[38]ここでもよく似た動きが指摘できるのである。在地での攻防においても、法廷への繋属においても、資範のような土豪クラスの俗人領主と、権門との強縁をもち悪僧をも動員し得る有力寺僧との争いでは、その力量の差には歴然たるものがある。当該期の大和において興福寺の寺僧領が拡大していく過程の一齣を、ここにありありとみることができる。実際、東大寺を経由した資範の訴にもかかわらず、覚厳側の押領が続いたことは、久安四年の雑役免顚倒荘注進状に「募勧（観）禅院威、不勤寺役之」とあることから明らかである（表2）。

右の例よりも年代が降るが、これも同じ雑役免荘のひとつ、箕田（横田）荘に関する嘉応元（一一六九）年の相論史料によると、ここでは寺僧領主恵印が寺役を勤めないことが問題となっている。(39) ここには東大寺・興福寺の負所田がそれぞれ設定されていたが、恵印はそうした関係を有効に利用して領主権の拡大をはかっている。負所領主東大寺の側は現地での恵印の活動に対して「依為領主之諍、寺家強不左右」と、まったく無力である。(40)

以上、東大寺に残された史料から、一二世紀における興福寺寺僧領の拡大の様子をみてきた。それでは一二世紀の大和国において、こうした私領はどのように認定されていたのであろうか。本節の最後に、すでにいくどか触れた藤氏長者の裁許について言及しておきたい。一二世紀の大和国では国司権力が形骸化した結果、所有秩序は興福寺の本所というべき藤氏長者に収斂して、氏長者の裁許が一国慣例化するという独特の様相を呈している。(41) ここでは、ひとつの相論を取り上げる。

興福寺僧義海の私領水氷荘では、義海と東大寺僧覚仁との間で激しい相論が繰り広げられていた。水氷荘は興福寺を負所とする荘園で、義海の主張によると彼の曽祖父公俊以来の私領であった。義海はこれを伯父の覚澄から譲られるが、「為伯父覚澄之付属弟子、重代文書房舎庄園等、併所譲得□掌、尤抱其理」(42) とあるように、先祖相伝という由緒に加え、付属弟子としてその私財を受け継ぐことに領掌の根拠が求められていることは、前節で指摘したように寺僧領の相伝を特徴付けるものである。さて義海の領掌は複数の人物の妨げをうけて思うに任せなかったが、やがて義海は安堵の長者宣を得ることに成功する。ところが保元の乱の後、今度は覚仁との相論が始まったのである。次にあげるのは、義海の解が引く覚仁の主張と義海の反論の部分である。

爰覚仁云、水氷庄左大臣(藤原頼長)家依祈禱賞、無左右被裁下。又云、付義海之被下(後)興福寺、敢無一決之仰者。件等旨皆以虚誕也。申故左大臣□□之条、偏無実也。為寺僧之者、勤長者祈者定例也。非指過怠。然□□者、依不肖之身、更不入其撰。被尋問寺中、敢無其隠歟。彼時□□人皆所知也。義海旁依拘道理、　大殿下御時重裁断給畢。以□□猥達天聴、還可有還迹事也。加之、水氷庄相論事、寺家無一決□□奏上之条、又以詐偽也。両度　長者宣皆被問寺家、随勘申所□□也[43]

覚仁の主張は、①義海が証拠文書とする長者宣は、長者であった故藤原頼長の祈禱の賞として与えられたものであること、②しかもその長者宣には興福寺の「一決之仰」がないこと、の二点であった。これに対して義海は、①長者のための祈禱を行うのは寺僧たる者の定例である、しかも自分は不肖の身でその撰に入っていなかった、②自らが得た両度の長者宣は寺家の勘申を受けたものである、と反駁している。②の点から、長者による裁許には、それを保証する寺家の勘申が必要という認識があったことがわかる。氏長者のもとで南都関係の相論を扱う裁判では、勧学院で審理が行われる例も多いが、このように寺家の勘申を求めるのがむしろ一般的であったのかも知れない。また、発給された長者宣は興福寺別当の請文を得て機能することが指摘されている[44]。寺僧領は、氏長者を戴き興福寺別当を基軸とした秩序維持のシステムに支えられていたと、ひとまずはいうことができる。

しかし①からは、氏長者との個人的な関係により長者宣による所領の安堵がなされていることがわかる。義海は無実の由を懸命に反論しているが、彼が証拠として進めている長者宣の年号、仁平元（一一五一）年は頼長の氏長者就任の翌年にあたり、やはり義海と頼長との密接な関係を思わせる。他者の押領に悩まされていた数十年間、義海は「且為無縁之身、不致沙汰。徒抱相伝券契、多送□□[45]」と、無縁の身を嘆くばかりであったという。そののち頼長との縁によって、宿願であった水氷荘の安堵を得たのであろう。義海の弁解にもかかわらず、彼の私領領有が、前長者頼長との個人的な関係に支えられていたことは疑いないのである。

氏長者はこのような私領の安堵を通じて寺僧との、いわば主従制的な関係を構築し得た。逆に寺僧の側からいえば、寺家の枠を越えて長者との関係を取り結ぶことが私領の維持にとってきわめて重要であった。そしてこのような構造は、政治状況に左右される脆さを常にはらみながらも、氏長者を頂点に戴く秩序を形作っていた。その結果、氏長者、ときにはそれへの対抗上、院に連なる縁を有し、また独自の手腕と力量をもつ寺内有力僧が寺家の枠を超えて所領の拡大を進め得たのである。

同じ時期の東大寺について、久野修義氏は寺内有力僧の台頭という状況を取り上げ、その活動を支えた私領主としての側面を指摘し、一二世紀の東大寺の分権化の様相を展望した。(46) 食堂造営段米未進注文にみえる膨大な数と規模の興福寺寺僧領の存在をみれば、そうした動向は興福寺においてさらに顕著であったと思われる。このときの段米賦課は、寺僧集団の総意による決定のもとで各領主が申告した「坪付」に基づくものであり、興福寺自体が田数を把握していたのではない。(47) 未進注文は、大和国が独特の中世への道を歩み出してから一世紀たった、ひとつの帰結の姿の一端を示すものであるということができるであろう。平安後期の興福寺を知るためには、寺内機構の分析だけでなく、こうした分権的な様相を呈する有力僧の政治的な動向を充分に考慮に入れる必要があるのではないだろうか。

第三節　院家領の形成

1　寺僧領と院家領

それでは、このような分権的傾向の収束する方向性はなかったのであろうか。そのひとつの答としてここでようやく取り上げることになるのが、章題に掲げた院家の問題である。とはいうものの、平安期の興福寺の院家や院家領の実態を知り得る史料はきわめて少ない。その中で、興福寺厳浄院という院家は保延七（一一四一）年の叡尊置文案(48)という院家領のあり方を知り得る貴重な史料をもっている。これは厳浄院の運営に関する八ヶ条からなる置文で、すでに安田次郎氏がこの史料に注目して考察を加えているが(49)、若干の検討を重ねてみたい。

叡尊置文によると、永長元（一〇九六）年に叡尊の父である貞禅が堂舎を建立して仏像を安置し、叡尊が永久二（一一一四）年に南都に移転したのが厳浄院の始まりであった。その所領は貞禅が「供仏礼僧之料」として寄せ置いた一〇ヶ所、その後叡尊が副え寄せた四ヶ所、合わせて一四ヶ所である。安田氏はこの事例、および創建時の大乗院の根本荘園群の復元から、本願によって寄せ置かれることに院家領の一般的な起源があるという重要な指摘をしているが、ここでさらに注目したいのは、その後の領有のあり方である。

厳浄院領一四ヶ荘は、この置文によって叡尊門弟の覚珍已講・玄縁得業・成信君・叡永君の四人に配分されている。この四人が置文の対象で、「若布此旨之輩者、既非師資之儀、誰謂写瓶之器焉」（背）とあるように叡尊の法流を嗣ぐべき写瓶弟子たちである。覚珍・玄縁の二人はのちに興福寺別当に至る僧なので、厳浄院は当時としてはかなり有力な院家であったと思われる。注目したいのは、厳浄院領一四ヶ荘（欠部があり荘名がわかるのは一一ヶ荘）のうちのいくつかが、はじめに検討した寿永の未進注文にも登場することである。叡尊から覚珍已講に譲られた椿荘・甲斐荘、それに成信君に譲られた大西谷荘が、未進注文ではそれぞれ実叡得業領・尋教得業領・成信得業領として記載されている。大西谷荘の成信得業は、叡尊置文の成信君の維摩会竪義遂業後の姿で、彼はこの間四〇年にわたって同荘を領知し続けたことになる。椿荘の覚珍已講→実叡得業に関しては、一門の間で相承されたものと考えられる。甲斐荘の覚珍已講→尋教得業も同様である。『法相宗相承血脈次第』によると、厳浄院の本願である貞禅—叡尊の法流にはまさしく荘園の譲与を受けた覚珍以下の四人の門弟が連なっており、その流れにはこの実叡・尋教と思われる名が見出せるからである。[50] 厳浄院領は、叡尊が置文に「莫出一門、是依為院領也」と定めた如く、その一門の内で相承されているのであり、これらの荘園は食堂造営段米賦課の対象である寺僧領として把握されていたが、同時にその領主が構成員であるところの院家領でもあったわけである。

とするならば、前節で得た結論を、院家というフィルターを通して修正しなければならなくなってくる。前節ではこの点に触れなかったが、寺僧領の事例として取り上げた三つの東大寺雑役免荘の寺僧領主もそれぞれ院家の構成員である。北田中荘を押領した覚厳は観禅院主で同荘は観禅院領でもある。恵印の横田荘は発志院に代々相伝された所領であった。また、範俊の西吉助荘は、彼が創建した松林院領として範俊弟子で平正盛息範延に松林院とともに相承されたことが指摘され、院家領創設の事情を知り得る例として注目されている。[51] なお、未進注文Aの中でも目を引く大領主、美作得業忠賢領の大仏供荘には注記に「松林院御使」とみえ、松林院領であったと考えられるが、安田次郎氏によると、これこそ西吉助荘の後身であり範延を経て忠賢に相承されたものであろうという。[52] この忠賢の出自はわからないが、松林院家を構成する有力僧の一人であったのだろう。未進注文にみえる寺僧領の中には、このように一方で院家領でもあるものが相当あるのではないかと思われる。

叡尊置文によると、院家役は各領主が各々の下司に命じて進納し、懈怠がない限り「執行之人」とある院主が荘務に介入することは制限され、各所領は院家の構成員である「領主」の「領知」の下にあるものとされている。発志院領横田荘でも、領主恵印は一方で「地主者発志院也」、他方では「地主慧《(恵)》印」と発言しており、[53] 寺僧の領主（地主）権が院家のそれと言い換え可能である。院家領は寺僧領の領主権に院家という枠組みが被せられたものといい得るが、それでは寺僧領が院家の外被を纏うことの意味はどこにあったのであろうか。

永村眞氏によると、寺内において院家の存続が承認される理由は、寺僧の止住の場ということに加え、そこで勤修される法義や相承される教学によるものであった。[54] 院家領はそれを支える経済基盤であり、そのことによって領有の正当性を主張し得たのではないかと考えられる。叡尊置文は、領主は供米・灯油を各々の下司に課して一一月中に院家の蔵に進納するほか、修正会での「花餅燈明僧供之役」などの院家役を負担し、また院家守護のために番を決めて宿直兵士を出すことを定めている。さらに堂舎僧坊修造のための修理田が各荘園に設定されている。たびたび取り上げている観禅院領北田中荘の相論で、一紙の証文ももっていなかったという観禅院側の言い分は、往古の院主のときの「院家修理料」であったという一点であった。(55) 院家役、院家修理料といった負担は院家、およびそこで行われる宗教活動の存続を保証する一方、他に対してはその所領の正当性を主張し得る根拠となったのである。

所領の相伝のあり方についてみると、厳浄院領の場合興味深いのは、院家領は院主の地位にともなっているのではなく、複数の写瓶弟子に譲与されていることである。ただしその相伝には、「於非修学而心操左道者、非此限矣」とあるように、修学の励行が条件とされていた。院家領の相伝は、学業の研鑽を積んで法会での所役を勤め、学僧としての昇進を遂げるための経済基盤としての意味を持っていたと考えられる。そして譲与を受けた寺僧は領主としてそれを領知するが、その領知を裏付けているのは、貞禅―叡尊の法流を承け嗣ぐ門流への帰属である。叡尊の門弟たる領主たちは一味同心して院家役を勤仕すること、他門他家と相論がおこったときには数輩門弟が同心連署して殿下・公家に言上すること、荘園を他家に沽却してはいけないこと、などが記し置かれている。このように、院家領は院家を構成するに足る学僧の再生産を保証する経済基盤であり、師資相承された所領は院家の枠の中で維持される仕組みになっている。寺僧の私領はこうした擬制・拡大された寺僧の「家」＝院家の枠組みの中で、その安定を得たと考えられる。(56) なお、叡尊置文には興福寺の別当および三綱が署判を加え、その内容を保証している。また「長者殿下万歳千秋」を祈り奉ることを記し、他家と相論が起こったときには「殿下」の力が期待されている。院家領という枠組みは全体として寺家の認定と長者の外護の下にあったのである。

以上、厳浄院の叡尊置文をおもな素材にして院家領たることの意味を考えてきたが、これは史料の性格上院家の運営についての、いわばあるべき姿の規定である。前節で取り上げた松林院の範俊、観禅院の覚厳らの活動をもう一度想起するならば、院家は悪僧をも包摂した党派的な活動の拠点となったことも忘れてはならない。本願によって寄せ置かれたとされる所領も、恐らくたび重なる相論やときには実力行使を経て、院家領として確立していったのではないだろうか。そしてその場合にも、以上のような院家領であることの論理が、私領の維持・相承に有効に作用したであろうと考えられるのである。

平安期の興福寺院家の史料は本当に少なく、その実態を知ることはなかなか難しいが、後世の『興福寺院家伝』には廃絶諸院家を含め四〇の院家の名がみえる。(57)これらの院家は良家僧の止住の場であり、その教学活動の拠点であった。その所領は院家での仏事用途や堂舎の修造料という形をとることによって、所領の正当性を主張するとともに、法流の継承と明確に結合して院家の枠内で相伝が保証された。個別の僧の「家」に師資相承されてきた寺僧領の中には、院家領としてその不安定性を克服したものも多かったのではないだろうか。

2　門跡領の形成へ

以上、寺僧の「家」に継承される寺僧領、拡大された「家」＝院家の枠内で維持・相承される院家領について、考察を行ってきた。本来ならば、この展開上に一乗院と大乗院の膨大な荘園群の形成過程を位置付けるべきである。一乗院・大乗院は、当初は一般の一院家として出発するが、一一世紀末に一乗院、やや遅れて大乗院に摂関家子弟の入寺を迎え、やがて門跡化して寺内に卓越した地位を占め、それ自体権門として中世大和に君臨するに至る。門跡領には様々の経緯と内容をもつものが入り組んでおり、その構成は相当複雑である上に、成立過程の史料に乏しく、後世の史料を有効に利用して成立過程の復原を目指さねばならない。(58)とはいうもののここではそのための充分な余裕がなく、これまで述べてきたことと関連する点について、おもに一乗院を例にとって、若干の展望を示しておきたい。

一乗院領荘園は、『簡要類聚鈔』第一に含まれる「御領注文」に書き上げられている。(59)これは文永・弘安頃の一乗院領の全貌を示すもので、筆者行賢によるその分類を大山喬平氏の整理に従ってあげると、総計一〇〇余りの一乗院領は次のようにまとめられる。(60)

Ａａ十二ケ所御領
ｂ沢荘以下三十一所領
ｃ同末寺
ｄ同祈願所
ｅ宝積院家
ｆ花山院家
ｇ理趣院
Ｂｈ御門跡外知行所之事

大山氏は、ＡａとＢｈをとくに取り上げ、前者が一乗院の根本所領、後者がその対極に位置する当時の一乗院領の最新の到達点と位置付けている。一乗院領は根本所領一二ヶ荘を中核にして、一乗院の門跡としての成長を跡付けるかのようにその外縁部が構成されているのである。このうち、Ｂは近衛家から流入したもので、他とは性格を異にする。以下Ａより、根本所領群(ａ)、それに次ぐ位置を占める所領群(ｂ)、さらに広義の一乗院領といえる諸院家領の所領群(ｅｆｇ)のそれぞれについて、順にふれておこう。

ａは興富荘以下の「十二ヶ所御領」からなり、その中でも池田・南淵・郡殿は「三ヶ庄」と号されたことが記されている。大山氏はこの「十二ヶ所御領」こそが一乗院の確立した一一世紀後半の四代院主頼信の頃に形成された根本所領群であること、「三ヶ庄」は、さらにさかのぼる根本所領中の根本所領というべき最古の院家領であることを推定している。とするならば、aは一乗院が一院家に過ぎなかった貴種入寺以前の一乗院領荘園群の名残を残す部分といえ、先述の厳浄院領の存在形態に対応するものということができる。ただし、ここにあるのは一乗院の強大化にともなう再編後の姿である。(61) このうち有名な池田荘は文治の検注帳に均等名荘園としての姿を現すが、それがここに「御年貢米所被相宛于一年中御相折米也。又人夫伝馬以下万雑公事勤仕之」とあるような負担の整備に対応するものであることはいうまでもないであろう。

根本所領群に次ぐ位置にあるbは、前半・後半で二つの類型に大別することができる。順序が逆になるが、後半に書かれた荘々には「領主別相伝」との割書が付いている、荘園名に続いて記された年貢や公事の負担の記述も簡略で、荘園の由緒も書かれていない。これに対して前半にあげられた沢荘・生馬荘・南郷・池尻荘・外山荘・波多杜新荘などは、年貢等の内容の記載とともに、一乗院領になった由緒およびその後の経緯が記されている。これらの荘園は、もちろん多少の相違や例外はあるが、以下のような点でよく似た経緯をたどる。まず、本領主の寄進によって一乗院領となったこと。その後しばらくの間は本領主の譲与によって領主権が相承されたこと。ところがある時点で領主権が収公され、一乗院による一円化が進んで負担が強化されたこと。生馬荘を例にとると、「厚厳房律師定覚、中僧正（六代院主玄覚）御房御時所奉寄進也」と、まず本領主である定覚律師の寄進によって一乗院領となった。しかし、その領主権は定覚より弟子の弼得業寛清へと師資相承されている。「領主別相伝」との割書をもつ所領群は、この段階に相当するものであろう。そののち生馬荘は分割されるが、二分方の領主職は、寛元年中（一二四三〜一二四七）に荘民との争いから合戦に及んだ際に、「是則領主不調之故」として収公されることになった。そして収公後の生馬荘二分方では、「御没収之後色々加増」と、負担が強化されることになったという。以上から、領主別相伝領、院家一円領、さらに根本荘園という院家領荘園の類型を知ることができる。これは個々の寺僧の力量に支えられた寺僧領が、院家に吸収、再編されていく段階を示すものともいえるであろう。

第三に、efgは、院主の兼帯によって実質上一乗院領化した所領である。一乗院・大乗院への貴種入寺、門跡化は、諸院家の系列化を促進することになった。たとえば先に少し触れた発志院領横田荘の場合、後に大乗院主が院主を兼帯することで広義の大乗院領をなすが、そもそもの発志院領としての確立が大乗院主である尋禅(藤原師実息)の威を募ることによっており、[62]院家領確立の裏にすでに院家の系列化が進みつつあったことが窺われる。一乗院・大乗院領はこうした複数の院家領の複合体といえるが、それぞれの院家領も、門跡領に組み入れられる過程で再編成を遂げたであろう。

以上のように、一乗院・大乗院の強大化にともなって、収取体制の整備とそれにともなう所領支配の再編が進む。それとともに寺僧領・院家領の吸収が進展するが、これは両門跡のもとに門主―門徒の関係[63]が構築されていく過程と関連するであろう。こうした両門跡領の拡大の過程を丹念に跡付けることこそ、中世大和国の基本的な骨格を確認するための重要な作業になるはずである。

おわりに

本章では、近年の研究によって否定された雑役免系荘園という通説に代わる、大和国の中世荘園形成過程の筋道を新たに示すことを目的とした。明らかになったのは、おおよそ次のようなことである。

大和国では、便田として設定された私領が、一一世紀に国衙への対抗上権門寺社の負所田となって荘号を獲得する。一一世紀に基本となるのは国衙との関係である。そしてその領主権は多くの場合、法流の継承と連動して寺僧の「家」に寺僧領として伝領された。

一二世紀に入る頃から、大和国司は国務を執らなくなり、国司権力は形骸化する。こうした中で、その所有秩序は興福寺の本家というべき摂関家藤氏長者に収斂し、私領の領主権は藤氏長者によって安堵されることになる。有力寺僧領主は個別に藤氏長者と繋がりをもつことによって、私領の領有の認定をうけ、またそのような安堵を得るための縁をもつ有力寺僧が私領を拡大し得たのである。

それとともに、院家領という外皮を纏うことによって、その不安定性を克服する寺僧領も多かった。院家は有力寺僧の止住の場であり、教学活動の拠点であり、また悪僧も包含する党派的活動の拠点でもあった。さらに一乗院・大乗院両門跡の強大化にともなって、そうした院家の系列化が進む。一般の院家は両門跡の系列に組み込まれることによって事実上門跡領となり、そのもとで荘園の支配体制の整備が進むのである。

以上、寺僧領→院家領→門跡領という見通しを示したが、一方、寺門の役割については消極的な形でしか触れることができなかった。しかしこの時期は、興福寺による大和一国支配が整備されていく時期でもある。その意味で、未進注文にみられるような寺僧領に対する一律の段米賦課がなされたことの意義は重要である、寿永の未進注文にみえる膨大な寺僧領の存在とその展開、その寺僧領への段米賦課の実施の意味、同じ史料からみえてくるこの二つの点は、平安末期の興福寺のその二つの方向を示すものであろう。南都焼打後の寺内の動向を跡付けながら、それぞれの展開過程とその相互の関連を跡付ける作業を今後の課題としなければならない。

取り組むべき問題は山積みのままであるが、「中世の大和を解明することはたんに大和一国の歴史にとどまらない日本中世史理解のための基本的な鍵の一つを見出すことを意味している(64)」という大きな課題に今後少しでも近付くことを期しつつ、ここで稿を終えることにしたい。

（1） 延久二年九月二〇日興福寺雑役免坪付帳（興福寺文書・天理図書館所蔵文書、『平安遺文』四六三九・四六四〇号)。

(2) 文治二年一二月日池田荘丸帳(根津文書、『鎌倉遺文』二〇一号)、文治二年一二月日出雲荘坪付帳(『三箇院家抄』二、『鎌倉遺文』二〇三号)。

(3) 村井康彦「雑役免系荘園の特質」(『古代国家解体過程の研究』、岩波書店、一九六五年、初出は一九五九年)。

(4) 田村憲美「雑役免荘園の構造と在地の動向」(『日本中世村落形成史の研究』、校倉書房、一九九四年、初出は一九八〇年)。

(5) 泉谷康夫「中世における興福寺雑役免田」(『奈良教育大学紀要』二八―一、一九七九年)、「大乗院領出雲庄の成立」(木村博一先生退官記念会編『地域史と歴史教育』、木村博一先生退官記念会、一九八五年)。

(6) 村井康彦「雑役免系荘園の特質」(前掲註3)。

(7) 安田次郎「興福寺の雑役免庄園と院家領庄園について」(『お茶の水史学』三三、一九九〇年)。

(8) 『兵範記』保元三年七月一七日条。

(9) 島田次郎「畿内荘園における中世村落」(『日本中世の領主制と村落　下巻』、吉川弘文館、一九八六年、初出は一九六七年)、谷口研語「大和国吐田荘をめぐる興福寺と東大寺―雑役免系荘園形成過程の一様相―」(『法政大学大学院研究紀要』二、一九七九年)、澤勝博「鎌倉期大和国における寺領支配の一類型―吐田荘・窪荘の分析を中心に―」(『地方史研究』二二五、一九九〇年)が寺僧領の意義に注目していた。また、安田次郎「大和国」(網野善彦他編『講座日本荘園史7　近畿地方の荘園II』、吉川弘文館、一九九五年)は、伝領という観点から大和の荘園を扱っており、新知見が盛り込まれている。本稿もここから多大の恩恵を蒙った。

(10) 内閣文庫所蔵大乗院文書、『平安遺文』四〇八一号。この文書には、島田次郎前掲註(9)論文が注目していた。

(11) 川端新「寿永二年三月「興福寺食堂造営段米未進注文」」(『南都仏教』七三、一九九六年、本章[補論])。

(12) 寿永二年三月興福寺政所仰書。本章補論紹介史料b。

(13) このような興福寺僧の階層、および以下に述べるような出自・昇進身分と通称名の関係については補論でやや詳しく述べたので、ここでは省略する。参照していただきたい。また、稲葉伸道「興福寺寺僧集団の形成と発展」(『中世寺院の権力構造』、岩波書店、一九九七年、初出は一九八八年)が興福寺僧の身分について概観している。

(14) ここにみえるような零細な田地は、たとえば東大寺領小東荘でみられるような寺僧領ではないだろうか。小東荘を構成する大田犬丸名では、その領主権は相続や売却によって分割され細分化していく。細分化された領主権の一部は興福寺や東大寺の寺僧の手に渡り、寺僧領と呼ばれて荘内で特権的な位置を占めている。本章で取り上げる寺僧領とはその規模が大きく異なるが、そうしたものも含めて、大和国における寺僧の社会的な地位を考慮に入れた検討が必要である。小東荘の寺僧領については、稲垣泰彦「東大寺領小東庄の構成」（『日本中世社会史論』、東京大学出版会、一九八一年、初出は一九六七年）、泉谷康夫「小東庄の領有関係」（『日本歴史』四二八、一九八四年）、佐藤泰弘「東大寺領大和国小東荘」（京都大学文学部博物館編『荘園を読む・歩く―畿内・近国の荘園―』、思文閣出版、一九九六年）を参照。

(15) 永保二年五月七日僧頼昭家地売券案（東寺百合文書、『平安遺文』一一九一号）。

(16) 便宜要門田（便田）については、泉谷康夫「公田変質の一過程」（『律令制度崩壊過程の研究』、高科書店、一九九三年、初出は一九五九年）参照。家地に付属する公田の占有権を認めるもので、公田私領化の契機と評価される制度。

(17) 保安四年四月一一日大嶋荘下司伴常国解（東寺百合文書、『平安遺文』一九八七号）。

(18) 四月二五日僧宗覚書状（東寺百合文書、『平安遺文』一九八八号）。

(19) 宮内庁書陵部所蔵。以下、寺僧の維摩会竪義遂業に関する情報は、すべて本史料が典拠。

(20) 興福寺本信円筆『因明四相違』紙背文書にある。後欠で年月日を欠くが、内容からみて後白河院庁下文かと思われる。未紹介史料であるので、全文を以下に掲げる（東京大学史料編纂所架蔵写真本によった）。

院庁下　大和国在庁官人等

可早停止大法師隆兼妨并季俊濫行、令藤原氏領掌河上庄壱処事

四至　東限馬立　南限高鞍峯　西限泉入道成親西縄手　北限高峯

右、彼氏去三月十九日解状偁、謹検案内、件所元者故中御門（藤原宗忠）右大臣家領也。彼大臣女子公親卿母、次徳大寺（藤原実能）左大臣家、次公親卿、次藤原氏等五代相承領也。而当初本領主季清与隆兼父宗覚相論之昔、依宗覚無理季清可領之旨、沙汰切畢後、季清寄進中御門大臣家畢。其後次第相伝無他妨之処、公親卿早世之後、隆兼属強縁雖妨領、去年注子細依訴申、且依次第文書理、且任法性寺殿下大治三年政所下文之状、如本可令領知之由、賜長者宣畢。而尚隆兼依訴申、自　院被尋下之時、先日進陳状畢。子細併見彼陳状。因之永絶向後之牢籠、停止隆兼非道訴、

可令藤原氏領掌之由、欲成下庁御下文也。兼又本領主季清男季俊不随領家之所勘。縦雖為季清子孫、為領家暴
遵為宗不叶進退之時、何可為下司哉。(後欠)

(21) 久野修義「中世寺院の僧侶集団」(『日本中世の寺院と社会』、塙書房、一九九九年、初出は一九八八年)によると、寺僧集団のなかで交衆の次第を遂げるためには、身分的制約があるとともに経済的負担能力が要請され、財産の相承をともなう「家」は不可欠の存在であった。僧の「家」については、西口順子「僧の「家」」(『女の力—古代の女性と仏教—』、平凡社、一九八七年)も参照。ただし寺僧の「家」の世俗性を強調する西口氏に対し、それが師資相承という宗教論理を媒介としなければならなかった点に寺院社会の特質を改めて確認する上川通夫氏の指摘は重要である。上川通夫「中世寺院の構造と国家」(『日本史研究』三四四、一九九一年)。

(22) 前掲註(8)史料。

(23) 『台記』天養元年九月二五日条。

(24) 保元三年八月七日官宣旨案(栄山寺文書、『平安遺文』二九四〇号)。

(25) 京都大学所蔵『簡要類聚鈔』に「当国々司被止之、永被付寺社」、『大和国奈良原興福寺伽藍記』(『大日本仏教全書　寺誌叢書第三』)に「承保二乙卯年、和州一国吏務被付興福寺」などとある。

(26) 大山喬平「近衛家と南都一乗院—「簡要類聚鈔」考—」(岸俊男教授退官記念会編『日本政治社会史研究　下』、塙書房、一九八五年)。

(27) 永島福太郎「公卿子弟の南都寺院進出とその管領」(『奈良文化の伝流』、中央公論社、一九四四年)、竹内理三「寺院貴族化の一段階」(『竹内理三著作集第五巻　貴族政治の展開』、角川書店、一九九九年、初出は一九三三年)。

(28) 天皇や上皇の春日社や高野山への参詣では、沿道の国司の所課が恒例であったが、寛治二(一〇八八)年の白河上皇高野御幸での仮御所の造進について「国司不労力。依所部難叶」とある(『高野御幸記』二月二三日条、『続史料大成』一八)のを始めに、天治元(一一二四)年の鳥羽上皇高野御幸になると「件御所幷上下供給等、偏摂政家之沙汰也。是国領已無地、在庁難運対之故也」(『高野御幸記』一〇月二四日条、『群書類従』第三輯)という事態に立ち至る。

(29) 承徳元(一〇九七)年の堀河天皇の春日行幸の道作の人夫役について、「行幸道作大和国所課、法花寺人夫依為大僧都(覚信)領不承引出」(『中右記』三月二〇日条)とある。この史料は泉谷康夫「摂関政治期の大和国—興福寺を中心

として―」（山中裕編『摂関時代と古記録』、吉川弘文館、一九九一年）がすでに注目している。なお、このときには行幸前の巡検供給や行幸当日の賑給も大和国司が「事不叶」と負担し得ない状況にあった（『中右記』二月一〇日・三月二九日条）。

(30) 久安四年九月二五日東大寺領大和国雑役免顚倒荘注進状（東大寺文書、『平安遺文』二六五四号）。

(31) 康和二年九月二日官宣旨案（東南院文書、『平安遺文』一四三四号）。

(32) 永久四年三月二七日東大寺請文案（京都大学所蔵東大寺文書、『平安遺文』一八五四号）。

(33) 嘉承元年八月一八日東大寺牒案（東大寺文書、『平安遺文』一六六四号）、嘉承二年一〇月日東大寺政所下文案（東大寺文書、『平安遺文』一六七八号）。

(34) 康和三年九月二三日宣旨案（東南院文書、『平安遺文』一四五三号）。

(35) 範俊と平正盛、白河院の関係については、高橋昌明「平正盛と六波羅堂」（『清盛以前―伊勢平氏の興隆―』、平凡社、一九八四年、初出は一九七九年）、上川通夫「中世寺院の構造と国家」（前掲註21）参照。これらの研究は、このときに範俊・正盛が東大寺領吉助荘を私領化したとするが、安田次郎氏によると、この地には一一世紀に興福寺僧で範俊の父にあたる大威儀師仁静の管理する興福寺大仏供園があり、これは仁静の私領の上に設定されていたのではないかという（「大和国」、前掲註9）。そうだとすると、範俊は父仁静から相承した私領の領主権を核にして、その拡大をはかったものということになる。

(36) 保安四年二月二九日東大寺解案（東大寺文書、『平安遺文』一九八六号）に所引。

(37) 田村憲美「雑役免荘園の構造と在地の動向」（前掲註4）。

(38) 美川圭「寺社問題から見る院政の成立」（『院政の研究』、臨川書店、一九九六年、初出は一九九四年）。

(39) 嘉応元年一一月一九日勧学院政所下文（東大寺文書、『平安遺文』三五二〇号）。

(40) 谷口研語「大和国吐田荘をめぐる興福寺と東大寺」（前掲註9）。

(41) 藤氏長者と大和国の関係については、稲葉伸道「興福寺政所系列の組織と機能」（『中世寺院の権力構造』、前掲註13、初出は一九八一年）、田村憲美「郡支配体制の再編と興福寺」（『日本中世村落形成史の研究』、前掲註4、初出は一九八二年）が論じている。とくに田村氏による勧学院政所下文、長者宣、興福寺政所下文の機能論的考察は重要な成果である。ただし、田村氏が藤氏長者の権限を国司のそれを継承したものとする点は承伏し難い。長者の裁判についてはここで充分に論ずる余裕がないが、これらの成果を継承して改めて考えたい。

(42) 永暦元年三月日興福寺僧義海解案（陽明文庫所蔵『兵範記』仁安二年一〇月一一月巻紙背文書、『平安遺文』三〇九〇号、ただし『平安遺文』の翻刻にはかなりの脱漏があり、以下の引用部も写真本によって訂正している）。水氷荘に関する以下の記述はすべて本史料が典拠。

(43) 前掲註(42)史料。

(44) 田村憲美「郡支配体制の再編と興福寺」（前掲註41）。

(45) 前掲註(42)史料。

(46) 久野修義「中世寺院成立に関する一考察—九～一二世紀東大寺をめぐって—」（『日本中世の寺院と社会』、前掲註21、初出は一九七八年）。

(47) 川端新「寿永二年三月「興福寺食堂造営段米未進注文」」（前掲註11）。

(48) 保延七年二月二五日僧叡尊起請文案（井坊氏文書、『平安遺文』二四四一号）。以下、厳浄院に関する記述の典拠はすべて本史料。

(49) 安田次郎「興福寺の雑役免庄園と院家領庄園について」（前掲註7）。

(50) 梁瀬一雄「法相宗相承血脈次第」（『南都仏教』二六、一九七一年）。ここには貞禅—叡尊以下の法流を示す箇所があり、「院主」との注記は厳浄院に関するものであろうと思われる。必要部分を左に抄出するが、「□叡」が実叡、「□教大法師」または「尋□」が尋教であることは間違いないであろう。

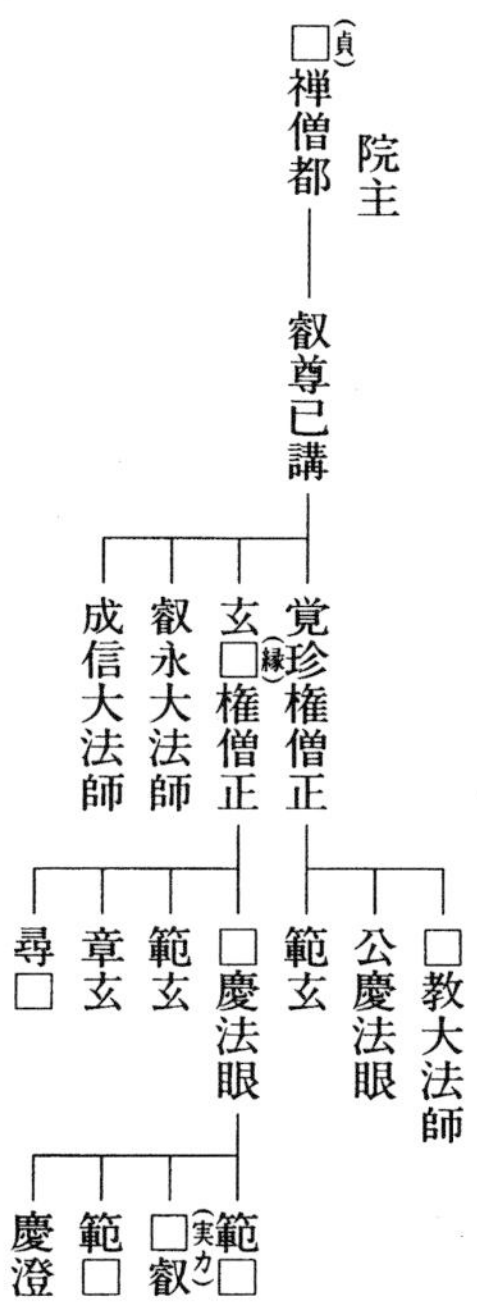

(51) 高橋昌明「平正盛と六波羅堂」(前掲註35)、上川通夫「中世寺院の構造と国家」(前掲註21)。
(52) 安田次郎「大和国」(前掲註9)。
(53) 前掲註(39)史料。
(54) 永村眞「「院家」の創設と発展」(『中世東大寺の組織と経営』、塙書房、一九八九年)。
(55) 前掲註(36)史料。
(56) 叡尊から椿荘や甲斐荘を譲られた覚珍には、『興福寺別当次第』によると寺内の内紛に連座して長者宣により所領没官の措置をとられた経歴があるが、にもかかわらずその荘園が一門に相承されていることは、このことと関連するかも知れない。
(57) 『大日本仏教全書　興福寺叢書二』。これら院家の概要については、永島福太郎「公卿子弟の南都寺院進出とその管領」(前掲註27)参照。
(58) 門跡領の形成過程やその構造については、安田次郎「興福寺の雑役免庄園と院家領庄園について」(前掲註7)、海老澤美基「大乗院史料に見る重色領―門跡領荘園編成の特質―」(瀧澤武雄編『論集中近世の史料と方法』、東京堂出版、一九九一年)などが、大乗院領を対象に成果をあげつつある。
(59) 『簡要類聚鈔』は、『京都大学国史研究室所蔵一乗院文書(抄)』(京都大学文学部国史研究室、一九八一年)による。以下、一乗院領に関する記述はこの史料が典拠。
(60) 大山喬平「近衛家と南都一乗院」(前掲註26)。
(61) 海老澤美基氏は、一乗院・大乗院それぞれに根本領「十二ヶ所」があり、これは機械的に編成されたものではないかとする。「十二ヶ所」は時期によって構成する荘園が異なり、情勢により改変が行われているという(「大乗院史料に見る重色領」、前掲註58)。
(62) 前掲註(30)史料。安田次郎「興福寺大乗院領大和国横田庄の均等名」(『史学雑誌』八八―一、一九七九年)。
(63) 稲葉伸道「鎌倉末期の興福寺大乗院家の組織」(『中世寺院の権力構造』、前掲註13、初出は一九九五年)。
(64) 大山喬平「近衛家と南都一乗院」(前掲註26)。

［補論］史料紹介　寿永二年三月「興福寺食堂造営段米未進注文」

治承四（一一八〇）年一二月二八日、平重衡率いる平氏の軍勢は奈良坂・般若寺の守りを突破して南都に攻め入り、その日のうちに興福寺・東大寺の堂舎はそのほとんどが灰燼に帰した。南都の政治・文化の歴史を大きく画することになる、平氏の南都焼打である。明けて五年正月四日には興福寺・東大寺の僧綱以下の解任、所領収公の宣旨が出され、(1)南都も一時平氏軍政下に入ったようである。しかし閏二月五日の平清盛の死を機に対南都政策にも転換がおとずれる。同月末には院の近辺で南都復興のことが議されており、(2)三月に入って寺領・寺僧領返付の宣旨が発給される。(3)引き続いて両寺の再興事業が企てられることになる。

ここに紹介する福智院家文書に含まれる(4)「興福寺食堂造営段米未進注文」は、このときの興福寺復興事業のうちの食堂造営段米徴収の過程で作られた未進徴収の台帳である。このときに再興された食堂は以後度々の火難を逃れ、明治八（一八七五）年になって取り壊されるまで七〇〇年近くにわたって寺内に存続した建物で、現在の興福寺国宝館がその跡に当たる。この未進注文はその造営の一局面を窺い知ることのできる好史料であるとともに、大和国の荘園成立史に重要な位置を占める、いわゆる寺僧領の存在形態を検討する上においても基本史料となるべき、きわめて重要な史料である。内閣文庫所蔵大乗院文書中には本史料と対になる同筆同様式の一巻があって、そちらはすでに『平安遺文』に収録されている。(5) この福智院家文書中の一巻も、その存在は一部には知られていたもので特に新発見史料というわけではないが、(6) 既刊の『福智院家古文書』(7) には収録されておらず、これまで他に翻刻されたこともなかったので、広く研究者の目に触れることのなかったものである。私は上島有氏を中心に一九九一年以来継続して行われている同文書の調査に参加を許されて本史料を実見し、改めてその貴重な内容に一驚を禁じ得なかった。ここに調査参加諸氏の許しを得て文書全文を紹介し、若干の解説を付して各位の高覧に供する次第である。

まず、簡単に紹介史料の概要を示しておこう。

この史料は次のa～cの三つの文書からなる。まず巻首にあるa「僧名注文」。未進所領を持つ僧の通称及び実名が三つのグループに分けて記され、それぞれに催使の名と日付が記されている。ここに書き上げられた僧名は、cの「未進注文」の僧名と対応している。

続いてb「興福寺政所仰書」とでも名付けるべき文書。ここには未進注文の作成に至る三月二日の上臈中臈集会での議定の内容が記されている。この文書は書止を「……任衆儀可令致沙汰之由、自政所所被仰下也者」とし、衆議の決定を承けた政所（＝別当）の仰を奉じた文書であることがわかる。奉行として署判しているのは上座・寺主および威儀師といった興福寺政所の構成員である。まさに惣寺の意志を興福寺別当が総括した形での文書発給のあり方といえる。なお、このb部分と同筆同文の文書は内閣文庫所蔵大乗院文書中の未進注文の方にもある。

最後にあるのが本体部分のc「未進注文」。僧の名ごとに所領が書き上げられ、所領の田積および所当額・未進額が記されている。未進額は「加利并定」とあるように未進のペナルティー五〇%を加えた額で、寺僧の未進所領が複数にわたる場合は最後に未進の合計額をまとめている。朱書の部分はその後の未進徴収状況などを書き加えたものである。

以上、現状ではあわせて一九紙が貼り継がれて一巻をなしている。なお、c「未進注文」の部分は一旦糊離が生じた後に貼り直されており、現状では貼り継ぎに錯簡がある。またa「僧名注文」の僧名と較べてみると足りない部分があり、おそらく二紙分の欠があるようである。

＊

未進注文の内容について触れる前に、まずその作成に至るまでの興福寺食堂造営の経過を概観しておこう。

興福寺の再建は、勧進上人の活躍によらなければならなかった東大寺の再建とは違い、六月一五日の陣定で造寺官の人事および造営の分担が決定され、堂舎が公家沙汰・長者沙汰・寺家沙汰の三方式の造営に割り振られることになった。(8) この段階で寺家沙汰、すなわち興福寺主導の造営とされたのが食堂および上階僧房の再建である。ところでこのときの興福寺造営の基本史料である『養和元年記』(9)によると、寺家沙汰のうちでも食堂の造営は特に「食堂寺僧沙汰」とされており、さらにその割書には「賜大和一国段米段別一斗□以寺□《僧》領力、可造営之」とあって、寺僧領からの段米（ここでは段別一斗とあるが、こののち実際には段別一升となっている）による修造が企てられたことがわかる。これ以前より興福寺僧徒らは大和国の返付を条件に金堂と築垣の造営に主体的に関わるべきことを朝廷に申し入れていることが『玉葉』の記事から知られるが、(10)『養和元年記』によると、この寺僧沙汰による食堂造営も陣定に先立つ寺内上臈集会での承認を経たものであった。(11) この結果、諸堂舎の中でも特に食堂は寺僧集団の主導下に造営が進められることになったのである。同じ六月には、興福寺寺辺新制が発布されているが、(12) 過差の禁止をおもな内容とするこの新制の発布も寺僧の手による食堂造営の沙汰と密接な関連をもった、実際的なものであったろう。(13)

七月になると早速に段米の徴収が開始されたようで、七月二五〜三〇日付の諸荘からの段米送状が数通残っている。(14) これらの送状のスタイルから段米徴収が郡別になされていること、送状の一通にある「御寺公文所依御下文旨」との文言から興福寺公文所の指揮下に徴収が進められたことがわかる。[15] なお、この時期東大寺領・同寺僧領にも段米が賦課されたようで、東大寺側からたびたびその免除を申し入れたことのわかる史料も残っている。[16] ほかに寺僧領以外の「国民領」も段米賦課の対象となっていたことが知られ（後述）、寺僧領を主な対象としながらも、それだけではない大和国の一国平均役としての賦課の性格があったようである。[17]

さて諸堂のなかでも造営がとりわけ急がれねばならなかったのは、長者沙汰となった講堂であった。というのも、南京三会の一であり、僧綱への登竜門として重要な意味を持つ国家的法会である維摩会を、例年通り一〇月一〇日には興福寺講堂、別名維摩堂で開催しなければならなかったからである。維摩会についてはしばしば「会留興福、声聞大唐」[18]ということがいわれ、興福寺にとって維摩会を寺内で開催することができるか否かは、寺の面目にかかわる一大事であったのである。

ところが講堂の造営を維摩会に間に合わせることは当初から絶望視され、一時は大極殿料の材木を興福寺講堂に転用しようという案さえ起こっている。[19] しかし講堂造営は到底間に合わず、寺内での維摩会開催は危ぶまれていた。結局、講堂にかわる維摩会開催の場に決まったのがこの食堂であるが、これもかなりの急ピッチで造営が進められたのであろう。当日勅使として維摩会に参列した造興福寺長官でもあった藤原兼光は、「食堂雖半作此会猶留当寺。随喜之涙時雨不休」[20]と感涙に咽んでいる。もっとも、兼光のいうようにまだ「半作」の状態ではあった。

こののち、食堂造営に関する史料は途切れるが、寿永二（一一八三）年三月になって、食堂造営段米徴収を強化すべく上臈中臈集会が召集された。その決定を記したのがbの文書であるが、そこに「食堂于今不被造畢」とあるように、このときまでに食堂造営のペースはかなり落ちていたようである。

＊

今度はこの未進注文自体から段米徴収の具体的な様子をみることにしよう。b「興福寺政所仰書」の内容やc「未進注文」の体裁および後筆の朱書部分からは、段米徴収の手続や未進注文作成に至る経緯、またその後の未進徴収状況が知られる。

cには所領が、たとえばひとつの荘園でも郡ごとに分けて田数が未進額とともに書き上げられているので、段別一升の段米徴収が郡を単位に行われたことがここでも確認できる。平安末から鎌倉期にかけて形成される興福寺の大和国支配体制の基盤をなすのが郡刀禰司を中核とする郡の機構であることが明らかにされているが、(21)この場合も公文所指揮下で下向した下所司とともに実務にあたったのは、こうした在地郡秩序の担い手であったろう。各寺僧朱書部分から、段米徴収は領主が進めた「坪付」に基づいていることがわかる（覚要得業領の項など）。各寺僧の所領は本来興福寺の関与するところではなく、おそらく寺僧沙汰による食堂造営の決定の頃に寺僧領の坪付注進が命じられたのであろう。同じ朱書部分に記された領主の陳弁からは、郡の納所から返抄が発給されるとともに「納所引付」が作成されていたことがわかる（範円得業領の項など）。この「引付」が領主から提出されていた「坪付」と対比されて、段米進未の台帳となったのであろう。このような郡単位の段米徴収は先に触れたように治承五年の七月にすでに始まり、一〇月には維摩会が開催し得るほどに食堂の造営が進んでいる。しかし、そののちの造営は停滞気味であった。bによると、この寿永二年に至っても段米は「多遁避少究済」という状況であったため、同年三月二日に上臈中臈集会が開催され、善後策が協議されることになったのである。

b「興福寺政所仰書」は上臈中臈集会の議決を記す。寺僧・国民（ここでは俗人領主を指すのであろう）領の未進のうち、まず国民領については金堂段米の沙汰の際に徴収するとしている。寺僧については僧綱以下中臈までを徴収の対象とし、「進未注文」（＝c）によって領主に触れることが決められている。さらに集会の決定は、未進の理由があるものはその子細を申すべきことを記している。c「未進注文」に付されている朱筆部分にはそうした領主の陳弁が記されている。おそらくaにある三人の担当の催使が各寺僧のもとを訪れて未進分の催促にあたり、その後の弁済状況や領主側の言い分が書き込まれたのである。

領主の陳弁の部分には、他領である、他人押領の地である、畠である、等々の事情が書かれている。進済の証拠となる返抄が失われた場合など、寺僧が偽りがない旨の祭文を提出していることも大変興味深い。実検すべしとの判断が書き込まれているところもある。これ以前に提出された坪付との相違が問題になっている箇所もある。

集会の決定によると、弁済の期限は注文到来より一〇日間、それを過ぎたものは三年間収公して食堂の用途にあてるとされている。『興福寺三綱補任』には、権寺主朝範・権都維那朝恵がそれぞれ十市郡・葛上郡の所領の段米未進のために交衆を止められたことが記されており、[22]右の規定に加えて実際に未進者への厳しい制裁措置がとられたことが知られ、未進分回収への厳しい姿勢が感じ取られる。このような未進状況の調査と徴収強化策は、寺僧集団の意志であるとともに、焼打後に就任して以来、南都の再建に力を尽した興福寺別当信円のもとでの寺内統制の強化策でもあったとも思われる。

＊

以上、食堂造営の経緯や段米徴収の実態などについて、この未進注文が作成された事情を含め、他史料を合わせながら概略を述べてきた。しかし、この史料からもっとも興味を引かれるのは、この段階の興福寺の寺僧の所領が具体的に、しかもこれだけ多数にわたって知られることである。あげられた所領は段米未進の所領であって皆済の所領の記載はなく、必ずしも各寺僧の全所領があがっているとはいえないが、それにしてもこれだけのまとまった寺僧の所領がわかる史料はほかにない。寺僧領の存在形態についてのさらなる検討は本論に譲ることにしたいが、書き上げられた寺僧とその所領について、一、二のことだけを指摘しておきたい。

第一に、ここにあげられた寺僧の身分についてである。はじめに述べたように、この未進注文と対をなす書式・筆跡などのまったく同一の文書が内閣文庫所蔵大乗院文書中に残っている（以下、福智院家文書のものを未進注文A、内閣文庫のものを未進注文Bとする）。両者の関係をこの点から確認しておきたい。

　未進注文Aのａ「寺僧交名」の寺僧をみると、得業とある者が二八人、五師が三人である。興福寺の「上臈集会」に相当すると考えられる集会の記録をみると、「僧綱・已講・五師・得業」がその構成員であることがわかる[23]。すなわち、上臈集会は維摩会竪者を経た得業以上の僧に五師を加えて構成されている[24]。したがって、未進注文Aが対象とする寺僧は上臈、その中の特に得業・五師にあたることになる。一方、未進注文Bの寺僧の通称をみると、すべて〇〇公と、いわゆる公名を持つ僧侶で占められている。公名で呼ばれる僧侶は出自からする寺僧の二大身分、良家・凡人（修学者とも）のうちの良家僧に対応すると考えられる[25]。良家出身僧は維摩会竪義遂業以前は〇〇公、竪義を経てはその官職名を付けたまま〇〇得業、〇〇已講、〇〇律師、のように呼ばれるのが普通である。したがって、ここにあがっているのは非成業、すなわち中臈の良家出身僧ということになる。なお、凡人僧は▽▽房と房名で呼ばれ、竪義を経てからも▽▽房得業と、房名を付したまま呼ばれる。未進注文Aの方には〇〇得業と▽▽房得業が混在しており、上臈の寺僧については未進注文の所載は出自による区別をしていない。以上、書き上げられた寺僧の通称より、未進注文Aは上臈の寺僧のうちの得業・五師、未進注文Bは中臈の寺僧のうち良家僧を対象にしたものであることがわかる。なお、未進徴収の対象とされたのは「自僧綱以下至于中臈者」、すなわち上臈・中臈すべての寺僧であるから、現存はしないが上臈の寺僧中の僧綱・已講の分、さらに中臈のうちの凡人僧の分の未進注文もほかに作成されたはずである。

　第二に、書き上げられた所領について。未進注文A・Bともに、その所領は荘号を持つものと単に田とされたものに大別できる。まず、田とのみある所領であるが、一町に足りないようなものが多い一方、数町からまれには数十町に及ぶものもある。しかし、これらは一郡につきひとつの記載であることから考えて、郡ごとに複数の所領が集計されていると考えられるので、記載の田数がそのままひとつの所領の大きさというわけではないであろう。したがって、荘号を持つものより零細な所領であり、荘園内の細分化された領主権のようなものもあるのではないかと思われる。[26] 寺僧領とは、寺僧身分の者の有する所領というほどの意味であり、その規模や領主権の内容については多様なものが含まれるであろう。それらが寺僧身分に即して、一様に段米賦課の対象とされていることに注目すべきだと思われる。

次に、具体的な荘園名を持つ所領であるが、この中には、たとえば高市郡の高殿荘のような著名な荘園もあれば、他にほとんど史料を持たないような荘園もある。これら荘号を有する所領は数町から数十町に及ぶものまであるが、なかでも目を引くのは美作得業忠賢なる僧の所領で、荘園一〇余りを領有し、合わせると二〇〇町以上に及ぶ大領主である。残念ながら忠賢の出自を特定することはできないが、この忠賢を含めて荘号を持つ所領の領主はいずれも官職名（＝公名）を持つ寺僧、すなわち良家出身者に限られることは興味深い事実である。こうした有力寺僧領主の伝領関係をたどり領有形態を跡付ける仕事が、新たな大和国の荘園史を構築するにあたって必要になっていくのは間違いないであろう。個々の寺僧の出自や法流の関係、さらに政治的な立場を探り、またその所領の伝領を跡付けていく作業に興味は尽きない。本史料を他の史料と突き合わせていくことによって、さらに多くの知見が引き出せるはずである。大和国の荘園成立史の研究は現在新たな段階に入っていると思われるが、本史料は今後ともその基本史料のひとつとなっていくであろう。そのことを私自身の課題にもしていくことを約して、不充分ながらこの紹介の小文を終えることにする。

（1）『玉葉』治承五年正月八日条。
（2）『玉葉』治承五年閏二月二〇日条。

（3）治承五年三月二日官宣旨案（東大寺文書、『平安遺文』三九五八号）。これは東大寺に宛てて寺領・寺僧領の返付を認めたものであるが、興福寺にも同様の措置がとられたものと考えられる。『延慶本平家物語』（「興福寺常楽会被行事」）には、「三月一日、東大寺・興福寺ノ僧綱等、本位ニ復シ、寺領等如元知行スベキヨシ、宣下セラル」とある。

（4）福智院家文書の概要は、花園大学福智院家文書研究会「南都興福寺の一坊官家の史料について」（『古文書研究』七・八、一九七五年）を参照。

（5）『平安遺文』四〇八一号の「興福寺政所下文」。もちろんこの文書名は正しくない。

（6）稲葉伸道氏が本史料の存在を指摘している（「興福寺寺僧集団の形成と発展」、『中世寺院の権力構造』、岩波書店、一九九七年、初出は一九八八年、その註16）。また、安田次郎氏が本史料を用いていくつかの荘園の伝領を論じ、貴重な成果をあげている（「大和国」、網野善彦他編『講座日本荘園史7　近畿地方の荘園II』、吉川弘文館、一九九五年）。

（7）花園大学福智院家文書研究会、一九七九年。

（8）『玉葉』治承五年六月一五日条・『吉記』同日条。

（9）お茶の水図書館所蔵成簣堂文庫大乗院文書。『奈良六大寺大観八　興福寺二』（岩波書店、一九七〇年）や太田博太郎『南都七大寺の歴史と年表』（岩波書店、一九七九年）に翻刻(抄)がある。

（10）『玉葉』治承五年三月二一日条に、「南都僧徒等申請、大和国如元全分被付寺者、金堂并築垣等試可相励之由、所申也」とある。ここで大和国を「元の如く」寺に付す、とする大和国に対する興福寺の主張する従来の権限が何を指すのかは興味深い。

（11）『養和元年記』養和元年五月六日条。

（12）治承五年六月日興福寺学衆寺辺新制案（内閣文庫所蔵大乗院文書、『平安遺文』三九六八号）。

（13）興福寺寺辺新制については、稲葉伸道「寺辺新制―ひとつの寺院法―」（『中世寺院の権力構造』、前掲註6、初出は一九八六年）の詳細な検討がある。ただ、稲葉氏はおもに寺辺新制と公家新制との継受関係を分析の対象とされ、治承五年の寺辺新制の実効性については疑問視されている。しかし、興福寺再建に向けての寺僧集団の強い意志決定をみるべきではないだろうか。

(14) 大和国諸荘段米送状（京都大学所蔵大東文書、『平安遺文』三九八四〜三九九三号）。この大東文書中には、ほかに『平安遺文』が載せていないものも一通あるので、併せてここに紹介しておきたい。

山へむのしやより
　米一斗五升
たしかにをくりまい
らせさふらふ
　治承五年七月廿八日

大東文書のほか、養和元年七月二八日付の同種の段米送状もある（『昭和四六年東京古典籍大入札会目録』所収、『平安遺文』補三九八号）。

(15) 興福寺公文所については、稲葉伸道「興福寺政所系列の組織と機能」（『中世寺院の権力構造』、前掲註6、初出は一九八一年）。

(16) 養和元年七月二四日興福寺別会五師円隆書状・同八月七日東大寺所司等解案・八月九日大僧正某書状（いずれも東大寺文書、『平安遺文』三九八三・三九九五・三九九七号）。

(17) こうした一国平均役としての造営段米賦課は、のちの興福寺・春日社造営料土打役に継承されると考えられる。土打役については、安田次郎「勧進の体制化と「百姓」―大和の一国平均役＝土打役について―」（『史学雑誌』九二―一、一九八三年）。

(18) 『維摩会記』（『続群書類従』第二五輯下）。同様の文言は維摩会に関してしばしばみられる。維摩会の会場をめぐる問題を記す『玉葉』治承五年六月一二日条にも「於維摩会者、自被始行其会以来、未曾出寺外」とあり、寺外で開催するならば「留会於興福之文」に相違するとの摂政近衛基通の意見に、寺内で開催することへの強いこだわりがみられる。

(19) 『玉葉』治承五年八月一一日条・二〇日条。

(20) 「東洋文庫所蔵維摩会并東寺灌頂記」（『奈良国立文化財研究所年報一九六二』、一九六二年）。

(21) 田村憲美「郡支配体制の再編と興福寺」（『日本中世村落形成史の研究』、校倉書房、一九九四年、初出は一九八二年）。

(22)　『興福寺三綱補任』（『続群書類従』第四輯下）の別当法務大僧正信円の項。

(23)　「従政所有催、僧綱・已講・五師・得業集会之時」（仁安四年三月日大法師教高起請文、興福寺本信円筆『因明四相違』紙背文書、『平安遺文』三五〇〇号）、「僧綱・已講・五師・得業合四十三人、集会金堂前」（『玉葉』承安三年七月二一日条）などは、寺内最上層の集会＝「上臈集会」の史料と考える。

(24)　五師を上臈身分に入れてよいかどうかは問題であるが、註(23)にあげた史料をはじめ、集会などの際に五師は成業・非成業にかかわらず得業より上位に書かれている。未進注文Aに登場する五師三人もこれ以前に竪義遂業は確認できず（『維摩講師研学竪義次第』）未成業であるが、得業と同列に並んでいる。

(25)　未進注文にある公名を名乗る僧と房名を名乗る僧の昇進について、『維摩講師研学竪義次第』などで維摩会竪義を務めた年齢を調べてみると、前者はだいたい四〇代までに竪義を経るのに対し、後者は六〇歳前後でようやく遂業し得るという傾向が明確にわかる。このことから両者の間には出自に規定された昇進速度の差があり、それがちょうど良家・凡人に対応すると考えられる。なお、貞和四（一三四八）年の興福寺軌式（内閣文庫所蔵大乗院文書）は、良家・凡人をそれぞれ俗界の諸大夫・侍に対比している。興福寺僧の身分については、稲葉伸道「興福寺寺僧集団の形成と発展」（前掲註6）も参照。

(26)　本論第四章参照。

〔翻刻註〕

・翻刻はできるだけ原文書の体裁を尊重している。改行は原文書通り。ただ、適宜句読点を付けた。
・本史料は貼継に錯簡があるため、元の順序に復原した。各紙の上に付記した数字は現状での紙順である。紙継部は点線で示している。
・朱筆は「　」で示した。なお朱の色は少なくとも二種あるが、区別はしていない。
・合点のうち、墨のものは実線で、朱のものは点線で表記した。
・天部に界線が三本あるが省略した。

寿永二年三月「興福寺食堂造営段米未進注文」

〔a　僧名注文〕

(1)

注進

三位得業 勝円　林泉房五師 季□(厳)

弁　得業 相覚　土佐得業 成信

侍従得業 実叡　蔵人五師 静賢

禅南院〻〻 頼継　弼　〻〻 寛清

善鏡房〻〻 心覚　慈観房〻〻 勤慶

七覚房〻〻 訓慶　中納言〻〻 範円

正林房〻〻 覚要　文正房〻〻 義詮

美作〻〻 忠賢　小納言〻〻 教寛

已上十六人　三月廿六日催使維智

---

(2)

宰相得業 覚尋　花菀房〻〻 有暁

興福院〻〻 信教　上野〻〻 尋教

伊予〻〻 覚心　丹波〻〻 晴弁

正見房五師 円隆　輔　得業 宗慶

已上八人　同廿七日催使経実

観修房得業　聖弘　按察〻〻　範慶
越前〻〻　玄隆　但住京　恵観房〻〻　玄深
定如房〻〻　融観　宰相〻〻　勝長
卿　〻〻　盛縁　/弁　得業　乗信　唯心院
已上七人　同廿九日催使宗寛

(3)

〔b　**興福寺政所仰書**〕

右、今月二日上臈中臈集会日、去々年段米、云寺僧云国民多遁避少究済之間、食堂于今不被造畢。依之、自去年有様々儀定、雖催促敢無究済之人云々。於国民領者、以金堂段米沙汰之次、可被捜尋。寺僧之中、自僧綱以下至于中臈者、先以進未注文可被觸仰其領主也。自件注文到来之日限十箇日中可被究済。若被過其日数人領者、限三箇年被収公其領、可被宛食堂之用途。但件未進之条、若有存旨人者、不日可被申子細、随其由緒可被仰下用否也。又雖出坪付、於不知其躰并在所之人者、無左右可被立札於地頭也云々者。早以進未之注文、令觸申僧綱以下、各可申奉也。兼被注付進奉之月日、自件日之後限十箇日、任衆儀

可令致沙汰之由、自　政所所被　仰下也者

寿永二年三月　日

奉行

従儀師俊尊

威儀師円盛

威儀師宣範

上座　忠慶

寺主　俊範

上座　憲清

〔c　未進注文〕

(15)一　心寛得業領

田六段　城上郡

所當六升　内

未進五升奉　加利并定

已上

一　玄隆得業領

大嶋庄　高市郡　二町三段七十歩
所當二斗三升一合九夕六才　内
未進一斗二升八合九夕四才　加利并定

一　実叡得業領
田十町百八十歩　城下郡　椿庄
所當一石五升　内
未進八斗四升七合二夕　加利并定「之内、一斗二升五合一夕弁也、四月六日
又二斗前納了、但返抄紛失、仍進祭文、
其外無田地、早可被実検云々」
田二段　宇智郡
所當二升　加利并定　三升　全未進「究済了、四月六日」
已上八斗七升七合二夕

一　相覚得業領
田一町六段　廣瀬郡「此領多武峯之上、東大寺小野法眼実範私領也云々、
但出坪付者、當楽寺油一升六合令出所也、故也云々」
所當一斗六升　加利并定　二斗四升　全未進

(16)

田六町三段六十歩　宇陁郡
所當六斗三升一合六夕七才　内
未進一斗一升五合　加利并定「究済了、四月九日」

已上三斗五升五合

一

教寛得業領

田一町一段　葛下郡

所當一斗一升　内

未進七升五合　加利并定　「此未進聖信或申出之旨云々、仍勘合両人坪付、無相違、件領今ハ円隆大輔知之云々」

田七町六段百八十歩　廣瀬郡

所當七斗六升五合　内

未進五升二合五夕　加利并定　「件所當七斗三升出了、残三升五合内、三升廣瀬郡過上、三升引之、聖信八段実ニハ雖皆納、熟田五段也、仍所引之也、而未進五合加利并定也、四月廿二日」

已上一斗二升七合五夕

一

範慶得業領

伊香谷一町二段　宇陁郡

所當一斗二升　加利并定　一斗八升　全未進

（一紙欠）

(10)

所當二升三合三夕四才　加利并定　三升五合一才　全未進

田五町九段百八十歩　平群郡

所當五斗九升五合　内
未進九升七合五夕　加利并定「究済畢」
田四段　城下郡
所當四升　加利并定六升　全未進
田一町七段大　葛下郡
所當一斗七升六合六夕七才　内
未進八升五合　加利并定
已上二斗七升七合五夕一才

一
覚尋得業領
田一町六段　添下郡
所當一斗六升　加利并定二斗四升　全未進
田廿五町七段　城下郡
所當二石五斗七升　内
未進二石四升〔斗〕六升　加利并定「之内、壱斗七升二合五夕弁納、四月廿日」
田十一町　高市郡
所當一石一斗　加利并定一石六斗五升　全未進

(17)
已上四石三斗五升

一
有暁得業領
田五段　添下郡
所當五升　加利并定七升五合　全未進
田五町四段二百五十歩　城下郡
所當五斗四升六合九夕五才　内
未進四斗六升四夕二才　「加利并定之内、二升六合弁納之、四月廿七日」
已上五斗三升五合四夕二才

一
信教得業領
三宅庄　宇智郡　九町九段二百歩
所當九斗九升五合五夕六才　内
未進九斗三升五合八夕五才　加利并定
田三町六段百歩　葛上郡
所當三斗六升二合七夕八才　内
未進四斗二升四合一夕七才　加利并定
若狭庄　城上郡　十三町二段二百卌歩
所當一石三斗二升六合六夕七才　内

(11)

未進一石二斗四升　加利并定
高殿庄　高市郡　七町三段
所當七斗三升　加利并定一石九升五合　全未進
已上三石六斗九升五合二才

一
尋教得業領
甲斐庄　城下郡　二十町二段百廿歩
所當二石二升三合三夕四才　内「七斗六升已弁、六斗七升不入引付米」
未進八斗九升一才　加利并定「究済畢、四月十四日」
已上

一
忠賢得業領
大呂院田五町　添下郡
所當五斗　内「肆升弁納了　寿永元年八月十六日
正返抄依遅進被出未進之間、
進正返抄也
一斗二升二合六夕弁納了
寿永元年十月十五日
正返抄依遅進被出未進之間、
進正返抄也」
未進二斗二升五合　加利并定「之内、九升弁納了、寿永二年也 四月六日」
結崎庄　城下郡　十六町八段三百歩
所當一石六斗八升八合三夕四才　加利并定二石五斗三升二合五夕一才　全未進

(12)

松本宕根庄　十市郡　四町三段百廿歩「此領忠賢領三丁四段也云々、仍究済早、残九段余者、或坪付有失錯、或畠等也、即被進祭文、四月八日」

所當四斗三升三合三夕四才　内
未進一斗八升五合一才　加利并定
大仏供庄　同郡　二十四町六段百廿歩
所當二石四斗六升三合三夕四才　内　「寿永二―四月九日弁納了」
未進二斗二合五夕　加利并定「三斗四升二合五夕一才　過済一斗、四斗過上」
同庄　城上郡　五十九町二段半　「但此内一段者多武峯領也、松林院御使云、多武峯一町也、即多武峯検校ヵ進押書、仍非未進歟」
所當五石九斗一升五合　内
未進三石九斗二升二合五夕　加利并定「之内三石七斗八升七合五夕弁納了、四月八日　尚未進一斗四升也」
池上庄　山邊郡　五町八段百八十歩
所當五斗八升五合　内
未進九升七合五夕　加利并定「之内、一升五合弁納也、寿永二―六月十一日」
淡路庄　同郡　卅九町四段百廿歩
所當三石九斗四升三合三夕四才　内
未進一石二斗六升五合一才　加利并定「之内、二斗四升弁納了、四月八日」
谷殿庄　高市郡　四町「皆畠也、仍止了」
所當四斗　加利并定　六斗　全未進

⒀
谷殿庄　葛上郡　十八町三段百廿歩
所當一石八斗三升三合三夕四才　加利并定二石七斗四升五合五夕一才　全未進「之内、三斗九升五合弁納了、四月八日」

梨子庄　高市郡　廿三町六段百歩

所當二石三斗六升二合七夕八才　内

未進九升四合二夕七才　加利并定「究済畢、四月六日」

脇本庄　城上郡　七町四段百八十歩

所當七斗四升五合「不入引付返抄、被進者究済也」　加利并定　一石一斗一升七合五夕　全未進

豊田庄　廣瀬郡　六町四段百八十歩

所當六斗四升五合　加利并定「之内、一斗二升弁納了、四月七日」　九斗六升七合五夕　全未進

稲津庄　宇陁郡　十一町八段百八十歩「之内、七丁七段忠賢沙汰也云々、残三丁九段、春秋大沙汰、四段永尊沙汰也云々、此両人ハ沙汰了、坪付両方ヨリ出云々」

所當一石一斗八升五合　内

未進四斗七升五夕「○」　加利并定「未進三升七合五夕加利并定、忠賢得業方ヨリ可被出歟」

紀吉助内　一町一段内水田六段　所當六升　加利并定九升　全未進

已上十三石六斗一升六合二夕二才

一

寛清得業領

中村庄　廣瀬郡　二町「雖相伝領、自去年為宗俊被押領了」

所當二斗　加利并定　三斗　全未進

（一紙欠）

田一段　城下郡
所當一升　加利并定　一升五合　全未進「究済了、奉四月二日」
田二町七段六十歩　散在　城上郡
所當二斗七升一合六夕七才　内
未進九升五合一才　加利并定「究済了、奉四月二日」
已上一斗一升一才

一
季厳得業領
田二段　宇陁郡
所當二升　加利并定　三升　全未進「究済了、三月廿八日」
田一町八段　高市郡
所當一斗八升　内
未進七升五合　加利并定「此未進畠五段所也、随去、年宇那手小源二季景押取了云々」
田三段　十市郡
所當三升　加利并定　四升五合　全未進
已上一斗五升

一
覚心得業領
藤井寺　葛下郡、忍海〻両郡　五十二町三百廿歩

所當五石二斗八合六夕三才　内、葛下郡方　所済六斗八升
　　　　　　　　　　　　　　　忍海郡方　所済五斗八升
未進五石九斗二升三合　加利并定

(8)

大倉庄　宇智郡　四町余
所當四斗余　内
未進五斗四升余　加利并定
已上六石四斗二（ママ）升三合

一
盛縁得業領
新木庄　山邊郡　十一町七段三百歩「之内、水田六丁百八十歩畠五丁七段百廿歩也云々、被進押書」
所當一石一斗七升八合三夕四才　内
未進八斗八升七合一才　加利并定
同庄　城下郡　七町八段百八十歩「之内水田三丁八段百八十歩也云々」
所當七斗八升五合　内「所済四斗、在返抄」
未進五斗六升二合五才　加利并定
同庄　城上郡　一町三段
所當一斗三升　内
未進一斗三升五合　加利并定「此未進者自長谷寺方出也云々、然而其証文可被進之由、仰返畢」
同庄　十市郡　廿三町百八十歩「内、水田十六丁七段半云々、一石六斗七升五合返抄在之、但四斗三升五合者、十市郡中薗庄返抄十二枚之内、寺僧返抄三枚是也云々」

所當二石三斗五合　内
未進九斗七合五夕　加利并定
古木庄　十市郡　二町二段「多武峯領也云々」
所當二斗二升　内
未進二斗一升　加利并定

……………………

(9)
同庄　高市郡　十三町　「多武峯領也云々」
所當一石三斗　加利并定　一石九斗五升　全未進
已上四石六斗五升一合五夕六才

一　覚要得業領
田二町二段　城上郡「之内、畠四段也云々」
所當二斗二升　内
未進六升　加利并定「於田畠者非未進歟」
田二町一段　城下郡　散在「内、五段成仁寅善房領、即究済也云々、仍勘合坪付無相違、三段ハ範成明春房領也、二段ハ斎源太領也云々、自領一丁一段、所當一斗五升弁了、誤有四升過上云々」
所當二斗一升　内
未進九升五夕一才　加利并定
田四町三段三百歩　葛下郡　雖有被申旨、相違所進坪付、仍就坪付正文勘出也、但二段者葛上郡畠也云々、可被実検歟
所當四斗三升八合三夕四才　内
未進九升五合一才　加利并定

已上二斗四升五合五夕二才「城上郡過上四升曳之、成究済了」

一
勝長得業領
中長屋庄　山邊郡　廿二町四段
所當二石二斗四升　内
未進七斗五合　加利并定
二柳庄　同郡　一町四段

(4)

所當一斗四升　内
未進九升　加利并定
田一段百八十歩　葛下郡
所當一升五合　加利并定　二升二合五夕　全未進
出雲庄　廣瀬郡　三町九段百廿歩
「○」
所當三斗九升三合三夕四才　未済八升三合三夕四才
加利并定一斗二升五合一才
已上八斗一升七合五夕

一
晴弁得業領
田五町六段　山邊郡「内畠九段、六段切也云々、仍無未進云々、祭文并被出
押書、四月三日」
所當五斗六升　内

未進一斗三升八合　加利并定

已上

一

融観得業領

田一町一段五十歩　山邊郡

所當一斗一升一合三夕九才　加利并定　一斗六升七合八才　全未進

已上

一

円隆五師領

南勝院領　十市郡　四町九段

所當四斗九升　内

(5)

未進二斗七升　加利并定　但畠云々、可被実検也

已上

一

宗慶得業領

福安寺領　平群郡　三町二段二百四歩

所當三斗二升五合六夕七才　加利并定　四斗八升八合五夕

河貴村　宇陀郡　限東河、限南佐志美谷、限西倉端山、限北冠谷、不知田数、仍可被実検歟

梵福寺領　十市郡　卅一町

所當三石一斗　内
未進四石二斗　加利并定
已上四石六斗八升八合五夕

一
玄深得業領
田一段　平群郡
所當一升　加利并定　一升五合　全未進
田七段　廣瀬郡
所當七升　内
未進一升五合　加利并定
已上三升

(6)
一
成信得業領
大西谷庄　葛上郡　廿六町九段「内水田十八丁也云々、去年此所弁了、残山林荒等也云々、可被実検」
所當二石六斗九升　内
未進一石三斗三升五合　加利并定
已上

一

静賢得業領
田六段 葛上郡
所當六升 内
未進三升 加利并定「究済了、四月廿日」
已上
一
訓慶得業領
田一町三段 葛下郡
所當一斗三升 内
未進一斗三升五合 加利并定 但平田庄打入云々、仍段米出不能云々」
已上
一
義詮得業領
田二段 宇智郡
所當二升 加利并定 三升 全未進
(異筆)『弁納了、寿永元年九月廿日』
已上
(7)
一
勝円得業領
都庄 城下郡 廿一町二段「内、水田九丁六段、所當究済了云々、残者可被実検云々、三月廿九日」
所當二石一斗二升 内

未進一石七斗四升　加利并定

田五町四段　宇陀郡

所當五斗四升　内

未進四斗三升五合　加利并定

已上二石一斗七升五合

一

範円得業領

田七町五段百八十歩　城下郡「水田五丁八段二百十六歩也、残畠也、可被実検云々」

所當七斗五升五合　加利并定　一石一斗三升二合五夕　全未進「内不入引付返抄二十七升、當年四月六日弁五斗二合五夕、仍五十八段二百十六歩ハ究済了云々」

田三町一段八十六歩　十市郡

所當三斗一升二合四夕二才　加利并定　六斗八升三合一夕三才　全未進「利并不加以前、不付納所引付返抄三斗也、残一升二合四夕三才、残畠也云々」

已上一石八斗一升五合六夕三才

一

(18)

聖弘得業領

田「石川也」十二町四斗六十歩　高市郡「内、一丁甲斐上座聖実知行、不成所當」

所當一石二斗四升一合六夕七才　内「一町尊蓮房五師玄位知行、仍自其方弁了、勘合実也」

未進六斗六升二合五夕　加利并定「残未進、龍蓋寺主忠憲息沙汰也云々、住西南院」

已上

一　乗信得業領
　田一町　平群郡
　　所當一斗　加利并定　一斗五升　全未進
　田四町　城下郡
　　所當四斗　加利并定　六斗　全未進
　田一町「五段」　忍海郡
　　所當一斗五升　加利并定　二斗二升五合　全未進
　守道庄　三十町　宇陁郡
　　所當三石　加利并定　四石五斗　全未進
　　已上領遅進也、但依実領勘入也、云国領方、云寺僧領方、不可避遁段米役歟

(19)

　成業領未進
　合五十三石二升五合六夕三才　加利并定
　延會所斗定五十三石九升七合八夕　石別六斗定

第五章　もうひとつの日根荘――嘉祥寺領和泉国日根荘について――

第一節　新史料の紹介

鎌倉から戦国にかけての豊富な文書群に恵まれ、二枚の荘園絵図をも残しており、さらには領主の下向中の日記という稀有の記録をもつ九条家領和泉国日根荘には、たいへんに豊かな研究の蓄積がある。関西新空港の建設にともなう景観破壊の影響もあって、近年では現地調査や考古学の成果を取り入れた新しい研究も進んでいる。地元の方々による郷土史への取り組みも盛り上がりをみせている。日根荘は注目を集め続けている荘園である。(1)

その日根荘の名の初見は、九条家領としての立荘がなった天福二（一二三四）年のことである。ところが私はそれを一〇〇年余りもさかのぼる院政初期の年号をもつ日根荘の新史料を、京都大学総合博物館に所蔵された近世の写本の中からまったく偶然の機会に見つけることができた。もちろんこの時期に九条家領日根荘はまだ存在してもいないはずである。しかし、その史料には「嘉祥寺領日根庄」と書かれており、これを手掛かりに調べを進めてみると、思いがけないことに和泉国日根地方には九条家領日根荘とは別に、中世を通じてもうひとつの日

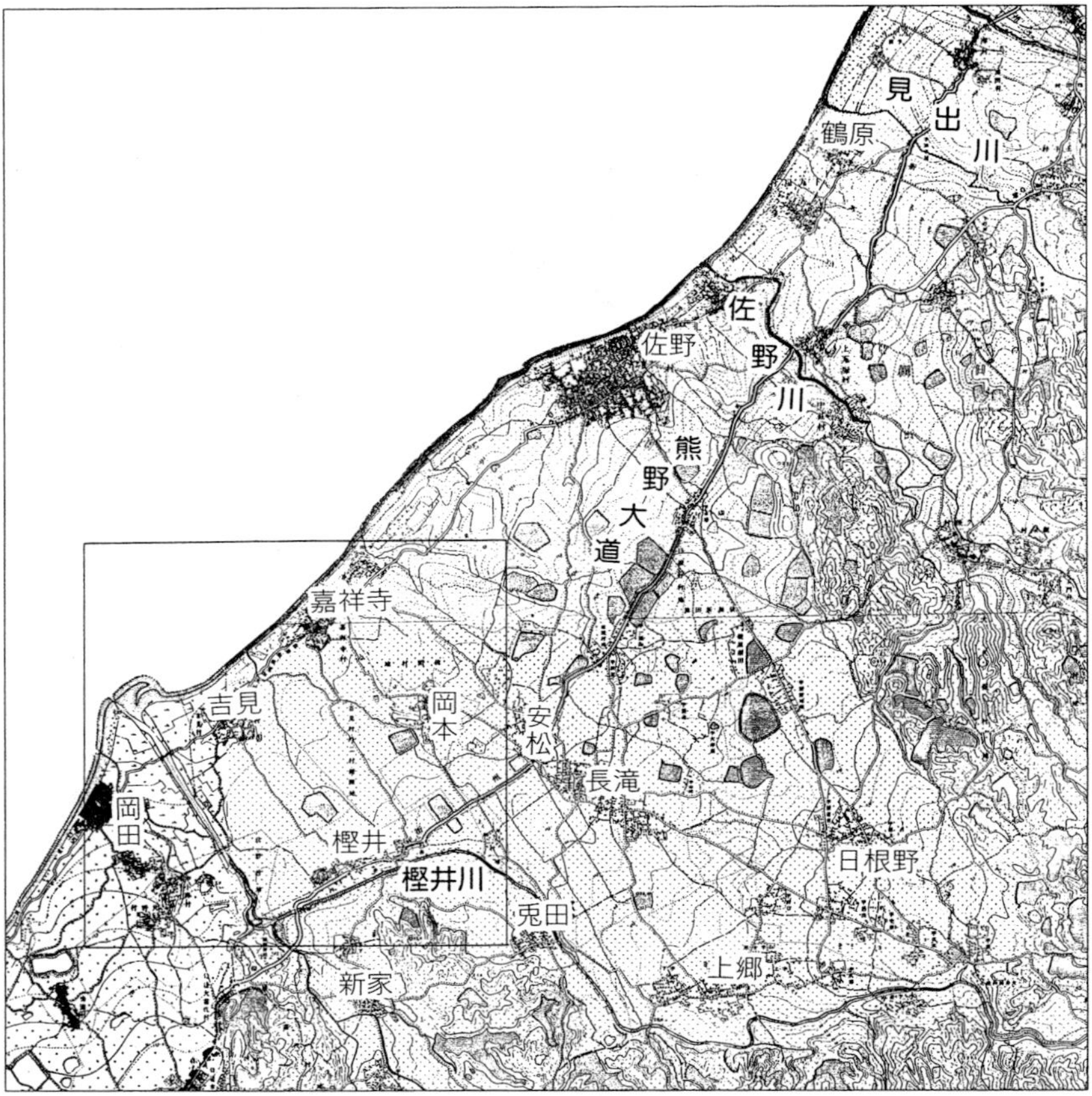

図1　日根荘付近要図（枠内は図3の範囲）

根荘があったことが明らかになったのである。しかも、この日根荘の歴史は実に九世紀にまでさかのぼることができる。下ってはその存在を一五世紀までたどることができる。そして荘園廃絶後も領主嘉祥寺の称は近世の村名として残り、現在も荘園の故地にその名をとどめている。[2] 本章ではこの新史料を紹介し、それをもとにして、この日根荘のあった和泉国日根郡の樫井川下流域にあたる海岸部の古代・中世の歴史をたどってみたいと思う。

　新史料というのは、永久四（一一一六）年五月二八日付の官宣旨で、京都大学総合博物館所蔵勧修寺家文書中の『御教書類』と題された小さな冊子に書写されていた。『御教書類』は、現存二冊からなる簡素な袋綴本で、勧修寺家文書の追加一四—一・二というラベル番号が付されている。表紙には「御教書類」という表題のほか、「二」・「三」の番号がそれぞれに記されているので、元来は三冊またはそれ以上の冊子であったと考えられる。内容は諸文書の写で、外題になっている御教書の類のみならず各種の文書が混然と書写されている。書写された文書のなかには原文書の筆跡を模しているものもあるが、勧修寺経逸（一七四八〜一八〇五）の筆になることはまず間違いない。(3)経逸は江戸中期の有能な公卿で、文書典籍の収集に熱心であったことで知られており、勧修寺家文書中には彼の手による記録や典籍の書写本が多数含まれている。『御教書類』は、この経逸の文書書写活動の際の手控えのような冊子であろうと思われる。

問題の官宣旨は、『御教書類二』の方に載っている。日根荘関係文書はこれ一通のみである。その前後には、現在平松家文書として残されている加賀国額田荘関係文書が書写されているが、そこには「此一巻、自柳原来。写留返了。平松被求云々」などの朱書の頭記が付せられている。「柳原」は、経逸に書写のための原本貸与の便宜をたびたびはかっている『続史愚抄』の編者として有名な柳原紀光であろう。本史料も同様に柳原紀光よりもたらされたものかも知れないが、そうだとしてもなぜ一通だけ日根荘の文書が混入しているのか、また、全然別の由来をもつものなのか、ここにいたる伝来のルートについては明らかにすることができない。何らかの機に経逸が入手し、書写したものであるという、甚だ曖昧な事情しか現段階ではいうことができない。

官宣旨写の全文を次に掲げる。改行は現物通り。旧字は新字に改め、適宜句読点を付した。書写のもとになった文書は虫損が甚だしかったようで、写本は虫損部分を墨線でなぞっており、欠損字の残画も忠実に写そうとしている。欠部の字の推定は（　）で注記したが、そのうち残画がみえるものには傍点を付した。

左弁官下　和泉国

応遣官使、任康和□□(五年宣旨)限
□(四至打牓示、令)領掌

嘉祥寺領日根庄事

四至　東限尾張岡　南限大路并大蔵山
　　　西限尾張岡為坪境、□限海并□

右、得□□人(ママ)□□解□□検案内、件□□
勅旨淳和上皇御領□□(宮内)卿覚朝臣、
元慶五年□□。其後官省符重
畳□□(累代)国司所奉免也。而近致収
公業□□御宇奏
聞子細度進□□被問国司、
陳状依無所拠、任往代例、可令
領知旨、被宣下畢。随則康和
五年□月廿日、限四至賜宣旨又畢。
雖然多年不被補別□(当)、□(国)司又
遷替之間、偏□□重成新儀。
爰厳覚補□□(別当)之後、欲修補
堂舎塔婆処、□(所)所庄園皆□
停廃。□新申下宣旨所料□□
也。望請天裁、早任康和宣旨、限

四至打牓示、領掌件□□、且奉
祈公家之宝祚、且令致堂舎之修
造者。権中納言源朝臣重資宣、
奉　勅依請者、国宜承知依
宣行之
永久四年五月廿八日　大史小槻宿祢□□
少弁藤原□

まずみたところごく標準的な官宣旨であり、虫損部の文意不明確な箇所を除けば文脈や語句にさほど不自然な点はない。一二世紀初頭の官宣旨として違和感を抱かせるようなものではないといい得る。上卿の権中納言源重資は、『公卿補任』によると永久三（一一一五）年四月から保安三（一一二二）年八月までの権中納言在任が確認でき、ここにも問題はない。なお、嘉祥寺には毎年の所宛で担当の俗別当が決定されるが、現在二例残っている所宛の史料では、ともに嘉祥寺別当を権中納言が担当している。(4) 院政期には寺院俗別当は官職で固定しているから、嘉祥寺宛の官宣旨の上卿として権中納言の重資は適合的である。

内容についていうと、立荘の経緯に関して淳和上皇の名がみえるが、次節で述べるように淳和と日根の関係は別の史料からも知ることができる。また登場人物「覚朝臣」や「厳覚」も各々当該期の人物として確認できる。この官宣旨が命じている四至定・牓示打による荘園の領域化も、一二世紀前半の寺領荘園一般の動向に相ふさわしい。

以上より、文書の様式、登場人物、時代背景、いずれをとってもさほど不自然なところはなく、のちに述べるようにいくつかの事実誤認や誤記もしくは誤写の可能性があるにはあるが、本史料を永久の文書の写とみて間違いないと判断する。この新出史料をもとに、古代から中世の日根地方の歴史に若干の新しい事実を加えようというのが、さし当っての本章の目的である。

第二節　嘉祥寺領日根荘の成立

官宣旨の内容に即して考証を加えていくが、その前に、まずこの日根荘の領主である嘉祥寺の歴史を概観しておこう。

嘉祥寺は仁明上皇追善のために建立された、平安前期の年号寺院のひとつである。仁明上皇は嘉祥三（八五〇）年三月二一日に没しているが、翌年二月に嘉祥寺の名が正史にみえるから(5)、嘉祥三年末頃までに創建されたらしい。山城国深草の仁明上皇の山陵に近接したところに位置していた。開基は空海の弟子真雅である(6)。貞観四（八六二）年には、嘉祥寺西院が貞観寺として独立するが(7)、このちは貞観寺の方が優勢で、摂関期の嘉祥寺はあまり振るわず、関連史料も少ない。そののち平安末期以降、嘉祥寺は仁和寺関係の寺誌にみえるようになり、中世は仁和寺別院として存続したようである(8)。しかし、文安二（一四四五）年の伏見辺の古図に記載があるのを(9)最後に記録から姿を消す。廃絶後、江戸時代寛文年間に再興された堂舎が今も深草に残っているが、これは創建当初の位置ではない(10)。

さて、嘉祥寺領日根荘の成立過程について、官宣旨はその起源を「件□□勅旨淳和上皇御領□□□」としている。荘の起源は勅旨によって設定された淳和上皇領にある、との意であろうか。これだけでは事の真偽を判定することはできない。しかし、おそらくこれに対応すると考えられる記録を六国史の中に見出すことができる。『三代実録』貞観三（八六一）年六月二日乙巳条である。

二日乙巳。和泉国日根郡田并山岡廿三町七段百九十九歩、永奉充淳和院

この記事だけでは淳和院に充てられた田や山岡二三町余が日根郡のどこなのかはわからないが、日根と淳和との関係がそういくつもあるとは考えにくいから、先の官宣旨の記載に相当するものと考えて間違いないであろう。

ただ、すでに承和七（八四〇）年に淳和上皇は没している。この貞観三年当時の淳和院には淳和后の太皇太后宮正子と、淳和と正子の子で承和の変後の廃太子恒貞が居住している。[11] これでは「淳和上皇御領」とする官宣旨と食い違うことになる。この矛盾は重大だが、官宣旨では淳和院が淳和上皇と誤認されていると一応考えておきたい。あるいは、いったん淳和上皇領として設定された勅旨田が、淳和の没後に改めて淳和院に充てられた可能性のほうが高いかも知れない。いずれにせよ、官宣旨に記された日根荘の起源は、右の記事の時点で淳和院に施入された二三町余にあると考えて間違いないと思う。[12]

次に、官宣旨には「□□卿覚朝臣、元慶五年□□。其後官省符重畳□□国司所奉免也」とある。覚朝臣なる人物により、元慶五（八八一）年に嘉祥寺に施入され寺領となった、そののち官省符荘として国司の免除を受けてきた、との意味のことが書かれているものと考えられる。「□□卿覚朝臣」については、欠部残画にウかんむりがみえることから「宮内卿覚朝臣」であることがわかるが、宮内卿には元慶元（八七七）年一〇月から同三（八七九）年一〇月に没するまで、源覚という人物が在任しているから、これに間違いない。覚は仁明天皇の子であり、仁明菩提寺である嘉祥寺への寺領施入者として登場するのにふさわしい。

ただ、ここでも問題になるのは官宣旨に「元慶五年」とあることで、元慶五年では覚の没後になってしまう。「五」は単純な誤記または誤写とみたいが、如何であろうか。

淳和院領がこの時点でなぜ嘉祥寺領に移ったのか、確かなこと

【関係人物略系図】

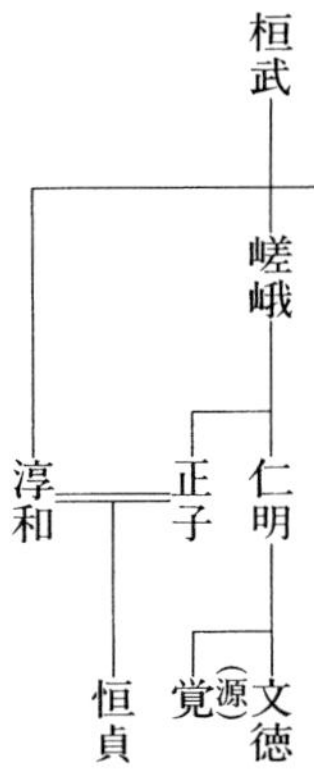

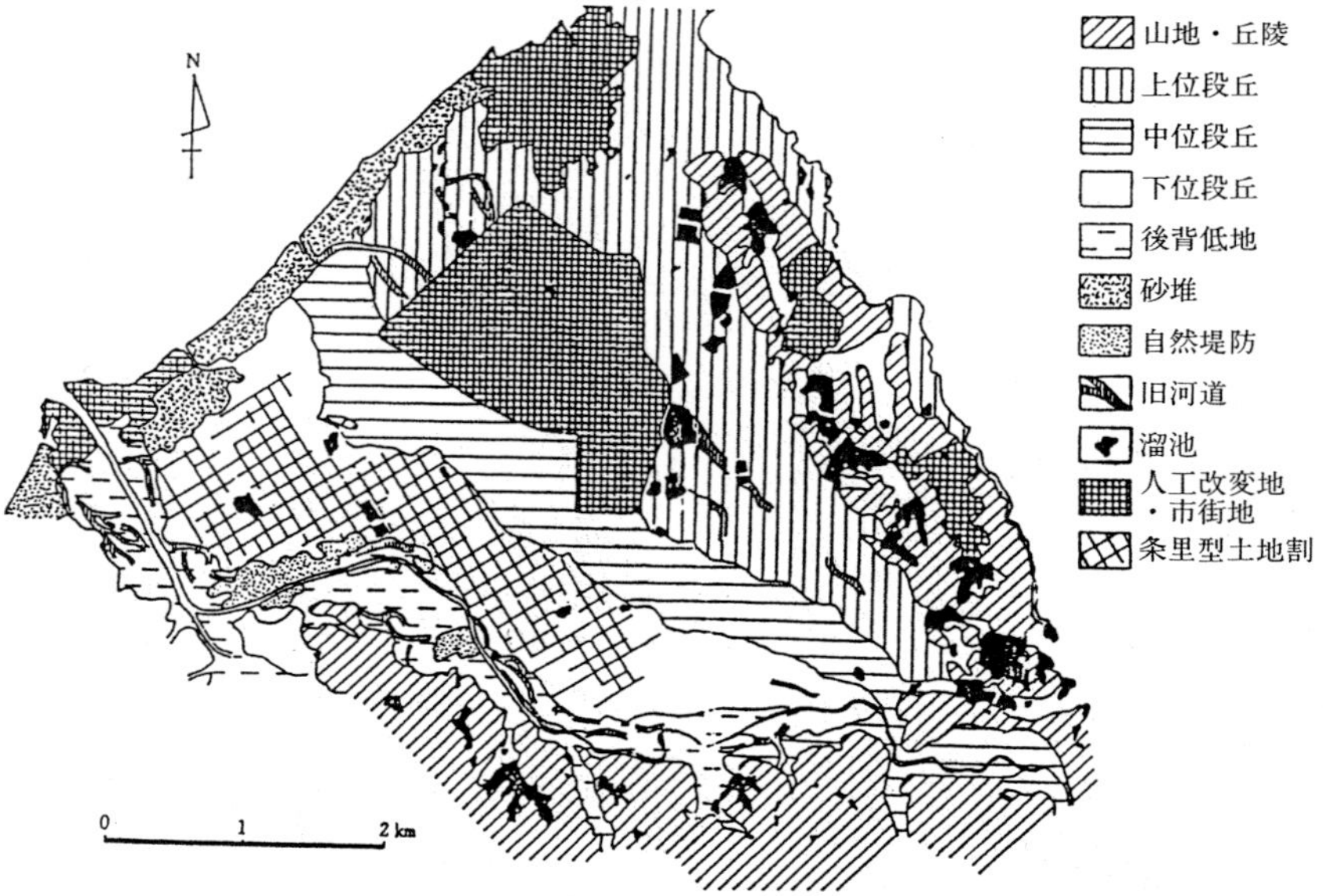

図 2　日根荘付近地形分類図（額田雅裕氏作成の図を転載、註19参照）

はわからないが、淳和上皇没後、元慶三（八七九）年三月に没するまで淳和院に居住していた淳和后の太皇太后宮正子は、嵯峨天皇の女であり仁明天皇の同母妹である。直接の契機が何かはわからないが、正子より兄仁明の菩提寺である嘉祥寺に、仁明の子覚を通じて所領が施入された可能性は考えられる。なお、淳和院領の荘園が正子の手により他に流出している事例はほかにも認められる(13)。

以上の考証結果から、一二世紀までの嘉祥寺領日根荘の成立と展開の過程を次のように推定することができる。のちの嘉祥寺領日根荘の前身は淳和院領として成立。それが元慶年間に宮内卿源覚の手を経て嘉祥寺に施入された。そして官省符を得ておそらく日根荘の荘号を獲得し、代々国司の免判を受け、嘉祥寺の衰退とともに退転の危機にさらされつつも、この官宣旨の発給された一二世紀に至ったのである。

次節で詳しく述べるように、中世の嘉祥寺領日根荘の荘域は、樫井川下流右岸の下位段丘面上にある現大字嘉祥寺及びその近辺に比定できる。九世紀に設定された淳和院領は、散在的な免田の集合であったろうが、その主要部は中世の日根荘域となるところに位置していたと考えてよいだろう。樫井川右岸に広がる下位段丘面は早い時期からの可耕地であり、条里型地割遺構の分布と対応している（図2）。現段階の考古学の成果によると、このあたりの新たな開発の画期は平安中期にあり、それは条里地域の再開発もしくはその周辺を対象とした耕地開発であるという。(14) 淳和院領の設定との相関が認められるかどうか、今後の発掘報告に期待したいところである。(15)

第三節　二つの日根荘

引き続き官宣旨の内容を検討していこう。官宣旨が引用する寺解の続きは以下のようになる。代々国司が免じてきたにもかかわらず、近年になって収公されそうになった。そこで寺が子細を奏聞した結果、国司に事情が尋ねられたが、国司陳状には拠るところなかったため、もとの如く領知すべしとして康和五（一一〇三）年某月二〇日には四至を限る旨の宣旨が下された。しかるに嘉祥寺には多年別当が補されず、また国司も遷替であるため重ねて新儀をなすという有様であった。このたび厳覚が別当に補任され、堂舎以下の修造を企てたが、寺領荘園は皆停廃されている。公家の宝祚をお祈りし堂舎の修理を行うためにも、康和の宣旨に任せて四至を定め牓示打ちを行っていただきたい。おおよそ以上のような嘉祥寺の申請を認め、改めて四至を定めることを命じたのが、この官宣旨である。

ここで、官宣旨にみえる四至の比定を試みたい。現田尻町の大字嘉祥寺付近が荘園の故地であることはその地名から確実であるから、その周辺に候補地を探してみよう（図3）。

ほぼ確定することができるのは東限と南限である。東限は「尾張岡」。尾張岡という地名は今は残っていないが、大字嘉祥寺内に尾張池という名の池が現存している。その尾張池のすぐ北に、船岡山と呼ばれる小高い岡が

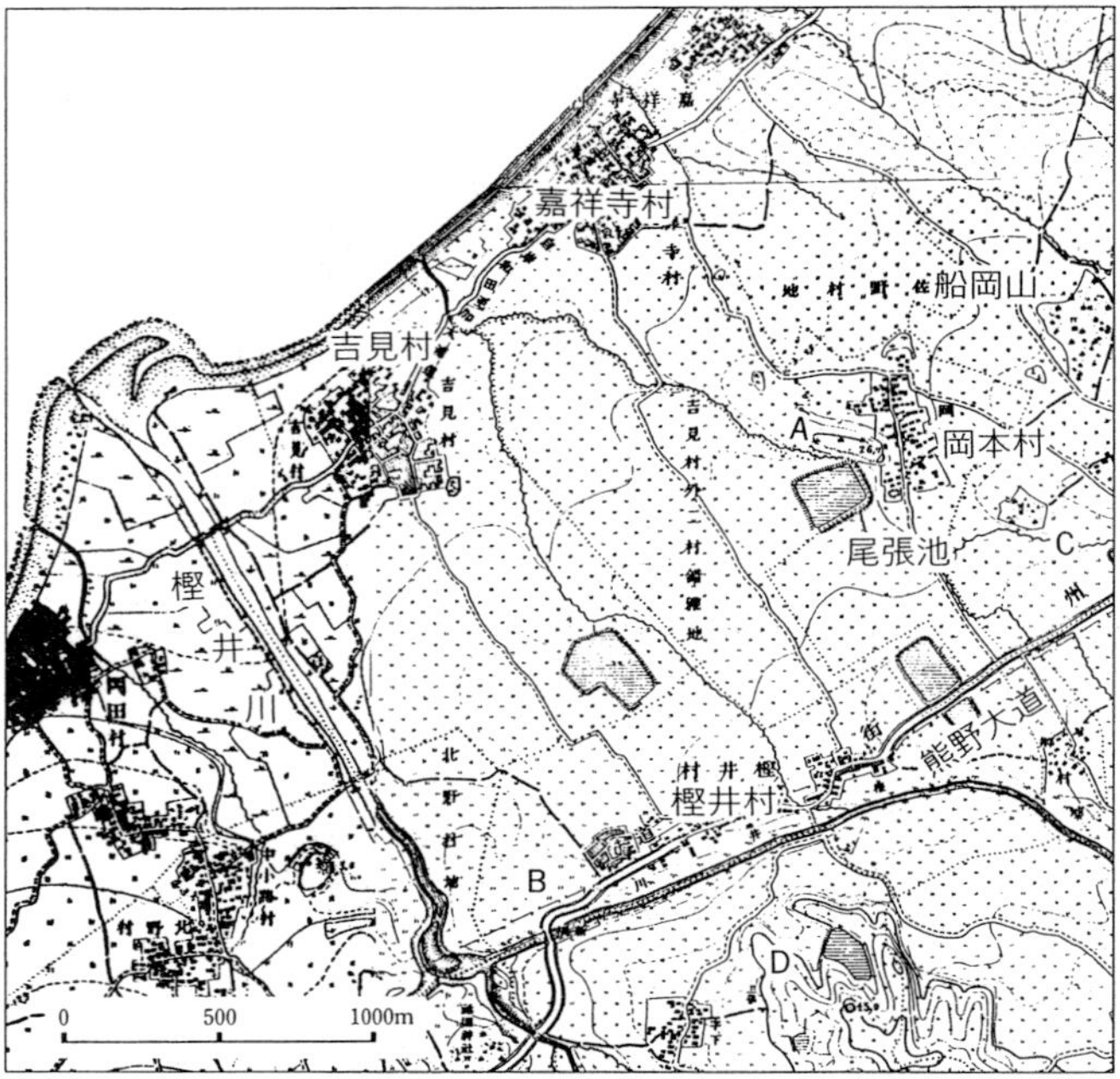

図3　嘉祥寺領日根荘荘域図

ある（A）。付近にはほかに岡状の地形はなく、これを東限の尾張岡と考えて間違いないだろう。地形的には、船岡山辺で中位・下位段丘が東西に区切られる（図2）。したがって、荘域はこれ以西の下位段丘面に乗っていることになる。

次に、南限は「大路并大蔵山」。大路が中世の熊野大道であることは確実である。この近辺の熊野大道は条里区画に合致するほぼ直線のコースをとっており、足利健亮氏によって復元された古代の直線官道の痕跡を残している部分である（B―C）[16]。大道のルートが時代によって変遷を遂げていたとしても、この部分は古代以来変わっていないことになり、ここを南限の大路とみてよい。大蔵山は、現在それと知られる地名はないが、大路の位置などから考えて樫井川南岸の丘陵（D）とみてよいのではないだろうか。この「大蔵山」と「大路」の一部が南限となる。北限は、「海并□□」。海はいいとして、欠損部については不明というほかない。最後に、西限は「尾張岡為坪堺」。ここにまた尾張岡がでてくるが、これは文意不明といわざるを得ない。このあたりもとの文書の虫損が著しく、残画の書写から辛うじてこのように読めるが、書写の際に何か誤解があったのかも知れない。「坪堺」は、条里区画と関係するであろう。以上から、嘉祥寺領日根荘の荘域は樫井川最下流域右岸、現嘉祥寺とその周辺を含む、下位段丘面上のほぼ正方形の部分に求めることができる。北限や西限が正確にはわからないが、旧村名でいうと嘉祥寺・吉見・岡本・樫井あたりが荘域ということになろうか。[17]

一一世紀後半から一二世紀にかけては領域型荘園の形成期として知られている。この時期各地の寺領荘園で領域化の動きが認められる。たとえば東寺領丹波国大山荘では、領域支配を目指す東寺と国司との間で長年に及び収公と承認が繰り返され、康和四（一一〇二）年の坪付、それに基づく永久二（一一一四）年の記録所の判断を得て、ようやく荘園の領域化が成立する。この日根荘も、大山荘の動向とほとんど並行した経過をとっている。史料文中に出てくる康和五年、それに続いてこの永久四年、二度にわたる宣旨により四至が定められ、それ以前の、国衙支配に規制された免田の集合体であった荘園は、そこから脱却して新たな領域型荘園に転成したのである。

領域型荘園形成の要因についてはさまざまな説明がなされているが、古代末から中世初期の地形環境上の大きな変化と、それにともなう開発の高まりに関連しているとする注目すべき見解がある。[18]樫井川流域の地形環境分析も進められつつあり、そうした視角による考察も可能になってきている。[19]しかし、ここではそれを可能にした政治的な動向を押さえておきたい。

官宣旨発給には別当厳覚の尽力があったようであるが、それに関連して注目すべきなのはこの時期の嘉祥寺の動向である。先に少し述べたように、遅くとも平安末期には嘉祥寺が仁和寺別院となっていたことがわかる。『仁和寺諸院家記』（心蓮院本）[20]には仁和寺別院を書き上げた中に嘉祥寺の項があり、始めに顕耀律師という人物の名が「当寺別当」としてあがっている。顕耀は藤原通憲（信西）の孫に当たり、[21]嘉祥寺の仁和寺別院化は遅くとも平安末期には始まることになる。もっとも、仁和寺僧の嘉祥寺別当就任がはじめに確認できるのはもう少し遡り、『仁和寺諸院家記』（恵山書写本）[22]の華蔵院の項にある寛智権律師のところに「天永元年（一一一〇）十二月日、補嘉祥寺別当」とあるのが早い。ただ、官宣旨にある嘉祥寺別当厳覚は、おそらく勧修寺流の高僧として知られる人物である。[23]この時点では嘉祥寺別当はまだ仁和寺僧に固定したわけではなかったのであろうか。いずれにせよ一二世紀初頭の段階で、嘉祥寺別当には仁和寺（または勧修寺）の有力僧が就任し、さらに平安末期には確実に仁和寺別院になっていたことがわかるのである。[24]日根荘の領域型荘園としての認定の背後には、こうした有力寺院とつながる別当の力があったことは間違いない。このように、本末関係への編成の進展が、末寺の経済基盤の再建に結び付いているのである。この時期に中小寺院の末寺化が急速に進む要因のひとつはこの点にあるのであろう。その後の嘉祥寺領日根荘が中世を通じて存続し得た背景にも、嘉祥寺の仁和寺別院としての地位が大きな意味をもっていたはずである。この点についてはもう少し別の角度から最後に述べることになる。

本節の最後に、こののち鎌倉前期に成立する九条家領日根荘と、右に述べてきた嘉祥寺領日根荘、二つの同名の荘園の関係についても触れておかねばなるまい。

天福二（一二三四）年の官宣旨により立券が命じられて、九条家領日根荘が成立した。[25]この官宣旨によると、九条家領日根荘の四至は次のように定められている。

東限～葛木峯　　南限～於雄郷
西限～海　　　　北限～甲斐田河

この四至の比定を行った吉井敏幸氏は、東限は紀伊国との国境、南限が日根郡の賀美郷と呼唹郷の郷境であることに加え、北限の甲斐田河というのは現在の見出川であり、これも隣の近木郷との郷境に当たることを指摘している。[26]日根郡は北から近木郷・賀美郷・呼唹郷・鳥取郷の四つの「倭名抄」郷からなるが、立券の命じられた九条家領日根荘の四至は、賀美郷の郷域そのものに相当するのである。

このように郷域や場合によっては郡域をそのまま荘域化するという立荘のパターンは、一二世紀の王家領や摂関家領にしばしばみられるものである。そのさいには院司・家司の主導により、国司の協力を得て、広大な領域型荘園が設定されるのであり、さきにみたような地形条件に規定される一般の寺領荘園の領域化とは規模が大きく異なる。九条家領日根荘の場合、立荘時の和泉国知行国主が開発を申請している九条道家の叔父の九条良平であったことには[27]、決定的な意味があるはずである。また、立荘後に預所となる九条家家司源季長は立荘以前からこの地に所領をもっていたと推定されており、その所領を出発点として季長の貢献により立荘が推進されたという指摘がある[28]。九条家―家司―国司の連携により、日根荘の領域は賀美郷域を踏襲して、政治的に設定されたのである。

賀美郷域が九条家領日根荘の荘域に当たるとすれば、賀美郷域内にある嘉祥寺領日根荘も九条家領日根荘の四至内に含まれることになる。官宣旨の四至記載だけから単純にいってしまえば、ここに大小の日根荘が重なって成立したことになるわけである。しかし、実際のところ九条家領日根荘の立荘がなった範囲は、賀美郷全域には及ばなかった。その領域内で在地領主を組織化して九条家による開発が意図されたのは、鶴原・井原・入山田・日根野の四ヶ村であった。すでに立荘時に多くの権門所領を除外することが四至表示に付記されているように[29]、右の四至領域は当初からほとんど無実である。和泉国という早くから諸権門の免田が発達した地方にあって、この段階での郷域の荘園化はそのままでは不可能であった。四至表示の上では賀美郷域を荘園化した九条家領日根荘も、実質的には四ヶ村の組織化にとどまった。従来の嘉祥寺領日根荘はそれとは領有関係を異にする別の荘園として、ここに二つの日根荘が併存することになったのである。

第四節　日根荘と春日神人

中世和泉国の荘園制の展開は、独特の相貌をもっている。この国では早い段階から権門諸司の寄人・免田が卓越し、その後も「当国土民皆以諸社神人・院宮供御人・召次・大番舎人等也[30]」とあるようなその比重の高さが、荘園の領域支配、すなわち中世荘園の一般的な展開を妨げる。たとえば、日根郡近木郷を荘域として正応五（一二九二）年に成立した近木荘の場合、その内部に「八ヶ権門領」を含む複雑な支配構造を残し、領主高野山がその一円化を達成するためには、まだ相当の道のりを経なければならなかった[31]。院政期に一応の領域荘園化がなった嘉祥寺領日根荘の場合にも、以下で扱う史料に「権□□(門本カ)所十一箇所百姓[32]」とあるように、やはり同様の構造を内包していた。そのなかでも特に注目すべきなのが、春日神人の問題である。

順序が逆になったが、前節までで存在を明らかにしてきたこの荘園には、実は鎌倉時代の史料も存在し、そうした事情をうかがうことができるのである。それは『兼仲卿記』紙背に残された弘安年間の相論史料で、すでに『鎌倉遺文』に収録されているのでよく知られているものである。ただ、この史料には「嘉祥寺領日根庄」とあるにもかかわらず、従来は九条家領日根荘の史料として扱われており[33]、そのために日根荘の理解に混乱をもたらす原因ともなっている。そうした誤解を取り除くためにもこれを取り上げ、また、鎌倉後期の嘉祥寺領日根荘の動向を追うことにしたい。

関連史料は計六通、弘安四（一二八一）年に日根荘番頭百姓等と日根荘雑掌の間で番われた訴陳に関するものである。訴・陳状が計三通、挙状一通、具書一通、裁許の御教書が一通残されている[34]。長いものなので引用は避けるが、欠部の多い三通の訴陳状からも、次の七つの争点を読み取ることができる。

a　春日免田事

b　番米拾弐石外、被懸別預所公事無術事
c　背先例不被免漁田事
d　召仕人夫事
e　請取今久名切増分切米符、准御年貢被収納交米事
f　号御所御馬、令下飼自馬事
g　為雑掌身、兼帯荘官并番頭職、令煩百姓事

一連の訴訟は、番頭百姓等による預所非法a〜g七ヶ条の訴により始まる。このa〜gの諸点から、日根荘の支配関係や内部構造をある程度知ることができる。たとえば、b・d・fなどからは荘園の公事や夫役の実態が、b・gからは番頭制がとられていたことがわかる。cからは、漁田と呼ばれる免田の制があったことが知られ、和泉国の海岸部の荘園のあり方として興味深い[35]。しかし、いずれも断片的な史料でもあるので、ここでは相論の経過を中心に検討を加える。

番頭百姓等のそもそもの提訴先は、重訴状に「欲早被停止当預（所脱カ）殿庄務」[36]とあることから、預所の任免権をもっている領家[37]とみるのが適当である。ところが、この訴状に答えた形の雑掌の陳状には「且百姓申状并領家御下知状、為御□□見、令進上之状、如件」[38]とあるので、百姓等の訴に対する「領家御下知状」はすでに出ていて、雑掌はそれを根拠にして陳状を書いたことになる。それではこの雑掌陳状（法廷が代わっているので訴状とするべきか）はどこに提出されたものであろうか。

ここで、雑掌が「是豈□□仮神人号、或仮権門御領之号、如此致狼藉之条、□堪之次第也」[39]と、百姓等の行為を神人の号を借りるものと非難している点が注目される。さらに、相論の結果、最終的に発給された御教書を引いてみよう。

守恵法印申嘉祥寺領日根庄訴事。重申状如此。為土民身号神人、不随所勘之由載之。而今如陳状者、一々申状不足言次第也。就之無左右打止所務、令忽諸領家之条、大無其謂。雖須被罪科、所詮、可随領家命之由、可被申寺家之旨、被仰下候也

八月　日

逐申

如此被仰下之上、猶以致自由張行者、任傍例、差下社家使、可被致其沙汰候也。長者宣即可被書進候(40)

冒頭の守恵法印は、当時の嘉祥寺別当であると考えられる。(41)雑掌の訴を取り次いだ嘉祥寺別当守恵法印の言い分を認めて百姓等が領家の命に従うべきことを命じているが、さらに追書には、事態が収まらないときには社家使を遣わす旨の長者宣を書き進める、と書き加えられている。長者宣を発給し、春日社使を派遣し得るのは藤氏長者以外には有り得ないから、右の文書はときの氏長者鷹司兼平の御教書であることが確実である。奉者の名を欠くから文書の草であり、そのため兼仲の手元に残ったのであろう。(42)

以上をまとめると、この相論の経過は次のように推定することができる。番頭百姓等は預所の解任を求めて領家へ提訴した。これに対し「領家御下知状」が出されたが、これは預所に有利なものであった。預所・雑掌側ではこれをもとに立場の逆転をはかり、百姓等の行為は春日神人の威を借りた濫行だとして、本家である嘉祥寺を経由して法廷を替え、神人統制権をもつ氏長者鷹司兼平に訴えた。つまり、預所非法の訴が、ここで春日神人の濫行問題に転化され、その結果氏長者による裁許がなされることになったのである。(43)

春日神人といえば、和泉国には供菜料を調進する「九箇所神人」と総称される散在神人が存在し、その供菜料所である雑免田「九箇所雑免」があったことが知られている。丹生谷哲一氏はその九ヶ所の比定を試み、右の相論史料にも春日免田がみえることから日根荘（九条家領）をその一に数えている。(44)しかし、これも嘉祥寺領日根

荘と訂正すべきであろう。右の春日免田は春日末社に寄進されたとあるが、(45)さきに比定した四至内でいうと、これは吉見に現存する春日神社のことであろう。南都春日社関係の史料には「吉見神人」がしばしば登場する。九ヶ所神人のひとつは、すでに丹生谷氏自身も示唆しているように、日根荘というよりも吉見とするのが正確であろう。吉見の春日神社が和泉の散在神人の拠点の一であったと考えられるのである。この相論で―その実情はともかくとして―領主側が春日社の威を借りた濫行として事件を処理しようとしていることは、日根荘における神人の広範な活動を物語るものということができる。

さて、雑掌側の「是豈□□仮神人号、或仮権門御領之号、如此致狼藉之条、□堪之次第也」との文言、また争点aやcで権門の免田の縮小が預所によって意図されていることからは、春日神人をはじめとする寄人に対する特権否定の姿勢をみることができる。荘園領主の一円領有化の欲求が明らかである。これに対して百姓側は、「抑熊野・日吉等神人、其外権□□（門本カ）所十一箇所百姓等一揆訴訟也」(46)と反駁する。寄人としての特権の主張ではなく、荘民としての訴訟であることを強調しているのは、領主側の一円化の動きに対応するものともいえる。しかし、訴訟の背景には、さらに複雑な地域の情勢がある。

次の史料―右の相論で預所・雑掌側から具書として提出されたものと思われる狼藉人交名―には、日根荘の狼藉張本として吉見村・岡本村の住人の名があがっている。

号神人違背領家、致狼藉張本輩
吉見村
左衛門尉明村　里正　貞安　貞則
安延入道　則光
岡本村

貞恒　光末　友安　則重弥六□

右、且注進如此。重猶可言上之状、如件

弘安四年後七月十三日[47]

この中で一人だけ官途を負い、しかも筆頭に名をあげられて狼藉人の中心格と目されている吉見村の左衛門尉明村[48]には注目すべきであろう。なぜなら、彼は長年にわたりこの地方の紛争にしばしば顔を出す人物だからである。

まず、これより二十数年前の建長七（一二五五）年には、彼が吉見保下司として、春日本社神人と激しく対立している史料がある。[49]これによると、吉見保雑掌定慶・下司明村らが神木を犯したことを訴えた吉見神人等の訴をうけ、興福寺の下知により南都から神人や公人が下された。しかし明村は下知に従わず数百人の悪党を引率して重ねての狼藉に及んだ。国衙領に在家をもつ本神人である四郎検校吉次はとりわけ明村に加勢した神敵で、彼らは信達荘の百姓らを語らって本社神人の黄衣を剝ぎとり打擲・刃傷に及んだ。以上のようなことを訴えた春日本社神人の申状には「雖為国重臣不遁其咎」とあり、明村が和泉国の相当の実力者であることを示している。

また、右にみてきた弘安の一件をはさんで、正応三（一二九〇）年には、詳細不明ながら同様の紛争が起こったようで、吉見神人の解をうけて、神木犯穢の重科により吉見荘給主を改替し、吉見荘預所僧敬念と下司明村、明村子息明経等を禁獄すべしとの春日社司等の解状が長者政所に提出されている。[50]

こうした全然別種の史料に三度も登場する明村は、数十年にわたってこの地域の有力者であったに違いない。吉見荘（保）の下司という所職を帯する一方、あるときは近隣の本神人とともに他荘の百姓までを糾合して春日本社神人と対立し、あるときは日根荘百姓の中核にいて預所と対立し、春日神人の威を借りたとして糾弾され、またしばしば当地の吉見神人と衝突を繰り返しもしている明村の行動は、この時期この地方の複雑な情勢を思わせる。弘安の相論の論点七ヶ条のうちのgでは、預所代官である雑掌が荘官や番頭の職を兼任することを非難する百姓等に対して、雑掌・預所側では「国悪党」が下司職を相博し取ったので、その職を止めるのだと反論している。(51) これもまた、明村らの活躍を指しているのかも知れない。

春日社による神人統制の動き、荘園領主の所領一円化の欲求、それらが絡み合う在地社会において、明村の示す動静もきわめて多様である。春日社との対立、領主との攻防、ときには近隣の百姓を糾合して悪党的な行動をとる。本所―寄人、領主―荘民といった関係が錯綜する複雑な支配構造、そしてそれを越えた地域のまとまりのひとつの中心に明村がいたといえるのではないだろうか。同じ時期、和泉郡池田郷では刀禰僧大夫頼弁―御家人池田氏の庶流に生まれ、春日社散在神人として活動しつつ、のちには神人身分を剥奪される―の地域社会の中での多面的な活動がみられる。(52) 明村もそのような鎌倉後期の和泉に現れる個性豊かな人物の一人に数えられる資格を充分に備えている。間もなく和泉国をも巻き込んで始まる南北朝内乱期に、明村の一族の活動を史料から跡付けることはできない。しかし、明村が活躍した日根荘は、内乱前夜の和泉の地域史のひとつの舞台として、改めて検討を加えるだけの史料をもっている。弘安の相論からはほかにも述べるべき興味深い点が多いが、これだけを指摘して本節を終えることにする。(53)

第五節　日根郡・日根・日根湊

その後の嘉祥寺領日根荘の存在の徴証は、一五世紀初頭まで下ることができる。それは、応永年間の三通の室町幕府管領奉書である。(54) このうち、応永七（一四〇〇）年・同一〇（一四〇三）年のものは、応永の乱後の論功行賞で和泉守護となった仁木義員に宛てたもので、「嘉祥寺三綱申和泉国日根庄事」と始まり、押領人を退けて嘉祥寺に沙汰付けることを命じている。嘉祥寺領日根荘の最後の史料となる応永一七（一四一〇）年のものは、次にあげておこう。

石山寺三綱等申、別院嘉祥寺領和泉国日根庄半済并朷（樫）井王子別当職所職以下事。解状具書如此。早止被管人押妨、可被沙汰付三綱等之由、所被仰下也。仍執達如件

応永十七年九月十七日　　沙弥（花押）

細河兵部大輔殿

この時期の和泉国の諸荘と同様に、日根荘も半済の適用をうけ、また守護被官の押領に悩まされている。このときの守護は、応永一五年に入部した細川氏（宛先の兵部大輔は半国守護の細川基之）である。なお、これは石山寺三綱等の申請をうけたものになっているが、嘉祥寺と石山寺には密接な関係がある。[55]また、樫井王子の別当職が日根荘に付随しているのも興味深いが、樫井村はさきに推定した院政期の嘉祥寺領日根荘四至内にある。

嘉祥寺領日根荘に関する史料はこれをもって終わる。同じ頃、嘉祥寺自体の史料も所見がなくなり、領主嘉祥寺も廃絶したようである。一方、それと入れ替わるように、荘園の故地には村名としての嘉祥寺がみえるようになる。『政基公旅引付』から例をあげると、「抑宗兵衛衆等猶以出張、吉見・海生寺・シンケ・佐野等地下人不謂男女生取了」[56]のように、吉見・新家・佐野等と並ぶ地名として海生寺（嘉祥寺）の名があがっている。やや下って、織田信長の紀州攻めに対して天正五（一五七七）年九月二六日付本願寺顕如書状は「湊・雑賀・岡・松江・嘉祥寺・吹井・加太」の諸浦警固衆に動員命令を発しており、[57]嘉祥寺と呼ばれる重要な港であったことがわかる。近世に入っても、嘉祥寺は泉南では佐野に次ぐ主要な港として繁栄を続けていく。[58]

本章で取り上げた樫井川下位段丘域は、従来から開発がもっとも早くから進んだ日根郡の中心的な地域であるとされてきた。にもかかわらず、本格的な検討がされてこなかったのは、もっぱら史料の不在によるものである。本章は、新史料の紹介の域を出るものではないが、それに基づいて焦点を樫井川沿いに当て、日根地方の歴史を

眺めてきた。その結果、ここは中世を通しても重要な意味をもつ地域であったことが明らかになってきた。これをきっかけに、従来の研究からは少し移動した視点をとることで、複数の方向から日根地方をみることができるようになれば、日根荘の、ひいては和泉の地域史に益するところがあるのではないかと考えている。

そうした意味で、最後に再び一一・一二世紀に遡って、この地域の重要性を示しておきたい。この荘園が日根荘と呼ばれたことと関係するが、郡の名とは別に、古来狭義に日根と呼ばれたのは、樫井川右岸のこの地域だったのではないかというのが私の想像である。以下、その根拠をあげよう。

永承三（一〇四八）年、当時の関白藤原頼通が高野山に詣でたときの記録によると、このとき頼通一行は摂津から和泉へ南海道を下り、「日根御宿」で一泊している。ここに国司がしつらえた御在所はたいそう華美なものであったが、それとともに付近の絶景が次のように讃えられている。

　就中地形之為体、西得蒼海、南面青山、長河廻其前。孤帆去其間、四望眇然極目。衆心悦予致感者也(59)

西は海、南は山でその前を長河が廻るという風景描写は、北岸から樫井川とその南にそびえる紀州境の山々を望んで得られたものではないだろうか。一行の行程とあわせて考えても、「日根御宿」は樫井川右岸に設定されたものであった可能性が高い。ついでながら、関西新空港が完成して自然の海岸線さえ失ってしまった我々にとっては羨ましい限りの光景である。

次に、院政期に入った永保元（一〇八一）年、藤原為房が二人の子を連れて熊野に参詣したときの彼の日記『為房卿記』に、次のような記事がある。

　酉剋着日根王子傍之小堂。先奉幣。王子之神□(主カ)又供燈明。□□王子之宝殿同之(60)

これは具体的な地名を冠した王子の初見として知られるものである。それに加え、この段階から小堂・宝殿が存在し、日根王子が熊野参詣の旅行者が奉幣を行うべき重要な王子の一であることが窺われる(61)。

ところが、この日根王子の名はこれきりのちの史料にはみえない。それに代わって樫井王子が史料に登場するようになる。[62]さきの日根王子が、後の樫井王子そのものではないだろうか。樫井王子は「五体王子内」といわれる拠点的な王子であり、参詣者はここで奉幣以下の行事を行うことになっている。樫井王子がのちの日根荘内にあったことは先述した通り。

最後に、もっとも注目したいのは、久安三（一一四七）年から翌年にかけて仁和寺宮覚性法親王が高野山に参詣したときの記録[63]で、次は久安三年五月の記事である。

三日乙丑　天晴。卯刻自住吉浜引綱手、申□《刻》着日根湊。即下船乗輿、到新□□《家庄》。実厳儲□□於此所宿

四日丙寅　自夜雨降。立新家庄、於墳前《墳崎》辺乗船。件船、貴志庄司友兼所相儲也。次々船、自高野政所将来。今夜於名手庄件宿、友兼儲仮屋并儲事

（中略）

廿二日甲申　今朝立名手庄、到新家庄。宿実厳所儲仮屋。於荒川辺、彼庄司佐公不知実名儲昼事。人々下船、羞坏膳。召佐公賜馬一疋了

廿三日乙酉　今朝立新家庄、於日根湊乗船。未刻到住吉前浜、下船到大渡。今夜於船通夜

一行が和泉国を通過している日の記事をあげたが、往路は京より住吉浜へ出たあと綱手に引かれて海岸沿いを航行し、日根湊で上陸、輿に乗って新家荘に至り、そこで一泊。翌日は雄ノ山峠を越えて紀伊国に入り、また船に乗って紀ノ川を溯航するというルートをとっている。逆に、新家荘で一泊した後、日根湊から乗船、住吉浜にいたり、そこから淀川を通って帰京するというのが復路の行程である。この記録には久安三・四年中の計五回の高野参詣の記録があり、仁和寺宮が頻繁に高野山に通っていたことが知られるが、このように日根湊（日根津とも）で下船して新家荘で宿泊、帰路はその逆というのが毎回決まったコースであったようである。

この日根湊とはどこであろうか。私はこれも嘉祥寺領日根荘の比定地付近にあたるのではないかと考えている。(64)その根拠として、前節で取り上げた鎌倉期の相論史料をあげたいと思う。七つの争点のうちのｆ「号御所御馬、令下飼自馬事」、これは預所が「御所御馬」であると号して自らの馬を百姓に飼わせていることを訴えた箇条であるが、「御所御馬」の「御所」とは仁和寺宮、「御所御馬」は仁和寺宮の高野参詣のときに使われる馬ではないだろうか。上皇の御幸や貴族の遠隔地参詣のときに、所領荘園が宿泊や供給の拠点として重要な役割をもつことはよく知られている。日根荘は仁和寺別院領、宿泊地の新家荘は仁和寺領である。日根荘で下船して馬をしつらえ、新家荘で一泊して高野山に向かうというのは、日根荘と新家荘の位置関係からみてもかなり可能性のある想定ではないだろうか。嘉祥寺領日根荘が存続し得たのは、仁和寺別院領として、しかもこのような交通の要所に位置したという要因が大きいのではなかろうか。仁和寺宮の高野参詣は中世を通じて継続している。嘉祥寺が仁和寺別院になったことは、日根荘の歴史にとって決定的な意味をもっていたわけである。

樫井川下流右岸のこの地域が日根と呼ばれている三つの史料をあげた。以上から、この地域こそが古来の日根郡の中心地、狭義の日根ではないかと推定する。古くから開発の進んだこの地域が日根の中心部である。中世においても、陸海交通のひとつの拠点としてこの地域をみることが、和泉の地域研究にとって重要なのではないだろうか。

(1)　日根荘に関する研究史は、藤田達生「和泉国日根荘について―研究の成果と課題―」(『ヒストリア』一一六、一九八七年)参照。㈶大阪府埋蔵文化財協会『日根荘総合調査が語るもの―中世荘園世界の解明をめざして―』(一九九一年)所載の「日根荘関係文献目録」(小山靖憲作成)も調査報告等を網羅している。

(2)　大阪府田尻町大字嘉祥寺。嘉祥寺の地名については、山城の嘉祥寺の寺領であったことによるという説と、現地に三論宗の嘉祥寺という寺院があったことによるという説がある(『角川日本地名大辞典27大阪府』、角川書店、一九八三年、『日本歴史地名大系28大阪府の地名Ⅱ』、平凡社、一九八六年)。本章の考証の結果、前者が正しいことが明らかになった。

(3) 勧修寺経逸の筆跡の特徴や次に述べる柳原紀光との関係については、吉川真司氏に教えていただいた。経逸の書写活動については、吉川真司『京都大学文学部博物館の古文書第四輯　勧修寺家本職掌部類』(思文閣出版、一九八九年)参照。

(4) 『兵範記』嘉応元年八月二七日条、『玉蘂』承久二年三月二五日条。

(5) 『日本文徳天皇実録』仁寿元年二月丙辰条。

(6) 『日本三代実録』貞観元年三月一九日乙亥条。

(7) 貞観一四年七月一九日太政官符(『類聚三代格』巻二)。

(8) 『仁和寺諸院家記』(奈良国立文化財研究所編『仁和寺史料　寺誌編一』、吉川弘文館、一九一九年)。

(9) 田中氏所蔵古図(西田直二郎「嘉祥寺址」、『京都史蹟の研究』、吉川弘文館、一九六一年、初出は一九一九年)。

(10) 嘉祥寺については、西田直二郎「嘉祥寺址」(前掲註9)、竹居明男「嘉祥寺と貞観寺」(『日本古代仏教の文化史』、吉川弘文館、一九九八年、初出は一九八三年)、西山良平「〈陵寺〉の誕生」(大山喬平教授退官記念会編『日本国家の史的特質　古代・中世』、思文閣出版、一九九七年)を参照。なお、嘉祥寺領としては、ほかに長門国河棚荘が知られている(治承元年九月日平重衡下文(尊経閣所蔵東寺文書、『平安遺文』三八一〇号)、『吾妻鏡』建久六年一一月四日条)。河棚荘も「加正寺」の地名を今に残している(『山口県の地名』、平凡社、一九八〇年)。

(11) 淳和院については、八代國治「誤られたる淳和院」(『国史叢説』、一九二五年、初出は一九〇八年)、西田直二郎「淳和院旧蹟」(『京都史蹟の研究』、前掲註9、初出は一九二七年)、大江篤「淳和太后正子内親王と淳和院」(大隅和雄・西口順子編『女性と仏教Ⅰ—尼と尼寺—』、平凡社、一九八九年)。

(12) このほか、日根郡内の近木荘にも「八箇権門領」の一として淳和院を本所とする免田「淳和院給」がある(近藤孝敏「近木庄の歴史と在地の動向—その成立と展開を中心にして—」、『ヒストリア』一四四、一九九四年)。また、九条家領日根荘内の現大木から犬鳴川の渓谷中に入ったところにある葛木修験の行場である七宝滝寺には、天長年間の旱魃のときに淳和天皇が当地の七つの滝に雨を祈り、その効験により和泉一国に雨が降った。そのため七つの滝を金銀等の七宝に擬し、寺号も七宝滝寺と勅賜されたという伝承があり(『大阪府の地名Ⅱ』、前掲註2)、この地方と淳和の深いつながりを思わせる。

(13) 貞観一六（八七四）年七月九日に、正子は母である嵯峨院太皇太后宮（橘嘉智子）御願堂修理料のため、淳和院領河内国古市荘を観心寺に施入している（元慶七年九月一五日観心寺縁起資財帳、観心寺文書、『平安遺文』一七四号）。なお、元慶三（八七九）年三月二三日には淳和后であった太皇太后正子が死去し、翌年九月四日には恒貞親王の奏言により、永く淳和院の号を用いること、諸国田園を修理粮食に充てることが定められている。これを機に淳和院領の整理が行われ、日根荘は嘉祥寺に施入された可能性も考えられる。また、嘉祥寺側の事情としては、元慶二年に嘉祥寺が定額寺になっていることと寺領の集積に何か関係があるかも知れない。しかし、いずれも推測にとどまる。

(14) 尾上実「日根荘の発掘調査」（『日根荘総合調査が語るもの』、前掲註1）。

(15) なお、これより前、『続日本後紀』承和八（八四一）年閏九月庚戌条に、「以河内国丹比郡駅家院倉八宇屋二宇、遷建当郡日根野、為正倉」との記事があることを指摘し、さらに遡った延暦二二・二三（八〇三・四）年の桓武天皇による日根野遊猟に勅旨田開発の意図をみて、この地方に勅旨田が営まれていたことを推定する見解もある（『泉佐野市史』、一九五八年）。

(16) 足利健亮「和泉の計画古道」（『日本古代地理研究―畿内とその周辺における土地計画の復元と考察―』、大明堂、一九八五年）。

(17) 樫井村については、四至表示からの比定のほかに、室町期の史料（後掲註54）に日根荘と樫井王子別当職がセットになって出てくることから、日根荘との関連がわかる。また、吉見村・岡本村については、次節で扱う鎌倉期の相論史料に日根荘民の濫行の中心として、この両村の住人が挙げられている（後掲註34史料⑤）。ただし、まず吉見村については、遅くとも建久二年には長講堂領吉見荘が存在している（同年一〇月日長講堂所領注文、島田家文書、『鎌倉遺文』五五六号）。日根荘と吉見荘との関係はよくわからないが、両荘の領域は相互に錯綜していたのだろうか。あるいは吉見荘は散在的な免田からなる荘園で、日根荘内に包摂されていたのであろうか。吉見荘を吉見保とする史料もあり（後掲註49）、日根荘内に「権□□所十一箇所」があるとする史料（後掲註34史料④）、さらにそのような荘域内の権門領免田を「八ヶ保」とも呼んでいる近木荘の事例（近藤孝敏「近木庄の歴史と在地の動向」、前掲註12）をあわせ考えると、後者の可能性が高いように思われる。また、岡本村についても、現在の岡本の集落は船岡山以東、四至表示からの荘域比定地の外にある。このあたりの事情もよくわからないが、設定された荘園の領域が必ずしも数ヶ村の村落の上に重なるわけではなく、荘園と村落の領域にはズレがあるのかもしれない。

(18) 水野章二「中世の開発と村落―近江湖東の一地域から―」(『日本中世の村落と荘園制』、校倉書房、二〇〇〇年、初出は一九九四年)。

(19) 額田雅裕・古田昇「泉佐野平野の地形とその変化―天和三年日根野村上之郷村川論絵図と完新世段丘―」(『和歌山地理』一四、一九九四年)。

(20) 奈良国立文化財研究所編『仁和寺史料　寺誌編一』(前掲註8)。

(21) 論旨と直接関係しないが、平安末期の嘉祥寺別当には信西一族が多いことは興味深い。この顕耀は信西息静賢の子、そのほかに信西息脩範の子範耀は「仁　嘉祥寺別当法印」(『尊卑分脈』)とあり、信西息澄憲の子海恵は「嘉祥寺僧都海恵といひける人の、いまだ若くて病大事にてかぎりなりける比」(『今物語』第三〇話)とある。

(22) 前掲註(20)に同じ。

(23) この時期に厳覚といえば、範俊より勧修寺流を相承した勧修寺別当となる厳覚であろう。ただ、「厳寛」の誤記であるとすれば、仁和寺に厳寛という僧がおり(醍醐寺蔵本『伝法灌頂師資相承血脈』)、嘉祥寺の仁和寺別院化を一二世紀を通じてすっきりと考えることができる。

(24) こののち、嘉祥寺別当は仁和寺の有力な院家の一である成就院の院主が兼帯するのが慣例になっていたらしい。『仁和寺諸院家記』(心蓮院本)の成就院の院主次第には、たとえば南北朝期の院主である僧正兼守のところに、「応永卅四年九月十二日、違武家時宜、当院幷嘉祥寺・石山座主以下、悉被召放之、没落畢。自武家依被申之、条々自御室御下知之」とあり、また他のところからも、成就院院主職には嘉祥寺と石山寺が附属していたことがわかる。

(25) 天福二年六月二五日官宣旨(『図書寮叢刊　九条家文書』四七号、『鎌倉遺文』四六七四号)。

(26) 吉井敏幸「和泉国国衙領支配と別名制―和泉国刀禰を中心として―」(『日本史研究』一八四、一九七七年)。

(27) 『明月記』天福元年四月九日条。

(28) 石田祐一「諸大夫と摂関家」(『日本歴史』三九二、一九八一年)。

(29) 官宣旨の四至には、九条家領日根荘立券時にすでに成立していた他荘や免田の除外文言がある。ここに嘉祥寺領日根荘が書かれていないのは何故だかわからないが、賀美郷域で当時成立していたはずの他の荘園で記載のないもの（長講堂領吉見荘など）もあるので、すべての荘園を書き上げたものではないのかも知れない。また、嘉祥寺領があるべきなのは西限のところであるが、そこには「除井原里一西辺春日奉免本作田諸給免田并元興寺庄領等、然則於荒野并開発新田等者、永可為当庄領、不可有異儀」とある。ところが北限のところにも元興寺領がみえるので、もしかしたら西限の「元興寺庄領」の方は嘉祥寺の書き誤りではないかとの疑いももつ。なお、右引用部にある春日免田は、次節で述べる吉見の春日末社に関係するものであろう。

(30)　和泉国在庁官人等解（『民経記』安貞二年一〇月巻紙背文書、『鎌倉遺文』三一〇三号）。

(31)　近藤孝敏「近木庄の歴史と在地の動向」（前掲註12）。

(32)　後掲註(34)史料④。

(33)　以下に述べるように、この史料を取り上げた研究は、嘉祥寺を本家九条家の下での領家と理解している。地名辞典の類も九条家領日根荘内に嘉祥寺領が存在したとする（『角川日本地名大辞典27大阪府』・『日本歴史地名大系28大阪府の地名II』、前掲註2）。

(34)　文書は以下の六通。文書名は改めて付けた（カッコ内は『鎌倉遺文』の番号と文書名）。以下、本節の註で史料①～⑥というときは、左史料を指すものとする。

①弘安四年五月二八日　日根荘番頭百姓等重訴状（一四三二九号、日根荘番頭等申状）

②年月日欠　日根荘雑掌訴状（一四三三一・一四三三三号、某陳状・日根荘預所陳状）

③年月日欠　守恵法印ヵ書状（一四三三四号、某書状）

④年月日欠　日根荘番頭百姓等陳状（一四三三二号、某陳状）

⑤弘安四年閏七月一三日　狼藉張本注進状（一四三九三号、狼藉張本注進状）

⑥八月日　鷹司兼平御教書土代（一四三三〇号、某奉書）

文書名等の根拠を記す。②を『鎌倉遺文』は二通に分けて収録しているが、内容および筆跡からみて同一文書の前・後部である（これはすでに、木村修「和泉国日根荘における開発と諸階層の動向」、『日本歴史』四一二、一九八二年、が指摘している）。これを雑掌の訴状としたのは（木村氏は預所陳状とする）、③に「雑掌申状」とあるのに対応すると考えられるからである。②・④をそれぞれ訴状・陳状としたのは、本文で述べるように①段階と法廷が変わり、訴陳の攻守が転じたと考えたためである。③は、⑤の冒頭に「守恵法印申」とあるのに相当する文書ではないかと考え、嘉祥寺別当守恵による書状（鷹司兼平宛の挙状）かとした（木村氏は、「領家」嘉祥寺から「本家」九条家への書状とする）。⑥を鷹司兼平の御教書とした根拠は本文で述べる。

(35) 漁田という語はほかに類をみないが、この場合、和泉国内から一六五町にわたって募られた雑免田が、さらに正治年中に六五町の不輸免田に切り替えられたという、内膳司領網曳御厨の給田の一部である可能性が高いように思う。この免田は近木郷に一三町五段のほか、佐野・鶴原等にも散在し、また内膳供御人は網庭浦・日根鮎川等の広い水面に漁業特権を有していた。網曳御厨については、網野善彦「海民の諸身分とその様相」（『日本中世の非農業民と天皇』、岩波書店、一九八四年、初出は一九七一年）、及び近藤孝敏「近木庄の歴史と在地の動向」（前掲註12）を参照。

(36) 前掲註(34)史料①。

(37) このときの領家がどこなのかは史料には現れない。嘉祥寺と考えることもできるが、それでは前掲註(34)史料⑥（本文に後掲）の意味が通りにくくなるように思う。これ以前に行われた春日免田の寄進をめぐる問題（争点a）について、番頭百姓側は「柳原殿之御代官長谷尾兵衛入道之時、……自被寄進春日末社之以降」（前掲註34史料①）と主張し、雑掌側は「此条全非領家御寄進、□為乱故大炊御門左大臣殿御庄務、得柳原尼語、長谷雄兵衛入道乱入当庄之時、私修理米尓令寄進云々」（前掲註34史料②）と反論している。この「故大炊御門左大臣」または「柳原尼」、そこから伝領されている人物がおそらく領家で、嘉祥寺を本家としていたのであろう。「故大炊御門左大臣」について、大炊御門家で左大臣になった人物を尋ねると、平安末期の藤原経宗まで遡らねばならず、その可能性は低い。右大臣の誤とすると、正嘉三（一二五九）年に没した師経が該当する。「柳原尼」「長谷雄兵衛入道」については、人物を比定することができなかった。

(38) 前掲註(34)史料②。

(39) 前掲註(34)史料②。

(40) 前掲註(34)史料⑥。

(41) 『仁和寺諸院家記』（前掲註8）の成就院の項に、成就院主として守恵がみえる。仁和寺成就院主が嘉祥寺別当を兼ねることは、前掲註(24)を参照。

(42)『兼仲卿記』紙背の訴訟文書には、このほかにも南都関係の訴訟に関するものが多く存在し、氏長者鷹司兼平のもとでの兼仲の働きがわかるが、九条家関係のものはない（森茂暁「申状の世界―『兼仲卿記』紙背に見る訴訟―」付録「『兼仲卿記』紙背申状一覧表」、『鎌倉時代の朝幕関係』、思文閣出版、一九九一年、初出は一九八九年）。この点からも、この史料を九条家領日根荘のものとすることはできない。

(43)木村修氏がこの一連の史料を重視している（「和泉国日根荘における開発と諸階層の動向」、前掲註34）。しかし、木村氏は嘉祥寺を本家九条家のもとでの領家とし、一連の訴訟を九条家の法廷で争われたものと考えているが、これは日根荘を九条家領と速断したところから生じた誤解である（前掲註42も参照）。また、木村説では、(ア)文暦元年一二月二日日根荘諸村田畠在家等注文案（『図書寮叢刊　九条家文書』五〇号、『鎌倉遺文』四七一二号）の「岡本」、(イ)日根野村近隣絵図の「岡本」、(ウ)弘安四年閏七月一三日狼藉張本注進状（前掲註34史料⑤）の「岡本村」、(エ)現在の大字「岡本」をすべて同一の地名としているために混乱している。(イ)(ウ)(エ)の岡本は同じであるが、小山靖憲氏が絵図の解読から適切に指摘されたように日根野村の外にあり（「荘園村落の開発と景観―和泉国日根野村絵図―」、小山靖憲・佐藤和彦編『絵図にみる荘園の世界』、東京大学出版会、一九八七年）、(ア)の日根野村内の岡本とは別である。木村氏は、条里区画先進地域岡本・吉見（ともに九条家領日根荘内とされる）の上層農民による日根野村開発を説き、一連の史料を岡本・吉見の上層農民による在地領主中原氏排斥運動を示すものと位置付けているが、以上のことからこれも成り立たない。岡本については、井田寿邦「和泉国日根荘」（網野善彦他編『講座日本荘園史7　近畿地方の荘園II』、吉川弘文館、一九九五年）にも適切な説明がある。

(44)丹生谷哲一「春日社神人小考」（『日本中世の身分と社会』、塙書房、一九九三年、初出は一九八三年）。

(45)前掲註(34)史料①。

(46)前掲註(34)史料④

(47)前掲註(34)史料⑤。

(48)この明村は、『鎌倉遺文』では「朝村」と翻刻されているため、これまで注目されなかったようである。しかし、東京大学史料編纂所架蔵の写真で確認したところ、明らかに「明村」の誤読である。明村の姓はわからないが、以下に述べるように長年にわたり吉見荘（保）下司の地位にあったことからすると、吉見村の刀禰職を相伝するような一族（吉見氏？）であるかも知れない。吉見荘については、前掲註(17)参照。なお、吉見村の春日神社は、宝亀年間にこの地を開発した吉見小佐治が春日神を勧請して祀ったのに始まるとの伝承をもつという（『大阪府の地名II』、前掲註2）。
(49) 建長七年一一月日春日社神人等申状（花園大学福智院家文書研究会『福智院家古文書』三三号、『鎌倉遺文』補一五六一号）。
(50) 『中臣祐春記』正応三年五月一三日条。
(51) 前掲註(34)史料②。
(52) 三浦圭一「日本中世における地域社会─和泉国を素材として─」（『日本中世の地域と社会』、思文閣出版、一九九三年、初出は一九八一年）。
(53) 内乱期の和泉に関する研究としては、三浦圭一「日本中世における地域社会」（前掲註52）のほか、黒川光子「和泉国における南北朝内乱─大番舎人と悪党の関係を中心に─」（『ヒストリア』七三、一九七六年）などがある。
(54) 応永七年三月二一日管領奉書、応永一〇年八月二七日管領奉書、応永一七年九月一七日管領奉書（いずれも尊経閣所蔵実相院及東寺宝菩提院文書、『和泉市史　第一巻』、一九六五年）。
(55) 前掲註(24)。
(56) 『政基公旅引付』文亀二年九月一日条。
(57) 妙慶寺旧蔵文書（『和歌山市史第四巻　古代・中世史料』、一九七七年）。
(58) 近世岸和田藩領の十ヶ所浦方に賦課された浦役銀の高は、佐野浦、ついで嘉祥寺浦が突出している。また、臨時賦課の水手役の人数をみても同じで、江戸初期にはむしろ嘉祥寺浦が佐野浦にまさっていることがわかる（『泉佐野市史』、前掲註15）。
(59) 『宇治関白高野山御参詣記』永承三年一〇月一二日条（『続々群書類従』第五）。
(60) 『為房卿記』永保元年九月二四日条。
(61) 王子の形成について、戸田芳実氏は、地元の神々の王子への昇格という考え方とは逆に、早い段階に交通の拠点に意識的に設定されていった王子があるという可能性を指摘し、日根王子をその例にあげている（「熊野参詣にみる泉南地方」、小山靖憲・平雅行編『歴史の中の和泉　古代から近世へ』、和泉書院、一九九五年）。
(62) 王子に関する史料は、小山靖憲「熊野詣古記録と参詣道の復元」（『中世寺社と荘園制』、塙書房、一九九八年、初出は一九八六年）、堀純一郎「古代・中世の記録にみえる熊野参詣途上の地名・王子名」（『田辺市史研究』四、一九九二年）を参照。

(63)『御室御所高野山御参籠日記』（『大日本古文書　高野山文書』高野山文書又続宝簡集二〇〇号）。

(64) 日根湊について、『大阪府史第二巻』（一九九〇年）第三章第十節「摂河泉の荘園と公領」は現泉佐野とし、一方三浦圭一氏は現嘉祥寺としている（「日根荘をめぐる諸問題」、『日本中世の地域と社会』、前掲註52、初出は一九八八年）。両説とも直接の根拠をあげていないが、本文に述べたところから、三浦説が妥当かと思われる。

終章　成果と課題

各章で得られたおもな成果に補足と展望を交え、合わせて残された課題を記すことで、まとめに替えることにしたい。

天皇・院・摂関が主導する立荘が始まるのは、一一世紀末のことである。第一章では、白河親政・院政期を中心に、そうした立荘の手続をできるだけ具体的に復元することを試みた。その結果、二つの立荘形態を明らかにすることができた。太政官符が発給される立荘と、院庁（女院庁）下文・牒、摂関家政所下文でなされる立荘である。前者は封戸等に代わる国家的給付の便補という性格をもっている。近年、国家財政史の立場から、立荘に国家的給付という性格をみる研究が相次いでいるが、厳密にいうならば、それはこのタイプの立荘に該当する。しかし、一二世紀に王家領・摂関家領立荘の主流になるのは、後者の立荘パターンである。これは、院や女院、摂関の近臣層が主導する、権門としての立荘である。しかし、こうした立荘の性格を私的権門としてのそれとして片付けることはできない。こうした立荘はまさしく中世王権の分有者による立荘である。そして立荘の主体である院・女院、それに摂関のみが、できあがった荘園の本家として現れるのである。

これは、院庁下文や摂関家政所下文が公的文書か否かという議論と密接にかかわる問題でもある。この種の議論が古くからありながら、必ずしもすっきりとした説明がなされてこなかったのは、これら権門の下文が太政官系統の文書に代わるものであったか否かという形で立論されていたためである。律令制的なあり方からいえば、これらの文書が私的な文書であることは当然である。しかし、そうした意味での公私峻別論で論じることは生産的とは思われない。第三章の文書論は、こうした立荘文書となり得る院庁下文・摂関家政所下文の源流を探ったものである。ここでは在地への非公式な命令文書がその地位を獲得していく過程を描いたが、これこそ律令制的原理からいえば非公的な権限が、荘園制を基盤とする中世王権へと収斂していく過程であった。そして、第一章で明らかにしたように、院庁下文による立荘パターンが、近年の研究によって院政の確立期と評価されている白河院政後半に確立する―その先駆形態はすでに院政初期に認められるが―ことは重要であろう。

さて、右のような文書によってなる王家領・摂関家領の立荘は、広大な領域型荘園である。第一章では寄進という行為のもつ意味を相対化し、寄進地系荘園という枠組みに批判を加えた。本主の寄進を前提にしながらも、立荘という手続によって、もとの本主の私領とはまったく規模・構造の異なる広大な王家領・摂関家領荘園が成立する。寄進の意義を重視しないというとやはり極論かも知れないが、しかし寄進のみを中世荘園形成の原動力とするような評価は、改められねばならないであろう。本論で取り上げることのできた立荘の事例はそれほど多くはないが、個別事例の分析を重ねて立荘の実像をさらに明らかにしていく必要がある。近年の研究は、絵に描いたような「在地領主」の存在を否定しつつある。それに代わって今後は、立荘にかかわった勢力としては、①院・女院・摂関等の国家の中枢レベルの政治動向、②院や摂関家近臣でもある知行国主の動向、さらに③都鄙を往反して立荘の条件を作り出していく、受領クラスの中・下級貴族の動向、それぞれの分析が重要であろう。

さらに、本論のような理解にたった場合、寄進が荘園形成の唯一の原動力であるかのようにみられてきた、そのこと自体の意味を問う必要もある。ここには二つの秘密があるであろう。ひとつは本文でも少し触れたが、それが立荘を法的に正当化する建前であったということである。このことは、古代以来の土地所有の認定のあり方から検討を重ねなければならないであろう。もうひとつは、鎌倉後期の職の一円化とそれにともなう相論の中で、開発寄進の由緒をもつということが重要になってくることである。このために主張されるその由緒が、重ねて寄進地系荘園という虚像を生んだのではないだろうか。鹿子木荘事書なる史料は、まさにその産物に他ならないのである。この第二の点のさらなる解明のためには、荘園所職の成立・展開過程を追求せねばならない。第二章はそうした意図で用意したものであるが、まだ不充分なものである。ここでは成立期の荘園所職の単純な構造がのちに複雑化するという考え方を示し、永原慶二氏の職の体系の理解があまりに静態的であることを指摘した。しかし、とりわけ鎌倉期に入ってからの職の展開過程はまだ充分には考究していない。これからの課題である。

第四章は、寄進地系荘園批判に続き、村井康彦氏以来の雑役免系荘園という荘園類型に対する批判である。というよりも、批判はすでに先学によってほぼ完全になされているので、それによって基本概念が崩れたあとの大和の荘園の成立過程を新しく考えるための筋道を示したものである。寺僧領→院家領→門跡領という展開を指摘したが、ここで改めて確認しておきたい重要なことは、その展開過程で藤氏長者へ所有秩序がいったん求心する動きが認められることである。大和国の場合、一二世紀初頭より国司権力が有名無実化する。それと入れ替わるように長者の安堵や裁許の権能が前面に出て、荘園を認定する。これは大和国特有の事情であるかのように考えられがちであるが、必ずしもそうではあるまい。国司支配の枠組みが外れた結果、秩序が中央に求心するというのは、院政期の荘園形成に通底する動きであろう。それが大和国の場合、国司権力がほぼ完全に撤退したために、そして興福寺のいわば本所というべき藤氏長者の存在があった故に、藤氏長者への求心力が一元的に働き、長者の権限が一国慣例化するという特殊形態が現れたのである。ここには荘園形成過程一般を考えるための重要なヒントがあるように思う。国司制度の変遷と荘園成立との関連は、今後の大きな課題である。

第五章は、新出史料、およびそれに基づく嘉祥寺領日根荘という荘園の紹介が執筆の主眼であったため、他章とは体裁が違うが、寺領荘園成立の特質について、いくつかの点を指摘した。他章でも関連することを述べたが、寺領荘園の領域荘園化は、不入権を認定する官宣旨によってなされるのが通例であること。領域荘園の規模は王家領・摂関家領とは大きく異なること。また、そうした領域荘園化申請の背後に、本寺─末寺関係の設定があった可能性を指摘したが、これも先述の院政期の中央への求心性の一現象であろう。このことを含め、荘園制形成期の求心構造一般を問題にしつつ、王家領・摂関家領荘園と寺領荘園との質的差異を問わねばならないであろう。寺領荘園をさらに体系的に論じるためには、今後は史料の豊富な東大寺領荘園に関するモノグラフを積み重ねる必要があると考えている。

付編 I

第一章　摂関家領荘園群の形成と伝領――近衛家領の成立――

は じ め に

陽明文庫所蔵近衛家文書中の近衛家所領目録[1]（以下、近衛目録と略称する）は、鎌倉中期の近衛家領の全貌を示す著名な史料であり、九条道家処分状など九条家側の重要史料とともに摂関家領研究の主要な素材とされてきた。とりわけ、永原慶二氏は近衛目録の分析から「荘務権」の有無を本家の荘園支配の二類型として抽出し、公家領荘園領有構造の研究に大きな影響を与えてきた。[2]一方、近衛目録にいたる家領の伝領に関しては、竹内理三氏などの先駆的な研究と、[3]特にそれに続く義江彰夫氏の詳細な検討[4]によって、摂関家領伝領過程のかなりの部分が明らかになっている。これらの業績をもとにして、個別荘園の研究に近衛目録が引用されることも多い。

小論は、このうちの摂関家領の成立・伝領の問題に再検討を加えるものである。右の義江氏の研究には詳細な事実関係がほぼ網羅されており、本稿もまたそれに依るところが大きいが、近衛目録に記され伝領の由緒を示している荘園群のまとまりに特に着目することにより新たな事実を指摘し、あわせて荘園群ごとのそもそもの性格に規定された伝領のあり方について論及しようと思う。

殿下渡領の形成過程を検討した橋本義彦氏は、保元・文治の二画期をへて家領から氏長者の渡領が分離していく様子を明らかにされた。(5) この渡領確立の過程とは、逆にいえば摂関家の分立にともなって渡領以外の家領が摂関氏長者という地位から離れた家領としての性格を確定していく過程でもある。義江氏は「氏の財産」と「家の財産」の区分を前提とし、後者の変遷を追うという形で立論している。しかしこの区分は本来必ずしも自明のものではないであろう。この点に留意して右に述べた荘園群ごとの性格に着目し、近衛目録にみる形の近衛家領が確立していく様子を明らかにしたいと考えている。

第一節　荘園群の形成と伝領

近衛目録に書き上げられた個々の荘園には、荘園名の肩書部分に「京極殿領内」「高陽院領内」の如く自身が属する荘園群の名の付記があって、伝領の由緒が示されている。この肩書記載から次の五種類の荘園群を知ることができる。(6)

①京極殿領　五一ヶ所　①′京極殿堂領(7)　九ヶ所　②高陽院領　四九ヶ所

③冷泉宮領　二五ヶ所　④篤子内親王領　七ヶ所

また、近衛目録の末尾には「庄々相承次第」(以下「相承次第」と略称する)という部分があり、これらの荘園群の来歴を次の順に簡単に記している。

㋐宇治殿領　㋑冷泉宮領　㋒一条北政所領　㋓堀河中宮領

これを先の肩書記載と対照させると、㋐が①と②、㋑が③、㋓は名称が異なるが④の荘園群の伝領の説明にあたる。㋒に相当する所領は①~④には見出すことができない。

以下、この「相承次第」の説明を確認または訂正しながら、各々の荘園群の形成・伝領の経過を概観していこう。㋐～㋓は、藤原頼通以来の旧〔宇治殿領〕の伝領を記す㋐とそれ以外の㋑～㋓に大別できる。まず㋑以下、〔宇治殿領〕を除く荘園群から始めることにする。

1　冷泉宮領・一条北政所領・堀河中宮領

冷泉宮領　冷泉宮とは小一条院敦明親王の娘で三条天皇の養女になった儇子内親王のことである。儇子内親王は藤原信家（関白教通男）に嫁ぐが実子がなく、夫妻は源麗子を養女としている。麗子は藤原師実の北政所で師通の母である。「相承次第」によると、〔冷泉宮領〕は儇子よりこの麗子へ、麗子より孫にあたる知足院殿藤原忠実へ伝えられている。

〔冷泉宮領〕及びそれを構成している個別荘園に関する史料はほとんどなく、儇子のもとへの集積の過程は明らかではない。竹内氏は、儇子が実父小一条院から譲られた所領と、夫信家を介してその父教通から譲られた所領とが合流したものと推定している[8]。

その後の伝領については特に「相承次第」の記載に矛盾はない。他史料から裏づけることはできないが、儇子没年の承徳元（一〇九七）年前後に麗子の手に渡り、さらに義江氏のいうように、麗子没年の永久二（一一一四）年前後に忠実が入手したものと考えてよいであろう。

一条北政所領　一条北政所は大宮右大臣藤原俊家の女で藤原師通の室、忠実の母にあたる藤原全子である。「相承次第」は全子から忠実へ、さらに忠実息忠通を経て育子中宮へという伝領経過を記している。育子は忠通の養女で二条天皇中宮である。この荘園群は育子以後摂関家に戻っていない。近衛目録の肩書記載に〔一条北政所領〕がみえないのはそのためである。「相承次第」は「勝安楽院領、今他領。菩提院《(松殿基房)》入道女子并高野相国《(九条兼房)》入道女子、二人伝領云々」との註記を付している。

〔一条北政所領〕を構成する荘園の名や数を近衛目録から知ることはできないが、その集積の過程は、わずかに知られる史料から、全子父俊家からの相伝と全子本人への寄進が一例ずつ確認できる。(9) いくつかのルートを経て全子のもとで一括された荘園群であろうと考えられる。

「相承次第」の注記にみえる勝安楽院は全子の供養のために忠実によって建立された宇治にある院家である。(10) 久安六（一一五〇）年の全子没後にその遺領を全子ゆかりの院家に附属する荘園群として忠実が管領したものであろう。(11) その後の忠通より育子中宮への譲与の経緯は不詳であるが、『玉葉』養和二（一一八二）年二月四日条には「泰経云、勝安楽院領事、松殿姫君(基房)候二八条院一也、可二知行一之様、有二其沙汰一云々」との記事があり、育子以後の伝領についての先の「相承次第」の記載を一部裏付ける。しかし、その後の伝領について確かなことはわからない。

堀河中宮領（篤子内親王領）　近衛目録の肩書記載は〔篤子内親王領〕、「相承次第」では〔堀河中宮領〕とするが両者は同じで、後三条天皇女の堀河中宮篤子内親王が領有した荘園群である（以下、〔堀河中宮領〕に統一する）。「相承次第」は堀河中宮篤子より法性寺殿忠通への伝領を記し、また「證菩提院領并庁分十一ケ所。於レ今者有二子細一非二進止一」との註記を付している。

〔堀河中宮領〕の成立について、篤子の養父である藤原師実からの処分を義江氏は推定しているが、史料的な根拠はない。それよりも注目すべきは「證菩提院領并庁分十一ケ所」とある点である。證菩提院は中宮篤子の発願により天仁二（一一〇九）年六月に供養が行われた御願寺である。(12) 当時の御願寺領形成の一般的なあり方からみて、さまざまのルートで集積された荘園群が供養にあわせてまとめられたものが〔堀河中宮領〕の主要部分と考えるのが適当ではないだろうか。

ところで、「相承次第」は続いて「於レ今者有二子細一非二進止一」と、伝領過程で何か問題が起こったことを記している。これだけでは簡略に過ぎて要を得ないが、関連史料から以下のような事情を知ることができる。

證菩提院は篤子発願、もとは法性寺の南辺に建立された院家である。篤子没三年後の永久五（一一一七）年に焼亡し、篤子の後見であった忠実により法性寺北辺に場所を移して再建された。これ以前に證菩提院は「堀川院故中宮、件堂之事、先年被レ申二付摂政殿（忠通）一也。仍年来殿下雖下令二沙汰一給上」[13]とあるように、篤子より忠通に付せられており、「相承次第」にある伝領の記載を跡付けることができる。

ところが、大治二（一一二七）年一二月、白河上皇は突然院庁下文を発し、強引に延暦寺座主の僧正仁実を證菩提院の別当に任命して、忠通によって補任されていた別当公伊を解任する。[14]重ねてこの二年後、院により白河尊勝寺の南に移築が行われる。そのときの記録に「而自二去々年一、変二件大議一成二院御願一、以二僧正仁実一為二別当一」[15]とあるように、先の別当改替は摂関家の院家管領権を奪って院の御願寺に変更するという意味をもつ人事であった。證菩提院を始めとする三堂附属の荘園が三七ヶ所あったというが、[16]それらも院に接収されたようである。院による移築の際に「以二故宮庄薗等一宛二土木功一、不日造営」[17]と、〔堀河中宮領〕が造営に宛てられているのである。

以上が「相承次第」の述べる「有二子細一非二進止一」の内容であろう。〔堀河中宮領〕は、もと證菩提院領など三七ヶ所を中心とする大規模な荘園群をなしていたが、白河院による接収の結果わずか一〇ヶ所足らずの荘園のみが摂関家領として伝領されることになったのである。

さて、右にみた三つの荘園群は共通する性格をもっている。それは、いずれも摂関家へ女性を通じて流入した荘園群であることである。〔冷泉宮領〕・〔堀河中宮領〕はそれぞれ儇子・篤子という女性のもとで成立した荘園群であった。両者ともに摂関家と関係の深かった女性であるが、養子や姻戚関係などを通じて摂関家領となる。

また、〔一条北政所領〕は師実室の全子から姻戚関係によって摂関家に流入した荘園群である。右の荘園群のなかで道長・頼通期に摂関家領として所見があるものは皆無である。これらはすべて忠実（もしくは忠通）期に女性を通じて新たに流入したものである。

これら、院政期になって外から流入した荘園群に対する摂関家の管領権、というより摂関家への附属の程度は、それほど強固なものではなかったのではないだろうか。〔冷泉宮領〕は少なくとも史料上は問題なく伝領されたようであるが、〔堀河中宮領〕の主要部分は伝領過程で白河上皇に接収され、また〔一条北政所領〕は女子に処分されたのち摂関家に戻ってはいない。こうした事例にはもちろん当該各期の政治状況を考慮に入れねばならないが、一方でそもそもの所領群の成立の経緯に領有の脆弱性が内在していたのではないだろうか。[18]

近衛目録の末部には「所領濫觴者、委見二延久二年十月六日進官目録一」とする記載がある。延久荘園整理令により官に提出されたと考えられる進官目録にその時点で記載されていた荘園は、右にみた三荘園群以外、次節で扱う旧〔宇治殿領〕であったはずである。延久「進官目録」で摂関家領としていったん確定された〔宇治殿領〕の頼通以来という由緒の重さには、右にみた荘園群とは差があるのである。

2　京極殿領・高陽院領

京極殿領・高陽院領　のちの近衛家領の中核をなす二大荘園群が〔京極殿領〕と〔高陽院領〕であり、「相承次第」では〔宇治殿領〕と総称して説明されている。この「相承次第」の記載は無批判に引用される場合があるが、ここには検討を要する部分が少なくない。

「相承次第」の伝領図によると、〔宇治殿領〕は、四条宮（頼通女寛子）・高倉北政所（頼通室隆姫）・京極大殿（頼通男師実）に三分されたように記されている。これが事実であることはそれぞれのちの展開から裏づけられるが、「相承次第」に付された以下の註記には矛盾が多い。

まず、〔京極殿領〕について。「宇治殿領事」の割書には、「平等院領外、称㆓京極殿領㆒是也」と、平等院領以外を〔京極殿領〕だとしているが、これは伝領図そのものと矛盾している。平等院領を除く頼通領が三分された、その一が〔京極殿領〕なのである。(19)

そのほかにも二つの不明瞭な点がある。まず、〔四条宮領〕の相伝について、「相承次第」には忠実女の高陽院のところに「四条宮跡領自㆓知足院殿㆒被㆑譲㆑之。今号㆓高陽院領㆒是也」とする説明があり、従来の研究にはこれによってのちの〔高陽院領〕荘園群を、宇治殿（頼通）—四条宮（寛子）—知足院殿（忠実）—高陽院（泰子）という相伝ルートで説明しているものが多い。旧〔四条宮領〕の荘園がのちの〔高陽院領〕に含まれることは個別に確証があり間違いないが、〔四条宮領〕＝〔高陽院領〕ならば、新たに〔高陽院領〕という名が冠せられることになったのは何故であろうか。他の荘園群はすべて忠実（または忠通）が集積する以前の荘園群所有者の名で呼ばれているのに対し、〔高陽院領〕のみが忠実の処分の対象となった女性の院号で呼ばれているのは、「相承次第」の説明からでは不可解である。〔四条宮領〕がのちの〔高陽院領〕そのものとは考えにくい。(20)

さらに、三者に分割処分された荘園群のうち京極殿・四条宮へ処分された荘園群はのち〔京極殿領〕・〔高陽院領〕として現われているのに対し、高倉北政所へ伝領された荘園群の行方は明記されていない。「此知行所㆑譲㆓京極北政所㆒歟。其後知足院殿相伝歟」との説明を加えてはいるが、近衛目録作成時点ではもうわからなくなっていたのであろうか、結論をいうとこれは事実ではない。

これら二つの疑問点は実は相互に関連している。そこで、まず頼通の室、高倉北政所隆姫に譲られた荘園群の行方を追ってみよう。

頼通から隆姫に譲与された所領群は次の史料に再び登場する。長治二（一一〇五）年一一月七日、藤原頼通の養女であり高倉一宮と称された祐子内親王が死去するが、その翌日の『中右記』の記事である。

件高倉殿并彼所領庄園皆故宇治殿令レ所ニ分北政所一給。件北政所御卒之後、令レ伝ニ此宮一給者、宇治殿所分帳加ニ御判一在ニ殿下一也。其間子細慥所レ承也(21)

頼通から隆姫に譲与された所領は、隆姫没後、邸宅の高倉殿に付属する形で頼通養女の祐子に譲られていたのである。この祐子没一年後、忠実は「宇治殿所分旨」を根拠にこの故高倉一宮領を自領とする政所下文を発し、(22)一ヶ月後には宣旨による認定を受けている。(23)この荘園群—以下、史料上の語により〔高倉一宮領〕とする(24)—は以上のように、頼通—隆姫—祐子—忠実というルートで伝領されたのである。

忠実の入手までの右のいきさつはすでに義江氏が触れているが、それ以降の〔高倉一宮領〕の行方はまったく明らかにされてはいない。この点を別種の史料から考えてみよう。

『執政所抄』は摂関家年中行事における諸国所課・荘園所課を書き上げた史料で、義江氏の考証によると元永元（一一一八）年から保安二（一一二一）年の間に成立したものという。この『執政所抄』所収行事のうち、摂関家関係者の忌日の荘園所課に注目して、一一月七日の「高倉殿御忌日」と一二月二八日の「冷泉院殿御忌日」の所課を負担している荘園を一覧にしたのが次表1・2である。所課荘園の帰属を近衛目録の肩書により示すと、「高倉殿御忌日」はのちの〔高陽院領〕、「冷泉院殿御忌日」は〔冷泉宮領〕の荘園が中心となっていることが明瞭である。このうち、後者が〔冷泉宮領〕の旧所有者冷泉宮儇子内親王（承徳元年一二月二八日没）の忌日であることは間違いない。忌日の所課がゆかりの荘園で負担されているのである。

同様に考えると前者の所課荘園も忌日法要の対象である「高倉殿」がその本主であったと推測することができる。忌日と通称から考えて、「高倉殿」とは長治二年一一月七日に没し高倉一宮と称された祐子内親王であることが確実である。ここに、さきの〔高倉一宮領〕が再び姿をみせるのである。

表1　11月7日「高倉殿御忌日」の所課

品　　目	荘園名(国名)	所属
等身阿弥陀三尊一鋪	越前勅旨(越前)	〔高〕
法華経七部		
色紙一部・素紙四部	海野　(信濃)	〔高〕
	福頼　(出雲)	〔高〕
索紙二部	苗木①(美濃)	〔高〕
	遠山　(美濃)	〔高〕
仏供四十二坏	岩田　(？)	〔？〕
作花御明油	近江勅旨(近江)	〔？〕
布施		
仏布施絹五疋	浜使　(？)	〔？〕
導師卅疋・讃衆六口各十疋	田仲　(紀伊)	〔京堂〕
被物一重	仲村　(美濃)	〔高〕
上品紙三帖	大幡　(播磨)	〔高〕
供養米		
導師三石・讃衆六口各一石	垂水西②(摂津)	〔？〕
阿弥陀護摩七日料十二石一斗・壇供八石四斗・人供三石七斗	垂水東③(摂津)	〔京〕
同油一斗五合	近江勅旨④(近江)	〔？〕
浄衣一領・壇敷等布四段	永岡　(尾張)	〔高〕
御誦経案一脚・壇一面・燈台四本・脇机二脚・礼版一脚・桶四口・杓二柄・長櫃一合・折敷三枚・閼伽桶一口	桧物　(近江)	〔高〕

表2　12月28日「冷泉院殿御忌日」の所課

品　　目	荘園名(国名)	所属
色紙摺経一部	笏賀　(伯耆)	〔冷〕
素紙経五部		
二部	波多野(相模)	〔冷〕
二部	栗倉　(美作)	〔冷〕
一部	元舎人欺	〔？〕
被物一重	保田　(紀伊)	〔冷〕
布施絹四十四疋	田口　(伊賀)	〔京堂〕
護摩		
乃米十石二斗七升二合	餉御園(近江)	〔冷〕
油一斗五合	芙田　(？)	〔？〕
浄衣絹一疋二丈	福井　(摂津)	〔冷〕
布四段	三崎　(相模)	〔冷〕

註1．所属欄は「近衛目録」の肩書記載と対照して記入した。〔高〕＝〔高陽院領〕、〔冷〕＝〔冷泉宮領〕、〔京〕＝〔京極殿領〕、〔京堂〕＝〔京極殿堂領〕を示す。〔？〕は「近衛目録」に名のみえない荘園、もしくは所属の肩書記載を欠く荘園である。

2．①苗木荘の名は「近衛目録」にはないが、他の史料から美濃国遠山荘内の地名と知られるので、(美濃)・〔高〕とした。

3．②垂水西には「改近江勅旨」、③垂水東には「改同西」、④近江勅旨には「改信達」との付記がある。このうち信達荘はのちの〔高陽院領〕に属する。

『執政所抄』には表にみえるもののほかにも、のちの〔高陽院領〕に属する荘園名が散見するが、「相承次第」の記載から〔高陽院領〕の前身だと従来考えられてきた〔四条宮領〕は『執政所抄』成立時には忠実の手にまだ渡っていないから、これらを〔四条宮領〕と考えることはできない。のちの〔高陽院領〕のうち、少なくとも『執政所抄』に名のみえる荘園は、もと〔高倉一宮領〕に属していた荘園なのである。

さらに〔高陽院領〕には、頼通以後の新立荘園が交じっていることも確認できる。大和国田永荘は四条宮のときの立券、[25]また越中国阿努荘は本主より「保延之比」に高陽院に寄進され成立したものだという。[26]ともにのちの〔高陽院領〕に属する荘園である。〔高陽院領〕は、「相承次第」のいうように〔宇治殿領〕の一を受け継ぐ〔四条宮領〕のそのままの後身なのではなく、〔四条宮領〕と〔高倉一宮領〕を忠実があわせて入手し、その過程で若干の新立荘園を加えながら女子高陽院に処分されて新たな名の下にまとめられた荘園群だということになる。

以上の考証から、先にあげた二つの疑問が解決した。旧頼通領中、女子に処分された〔四条宮領〕・〔高倉一宮領〕の二つの荘園群は忠実の手に渡り、〔高陽院領〕として再生したのである。[27]もっともこの二つは忠実入手以前も摂関家から完全に離れていたわけではなく、広義の摂関家領を構成していた。[28]たとえば〔高倉一宮領〕が「宇治殿処分帳」に基づいて継承されたのも、このような性格が前提にあったのであろう。

最後に〔京極殿領〕の伝領過程とその性格をみてみよう。旧〔宇治殿領〕のうち平等院領になった部分を除く家領を〔京極殿領〕と称するという「相承次第」の説明が不正確であることはすでに述べ、また以上の次第からも明らかであろう。三分された旧〔宇治殿領〕の一が京極殿藤原師実に処分され、〔京極殿領〕となったのである。

ただし、この場合も〔京極殿領〕所属の荘園がすべて頼通以来のものではなく、京極殿師実時代の新立荘園も含まれているのであろう。〔高陽院領〕に関してみたように、荘園群の名として付せられている人物の時代がその荘園群の確立期とみてよいと思われる。

〔京極殿領〕については他に注目すべきことが二点ある。その一は、他の荘園群と違い、頼通以来摂関家の嫡流に相伝されていくことである。頼通から師実、師実から忠実へ、以後の政治変動期の例外を除いては嫡流男子の相伝が続き、女子に処分されることは基本的にない。

その二には、『執政所抄』の荘園所課をみると、〔京極殿領〕に属する荘園は渡領の諸荘とともに摂関家年中行事所課の中心に位置していることである。『執政所抄』からわかりやすい事例を挙げると、正月元日の四方拝供御座の所課は、信達荘・宮田荘（以上のちの〔高陽院領〕）・今泉荘・吉田荘・穴太荘・山内荘・椙原荘・垂水東荘・垂水西荘・榎並荘・平田荘・椋橋東荘（以上〔京極殿領〕）・長曽禰荘（〔京極殿堂領〕）の諸荘園の負担とされ、大半が〔京極殿領〕の荘園で占められていることがわかる。また、二月八日の法性寺修二月の行事所課の米や餅は、渡領に属する備前国鹿田荘の他はすべてが〔京極殿領〕所属の荘園でまかなわれている。行事の性質や地域性による考察がさらに必要ではあるが、全般に〔京極殿領〕が年中行事所課の中心にあることに間違いはない。摂関家にとってもっとも重要な意味をもつ摂関家領の中核の荘園群として、〔京極殿領〕は摂関家嫡流男子に代々相伝されてきたのであった。

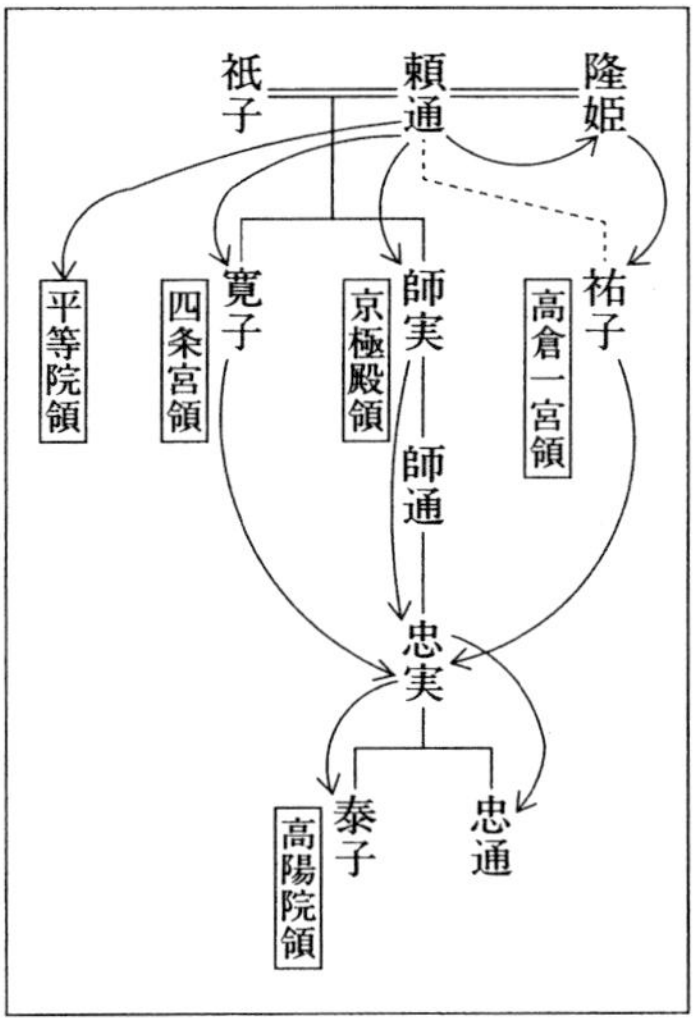

さて、煩雑な考証作業の結果新たに復元した旧〔宇治殿領〕伝領の次第を図示しておこう。のちの〔京極殿領〕・〔高陽院領〕は若干の新立荘園を加えながら図のような経過を経て、それぞれの名が示す京極殿藤原師実、高陽院泰子のもとで確立した荘園群なのである。(29)

以下、次節からはこうして成立した〔京極殿領〕・〔高陽院領〕の二大荘園群に焦点をしぼって考察を進めていこう。これらが摂関家領の中心に位置する、しかも最大の荘園群であるからである。

第二節　高陽院方の成立

前節での検討の結果、頼通以来の由緒をもつ荘園群とそれ以外には性格の相違があること、また前者では頼通が三分して処分したうちの〔京極殿領〕は摂関家嫡流が相伝する最重要荘園群であり、一方、女子分であった〔高倉一宮領〕・〔四条宮領〕の方は忠実が入手したあとあわせて高陽院に譲与され、その過程で若干の新立荘園を加えて〔高陽院領〕が成立したことが明らかになった。

〔高陽院領〕の成立。それは摂関家領が女院領という形をとった始めてのことである。ここにどのような意義を認めるべきであろうか。忠実の時代が摂関家家政機構の充実期であることは通説となっているが、一方この時期は白河院と対立した忠実の失脚により摂関家の政治的地位が大きく動揺したときでもある。前節で述べた伝領の関係を政治状況を画しながら追ってみよう。忠実による〔高陽院領〕形成の意図は奈辺にあったのであろうか。

まず、白河院政下、保安元（一一二〇）年の忠実失脚までの時期は、概して摂関家領の拡充期ということができるであろう。すでにみたように嘉承元（一一〇六）年、前年に没した祐子内親王の〔高倉一宮領〕を忠実が自らの家領に編入する。続いて永久二（一一一四）年に相次いで没した京極北政所麗子・堀河中宮篤子の遺領〔冷泉宮領〕・〔堀河中宮領〕は、没年前後にそれぞれ忠実・忠通の家領になったものと考えられる。

摂関家年中行事用途の調達方法を書き上げた『執政所抄』の成立はこの時期の終わりのこと、義江氏は元永元（一一一八）年から保安二（一一二一）年の間にその成立を比定している。『執政所抄』の評価は論者により異なるが、摂関家年中行事の確立とそれを支える諸国所課・荘園所課体制の整備のひとつの段階を示すものと考えることはできる。この時期は忠実による摂関家家政整備の第一の段階であるとすることができるであろう。

次に、忠実女泰子の入内問題のこじれが白河院の怒りに触れ、忠実が関白を罷免されるのが保安元（一一二〇）年の暮。翌年正月には忠通がその跡を継ぎ、忠実は宇治に一〇年余の隠遁生活を余儀なくされることになる。頼通遺領の一を知行していた頼通女子四条宮寛子の没はこの間のことである。「相承次第」によるとその遺領〔四条宮領〕は忠実に伝わったとされるが、他の荘園群とあわせて、名目上は忠通が管理したものと考えられる。しかし、この間の白河院の摂関家に対する攻勢は家領にも及んでいる。前節でみたように、〔堀河中宮領〕の主要部分を占めていた證菩提院領が院のまったく恣意的な人事により接収されたのが大治二（一一二七）年のことである。この時期は、大殿忠実の政治力を欠く摂関家の政治的地歩が著しく後退し、摂関家領の維持が動揺した不安定期であった。

ついで、白河院没、鳥羽院政開始後の天承二（一一三二）年正月、忠実は内覧に再任されて政界に復帰、以後鳥羽院との親密な関係のもと、内には忠通との提携下、摂関家は再び比較的な安定期に入ることになった。

この時期の摂関家領は、引続き忠通の管領下にあった如くである。天承二（一一三二）年の鎮西島津荘に関する解状が殿下＝忠通の政所に提訴され[30]、同年丹波国宮田荘と隣荘大山荘との相論に忠通の御教書が発給されていることはそれを示している[31]。また、久安年間（一一四五～五一）頃のものと推定できる史料にも「摂政殿（忠通）御領播磨国坂越・大江嶋御庄」と記されている[32]。島津・宮田両荘はのちの〔高陽院領〕、坂越荘は〔京極殿領〕に属する荘園である。

しかし、復帰した大殿忠実がそれらの経営に関与していなかったとは考え難い。のちに「此家之習、嫡々相承之時、強不レ及二上奏一、殆如二譲状一も不二書給一。不レ及二異論一之故也[33]」といわれているように、摂関家嫡流の相伝は必ずしも手続の制度的に整ったものではない。摂関氏長者という制度的な地位にある忠通と、いわば家長者として摂関家版院政を敷く大殿忠実、両者相まってこれらを管掌していたものであろうか。

〔高陽院領〕が形成されるのはこの忠実復帰後の時期のことである。まず、その正確な成立年を考えたい。のちの高陽院、忠実女藤原泰子は、長承二（一一三三）年に鳥羽院に院参。翌年、上皇夫人の立后は例なしとの世人の非難をよそに忠実は立后を強行する。この経緯は、鳥羽院との重要な絆を求めた忠実による政治色の濃い措置であった。(34) そして保延五（一一三九）年、泰子は宣下をうけて高陽院の院号を得るに至る。

義江氏は、忠実から高陽院への所領処分を、多少の年代幅をもたせながらも入内（院参）前後とし、彼女の後宮生活を支える意味があったと、その目的を説明している。

しかし、私はこれを院号宣下に際しての処分であったと考えたい。この時期は記録史料を欠くため確かなことはわからないが、第一に院号宣下以前には泰子やその皇后宮職が荘園所務に関与した事例がみられないこと、(35) 第二に高陽院庁の職員として長年勤務した平信範が仁平四（一一五四）年にその職を解かれたときに、「高陽院納殿并御蔵町細工所也別当、被レ停二止之一。……下官勤節十六年奉行十四年、雖レ致二勤功一未レ及二過怠一」(36) と日記に記している点が傍証になる。第二の点について、この文言から逆算するとちょうど院号宣下前後に信範の職掌が開始されていることがわかる。院号宣下と女院庁開設にともなって荘園群が譲与され、同時に納殿・御倉町といった荘園からの物資の管理施設が設置された可能性が高いのである。

右の推測が許されるならば、忠実はあらかじめ女院領化を意図して〔高陽院領〕荘園群を成立させたということになる。女子への処分というだけの評価を改め、この譲与の意義を女院領化のそれとして考え直さねばならない。

忠実による〔高陽院領〕設定とほぼ同時期に、一方で忠通付近に新しく集積された荘園群が〔皇嘉門院領〕としてこれも女院領化されていることは注目される。(37) 一般的にいえば鳥羽院政期は王家領においても女院領としての荘園集積が進んだ時期であるが、ひとまず摂関家内部の問題としていえば、この時期の摂関家の政治的な地位を抜きにして右の動きを考えることはできないであろう。忠実以後、摂関の職も院の恣意に左右され、さらに本来藤氏内の問題たる氏長者の地位すら宣旨によるようになっていくことはよく知られている。そうした中にあって、政局に左右されない女院という地位を利用して、右に述べてきたような不安定期を経た摂関家領の保全をはかろうとしたところに女院領化の直接の目的があったと考えてよいのではないだろうか。

〔高陽院領〕についてはわからないが、〔皇嘉門院領〕を例にとると、女院領化の意味を考える上で次の事実は参考になる。仁安二（一一六七）年、皇嘉門院は封戸を辞退し、その代わりに〔皇嘉門院領〕を「官省府（マヽ）之地」とすることを申請して認められた。(38) のちの史料から、このときの「官省府」の内容は「惣可ㇾ停二院事・勅事・諸使等乱入一之由」(39)、すなわち官符による一国平均役不輸と不入権の付与であったことがわかる。これは上島享氏が明らかにした荘園群に対する「一括免除」にあたる。(40) 上島氏の指摘した「一括免除」の対象となった事例は王家の御願寺領が中心であったが、このように摂関家出身の女院も本家としての最高の土地所有認定の対象となり得るのである。女院とはそうした地位であり、忠実・忠通による女院領の創出は、女院の地位を利用した摂関家領の再建策なのである。

さて、この結果〔京極殿領〕と並ぶ規模の〔高陽院領〕が成立した。これ以降、高陽院の死後も引続き両者は「京極殿方」・「高陽院方」と、摂関家領を代表する二大荘園群として併称されることになる。(41)

さらに、この再編は、荘園群の再構成というにとどまらない意味をもっている。さきに触れたように、高陽院方の納殿・御倉町という物資の管理機構がこれにともなって成立しているのである。高陽院御倉町は通説のように頼通創建になる有名な邸宅「高陽院」に附属するのではなく、北村優季氏の指摘のように女院高陽院の高倉西土御門北の邸宅、もうひとつの高陽院にあった。これは女院の御倉町であるとともに摂関家の御倉町の一であり、

高陽院泰子の死後もその管理機構が存続している。(42)

このような荘園物資の管理機構の運営の実態等について、ここで触れる余裕はなく後考を期したいが、さらに摂関家の大番舎人の編成がこの再編に即していることは指摘しておきたい。大番舎人の所管は二つに分かたれ、後代まで「殿下方」・「高陽院方」、またはその略称「殿方」・「院方」で呼ばれている。(43)この時期に二大荘園群の編成と連動した摂関家政所下部機構の再編があったのではないだろうか。

以上のように鳥羽院政下、復帰後の大殿忠実のもと、摂関氏長者として忠通の領する〔京極殿領〕に対し、高陽院が管領する女院領〔高陽院領〕が新たに成立し、荘園管理機構を備えた二大荘園群として継続する。忠実の再編は、このように家政機構全般に及ぶ再編策なのであった。この段階を忠実による第二の摂関家家政整備期と位置づけることができるであろう。(44)

さて、ここに成立した二大荘園群がそれぞれどのような性格をもっていたかを確認しておきたい。これについては久安六（一一五〇）年から仁平三（一一五三）年にかけて当時の氏長者藤原頼長が行った春日詣の荘園所課が素材になる。頼長の日記『台記』には、未遂のものも含めて計五回の春日詣の定文が載っていて、所課の範囲がわかる。(45)義江氏がすでに注目しているように、所課のかかった荘園は頼長個人の家領のほか、〔殿下渡領〕〔狭義〕、〔氏寺領〕（平等院・法成寺領）、〔冷泉宮領〕、〔京極殿領〕、〔京極殿堂領〕に及ぶが、〔高陽院領〕所属の荘園は一ヶ所もみられないのである。

この当時の主たる摂関家領は、忠実による久安六（一一五〇）年の忠通義絶事件ののちであるため、大殿忠実の管轄下にあったものと思われる。そこで義江氏は所課荘園の決定を忠実と頼長との個人的な関係によるとしている。しかし、春日詣という氏長者の行事に対する賦課がその性格を反映していないはずはない。忠実の後見下のことではあれ、これは氏長者の賦課と考えるべきである。忠実のもとで女院の領する荘園群として、〔高陽院領〕は氏長者という地位とは最も離れたところに位置していたと考えるのが妥当であろう。

『愚管抄』によると〔高陽院領〕はこののち忠通の息男基実が高陽院の養子になってのちの近衛家に伝えたという。[46] こうした経過を経て、〔高陽院領〕は近衛家という家の形成と密着した性格を帯びていく。一方では〔皇嘉門院領〕と九条家の関係がこれに類似している。こうして忠実により設定された二大荘園群のうち、〔京極殿領〕は摂関氏長者の地位に付随した荘園群として、〔高陽院領〕のほうはそれとは一線を画した家の領につながる荘園群という性格を帯びて、伝領されていくのである。

第三節　近衛家領の確定

摂関家主流派の敗退に終わった保元の乱の後、厳しい対立関係にあった忠実・忠通父子の急遽の妥協により、摂関家領の主要部分が勝者忠通の所領として辛うじて保全されたことはよく知られている。このときの『兵範記』の記事には、「本御処分近年変改所々并高陽院御庄々都及二百余所一」を忠実が忠通に献じたとある。[47] 引用部分の前半は、忠実・忠通間で揺れ動いていた〔京極殿領〕を指すのであろう。それとともに忠実管轄下にあった高陽院没後の〔高陽院領〕も忠通の手に帰すことになった。

そののち忠通より基実に伝領された摂関家領に再び波乱が起こるのが、仁安元（一一六六）年七月基実の急死後、松殿基房の摂政就任のときである。平清盛が娘で基実正妻の白河殿盛子の所領として自らが支配の実権を握ろうとした、平氏の摂関家領押領事件である。基房は佐保殿以下の渡領四荘と氏寺社領を手に入れることができただけであった。この事件の顛末は、田中文英氏の研究に詳しい。[48]

治承三（一一七九）年の盛子の没後、その遺領の処置をめぐって清盛と後白河・基房の間で激しい対立が起こり、これが一一月クーデターの一因となったことは有名である。[49] 続いて寿永二（一一八三）年、平氏の都落ち・

源義仲の入京に際し、松殿基房は義仲と結んで子の師家を摂政氏長者の地位に就け、摂関家領を手に入れようとする。『愚管抄』によれば、このとき〔高陽院領〕だけは近衛基通のもとに残すようにという後白河院の要請は無視されたという。(50)もっとも義仲の没落により基房の策動も短期間で幕を閉じ、近衛基通の摂政復帰とともに摂関家領は近衛家に戻ることになる。

以上のように、摂関家領は大きく動揺しながら内乱期を経過する。この一連の過程で、「摂籙家領輙難レ分」(51)ということがいわれ、渡領・氏寺社領以外の家領が分割されずにまとまって動いたことは、のちの展開への大きな布石となる。しかし、摂関家領が最終的に近衛家領として近衛目録にみるような形に確定されるのは、文治二（一一八六）年の九条兼実の摂政就任による近衛・九条両摂関家の分立と、それにともなって起こった争論の結果である。

九条家領の成立・伝領の分析を行った野村育世氏は、近衛・九条両摂関家の分裂は、基実・兼実をともに嫡子格と定めていた父忠通のあらかじめ意図するところであったとした。(52)野村氏の論拠のひとつは、基実・兼実がそれぞれ高陽院・皇嘉門院という荘園群を持つ女院の猶子とされ、相続予定者として女院領の経営に深く関与していたという点にある。

一方、摂関家を素材として相続形態の変遷に考察を加えた西谷正浩氏は、忠通は家領総体を摂関＝家長が遷替で伝領・用益する家の共有財産とすることを意図していた、しかし結果的には忠通の構想に反して渡領・近衛家領・九条家領の三つに分裂したのだとして、野村氏とはまったく異なる評価を下している。(53)

忠通のそもそもの意図が果して「摂関」家の分立にあったかどうかは別として、女院領の相続予定者の設定という野村氏の指摘は興味深い。しかしながら、野村氏は近衛家領の核が〔高陽院領〕、九条家領の核が〔皇嘉門院領〕であるとして、摂関家領中最も重要な意味をもち最大の荘園群でもあった〔京極殿領〕の帰属問題には触れていない。西谷説についていえば、「家領」と摂関＝家長が管轄する「共有財産」を対比させる視角は重要であろう。しかし、摂関家領すべてを一律に論じる点には無理があるように思われる。

以下、両氏の見解に対し、前節で確認した荘園群の性格の差を念頭において、九条兼実の摂政就任に付随して起こった激しい争論の経過を追い、両家領分立の意味を考えてみよう。

文治二（一一八六）年三月、源頼朝の後援のもと、近衛基通に代わって九条兼実が摂政に就任した。頼朝はさらに、基通のもつ摂関家領を兼実に移すことを計画する。これを聞いた基通は後白河院に愁訴し、院は折から在京していた北条時政に付して子細を頼朝へ申し達した(54)。基通と院の親密な関係はよく知られているところである。基通と兼実の家領をめぐる対立は、以後その背後にある実力者、後白河院と頼朝との駆引きによって進んでいく。

四月になって鎌倉へ帰った時政は、基通には所領を手放す意志がないことを頼朝に報告(55)。頼朝は平氏押領時代の摂政松殿基房を不当の例として引き、摂政家に家領がないのは不便であるとして、具体的な提案を兼実経由で院に示した。このときの頼朝書状の内容を『吾妻鏡』は「代々家領新摂政家可下令二領掌一給上候。只知足院殿御二附一属高陽院一之御庄五十余所云々。以レ其前摂政家可レ有二御領掌一候歟(56)」と記し、兼実自身は日記に「高陽院・冷泉宮・堀川院中宮等領、前摂政可二沙汰一。其残余可二沙汰一者(57)」と書きつけている。頼朝案は〔京極殿領〕を兼実へ、〔高陽院領〕を中心とするそれ以外の家領を基通へ、というものであった。

これをみた院は直ちに院宣を鎌倉に送って頼朝提案を拒絶するとともに(58)、兼実の「押領」を激しく非難した(59)。兼実は〔皇嘉門院領〕を知行しており、頼朝が不当な先例とした松殿基房の場合とはわけが違うというのがその理由である。ここにおいて基通と兼実との険悪な状態は頂点に達し、基通が兼実に夜討をかけるとの風聞に兼実がおびえる一幕さえあったほどである(60)。緊張状態の中、兼実は頼朝に書状を送るが、院宣と兼実書状をみた頼朝は、再び同様の提案を兼実のもとに送っている(61)。

七月になると、鎌倉から帰った院近臣大江公朝が頼朝申状を院奏するが、それとともに次のような伝言を院に伝えた。

> 一所家領有レ数云々。雖下不レ知二案内一事上、当時殿下一切不レ被レ知二家領一、尤不便。前摂政又併被レ避二所領一、尤可レ有二其糸惜一。然者以二高陽院方一、為二前摂政領一、以二京極殿方一、為二当時殿下領一、尤可レ宜歟如何云々[62]

頼朝の口調は折衷案を装っているが内容は四月段階の要求と変わらず、「高陽院方」を基通へ、「京極殿方」を兼実へ、というものであった。院はこの提案に「逆鱗」したかと思うと、大江広元と対面しては、「朕今生思量事、只此一事也」と下手に出て懇願する。[63]こうした駆引きの結果、結局頼朝は最終的に院の要求を容れ、基通領はそのまま近衛家領として存続することになったのである。[64]

さて、一連の経過から文治争論の意味を考えてみよう。

まず、頼朝・兼実側についていえば、彼らの要求は〔京極殿領〕の領有ということで首尾が一貫している。逆にいえば〔高陽院領〕までを領有しようという意図は当初よりみられない。先に述べた松殿基房の策動のときに、後白河院が〔高陽院領〕は近衛家に残すようにと口入したことからもわかるように、〔高陽院領〕が近衛家領であるとの合意は一般にあったようなのである。逆に、摂関氏長者には当然〔京極殿領〕が付属してくるものとの認識が頼朝側にはあったのであろう。前節で言及したように、〔京極殿領〕は摂関家行事所課の中心に位置し、摂関氏長者の地位に付随する所領という性格を帯びている。兼実が摂政就任後その領有に執着したのは当然であった。

一方、後白河・基通側の主張にはまったく根拠がなかったのかというと、そういうわけではない。平氏押領時代、氏寺社領を除く摂関家領は松殿基房に移譲されずに近衛基実室の平盛子が領し、その後基実の息基通にそのまま伝領されたのであるから、〔高陽院領〕はもちろん〔京極殿領〕も合わせて事実上は近衛家の家領と化していたともいえるのである。

すでに文治相論の一因を「摂関家領に対する考え方の差異、則ち基通の家領としての意識、兼実（頼朝）の摂関家領としての意識の差異」にあるとする的確な指摘がなされているが[65]、前節までで指摘してきた荘園群自体の性格を考慮に入れるとこの点がより明確になる。この争論は単なる家領の争奪戦なのではなく、摂関家領の中でも〔京極殿領〕をいかに位置づけるか、つまり近衛家の家領とするのか、摂関氏長者の渡領とするのか、結果的にみればこの問題に決着をつける争論であったということになる。

争論の結果、後白河の庇護のもと頼朝の圧力をはねのけた近衛基通の主張が最終的に通り、〔京極殿領〕は〔高陽院領〕とともに近衛家領として基通の領有が続くことになる。敗れた摂政兼実の不満を聞いてみよう。

宗頼朝臣来、申㆓造講堂之間雑事并唯識会之間事㆒。来九月廿一日可㆑始也。……布施事、為㆓前摂政（基通）之沙汰㆒。彼所役之庄々被㆓知行㆒之故也。……日本国之奇異、只在㆓此事㆒[66]

本来ならば摂関氏長者の負担すべき春日唯識会の布施について、その所役にあたる荘園が近衛家側にあることを兼実は嘆いている。先の争論では兼実側が勝訴する要素は充分にあったのであり、その場合には〔京極殿領〕も摂関の交替ごとに摂関の地位にともなって動く殿下渡領になっていた可能性が高い。

以上の文治争論の意義は、次のようにまとめられる。争論の結果、近衛家領・九条家領の区分が確定することになった。争論の対象となっていた荘園群はすべて近衛家領としてそのまま近衛家の領有が続く。これは、摂関氏長者の領と家の領、両者の間のまだ相対的であった区分にはっきりした線引きがなされることでもあった。摂関氏長者に附属するという性格を多分にもっていた〔京極殿領〕は近衛家の家領として確定され、家領と摂関氏長者の渡領の差も最終的に固定されることになったのである。

おわりに

この小論が第一に意図したことは、近衛家領の成立にいたる家領の成立・伝領過程の正確な復元作業である。個々の摂関家領が取り上げられるとき、充分な検討を経ずに近衛目録「相承次第」の記載をそのまま採用しているものがみられるが、そこには訂正を要する記載がいくつか含まれていた。荘園公領制の成立史を正確に考えていくためには、このような基礎作業がまず必要であろう。

しかし、ここで明らかにした事実をもとに公家領の領有・相続の形態に及ぶことはここでは控えたい。王家以外では唯一本家として独自の荘園領有体系を構築し得た摂関家は、他家からは卓越した地位にある。荘園群形成や女院領化の問題、家政機構の役割などは摂関家特有の問題であり、それと深く関連する相続の形態を一般的なものとみることはできない。今後、それぞれの家格に応じた領有・相続形態の分析と、その成果の統合とが公家領の研究にとって不可欠になるであろう。

摂関家内部の問題としてみた場合、同じ摂関家領であっても、成立の経緯や伝領の由緒などの事情がそれ自体伝領のあり方を規定している面がみられた。また、最後にみた文治の争論以後の近衛・九条両家領の展開の対照は際だっている。鎌倉期の両家領の展開を考える上で、文治争論のもつ意味は極めて大きいといわねばならないが、もう一度この点を確認しつつ、若干の展望を示して稿を結ぶことにしよう。

第一に、この争論により、近衛・九条両家領の区分が最終的に確定された。近衛家側の主張が通ったことにより、〔高陽院領〕はもちろん最大の〔京極殿領〕を領有した近衛家と、〔皇嘉門院領〕だけを家領の核とする九条家、両者の所領形態に格段の差がつくことになった。質量ともに充実した近衛家領に対し、九条家の家領拡大、安定への努力はこれから始まるのである。九条家領が再度の女院領化を必要とし、また領家職の保有を「家之瑕瑾」とする意識を捨て、むしろその集積を始めるなどの鎌倉期の動きは、新たな荘園の流入のほとんどみられない近衛家とは好対照をなしている。文治争論による最終的な家領配分が両家領の形態を規定していくのである。

第二に、文治争論は渡領と家領の区分を確定することになった。これにより氏長者の渡領が完全に家領から分離したことは橋本氏の明らかにしたところであるが、(68)逆にいえばこれは家領が家領として確定されたことを意味している。摂関氏長者に附属する所領という性格を持ちながらも家領との区分が曖昧であった〔京極殿領〕は、ここに完全に近衛家の家領として落ち着くことになった。そしてこの結果、近衛家領になった各荘園群の旧来の性格の差は逆に意味を失うことになった。以後、これまでのように荘園群が相続の単位となることはなくなる。近衛目録においても荘園群名の記載は伝領の由緒以上の意味をもってはいない。渡領と家領は分離し、その家領内での各荘園群の性格の差は平面化したのである。

（1）　建長五年一〇月二一日近衛家所領目録（近衛家文書、『鎌倉遺文』七六三一号）。

（2）　永原慶二「荘園制の歴史的位置」（『日本封建制成立過程の研究』、岩波書店、一九六一年、初出は一九六〇年）。しかし、永原氏の史料解釈については槇道雄「公卿家領の成立とその領有構造」（『院政時代史論集』、続群書類従完成会、一九九三年、初出は一九八六年）により批判が提出されており、さらに再検討を加える必要がある。

（3）　竹内理三「講座日本荘園史」第二四～三七講（『竹内理三著作集第七巻　荘園史研究』、角川書店、一九九八年、初出は一九六〇・六一年）。以下、竹内説の引用はすべてこれによる。このほか近衛目録までの近衛家領の伝領を扱った研究には、中村直勝「家領の伝領について」（『中村直勝著作集第四巻　荘園の研究』、淡交社、一九七八年、初出は一九三一年）、村田正言「摂関家領に対する公武の政策」（『国史学』三九、一九三九年）、同「摂関家領とその特質」（『植木博士還暦記念国史学論集』、植木博士還暦記念祝賀会、一九三八年）などがある。

（4）　義江彰夫「摂関家領相続の研究序説」（『史学雑誌』七六―四、一九六七年）。以下、義江説の引用もすべてこれによる。

(5) 橋本義彦「藤氏長者と渡領」（『平安貴族社会の研究』、吉川弘文館、一九七六年、初出は一九七二年）。

(6) それぞれの荘園群に属する荘園の数は、近衛目録の記載に曖昧な箇所があることもあって、論者によって微妙に異なる。ここでは『国史大辞典8』（吉川弘文館、一九八七年）の「せっかんけりょう」の項（義江彰夫氏執筆）所載の摂関家領一覧表によっている。各荘園群に所属する個別荘園の名は同表を参照のこと。また、このほかに知足院領三ヶ所、法性寺殿領・普賢寺殿領各一ヶ所の肩書記載があるが、それぞれ藤原忠実・忠通・基通のときの新立荘園で数も少ないので、荘園群として特に取り上げることはしない。

(7) 〔京極殿堂領〕の伝領について、竹内理三氏は〔京極殿領〕に含めて説明する。義江彰夫氏は師実室麗子（京極北政所）の持仏堂である京極殿堂に付随した家領とし、義江氏作成の摂関家領一覧表（前註参照）には、「もと頼通妻隆子領、のち師実妻麗子（京極北政所）→忠実へ」という伝領経過が記されている。しかし、頼通妻隆姫領がこれにつながらないことは、後述する伝領次第から明らかである。〔京極殿領〕の一部が京極殿堂附属の仏事用途として割き置かれたものが〔京極殿堂領〕ではないだろうか。因みに『為房卿記』嘉保二年七月一三日条には「京極殿御堂相折」を注進したとの記事がある。この点さらに考えたいが、とりあえず広義の〔京極殿領〕に含め、別にとりあげることはしない。

(8) 〔冷泉宮領〕の荘園の中でわずかに伝領関係を推定できるのが山城国石垣荘の場合である。天喜年間の隣荘玉井荘との分水相論の史料に「藤大納言殿御領」（天喜四年八月二五日山城国玉井荘田堵等解、東大寺文書、『平安遺文』八一三号）とあることから、当時の石垣荘が藤原信家領であったことが推測でき、竹内理三氏の推論を裏づける。山中吾郎「平安後期の用水相論と荘園支配—山城国玉井荘をめぐって—」（『神戸大学史学年報』三、一九八八年）参照。

(9) 平治元年一二月五日藤原太子解（陽明文庫所蔵『兵範記』仁安二年冬巻紙背文書、『平安遺文』三〇四一号）に、山城国稲八間荘と飛驒国白川荘がもと全子領としてみえる。

(10) 『宇治市史1　古代の歴史と景観』（一九七三年）第三章第五節「平等院と藤原の寺院」。杉山信三「平等院の院家」（『院家建築の研究』、吉川弘文館、一九八一年、初出は一九六八年）。

(11) これ以前、『中右記』康和五年六月一八日条には「一条殿御領御庄目録、献二右大臣殿《(忠実)》一」との記事がある。これが全子から忠実への〔一条北政所領〕譲与を示すものかも知れないが、この後に成立した『執政所抄』には〔一条北政所領〕に属すると思われる荘園名はみられない。右の記事は、全子が忠実を荘園群の後見に仰いだ記事ととるのが妥当であろうか。

(12)『百錬抄』天仁二年六月二九日条。

(13)『中右記』大治二年一二月二日条。

(14)『中右記』同右。

(15)『長秋記』大治四年三月一九日条。

(16)『中右記』大治二年一二月二日条に、「是以二座主僧正仁実一可レ為二堀川院御堂并證菩提院・山西南院別当一之由也。三所御堂領庄三十七所云々」とある。

(17)『長秋記』大治四年三月一九日条。

(18)義江彰夫氏は一一世紀末から一二世紀に摂関家と皇室との間で遺領相論が表面化すると説くが、そのような動きがみられるのは以上の旧〔宇治殿領〕以外の荘園群である。

(19)なお、平等院領の成立過程については、吉村亨「形成期の平等院領について」（『京都市歴史資料館紀要』一〇、一九九二年）参照。

(20)のちの〔高陽院領〕の中に旧〔四条宮領〕ではない荘園が含まれる可能性はすでに義江彰夫氏が示唆している。しかし、その前身は明らかにされていない。

(21)『中右記』長治二年一一月八日条。なお、この記事からは邸宅の伝領と所領の伝領の関係が窺えて非常に興味深い。しかし、邸宅の高倉殿とこの荘園群との関係についてはさらに検討を要する。高倉殿の伝領については朧谷寿「平安後期における高倉殿」（山中裕編『摂関時代と古記録』、吉川弘文館、一九九一年）参照。

(22)『殿暦』嘉承元年一一月一〇日条、『中右記』同一一日条。

(23)『殿暦』同一二月四日条。

(24)『中右記』承徳元年三月一九日条。

(25)弘長元年六月三〇日大和国喜殿田永荘百姓申状（千鳥家文書、『鎌倉遺文』八六七四号）。

(26)永暦元年三月日前太政大臣藤原忠通家政所下文案（陽明文庫所蔵『兵範記』仁安二年秋巻紙背文書、『平安遺文』三〇八九号）。

(27) 旧〔四条宮領〕もそのまま忠実に渡ったのではなく、うち五ヶ荘の分与が確認できる（義江彰夫論文参照）。本章は荘園群そのものの動きに注目し、以下も数ヶ所の所領の増減にあえて触れることはしない。

(28) 例えば、〔高倉一宮領〕に属す尾張国長岡荘では、嘉保元（一〇九四）年に「内親王（祐子）家庁御下文」とともに「関白（師通）内大臣家政所御下文」が発給されており、師通が祐子領を後見する立場にあったことがわかる（建長三年一〇月日摂政近衛兼経家政所下文案、『参軍要略抄』下紙背文書、『鎌倉遺文』七三七四号）。また、天仁元（一一〇八）年には藤原忠実の進める邸宅高陽院の造営に、忠実の「家庄」とともに「四条宮庄」に臨時の所課が宛てられている（『殿暦』天仁二年三月一一日条）。ともに〔高倉一宮領〕・〔四条宮領〕が忠実の手に渡るより前の事例である。

(29) 以上の考証に反する史料がひとつある。『永昌記』天永元年三月六日条には興福寺南円堂の仏事について、「以㆓播磨国世賀御庄地利㆒、自㆓今日㆒令㆓宛下㆒之。本是祐子内親王御領、相伝為㆓殿下御領㆒。而有㆓思食㆒被㆑行㆑之」とあり、播磨国世賀荘がもと祐子内親王領すなわち〔高倉一宮領〕であることが明記されているのだが、近衛目録の肩書によると、世賀荘は〔京極殿領〕に属する荘園なのである。忠実入手後の〔高倉一宮領〕が分割された可能性もあるが、近衛目録肩書の世賀荘の部分にはやや曖昧なところがあるため、ここでは近衛目録の記載を疑っておきたい。

(30) 天承二年七月二一日僧経覚解（陽明文庫所蔵『知信記』天承二年巻紙背文書、『平安遺文』二二二七号）。

(31) 天承二年八月五日ほか関白藤原忠通家御教書（東寺百合文書、『平安遺文』二二三〇〜二二三一号）。

(32) 平信範書状土代（陽明文庫所蔵『行親記』長暦元年巻紙背文書、『平安遺文』四七四三号）。

(33) 『顕長卿記』建長四年二月四日条。

(34) 橋本義彦『藤原頼長』（吉川弘文館、一九六四年）。

(35) 高陽院庁が〔高陽院領〕に関与している事例は、義江彰夫氏の指摘のように久安元（一一四五）年に宇佐宮の訴が高陽院庁にもたらされたという記事（久安四年一二月一七日大宰府政所下文写、『宇佐神領大鏡』、『平安遺文』二六五七号、に引用）が最も古い。

(36) 『兵範記』仁平四年六月一二日条。

(37) 〔皇嘉門院領〕はのちの九条家領の基礎をなす荘園群である。飯倉晴武「九条家領の成立と道家惣処分状について」（『書陵部紀要』二九、一九七七年）、野村育世「家領の相続に見る九条家」（『日本歴史』四八一、一九八八年）

参照。九条家領の成立や伝領の経緯については別の機会に述べたい。
(38)『玉葉』仁安二年五月二三日条、『兵範記』同二三・二四日条。
(39)『玉葉』承安五年五月一二日条。
(40) 上島享「庄園公領制下の所領認定―立庄と不輸・不入権と安堵―」(『ヒストリア』一三七、一九九二年)。
(41) たとえば『玉葉』文治二年七月三日条など。
(42) 北村優季「院御所の御倉町」(『平安京―その歴史と構造―』、吉川弘文館、一九九五年、初出は一九九〇年)。
(43) 摂関家大番舎人についてはとりあえず牧健二「摂関家の大番役及び大番領の研究」(『史林』一七―三・四、一九三二年)を参照。
(44) この二大荘園群とそれにともなう家政機構の再編に際して、第一節1で扱った〔宇治殿領〕以外の荘園群、〔冷泉宮領〕と〔堀河中宮領〕はどう位置づけられることになったのであろうか。この点は荘園の年貢・公事負担のあり方の検討と共に次の課題としたい。
(45)『台記別記』久安六年一〇月一七日条、仁平元年六月二六日条、八月一〇日条、同三年八月八日条、一一月二九日条。
(46)『愚管抄』巻第五。「賀陽院方ノ領ト云ハ、近衛殿ノテ、ノ中殿、賀陽院ノ御子ニナリテツタヘ給ヘル方ナレバ」とある。この記載には野村育世「家領の相続に見る九条家」(前掲註37)が注目している。この点は後述する。
(47)『兵範記』保元元年七月二〇日条。
(48) 田中文英「平氏政権と摂関家」(『平氏政権の研究』、思文閣出版、一九九四年、初出は一九六八年)。
(49) 田中文英「治承三年十一月の政変と摂関家」(『女子大文学』四三、一九九二年)。
(50)『愚管抄』巻第五、前掲註(46)に同じ。
(51)『玉葉』寿永三年二月一一日条。
(52) 野村育世「家領の相続に見る九条家」(前掲註37)。
(53) 西谷正浩「摂関家にみる中世的「家」の展開」(『九州史学』九九・一〇一、一九九一年)。
(54)『吾妻鏡』文治二年三月二四日条。
(55)『吾妻鏡』同四月一三日条。

(56)『吾妻鏡』同四月二〇日条。
(57)『玉葉』同五月三日条。
(58)『吾妻鏡』同五月一八日条。
(59)『玉葉』同五月一〇日条。
(60)『玉葉』同五月一〇日条。
(61)源頼朝折紙（九条家文書）。山本博也「文治二年五月の兼実宛頼朝折紙について」（『史学雑誌』八八―一一、一九七九年）参照。
(62)『玉葉』文治二年七月三日条。
(63)『玉葉』同七月一五日条、同一七日条。
(64)『玉葉』同閏七月一五日条。
(65)宮内庁書陵部「御摂籙渡庄目六」解題」。
(66)『玉葉』文治二年八月二九日条。
(67)『玉葉』文治元年九月二五日条。
(68)橋本義彦「藤氏長者と渡領」（前掲註5）。

第二章　播磨国大部荘の開発と水利

東大寺領播磨国大部荘は、加古川中流域左岸の河岸段丘上に位置する荘園である。ごく最近まで古くからの用水網をよく残し、また史料上に中世の小地名が多数確認でき、さらに現地では今も中世の開発伝承が残されているなど、段丘上の荘園の開発史を考える上で貴重な事例となりうる条件を備えている。すでに服部英雄氏が、現況から近世以後の要素を取り除き、中世の景観を復原してみせる「景観の遡及的復原法」のフィールドとして、この荘園を取り上げていたが[1]、その後、一九八九年より大部荘調査委員会による国庫補助事業「大部荘遺跡詳細分布調査」が実施され、小野市教育委員会が調査主体となり、大山喬平調査委員長のもとで京都大学の大学院生をはじめとする調査員が、一九九五年まで足かけ七年、前後の予備・補充調査期間を入れると九年の歳月を費やして、荘域および周辺地域の現況調査（圃場整備事業以前を「現況」として記録保存する）を終了させることができた。歴史的景観を一変させた圃場整備事業は荘園故地の大半の地域を対象として完了しており、その実施からすでに二〇年を経ている地区さえあって調査は困難を極めたが、その成果は七冊の『播磨国大部荘現況調査報告書』として刊行され[2]、いま我々の前には失われた荘園景観の代わりに、田一枚ごとの詳細な水利までが記録された膨大な記録保存のデータが残されている。

調査成果の丹念な検討とその総合の作業は、予定されている報告書総集編を待ちたいが、今回の企画展[3]では、総集編刊行以前の準備不足の段階であることを承知の上で、あえてこの大部荘を取り上げることにした。荘園現況調査の実態を、そしてこの荘園の魅力ある歴史の一端を、この機会に少しでも紹介したいと考えたためである。

すでに、ともに調査に携わった橋本道範氏により荘域の地形と水利および荘園の歴史が[4]、また西田猛氏により発掘成果による荘域の歴史が[5]概観されている。また、並行して行われていた筑波大学中世史研究会による現況調査の成果に基づき、苅米一志氏が荘域の村落の宗教構造を開発の歴史との関連から取り上げている[6]。以下も、これらに学ぶところが大きかったことを記しておく。また、図版・解説の内容は、調査委員会としてのものではなく、この企画の担当者数名によるものであることをお断りしておく。

第一節　大部荘の立荘と開発

河岸段丘上に位置する大部荘域の地形分類は論者によって差があり、やや混乱している。本来ならば本格的な地形分析の成果を待つべきであるが、今回はさしあたって大きく高位・中位・低位の三つの段丘面を設定するにとどめた。

大部荘以前の開発の痕跡は、ここでいう低位段丘面の北半部でおもに確認される。ことに現在の高田・敷地町域には、弥生以来の集落遺跡の分布や条里遺構の残存が顕著にみられる。高田小山ノ下遺跡からは、最近墨書土器が出土しており[7]、官衙的性格をもった遺構であると考えられる。

一方、中位・高位段丘面からは、集落遺構は検出されておらず、平安期までは未開の山野—のちに開発の対象となる鹿野原—が広がっていたのであろう。中位段丘面の周縁には古墳群が連なり、眼下の耕地を見下ろしている。なかでも王子王塚古墳は王子古墳群の主墳、荘域最大の円墳で、甲冑・鏡などが出土している。奈良時代には、同じく中位段丘面西寄りに薬師寺式伽藍配置をもつ広渡廃寺が創建される。このように、中位・高位段丘面にはいまだ開発の手が及ばず、その先端部が開発された低位段丘面を見下ろす宗教的空間とされていた。(8)

さて、大部荘は、顚倒した東大寺領の古代荘園―同じ播磨国の赤穂・垂水・粟生の三荘―の替として、久安三（一一四七）年に東大寺領として立荘された。しかし、播磨国司との確執が続き、この段階で東大寺の支配が確立したとは考え難い。(9)鎌倉初期になって、東大寺再建を推進した俊乗坊重源の申請により、建久三（一一九二）年に官宣旨が下されて荘域が再確定する。(10)中世荘園大部荘の事実上の出発点は、このころに求められる。重源は、大仏再建に携わっていた宋の工人陳和卿に与えることを名目に再立荘を申請、陳和卿はこれを大仏御料に寄附し、結局重源が進止しているので、(11)東大寺再建の経済基盤の確立が立荘の直接の目的であったと考えられる。重源は、荘内に別所を設け、再開発の拠点とする。これが重源が各所に設けた七別所の一で、大仏様の浄土堂と快慶作の阿弥陀三尊像で知られる播磨別所、浄土寺である。

中世史料によると、大部荘は大きく原方・里方の両地域に分かれる。これは、若干位置付けに慎重を要する地域もあるが、ほぼ中位段丘面・低位段丘面に相当すると考えられる。(12)重源が着目したのは、未開の山野であった鹿野原（原方）であった。鹿野原の東端に建立された播磨別所浄土寺は、まさに開発の象徴的な存在であった。

このときの開発の様子を語る同時代の史料はほとんどないが、中・高位段丘面の村々（現在の浄谷・黒川・中島・広渡）は、現在も原田と通称され、浄土寺周辺にはそこかしこに重源による「原田八十町」（八十八町とも）の開発伝承が残っている。よく知られているのは浄土寺の南西にある地蔵池に関する言い伝えで、地蔵池には濁り池の別名があり、「原田八十町」を一夜にして開墾した「上人さん」が鍬を洗ったところで、それ以来濁っているが、六月四日の早朝だけは澄むのだと伝えられている。(13)六月四日は重源の忌日である。

地蔵池の北にある北池のほとりには、近年まで鞍掛松と呼ばれる松があり、重源が鞍を掛けて一休みした松であると伝えられている。(14) また、北池の北東、浄谷・黒川両村の墓地がある丘陵上には、石塔と盛り土を残す古墓があり、観阿上人の墓であると伝えられ、今も荘域を丘上から見守っている。観阿は、その所伝によると重源の甥だといい、浄土寺二世として、また大部荘預所として荘の開発・経営に尽力した人物である。(15)

付近にこうした伝承の残る地蔵池・北池は、高位段丘面先端の谷筋を利用して築かれた溜池である。北池は、浄土寺の乗る西に細長く突き出す舌状台地を挟む南北の谷からの水を集め、原方の北東部を灌漑する重要な溜池である。浄土寺のまさしく真西に位置しており、西という方角を意識した浄土寺の立地と連動して、池の築造、それによる開発が構想された可能性が高い。『浄土寺縁起』に「顧西亦池水溶々、夜月正浮黄金之盤」とあるの(16)は、この池のことであろう。また地蔵池は、小さいながらも谷奥に作られた複数の池の請池として、広い灌漑面積をもつ重要な用水源である。浄土寺との位置関係や開発伝承の存在から考えて、鹿野原の開発は、このあたりで始まったと考えてよいであろう。

浄土寺の南西、中位段丘面東端に位置する浄谷遺跡では、一三世紀前半に設けられた道路の遺構と、それに沿って立地する計画的な集落跡が発掘され、浄土寺の創建との密接な関係が指摘されている。(17) 一夜にしてなったといわれる「原田八十町」の開発が、この段階で実際にはどの程度のものであったのかはわからないが、その開発は鎌倉初期の重源による再立荘、浄土寺の建立と深い関連をもって始められたことは確かである。

一方、古代以来の開発が進んだ低位段丘面—原方に対して、のちに里方といわれるようになる—も、平安末期には転機を迎えていたようである。高田小山ノ下遺跡の発掘調査によると、この時期は前代までの地形が変化し、その土地利用にも大きな変化が生じた変革期であるという。(18) 重源による大部荘の再建は、北に接する福田保との堺相論を引き起こしており、(19) 低位段丘面でも再開発、加古川・東条川より取水する水利体系の再編が行われた可能性が高い。[20]

浄土寺が建立されるに際しては、広渡廃寺の本尊であった丈六薬師をはじめ、荘内の旧寺の仏像が重源の指示によって浄土寺薬師堂に移されたと伝えられている。[21] かつて眼下の耕地を見下ろしていた古代豪族の寺は廃絶し、新たに開発が進められる鹿野原を見下ろす一段高い丘陵上に浄土寺が再建され、荘域の旧寺の仏像をも吸収する。浄土寺阿弥陀像胎内銘には荘内の名主層やのちの公文の名もみえる。[22] 重源による再立荘・開発は、別所に収斂される荘域の宗教秩序の再編をも意味していた。

ただし、その後の大部荘の展開は複雑である。東大寺領大部荘の公文職は原方・里方に分かれるが、原方は浄土寺と深いつながりをもち、その支配をめぐって相論が繰り返される。[23] 現在の村々の氏子圏は、ほぼ原方・里方で分裂している。[24] 原方・里方は、地形や開発の歴史、水利系統の差異に規定された、それぞれの歴史をもつことになる。

第二節　原方・里方の水利

今回の展示では、大部荘の水利の概略図を作成した。中世段階の水路を正確に地図上に復原することはもちろん不可能である。これは現況調査の結果得られた水系図をもとにした概念図であり、厳密なものではないことをお断りしておく。池については、元禄一一（一六九八）年に小野藩が国絵図作成のために幕府に提出した領内の変地改帳[25]に「年数知レ不申」とあるものを中世以来の池と判断したが、意を尽くせなかったところも多い。東条川の河道の変遷なども、今後考慮に入れていかねばならない。

中世地名については、室町期の内検帳類にみえる田地一筆ごとの小地名のうち、聞き取り調査などによって、現地比定ができたもののうちから適宜地図上に表記した。また、集落名と推定される地名、としたのは、内検帳

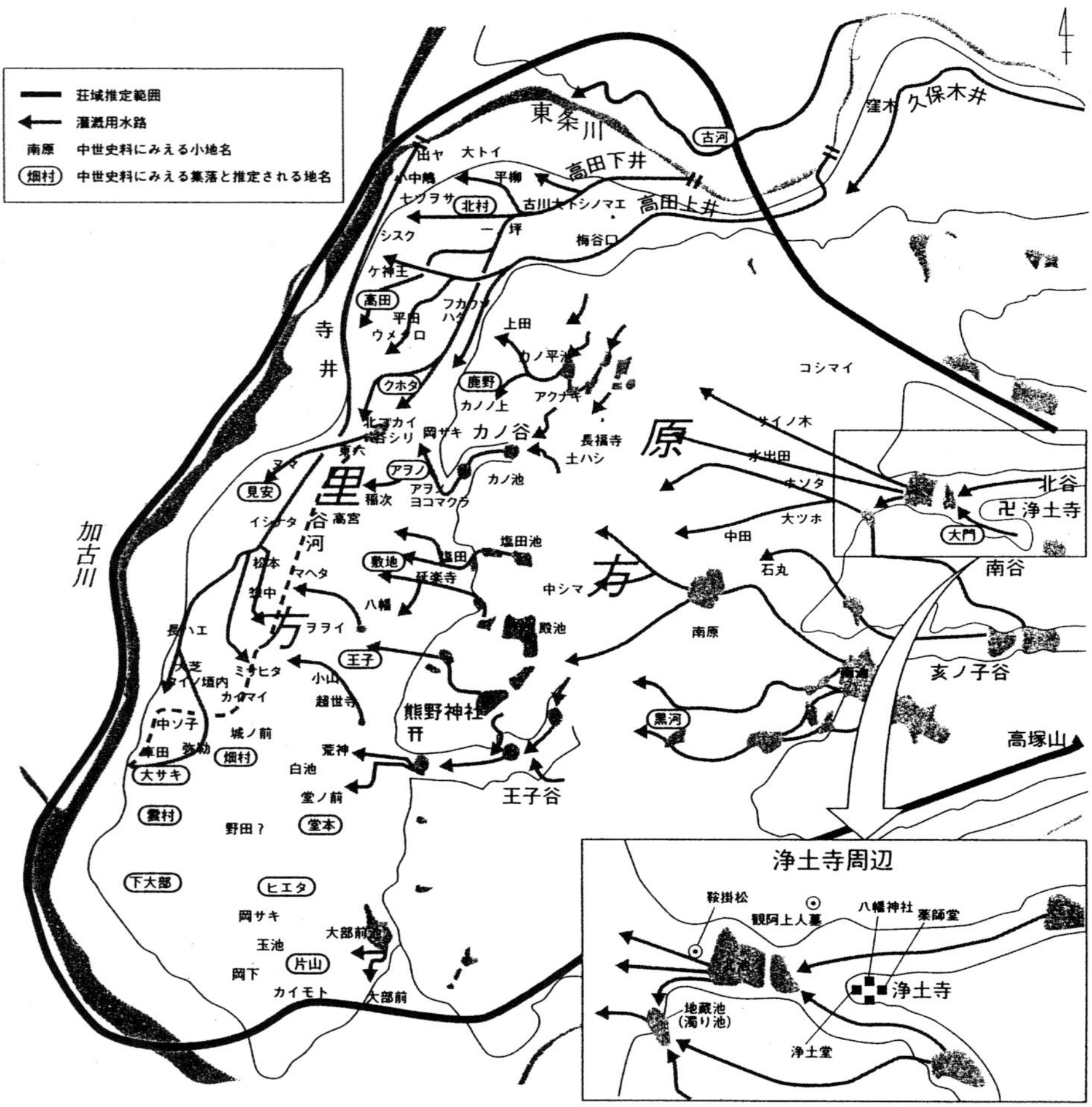

中世の大部荘―原方と里方―

大部荘は、原方・里方に分かれる。中世に開発が始まった原方の耕地は、谷水を集める溜池群によって灌漑される。池の周辺には、重源による「原田八十町」の開発伝承が今も残っている。一方、里方では、東の段丘崖の谷筋の池がそれぞれに灌漑域をもち、また東条川から引かれた用水が北部・西部を潤していた。このほか小規模な湧水も重要な用水源であった。調査成果をもとに、水利の概略を示し、中世史料にみえる地名を地図上に落とした。

にみえる請人の肩に付されている地名である（図の作成は、熊谷隆之氏の尽力に負ったところが大きい）。

以下、この図を中心にして、おもに展示史料にかかわる点を解説したい。

1　原方

原方は、一部を除いては支配系統を異にするため、領家方・公文方の内検帳類に登場する地名は限られている。また、その水利や耕地の状況を示す中世史料はほとんどなく、図に示した水路の状況も、想像によるところが大きい。以下、簡単に関連する点について説明する。

中位段丘面、原方の水利は、おもに上位段丘面先端に築かれた谷池によっている。先述したように、北池・地蔵池は原方の開発の鍵となったと考えられる重要な池で、両者が複合的に機能し、原方東北部に灌漑域をもつ。その南に位置する南池は中世史料にも名がみえる、原方東南部を潤す重要な溜池である。南池は浄谷（もと上大門・下大門・西谷寺・両谷寺の四ヶ村）・黒川・中島の三町が水利権をもち、毎年田植え前に三町立ち会いのもとでゴウ定めという分水比率の確認儀礼が行われている。この行事がいつまでさかのぼるのかは定かでないが、安政二（一八五五）年の用水池書上帳、[26] また宝暦六（一七五六）年以降の作成になる両郷村々用水掛控に記された分水幅は、現在も変わらず踏襲されている。[27]

このほか、原方の南部は、いくつかの池が連続して築かれているが、近世に南の万勝寺川から引かれた長尾溝の支流が入ることになるので、[28] 中世段階の開発がどの程度であったかは検討の余地がある。このあたり、現在の黒川の集落には、浄土寺との深いつながりを思わせる伝承もあり、[29] 合わせて今後の検討課題である。原方の西部は、上位段丘面の谷池の水が及ばず、その余水を集める池が築かれている。また、原方北西部の鹿野の水系は独自に考える必要がある。鹿野は、他の原方の村々が浄土寺八幡神社の氏子であるのに対し、里方の村々と同じく

王子熊野神社の氏子であるなど、民俗慣行上も里方とのつながりが強く、やや特異な位置にある。(30)

内検帳類にみえる中世地名の大半は低位段丘面上の里方の耕地であり、小字名として、また聞き取り調査で得られた俗称地名として残っているものも多い。集落地名には現在の集落名がほぼ出そろっているが、のちには踏襲されていない地名もある。

2　里方

さて、里方の水系は、河川からの井水、池掛かり、湧水掛かりが組み合わさって相当複雑であるが、単純に整理すると次の三つに分けることができる。①東条川から引かれた高田上・下井の掛かりが北部を灌漑する。高田井の水は敷地の耕地の一部にまで及んでいる。その南は、高田井などの余水をうけて南流する谷川（図では点線で表記）を境に、②東側は中位段丘面先端の谷筋に築かれたいくつかの池や湧水の掛かり、③西側は東条川から引かれた寺井掛かりである。②③の用水の末端は、それぞれ谷川に落ち、谷川は余水を集めて西寄りに南流する。このほか、荘域最南部にも中世地名が確認できるが、小規模な池や湧水による灌漑であったろう。以下、①の高田上・下井、②のなかでは特に王子谷の池群、③寺井を取り上げて、若干の解説を行う。

①高田上・下井　東条川より取水し、その両岸を灌漑していた六つの井堰が一九六七年に統合され、現在六ヶ井と呼ばれているが、(31)高田上・下井は旧六井堰のうち最末流に位置する。室町時代の名寄帳に「高田溝」などの名がみえ、また高田井の支流の溝名に一致する地名も中世史料上に多数確認できる。高田下井掛かりには通称フコゾ（中世史料にも「フカウゾ井」の名がみえる）と呼ばれる溝が圃場整備以前まで存在したが、その流路に重なる水路が発掘され、室町時代の遺物が出土している。(32)東条川河道の変遷やその影響など、検討を要する点は少なくないが、高田上・下井の基本的なあり方が中世にさかのぼることは間違いないであろう。

高田井について重要なのは、すでに服部英雄氏によって注目された二つの中世史料である。その一つ、観応三（一三五二）年の東大寺衆徒評定事書案は[33]、東大寺が公文職の押領などを守護に訴えたものであるが、窪木（久保木）公文が「往古用水之通路」を切り塞ぎ、用水料と号して譴責使を大部荘に放ち入れたことが記されている。聞き取り調査によると、高田上井にはその上流に位置する久保木井の余水が入っており、そのために毎年水越料として酒一斗と米一石を高田から久保木へ送る慣行が六ヶ井の統合まで続いていたという[34]。窪木公文に妨害された「往古用水」が高田井を指すことは間違いなく、その水系が里方北半の条里遺構をほぼカバーしていること、また遺跡の分布などから考えても、東条川からの井水を用水源とするというこのあたりの基本的な水系のあり方は、実際はるか「往古」にさかのぼるであろう。高田井は、里方北半のまさに基幹用水であった。

②王子谷　中位段丘を浸食する複数の谷筋には谷池が築造され、低位段丘面にそれぞれの灌漑域をもっていた。ことに重要なのは、中世の「王子谷」である。元和一〇（一六二四）年に、南の万勝寺川から長尾溝を引き、谷筋を堰き止め、複数の池を統合して築造された荘域最大の溜池である王子の大池は、中世には王子谷といわれた広い谷であった。王子谷は文安五（一四四八）年以降、公文方として史料にみえ[35]、宝徳二（一四五〇）年の年貢算用状には「王子宮池守給」、「王子谷春三度池堤修理」、「王子谷秋三ヶ日池堤修理」とあり[36]、下池・アシ池など、中世の王子谷に存在したと考えられる池名が他史料からも確認できる。中世の王子谷はこうした小規模な池群（図では模式的に示した）によって灌漑されていたと考えられる[37]。

王子谷の北の段丘上には荘域最大の円墳である王塚古墳があり、その横には里方の鎮守というべき王子熊野権現が鎮座し、谷を見下ろしている。王子権現は、正安元（一二九九）年の起請文の罰文の中に「当庄王子大社」とみえる[38]。延享五（一七四八）年の王子権現由緒には[39]、王子権現は「王子辻」に降臨した「大部一庄之祖神」として里民の尊崇の対象であったこと、紀州の人鈴木弥太夫がこの地を尋ね来て王子権現の祀官となり、旱魃の労を助けるために小池を開いたこと、などが記されている。王子谷は、古くは豪族の古墳文化を支え、また中世大部荘里方のひとつの重要な拠点であった。なお弥太夫が開いたという弥太夫淵は、現在もヤダイ淵と呼ばれて、多くの田地を潤している。

このほか、王子谷に次ぐ規模の鹿野谷の池、内検目録に井料田が設定されている塩田池(40)なども、里方の段丘沿いを潤す重要な谷池であった。内検名寄帳にみえる有力農民四郎兵衛には、その「カノ谷井料」「塩田井料」をはじめとする用水の井料が下されている。(41)

③寺井　寺井は荘域西端を加古川に沿って流れる用水で、先述の谷川以西を灌漑域にもつ。この地域には高田井の水は一部を除いて届かず、東の溜池群の水も谷川に落ち、それを越えて西流することができない。東条川からの水を引く寺井の築造によって、はじめて灌漑が可能になる。

ところで、寺井は近世に小野藩が築造した藩営用水と考えられている。(42)しかし、これには郷土史家の方からの反論があり、(43)その評価には慎重を要する。今回はひとつの仮説として中世の地図に寺井も描き込むことにした。近世史料にその築造の記録がまったくみえず、また小野藩の記録さえ、寺井の起源を東大寺領であったころに求めているのに加え、(44)寺井の主要な灌漑域である現在の葉多町の字大芝・中曽根には、室町期の内検帳類によるとかなりの田地があり、また小地名も確認されるからである。これらを中世段階に存在した谷川を堰いた小規模な池による灌漑とみる解釈もあるが、(45)小規模な池による灌漑でそれが可能であったかには再検討の余地がある。また、聞き取り調査の結果、この寺井掛かり域に「イオダ」なる俗称地名を得ることができたが、(46)これこそ中世大部荘の名地名（公文方の伊王名）に他ならない。

寺井は、さらに荘域南部まで延びて灌漑域をもっている。また渇水時には加古川本流を堰いて東条川に水を落とす水路が設けられている。(47)これらは今回は近世段階のものとして図に示したが、(48)その築造時期を含め、寺井の評価は大部荘里方の開発の評価の根幹にかかわる。詳細な検討は今後の重要な課題である。

中世の里方の水利を担ったと考えられる三つの水系に分けて概略を述べたが、部分的な説明にとどまり、触れ得なかった点は多い。とくに、中世史料にみえる上方・下方[49]をどう考えるかが重要である。これを原方・里方と重ねる理解もあるが、そうではなく、おそらく上述の里方の水利体系と対応するのではないかと考えているが、詳細は今後に委ねたい。

一〇年近い歳月をかけて、播磨国大部荘現況調査が終了した。この間、調査の主体となった大学院生・学生を中心とする調査員・調査補助員の数は延べ一九七人。聞き取り調査にご協力下さった地元の方々の総数が五四三人。刊行された調査報告書は全七冊。最初に記したように、調査成果を充分に活用した本格的な検討の作業は、まだまだこれから先の大きな課題である。

（1）服部英雄「荘園景観の遡及的復原法」（『景観にさぐる中世—変貌する村の姿と荘園史研究—』、新人物往来社、一九九五年、初出は一九八九年）。

（2）小野市教育委員会『播磨国大部荘現況調査報告書』Ⅰ～Ⅶ（一九九一年～一九九八年）。

（3）〔編者註〕京都大学文学部博物館一九九六年秋季展示「荘園を読む・歩く—畿内・近国の荘園—」。文中に「今回」「今回の展示」と記すものはすべてこの展示をさす。筆者は展示図録として京都大学文学部博物館編『荘園を読む・歩く—畿内・近国の荘園—』（思文閣出版、一九九六年）を編集した。以下、『図録』と略称する。

（4）橋本道範「播磨国大部荘」（石井進編『中世のムラ—景観は語りかける—』、東京大学出版会、一九九五年）。

（5）西田猛「考古学的成果からの一考察」（小野市教育委員会『播磨国大部荘現況調査報告書』Ⅱ、一九九二年、前掲註2）。

（6）苅米一志「荘園村落における寺社と宗教構造—播磨国大部荘を素材として—」（『年報日本史叢　一九九三』、一九九三年)。
(7) 兵庫県教育委員会『高田小山ノ下遺跡発掘調査報告書—一般県道住吉住永線道路改良事業に伴う発掘調査報告—』(一九九五年)。
(8) 「大部荘以前」(『図録』9頁図)。
(9) 橋本道範「播磨国大部荘」(前掲註4)。
(10) 建久三年八月二五日官宣旨写(浄土寺文書、『兵庫県史』史料編中世二、浄土寺文書一号。以下、『兵』二—一のように略す。『図録』史料1)。
(11) 建久八年六月一五日重源譲状案(稲垣二徳氏所蔵文書、『兵庫県史』史料編中世五、大部荘史料四号。以下、『兵』五—四のように略す)。
(12) 橋本道範「播磨国大部荘」(前掲註4)。
(13) 小野市教育委員会『播磨国大部荘現況調査報告書』Ⅲ(前掲註2)。
(14) 小野市教育委員会『播磨国大部荘現況調査報告書』Ⅲ(前掲註2)。
(15) 承久三年三月日観阿弥陀仏言上状案(浄土寺文書、『兵』二—四、『図録』史料16)。
(16) 『浄土寺縁起』(神戸大学教育学部図書分館所蔵、『兵庫県史』史料編中世四、寺社縁起類・播磨国二七号、『図録』史料14)。
(17) 兵庫県教育委員会『浄谷遺跡・南山古墳群・玉津田中遺跡南大山地点—一般国道一七五号線改良工事に伴う埋蔵文化財発掘調査報告—』(一九九三年)。
(18) 兵庫県教育委員会『高田小山ノ下遺跡発掘調査報告書』(前掲註7)。
(19) 建久三年九月二日播磨国留守所符(早稲田大学荻野研究室収集文書、『兵』五—一)。
(20) 橋本道範「播磨国大部荘」(前掲註4)。
(21) 建久三年九月二七日重源下文案(浄土寺文書、『兵』二—二、『図録』史料13)、『浄土寺縁起』(前掲註16)。
(22) 『兵庫県史』史料編中世四、造像銘・棟札等・播磨国六〇号。
(23) 正応五年六月一三日鹿野原両公文久光・久時請文(東大寺文書、『兵』五—二三、『図録』史料17)。
(24) 苅米一志「荘園村落における寺社と宗教構造」(前掲註6)。

(25) 元禄一一年七月日一柳土佐守知行所変地改帳（三戸家文書、『図録』史料9）。
(26) 安政二年九月用水池之書上帳（水池家文書、『図録』史料20）。
(27) 小野市教育委員会『播磨国大部荘現況調査報告書』Ⅲ（前掲註2）。
(28)「大部荘以後」（『図録』16頁図）。
(29) 小野市教育委員会『播磨国大部荘現況調査報告書』Ⅲ（前掲註2）。
(30) 橋本道範「播磨国大部荘」（前掲註4）。
(31) 小野市教育委員会『播磨国大部荘現況調査報告書』Ⅰ（前掲註2）。
(32) 兵庫県教育委員会『高田小山ノ下遺跡発掘調査報告書』（前掲註7）。
(33) 観応三年七月一七日東大寺衆徒評定事書案（東大寺文書、『兵』五―一九七、『図録』史料6）。
(34) 服部英雄「荘園景観の遡及的復原法」（前掲註1）、小野市教育委員会『播磨国大部荘現況調査報告書』Ⅰ・Ⅳ（前掲註2）。
(35) 文安五年一一月九日大部荘公文方年貢引付帳（東大寺文書、『兵』五―二四三）など。
(36) 宝徳二年一二月日大部荘公文・伊王・恒清原村年貢算用状（東大寺文書、『兵』五―二五〇）。
(37) 服部英雄「荘園景観の遡及的復原法」（前掲註1）、小野市教育委員会『播磨国大部荘現況調査報告書』Ⅲ（前掲註2）。
(38) 正安元年七月日大部荘下方百姓等連署起請文（狩野亨吉蒐集東大寺文書、『兵』五―七七、『図録』史料18）。
(39) 鈴木家文書、『図録』史料19。
(40) 貞治三年一二月日大部荘内検目録（狩野亨吉蒐集東大寺文書、『兵』五―二〇三、『図録』史料8）。
(41) 享徳二年一〇月一九日大部荘領家方内検名寄帳（東大寺文書、『兵』五―二六三、『図録』史料7）。
(42) 服部英雄「荘園景観の遡及的復原法」（前掲註1）。
(43) 神生昭夫「敷地集落の立地状況―中世荘園遺跡の研究(1)―」（『小野史談』一六、一九九一年。以後、同誌に連載中）。
(44)『御中老日記公私共旧例見出』寛政元年五月条（前田家文書）。
(45) 服部英雄「荘園景観の遡及的復原法」（前掲註1）。

(46) 小野市教育委員会『播磨国大部荘現況調査報告書』II（前掲註2）。
(47) 享保六年一二月日大川筋河合川原争論裁許絵図写（阿形町共有文書、『図録』史料11）。
(48)「大部荘以後」（前掲註28）。
(49) 正安元年七月日大部荘下方百姓等連署起請文（前掲註38）など。

付編 II

第一章　平安後期における大和国司

はじめに

鳥羽院政下の保延元（一一三五）年、検注のために官使が大和国に派遣されるという事件があった。そのときの様子を『中右記』の記主藤原宗忠は次のように述べている。

官使季信為二検注一下二向大和国一、彼国亡弊年久、不レ能二沙汰一也、遣二官使一事世人不二甘心一也(1)

「亡弊」の国とは、当時貴族の一つの地方観を示す重要な言葉である。(2)この場合、国土の荒廃を言っているのではなく、国家による収奪が不可能な状態、「不レ能二沙汰一也」というように、中央政府の支配から半ば離脱している状態を意味していると考えられる。

よく知られているように、鎌倉期以降、大和国には守護が設置されず、興福寺が守護権を事実上掌握して大和一国支配を完成していたのであるが、その源流は平安末期にあると言われる。(3)すでに一二世紀には、興福寺勢力の著しい拡大により、国司権力は解体して大和守は有名無実の存在となり、このように中央政府の沙汰も及ばず、大和一国は実質的に興福寺の勢力下にあったと言うことができるのである。

同じ頃、寺社による広域支配が確立していた類似の関係に、伊勢神宮と伊勢国（神八郡）がある。[4] これと比較してみると、興福寺による大和支配は次の二点に著しい特徴を持つと考えられる。

① 伊勢八郡がいずれも官符によって伊勢神宮に寄進されたのに対し、大和では一国の行政権が公的な手続を介して興福寺へ移譲されたわけではなく、興福寺の勢力により、国司公権をなし崩しに解体させた。したがって興福寺による支配は制度的なものではなく、独自の行政機構は未確立である。

② 伊勢神宮が天皇家の宗廟として朝廷に直属するのに対し、興福寺は官寺であるとともに、藤原氏の氏寺として権門藤原氏摂関家を氏長者に持ち、その独自の干渉をうける。

本章は院政期を中心として、このような興福寺と大和国との関係を扱うが、①で述べたように平安期には未だ興福寺独自の行政機構はみえず、また、興福寺側の残存史料が少ないこともあり、大和国司の補任・活動状況を中心に当該期大和国の亡弊化、それに対する中央政府の動向を検討し、それによって鎌倉以降の守護不設置に至る興福寺の大和における位置を明らかにしたいと考える。また、②で挙げた特質から、摂関家の動向との関連に特に留意したい。直接の考察の対象は院政期とするが、その前提として摂関後期の状況にも触れることにする。

第一節　摂関家と大和国司

院政期には「亡弊」と評された大和国であるが、それ以前は中央貴族からどのように認識されていたのであろうか。

平安期の諸国に対する中央の評価を段階付けた研究に土田直鎮氏「公卿補任を通じて見た諸国の格付け」[5] がある。これは『公卿補任』の記載から、公卿の国司兼国、前歴としての国司の箇数をそれぞれ調べ、諸国に対する

表1

1．参議非参議兼国例の国別箇数

国名	宇多～村上(888～967)	冷泉～後冷泉(968～1068)	後三条～近衛(1069～1155)	後白河～安徳(1156～1183)	合計
山城	0	0	0	0	0
大和	4	5	0	0	9
河内	1	0	0	0	1
和泉	0	0	0	0	0
摂津	0	0	0	0	0

2．公卿の前歴としての国司国別箇数

国名	宇多～村上	冷泉～後冷泉	後三条～近衛	後白河～安徳	合計
山城	6	2	0	2	10
大和	7	4	0	1	12
河内	1	1	0	2	4
和泉	0	4	0	1	5
摂津	3	3	1	5	12

註．土田直鎮「公卿補任を通じて見た諸国の格付け」（註５）所載の表より畿内の部分のみ転載した

貴族の評価の格付けを試みたものである。公卿が任国を欲したということは、その国からの収益の多さを示すのであり、この格付けは国の富裕さ、収益の多さに対する貴族の関心の指標となるわけである。

この研究によると大和国は甲～戊五段階の三番目丙国に位置付けられている。ところが大和の場合、伊勢・美濃と共に平安前・後期の間に激減が認められるのである（表1）。これは平安前・後期間に大和の評価に変動があったことを示しているが、前期のみを取ってみれば格付けが更に上がるわけであり、播磨・美作・備前・備中といった山陽道の国々や近江・讃岐・伊予など極めて人気の高い国には遠く及ばないものの、少なくとも平安前期までは大和は古来の先進農業地帯として多くの収益が期待される国であったと言うことができるのである。

また、平安末期に成立した官職制度説明書『官職秘抄』の国守の項には次のような記載がある。

山城・大和非㆓侍職㆒、近代不㆑然

〃近代〃以前には、山城守、大和守には侍でなく、諸大夫以上の任官の慣例があったようである。(6)

平　(名欠)	承徳元(1097)・10・17	見任	栄山寺文書　平1386
藤原基光	康和元(1099)・1・23	補任	後二条師通記、本朝世紀
	康和元(1099)・12・13	見任	栄山寺文書　平1420
(致清カ)王	康和 4 (1102)・2・15	見任	栄山寺文書　平1471
藤原(名欠)	嘉承元(1106)・8・18	見任	東大寺文書　平1664
藤原(名欠)	嘉承 2 (1107)・10	見任	東大寺文書　平1678
藤原友房	天仁元(1108)・1・24	補任	中右記
紀　宗則	天仁 2 (1109)・1・21	補任	系図纂要
	天永 2 (1111)・1・21	辞任	中右記
高階成房	元永元(1118)・1・18	補任	中右記同月19日条。民部巡
藤原経宗	保安元(1120)・1・28	補任	中右記。民部巡
三善信久	保安 2 (1121)・1・19	見任	除目大成抄
藤原泰俊	大治 2 (1127)・1・19	補任	中右記同月20日条。民部巡
藤原景実	大治 3 (1128)・1・19	補任	二中歴
藤原宗時	大治 5 (1130)・1・28	補任	中右記。民部巡？
紀　宗賢	長承 3 (1134)・2・22	補任	尊卑分脈
源　重時	保延元(1135)・4・1	補任	中右記
	保延元(1135)・5・17	見任	中右記
(姓欠)行元	保延元(1135)・10・18	見任	播磨清水寺文書　平2331
※源　清忠	天養元(1144)・2・1	見任	重憲記
	久安元(1145)・1・26	遷任	台記。任石見守
紀　時輔	仁平元(1151)・2・2	補任	系図纂要　尊卑分脈
藤原重能	保元元(1156)・11・21	補任	勘例
	保元 2 (1157)・1・12	見任	兵範記
平　基盛	保元 3 (1158)・8・5	補任	山槐記　兵範記
平　教盛	保元 3 (1158)・12・29	補任	兵範記　公卿補任仁安 3 年項。元淡路守
	平治元(1159)・12・27	遷任	公卿補任仁安 3 年項
※源　季長	永暦元(1160)・9・2	補任	山槐記。元飛驒守
藤原盛長	応保元(1161)・4・13	補任	山槐記
大江以平	応保 2 (1162)・1・27	補任	山槐記除目部類。外記巡
ト部仲忠	仁安 2 (1167)・1・30	補任	兵範記
藤原盛景	仁安 2 (1167)・⑦・12	補任	兵範記
藤原為重	仁安 2 (1167)・12・13	補任	兵範記
(姓欠)宗季	承安 2 (1172)・10・26	補任	玉葉同月28日条
	承安 2 (1172)・10・27	解官	玉葉同月28日条
中原忠順	承安 4 (1174)・1・21	補任	山槐記除目部類。外記巡
	承安 4 (1174)・1・23	辞任	山槐記除目部類
源　兼忠	治承 4 (1180)・6・28	補任	玉葉同年 7 月 2 日条　公卿補任文治 4 年項　弁官補任
	寿永 2 (1183)・12・10	停任	公卿補任文治 4 年項

註 1．『日本史総覧Ⅱ』(新人物往来社、1984年)所収の国司一覧をもとに、訂正・補訂の上、11世紀初頭より平安末までを掲載した。〔編者註〕宮崎康充編『国司補任』第三・四・五(続群書類従完成会、1990・91年)により、補訂した。

2．知行国主、及び前司として記録に現れる者は省略した。

3．花押による人物の比定は『花押かがみ一』(吉川弘文館、1964年)のほか、米田雄介「栄山寺領と南家藤原氏」(『日本歴史』232、1967年)、朧谷寿「大和守源頼親伝」(註 8)を参考にした。

4．※印は摂関家との関係が確認できる者を示す。

表 2　大和国司一覧

氏　名	所見年月日(初見・終見)	種別	出典・備考
橘　師房	正暦5(994)・9・9	見任	栄山寺文書　平359
源　孝道	長保元(999)・8・27	見任	三条家本北山抄裏文書　平385
	長保3(1001)・⑫・7	見任	権記
※藤原景斉	長保4(1002)・11・25	見任	栄山寺文書　平474
	寛弘2(1005)・6・7	見任	小右記
※源　頼親	寛弘3(1006)・7・3	見任	権記
	寛弘6(1009)・3・4	辞任	権記
藤原輔尹	寛弘6(1009)・3・4	補任	権記　弁官補任
	長和元(1012)・12・4	見任	日本紀略
※藤原保昌	長和2(1013)・4・15	見任	小右記同月16日条
	長和2(1013)・11・9	見任	東寺文書　平473
※藤原輔公	寛仁元(1017)・8・9	見任	権記
	寛仁元(1017)・9・25	見任	栄山寺文書　平478
源　政職	治安元(1021)・3・27	見任	小右記
	万寿元(1024)・11・30	見任	小右記
※藤原保昌	万寿2(1025)・1・29	補任	小右記同年2月1日条
	長元元(1028)・12・11	見任	左経記
※源　頼親	長元2(1029)・9・28	見任	栄山寺文書　平516
	長元5(1032)・11・11	見任	小右記
藤原義忠	長元9(1036)・10・14	補任	範国記
	長久2(1041)・11・1	没	弁官補任。扶桑略記は10月10日卒去、帝王編年記は10月1日卒去とする
源　兼行	寛徳2(1045)・11・15	見任	帝王編年記
	永承元(1046)・11・28	見任	栄山寺文書　平638
※源　頼親	永承2(1047)・5・20	見任	造興福寺記
	永承5(1050)・1・25	解任	扶桑略記　百練抄。配流土佐国
藤原(名欠)	永承5(1050)・11・13	見任	栄山寺文書　平684
藤原(名欠)	天喜2(1054)・11・3	見任	東大寺文書　平721
藤原(名欠)	天喜2(1054)・11・23	見任	白河本東寺百合文書　平723
藤原親国	康平2(1059)・3・25	見任	栄山寺文書　平925
	康平5(1062)・2・7	見任	康平記
源　兼行	延久4(1072)・7	補任	系図纂要
	延久4(1072)・11	見任	田中忠三郎氏所蔵文書　平1089
平　重経	承暦元(1077)・12・23	見任	水左記
	承暦2(1078)・11・10	見任	書陵部所蔵谷森文書　平1156
藤原定任	永保元(1081)・9・9	出家	水左記
橘　成経	永保元(1081)・10・11	補任	水左記　帥記　為房卿記
	永保元(1081)・11・4	見任	水左記
藤原伊家	寛治2(1088)・2・22	見任	寛治二年高野御幸記
源　公綱	寛治6(1092)・2・8	見任	中右記
	寛治6(1092)・6・27	見任	後二条師通記
(姓欠)公綱	嘉保2(1095)・1・28	補任	魚魯愚抄

このように元来大和はむしろ富裕な国と認識され、大和守の地位も決して低いわけではなかったのである。しかし、これらの例は両方、平安期の大和に何らかの変動があったことを示しているようである。本章ではまず一一世紀の大和守について、その地位の動向を大きく左右したと考えられる摂関家との関係を中心に考察することにしたい。

1 摂関後期の大和国司

摂関後期（一一世紀前半）の大和守の補任状況をみると（表2）、摂関家近臣の補任されている例が多いことに気づく。

最も目につくのは藤原保昌と源頼親が各々三度ずつ補任されていることである。藤原保昌は摂関家家司として記録に見える。(7) 源頼親は源満仲の子で、後の大和源氏の祖となった人物であるが、兄頼光と共に摂関家に近侍し、さまざまの奉仕を行ったことは朧谷寿氏の論文にある通りであり、(8) 共に有力な摂関家の近臣と言える。

その他、摂関家と密接な関係にあったことのわかる大和守に、藤原景斉や藤原輔公がある。景斉は備前守であった時に「国之異損万二倍他国一」(9) と言われる程の多大な奉仕を行った、摂関家をとりまく典型的な受領として知られる人物である。(10) 輔公については道長家の随身所別当を経、(11) 大和守在職当時は家司・侍別当であり、(12) 保昌と同様摂関家の家産機構に組み込まれた家司であることが確認できる。

このように、摂関家の経済基盤とも言える有力な受領や摂関家家司が多く大和守に任ぜられていることからも、この時期には大和国からの収益が少なくなかったことが窺えるであろう。

当該期の日記には、こうした大和守が摂関家の大和国での仏事や神事の雑務に携わり、奉仕を行っている姿が見られる。(13) 殊に、摂関期から頻繁に行われる春日詣、金峰山詣をはじめとする社寺参詣では、国司の役割は大きかったようである。(14) 春日詣のひと月程前には、供給の数や担当者などを記した定文が作成される。これによって大和国司の負担をみてみよう。

定

可下参二春日社一給上雑事

（中略）

一　饗

五日夕

舞人陪従料廿四前

摂津守朝臣

前駈料三十前

重経朝臣

（中略）

六日朝

上達部殿上人

舞人陪従料廿四前

前駈料三十前

官掌召使十前

屯食八具

裹飯

表3　大和国司と興福寺の紛擾

年　月	大和守	内　容	典　拠
長保2(1000)・5	源　孝道	検非違使派遣をめぐって、僧徒が添下郡館に乱入	権記
寛弘3(1006)・6～	源　頼親	頼親郎党との所領相論により僧徒が入洛、強訴	御堂関白記　小右記
寛弘4(1007)・2	源　頼親	頼親に投石	御堂関白記
寛弘6(1009)・7	藤原輔尹	国司神拝の従者を殺害	御堂関白記
長元元(1028)・10	藤原保昌	国司非法を訴え、入洛、強訴	左経記
長元4(1031)・2～	源　頼親	頼親郎党が寺僧を殴打	左経記　小右記
永承4(1049)・12	源　頼親	頼親邸を襲撃、合戦	扶桑略記
保延元(1135)・5～	源　重時	国司神拝を妨害	中右記
天養元(1144)・9～	源　清忠	国内検注の停止を求めて僧徒蜂起	台記
保元3(1158)・7	藤原重能？	国内検注をめぐって上座信実(国司側)と合戦	兵範記

註．但し、長元元年の例は金峰山。

秣蒭
已上国司[15]

これは康平五（一〇六二）年、関白頼通の春日詣のときの定文であるが、六日朝の饗がすべて大和国司の所課とされており、かなりの量の供給が大和国司に期待されていたことがわかるのである。[16]

次に、大和国司と興福寺との関係を検討しよう。この時期の大和国司は摂関家の氏寺興福寺を優遇したわけではなかったようである。逆に、一一世紀前半は大和国司と興福寺の対立が激化したときであった。史料に現れる両者の紛擾はこの時期に集中しており（表3）、寛弘六（一〇〇九）年の事件のときには「従レ寺度々如レ此事出来」[17]と言われている如くである。

このような紛擾に際して、国司と氏寺の間での摂関家の立場は、寛弘三（一〇〇六）年の大和守源頼親と興福寺との相論の経過によく示されている。頼親郎党と興福寺の所領争いに端を発するこの事件は興福寺側による放火に及び、その後国司と興福寺の両者から解状が提出された。その結果、寺僧の公請停止などといった一方的な処置が施され、興福寺側は、「左府（道長）、偏信二国司言上趣一」[18]として上洛、嗷訴に至るのである。興福寺別当等は、頼親の停任を含む四ヶ条の申文を道長の許へ提出するが、道長は「守頼親停任事、是又極奇事、頼親身無レ罪、所レ申無レ便」(19)と述べており、相論は一貫して国司頼親側に有利に展開するのであり、摂関家の国司寄りの態度は明らかなのである。(20)

　このような摂関家の態度は何も大和に限ったことではなかった。『小右記』治安三（一〇二三）年五月二〇日条には、家司受領の興福寺領収公という事態について次のような記載がみられる。

　当時長者不レ被レ労二寺家一、所領庄園国々司等悉収公、地子不レ納、頻雖レ令二愁申一、一切無二承引一、他事亦々如レ此、就レ中近江備中等庄有箸(若カ)亡、寺家以二件一庄地利一、多充二用要須断(料)一、当時長者時寺家陵遅尤甚云々、寺僧怠レ忠無双云々、偏信二客(容)国司言一、嗟乎々々(21)

摂関期、摂関家の財政基盤であった国司を重視し優遇している態度がよく示されている。(22)

　摂関家の庇護をうけた国司の下、大和の国内支配もこの時期には順調な展開を遂げていたと考えられるのである。(23)

2　摂関家の変容と大和国司

　しかし、こうした摂関家と国司の関係にも一一世紀後半に大きな変化が訪れる。これは頼通政権期から院政にかけての摂関権力の退潮と密接に関係すると思われる。

　一一世紀中期以降の摂関家の動向については、最近の井原今朝男氏や元木泰雄氏の研究により、一定の理解が生まれていると言ってよいだろう。摂関政治の解体、摂関家の政治的後退が進む中、一方で政所・侍所などの摂関家家政機関の整備、拡充が行われ、機構としての確立を見る。これは摂関家の凋落、院政の成立に伴う家司受領の離反、家産機構への依存度の増大といった、摂関家の経済面での変化を背景としている、というものである。(24)更に、元木氏によると、院に近侍し台頭する藤原氏支流を統制するためにも、摂関家は宗教的権威を求めて氏寺興福寺との結合を強めるという。[25] こうした摂関家と興福寺との結合の結果、家司受領の減少という現象とも相俟って、摂関家の国司寄りの立場も転換を遂げていくのである。

永承四（一〇四九）年一二月、興福寺衆徒が大和守源頼親の邸を襲撃し、頼親やその息頼房と合戦するという事件が起こり、[26] その結果、翌年の正月には頼親と頼房はそれぞれ土佐と隠岐へ配流されている。[27] この騒擾の原因などの詳細は全く不明であり、この例のみから述べるのは躊われるが、それまでの国司と寺の紛争とは全く異質の処置がとられているのであり、道長の死後摂関勢力の退歩が明らかであった頼通政権後期、すでに摂関家の興福寺との結合、国司との離反という関係が萌していたと言えるのではないだろうか。[28]

また、後三条天皇親政期の延久年間のこととして、『愚管抄』に次のような記事がある。

> サテ又当時氏ノ長者ニテハ大二条殿(教通)ヲハシケルニ、延久ノコロ氏寺領、国司ト相論事アリケル。大事ニヲヨビテ御前ニテ定ノアリケルニ、国司申カタニ裁許アラントシケレバ、長者ノ身面目ヲウシナフ上ニ神慮又ハカリガタシ。タゞ聖断ヲアヲグベシ。フシテ神ノ告ヲマツトテ、スナハチ座ヲタ、レニケリ。藤氏ノ公卿舌ヲマキ口ヲトヂテケリ。其後ヤマシナ寺ニ如レ本裁許アリケレバ、衆徒サラニ又長講ハジメテ国家ノ御祈シケリト[29]

国司と興福寺の相論が議定にまで及び、国司側に有利な裁許が下りかけたので、氏長者教通が退座して抗議した結果、興福寺に裁許が下されたというのである。この相論の事実は他の史料で跡付けることはできず、真偽は不明なのであるが、先の『小右記』の記述と正反対の摂関家の立場をよく示すものとして掲げておきたい。

さて、頼親配流事件後は、摂関家近臣であることが確認できる大和守は長く見られず、また大和守と興福寺との紛擾も全く史料に現れない（第三節で触れる例は除く）。大和国での国司との勢力関係において、摂関家の威勢を背景としない大和国司に対し、興福寺が優位に立ったことが窺われるのである。

このような動向を更に決定的にしたのは、承保二（一〇七五）年の関白藤原師実の息男、覚信の興福寺入寺である。摂関家子弟の興福寺入寺はこれが初めてであり、大山喬平氏はこの事件をもって興福寺の大和支配の画期とされている[30]。この後、院政の開始を迎え、権力存立の危機に陥った摂関家が藤原忠実のもと、厳しい統制策を駆使して興福寺との結合を進めていくのは元木氏の明らかにされた通りであり[31]、摂関家と結んで氏寺という立場を強めた興福寺と、摂関の後盾を失った大和国司との間で、大和の国司支配に大きな転換が起こることになる。次節では、まずその具体的な姿を跡付けることにしたい。

第二節　国司権力の衰退

最初に掲げるのは、私営田領主として知られる藤原実遠の父、藤原清廉が猫を怖れて大和国の官物を弁済したという『今昔物語集』の有名な説話「大蔵大夫藤原清廉怖猫語」[32]の中の一節、大和守藤原輔公に官物の弁済を迫られた清廉の、モノローグの部分である。

此ハ何事云フ貧窮ニカ有ラム、屁ヲヤハヒリ不懸ヌ、返ラムマヽニ伊賀ノ国ノ東大寺ノ庄ノ内ニ入居ナムニハ、極カラム守ノ主也トモ、否ヤ責メ不給ザラム、何ナル狛ノ者ノ、大和国ノ官物ヲバ弁ヘケルゾ、前々モ天ノ分地ノ分ニ云ヒ成シテ止ヌル物ヲ、此ノ主ノシタリ顔ニ此ク慥ニ取ラムト宣フ、嗚呼ノ事也カシ、大和ノ守ニ成給フニテ思エノ程ハ見エヌ、可咲キ事也カシ

傍点部を訳出すると、「どこの不案内野郎が大和の官物を納めたというのだ」、「大和守なぞに任命されなさることでお覚えの程度も知れるというものだ」といった意味となろう[33]。ここに大和国司の地位や権威に対する極めて低い評価がみられるのである。ただ、この説話に登場する大和守藤原輔公[34]は先述したように摂関家近臣であり、彼の時代の大和守は「思エノ程」が悪いような存在ではない。それではこの説話にみる大和守の評価はいつごろ

なのである。

のものであろうか。こうした評価が出てくるに至った国司権力の衰退の様子を具体的に検討するのが本節の目的なのである。

1　国司所課にみる国司の権力

当該期、臨時・恒例を問わず国家的諸行事・諸儀礼の運営用途は、諸国への国宛によって割り振られ、国司所課という形で調達されることになっていた。ところが一二世紀に入ると、大和国への国宛の所見が極端に少なくなるのである。(35) 例えば全国一円に賦課されたことが明らかにされている伊勢遷宮用途の役夫工米も、大和国の負担は嘉保元（一〇九四）年以来所見がなく、(36) 大和国の国力が中央政府からもはや期待されなくなったことが窺われるのである。

ただ、上皇や天皇の寺社参詣では、沿道の国司の所課は恒例であったため、大和への所課もまだ見ることができる。以下、そういう事例を中心に、実際に国司所課が定められたときの具体的な対応がわかる史料から、国力の低下、国司権力の衰退の様子を追ってみたい。(37)

最初に明らかに国司権力の弱体化、国力の疲労が認められるのは、寛治二（一〇八八）年の白河上皇高野御幸の記録、藤原通俊の『高野御幸記』(38) に於いてである。これによると上皇一行は二月二二日に都を出発して大和へ入り、翌二三日、紀伊との国境に近い火打崎に御所を設け、宿すこととなった。次に引用するのはそのときの記事である。

件舎屋等、兼日摂政遣㆓下家司等㆒、不㆑論㆓宿院佐保殿㆒、国中庄園平均令㆓催作㆒、国司不㆓労力㆒、依㆓所部難㆑叶也、御所近辺遥避㆓人居㆒、人々無㆓寄宿之所㆒、或私借㆑宿、或古堂舎宿㆑之、近々則五六町、遠則十余町、以㆓行藤《滕》泥障㆒纔処㆓寝具㆒、日没之後大風頻吹、雑人等中多愁㆓飢饉㆒云々、称㆓所部不㆑叶供給、多闕乏之故

也、国司献㆓秫百束、蒭二千把、手粥五石㆒

蒭秫などの供給は国司が調進しているのだが、御所造営は国司の力では叶い難いために国司は労力せず、摂政があらかじめ下家司を派遣して国内の荘園―おそらく摂関家領荘園―から催しているのである。

次は承徳元（一〇九七）年、堀河天皇の春日行幸の例である。『中右記』によると二月一〇日に行幸のための道作が諸国に割り宛てられ、山城との国境から春日社頭に至るまでが大和の所課と定められた。ところが同日条に次のような記述がある。

点地巡検之日供給、本自大和国司所役也、而国守事不㆑叶由申請、仍兼日止㆑之

また、行幸の当日には南都の窮民への賑給が行われる慣例であったらしいが、

仰㆓検非違使左衛門府生資清行窮民賑給事㆒、先例大和国米卅石所㆑進也、今度事不㆑叶、仍行事所召物伊与国米令㆑運㆓送社頭㆒、充㆓賑給料㆒、又先々官使部庁下部等必不㆑給㆓窮民㆒云々、慥行向可㆑給之由、召㆓資清㆒下知、則給㆓[39]八十人許㆒之由所㆓申上㆒也

とあり、本来大和国司の所課とされてきた巡検のときの供給も行幸当日の賑給米も、国司の力では沙汰できなくなっているのである。

更に道作の人夫徴収も、

参㆓殿下《（師通）》㆒二条殿、付㆓基綱㆒以㆑詞令㆓申事㆒、行幸道作大和国所課、法花寺人夫依㆑為㆓大僧都領㆒不㆓承引㆒由、拒捍使検非違使佐良所㆑申也者、仰云、令㆔為房朝臣遣㆓御教書於僧都許㆒者、帰畢[40]

とあるように官使が徴収に携わっており、国司が関わった形跡はない。また、この史料によると大僧都領では人夫が官使に従わないために関白師通の御教書が遣わされていることに注意したい。賦課物進納を怠る国に対し官使を派遣して徴収にあたらせる例は諸国でしばしば見られるが[41]、この場合は官使の権威さえも十分でなく、恐ら

く、氏長者としての、関白の権威が必要とされているのである。

さて、一二世紀に入って天治元（一一二四）年、今度は鳥羽上皇の高野御幸の記録が残されている。藤原実行の『高野御幸記』(42)によると、このたびも寛治のときと同じ火打崎で御所が営まれたのである。

亥刻着二御于火打崎一、件御所并上下供給等、偏摂政家之沙汰也、是国領已無レ地、在庁難二運対一之故也、仍出羽守紀宗兼兼日下向下二知雑事一、又彼家司兵庫頭源盛季、昨日重馳下催二行巨細事一云々(43)

今度は国司の姿は全くみえず、御所造営も供給もすべて摂政家が家司によって沙汰している。国領がすでに無く、国衙在庁も無力だというのである。

最後に保延元（一一三五）年の鳥羽御堂造営の記録を取り上げる。(44)この年、鳥羽離宮に鳥羽院の御願による御堂、勝光明院の造営が行われ、東面に広大な池が掘られることとなり、近江・山城・大和以下の国々に池掘人夫役が宛てられた。(45)源師時が奉行に起用されたために、彼の日記『長秋記』によって造営事業の詳細な経過がわかるのである。

池掘人夫の国宛は七月一三日に行われている。ところが同月三〇日条には、

以二忠能一申、大和山城近江三ヶ国、自レ院付二本主一可レ令二勤仕一、和泉伊賀国司可二沙汰一云々

とある。大和以下三ヶ国は国司が沙汰できないため、院から荘園領主に命じて国司を経ず直接に所課を勤仕させる、本所沙汰といわれる催徴形態をとっているのである。(46)また大和への拒捍使の派遣も検討されたらしいが、所労と称して下向していないようである。(47)

更に、既に述べたように、摂関家の春日詣でも国司所課が恒例となっていたのであるが、これについてみても国力の衰退は明らかである。すでに寛治六（一〇九二）年、「国司任二先例一儲二饗饌一、但前駈以下饗、国司依レ申二無力由一、内々南京僧綱等相分奉仕」(48)と、国司の力の低下が認められるが、仁平元（一一五一）年の左大臣藤原頼長の春日詣の際には、八月一〇日の

饗について、

已上先例国司所課、近代国司不レ親二吏務一、仍任二寛治康和等例一、運二渡佐保殿饗一[49]

という注目すべき記載が見られる。これによって、国司所課の調進が困難になるという状況が寛治頃を境として起こっていること、更にこの一二世紀半ばになると「近代国司不レ親二吏務一」とあるように、国司が国務を放棄していることがわかるのである。

以上の検討より、一一世紀後半、史料的には寛治年間を画期として国司権力の弱体化、国力の疲弊が明らかに認められ、一二世紀半ばまでには国司の活動が見られなくなることがわかるだろう。一方、大和国司発給文書も一二世紀初頭を最後に所見がなくなる。[50] また、後節で詳述するが、保延元（一一三五）年に国内入部、神拝を企てた大和守源重時が興福寺大衆に追却されるという事件が起こっている。この事件は「来年（年来カ）大和国司全不二神拝一、暗知二大和国司欲レ直二国中一歟[51]」と言われており、本章冒頭で触れた「彼国亡弊年久」という評言もこの時のものである。これらのことから遅くとも保延頃までには、先に見た国司が国務を執っていないという状況が現れていたと考えられる。以後、補任は見るものの三節で検討する数例の例外を除くと、大和守の活動は全く見えず、国司権力は解体して大和守はもはや有名無実の存在に過ぎなくなったと考えられるのである。

天仁元（一一〇八）年の春除目で大和守に任ぜられた藤原友房に対し、『中右記』の記主藤原宗忠は次のような評を加えている。

大和守藤友房　管国肥前公文、儒者四位也、被レ成二此国一、誠以不便歟[52]

権力の解体過程にあって収奪もままならぬ大和守に対する認識をよく物語る記述である。最初に紹介した『今昔物語集』の説話は、時代を摂関期に設定してはいるが、大和守に対する評価はそのときのものではなく、『今昔物語集』成立期と言われる一二世紀初頭のこのような認識が、清廉の科白の中に色濃く投影されていると言うことができるのである。

2　興福寺勢力の拡大

一一世紀末を画期とする国司権力の衰退は、言うまでもなく大和における寺社勢力、とりわけ興福寺勢力の著しい拡大と表裏の関係にある。摂関家という後盾を失った大和国司の没落に対し、藤原氏の氏寺という立場を強めた興福寺の優位は明らかだったのである。

興福寺の動向について、ここで詳しく検討する用意はないが、従来の研究を参照しながら大和国の情勢や大和国の中での興福寺の位置について考えてみたい。

国司権力の衰退が明らかになり始める一一世紀の末、興福寺の動きにも画期が認められることが指摘されている。

寛治七（一〇九三）年、近江守高階為家の配流を訴えた興福寺の嗷訴には、春日神木が持ち出されているが、これは確実な史料による神木動座の初例であり、この頃から興福寺による春日社との一体化が進められることになる。(53)春日社のみならず、大和内外の諸寺の末寺化が進められるのもこの頃であるという。栄山寺の興福寺末寺化の事例を検討した米田雄介氏は、栄山寺の他、多武峰、金峰山、清水寺などに対する極めて強引な末寺編成が一一世紀末から企てられていることを指摘している。(54)

こうした政策により興福寺は国内の社寺を統率する存在になっていくのだが、その過程で寺院間の武力抗争が惹起されていることも忘れてはならない。末寺化をめぐる多武峰や延暦寺などとの度々の合戦、或いは朝廷への嗷訴は寺院武力の拡充を必要とするのであり、そうした武勇の輩の跋扈や合戦による治安の悪化も国司の統治を困難にした一因であろう。永久元（一一一三）年、清水寺別当の補任をめぐり延暦寺と対立、嗷訴に及んだ興福寺勢力に対し、殺害犯人追捕の宣旨が出されているが、「遣大和使、検非違使中以㆓誰人㆒可㆑遣哉、武勇輩多在㆓彼国㆒、仍撰定可㆑遣事也」(55)とあって、大和国の武勇の輩の実力を物語っている。

しかし、国司支配を形骸化させた直接の原因は、興福寺をはじめとする寺社勢力の在地への浸透であろう。便田制度などを槓捍とする公田の私領化(56)、寄進を媒介とする私領主層の寺社との結合(57)は、すでに一一世紀初頭より見られることであったが、この時期、大和の諸寺の寺僧自身が私領主という一面を合わせ持ち、在地に世俗的な勢力を伸ばしていたのである。一二世紀の南都の名だたる悪僧である東大寺の覚仁、興福寺の信実をはじめとする有力僧侶の活動の背景に、私領主としての経済基盤があったことを久野修義氏は指摘されている(58)。

このような寺僧領と呼ばれる私領は、その形態も多様であり、寺僧の土地に対する権利も一様ではないが(59)、寺僧は在地において特権的な地位を有し(60)、特に興福寺僧は東大寺側をして「件領主皆興福寺住僧也、仍不㆑能㆑及㆑力」(61)と言わしめたように、本寺の絶大な威勢を背景にこの寺僧領という形で公田の私領化や他寺領の顚倒を進めたのであった(62)。一二世紀半ばに、「大和国併春日御社興福寺等負所寺僧領知、無㆓一歩公田㆒」(63)と言われ、或いは「如㆓伝聞㆒者、大和国数万余町之公田、不㆑残㆓段歩㆒皆以虜領云々」(64)と言われているのも、こうした興福寺勢力を如実に示している。

このような状況の下、大和国では他国とはかなり異なった中世が展開する。吉村茂樹氏は、大和国には留守所の所見史料が一例もなく、遂に留守所が構成されなかったらしいことを指摘された(65)。大和では有力領主層は有力社寺と結合し、在庁官人として国衙に結集し留守所を構成するという一二世紀国衙の一般的展開を示さないのである。また、大和では郡の機能が遅くまで残存するのであるが(66)、これも公領がなくなって国衙も無力であり、収納単位として国衙により設定された再編郡郷(67)の意味がなくなったことと関係するだろう。

一方、興福寺は国内の社寺や寺僧、領主層を統合する位置にあったと思われる。永久元（一一一三）年の嗷訴では、「金峰山吉野軍兵大和国土民庄民携二弓箭一之輩、皆以相従[68]」というように、国内の兵士を催していることなどもこれを裏付けるが、特に次の史料に注目したい。永万二（一一六六）年、興福寺西金堂衆の濫妨を藤氏長者に訴えた某寺所司等解[69]の一部である。

爰盛孝不レ顧二過失一、懐二忿怨一之□（間カ）、寺別当窄籠南都騒動之刻、悪僧等偏令レ与二奪国中一時、□当御庄寄二進東金堂西金堂一

相論の内容はさしあたり関係がないので触れないが、注目すべきは傍点部、南都騒動の時、悪僧等が国中を与奪したと述べている部分である。この〝南都騒動〟とは長寛元（一一六三）年興福寺別当恵信が衆勘をうけて放逐された事件[70]を指すのであるが、この記述は裏を返せば、常時は別当が国中を掌握していたと読むことができ、興福寺や興福寺別当の位置に対する同時代の認識がわかるのである。

収納、検注などを中核とする国司公権はすでに消滅しており、興福寺が国司に代わって行政機構を掌握したわけではないが、平安末期、もはや中央の支配が困難となった大和国において、興福寺は他勢力から聳立する存在として、大和一国を統率するものと認識されていたわけである[71]。

第三節　中央政府の対応

一一世紀末から大和国司権力の弱体化が認められ、中央の対応策もみられないまま保延頃までには国司権力は形骸化し、大和守は有名無実の存在となったのである。これはほぼ白河院政期（一〇八六～一一二九）のことである。

ところが鳥羽院政期より数度、実際に国務を執ろうとした実質を伴う大和守の補任がみられる。以下に述べるこれらの例はいずれも多くの論著で触れられた有名な事件であるが、その背景は必ずしも明らかになっていない。

以下の事例が一二世紀前半、国内支配が不可能となり、国務を放棄して名目だけの存在となった大和守の中で、極めて異例の国司であったことを認めた上での評価が必要であろう。そこには何らかの、中央政府の積極的な再建策があったと考えられるのである。

1　源重時

大和守源重時は、保延元（一一三五）年四月一日に補任された。(72) 彼の活動を知ることができるのは『中右記』五月六日の記事である。

> 殿下給㆓御消息㆒云、大和国司重時下向欲㆓神拝㆒処、山階寺大衆聞㆓此事㆒欲㆓濫行㆒、来年（年来カ）大和国司全不㆓神拝㆒、暗知㆓大和国司欲㆑直㆓国中㆒歟、大衆所㆑企不㆓穏便㆒、可㆓制止㆒之由、遣㆓長者宣㆒了者、申云、尤可㆑然旨申了、但年来無㆓此事㆒、強国司張行定不㆑叶歟

記主宗忠が関白藤原忠通から受け取った消息によると、重時が大和に下向し、神拝しようとしたところ、興福寺が妨害を企てたというのである。宗忠は、年来このようなことはなかったのであり、国司の強行策も定めて叶うまいと感想を記している。国司神拝という国司初任時の恒例行事さえ大和国では長年なされることがなかったのであり、それを強行して「欲㆑直㆓国中㆒」したという大和守源重時は、まさに異例の国司であったと言える。(73)

源重時は『尊卑分脈』によると清和源氏の傍流ではあるが、「鳥羽院北面四天王内、白河院北面最初相加云々」と記されているように、院北面に候した武者であり、事実、院軍事力の一翼を担う有力な検非違使としてしばしば記録に現れる人物である。(74) また、先の事件の一〇日程後、『中右記』五月一七日条に、

> 夜前、大和守重時妨㆓神拝㆒申文、従㆑院給㆓殿下㆒也、張本者ニ此律師被㆓書入㆒也、尋沙汰可㆑申之由、被㆑申了

と、重時の申文が院を経て忠通のもとへ届いていることからも、重時の大和支配再建の企ての背後に、鳥羽院の意向が在ったことが推測できるのである。

鳥羽院の対興福寺政策は、大治四（一一二九）年の清水寺別当補任をめぐる騒擾を転換点として、白河院のそれよりも強硬な策がとられることになる。(75) このとき鳥羽院は、氏長者忠通の頭越しに検非違使を興福寺に派遣するという未曽有の手段によって大衆反抗を粉砕したのであった。(76) その六年後の源重時の大和守補任も、このような鳥羽院の南都政策の一環と考えることができるだろう。

更に注意したいのは、この事件が第二節で触れた鳥羽院御願による鳥羽御堂造営の大和への国宛と時期を同じくしていることである。『長秋記』によると重時補任の三ヶ月後に国宛がなされ、それ以後人夫の徴収がはかられたのであった。第二節では、本所沙汰がなされていることから国司支配の形骸化を示す一例として挙げたのであるが、国宛がなされたのは国司による徴収を見込んでのことである。既に述べたようにこの時期に大和に所課が宛てられるのは異例のことだったのであり、重時の補任と無関係ではないだろう。

この前年から保延元年にかけては「凡近代天下疾疫飢餓無レ極」(77) といった記載が随所にみられる全国的な凄まじい飢饉の年であった。しかも伊勢遷宮の年にあたる上に鳥羽御堂造営が進められ、「九月伊勢遷宮間、畿内国々可レ勤事巨多也」、「伊勢正遷宮年、如レ此堂舎供養可レ有レ憚」(78) といわれるように、その用途の徴収が難行したのである。こうした国家事業の財源確保を契機として、鳥羽院の南都政策とも相俟って、長年〝亡弊〟の国となっていた大和の国内支配の再建が計画されたのではないだろうか。重時が補任されたのは、度々の僧徒の入洛にも起用されたその武力が期待されたのであろう。

この後九月には重ねて官使が検注に下向している。本章冒頭に載せた記事がそれである。その後の動向は不明であるが、一〇月までには重時は任を解かれている。(79) 「強国司張行定不レ叶歟」という宗忠の推測は恐らく正しかったのであろう。重時の武力も、興福寺勢力の浸透する大和においては無力だったものと思われるのである。

2　藤原忠通知行国―天養国検―

源重時補任の九年後、天養元（一一四四）年に大和は摂政藤原忠通の知行国となって忠通近臣の源清忠が国司に任ぜられ、大和一国を対象とする検注が始められた。東大寺領などには一定の成果を収め、次いで検注の対象が興福寺に向けられたときに興福寺僧徒の蜂起をみたのである。[80]

顕親朝臣語云、摂政殿大和沙汰之間、公文所在二殿中一、未曽有事也、今春除目下名、以二源朝臣清忠一申二任大和守一、清忠者摂政殿近臣也、殿下親二吏務一、直殿侍男共数人、検二注国内田一、爰僧徒大興、請レ止二検注一、殿下不レ許レ之曰、雖二検注一、於二寺僧領一者不レ可レ為二国領一、何請レ止二検注一乎、僧徒猶訴レ之、殿下曰、至二于寺僧領一、止レ享二検使一、於二検注一者所レ不レ許也、不二検注一者、不レ可レ分下別与二僧領一与中他領上之故、僧徒莫二復訟一矣、国之所レ出之物、皆殿下可二取給一云々、君子云、摂政可レ謂レ専レ利矣[81]

これは僧徒蜂起の発端を記した『台記』の有名な記事である。以下、この記述をもとにこの天養の国検の模様を追ってみたい。

まず、公文所―国衙の公文所であろう―が摂政忠通の殿中に設置され、また忠通の侍が検注に遣されていることなど、「殿下親二吏務一」と言われるように、単なる国司検注ではなく知行国主忠通主導のもとでの強硬な大和支配が意図されていることが注目される。氏長者である忠通はこれ以前から興福寺僧徒の統制に乗り出しており、[82]また氏長者として大和の国務にも一定の関与を為し得ていたのであった。[83]源重時の失敗の後、彼が知行国として大和を与えられたのは、国司公権だけで興福寺に対することは不可能であることがわかり、かかる氏長者の権限に国司公権を重ね与えることによって、氏長者の権威をも背景とする国内支配の再建が期待されたものと理解することができるのではないだろうか。なお、附言しておくと、「未曽有事」と評された公文所の殿中への設置という異常事態は、当時現地の国衙が無力であったことと無関係ではないであろう。

さて、このような氏長者主導の検注であったにも拘わらず、僧徒の蜂起に至ったのであるが、この事件の背後には摂関家の内部対立が伏在していたと考えられる。摂政忠通が父忠実、弟頼長と疎遠であったことは有名である。先の記事でも頼長が、「国之所ㇾ出之物、皆殿下可二取給一云々、君子云、摂政可ㇾ謂ㇾ専ㇾ利矣」と兄忠通を痛烈に批判していることはそれをよく示している。[84] そしてこの後、大和守源清忠の配流を求める興福寺衆徒の解状が忠通ではなく頼長のもとへ提出されていることが示すように、興福寺大衆は氏長者忠通よりも、忠実・頼長側と親昵な関係にあったのである。[85] また寺内上層部も氏長者忠通の国検に従順でなかったことは、後に別当となる僧都覚晴がこの年他寺探題の任を解かれており、その理由として「覚晴僧都依二大和検注事一、長者殿御気色不ㇾ宜之故也」[86]とあることなどから明らかである。このように興福寺の大勢を統制し得ない忠通の、氏長者としての無力が僧徒蜂起、検注失敗の一つの要因だったのである。

この後、一〇月八日には検注を遂げようとした忠通の侍が拘留され、更に「衆徒帯二兵仗一、籠二居興(福脱カ)寺内一、誓云、御使重下向時、暫合戦、及二命終之期一、可二放火一者」[87]という強硬な態度に押され、翌天養二年正月二六日には、遂に忠通の知行国も守清忠も石見国に遷せられたのである。[88] 氏長者といえども興福寺の与同を得なければ、国内支配は成り難かったのである。

さて、この検注の意図したところを見てみよう。検注失敗の一因が摂関家の内部対立にあるとしても、その主要な原因が検注政策自体にあることは疑いないのである。

『台記』が両者の争いを正しく伝えているとするならば、忠通と僧徒の間で問題となっているのは寺僧領の扱いである。忠通が寺僧領と国領との分別のための検注をあくまで主張するのに対し、僧徒が反発しているのである。寺僧領という形で公領を蚕食している興福寺側としては、たとえ「於二寺僧領一者不レ可レ為二国領一」と言われようと、寺僧領と国領の区別は事実上曖昧であり、「分下別与二僧領一与中他領上」というような寺僧領整理は都合の悪いものであったのであろう。

忠通の側からすれば、この検注はこのような国領確定作業なのであった。市田弘昭氏は内裏造営と荘園整理との関連を論じた中で、天養の大和国検と康治元（一一四二）年頃に発令されたと考えられる荘園整理令との関係を示唆された(89)。この推定が成り立つならば、内裏造営役賦課と関連した荘公領域確定作業であったと言えるかも知れないが、今のところ確証がなく、康治荘園整理令の存在の真偽と合わせ(90)、保留しておきたい。

3　平清盛知行国―保元国検―

保元乱後の保元三（一一五八）年から翌平治元（一一五九）年にかけて、大和国は平清盛の知行国として清盛の息基盛、次いで教盛が大和守に補任され、清盛の家司中原貞兼を目代として再び一国検注が実施された。この保元国検に触れた研究は多く、その評価もさまざまであるが(91)、ここでは特に保元新制を始めとする中央政府の政策に留意したい。保元新制と保元国検との密接な関係については夙に指摘されてきたことであるが、従来の研究はいずれも平氏による検注が新制第三条「可レ令下同下二知諸国司一、停中止同社寺院宮諸家庄園本免外、加納余田并庄民濫行上事」(92)という後白河の荘園整理策の忠実な履行であったという程度の評価の域を出ていないのである。

まず、検注に至る事実の経過を追ってみよう。保元新制発令が保元元年閏九月である(93)。それからすでに二年足らずを経た保元三年七月一三日に大和国検注の宣が下り、同月一七日、宣下を受けた国司に協力して検注を奉行した興福寺上座信実が衆徒と衝突し、房舎を焼かれるという事件が起こっている。この間の事情は『兵範記』七月一七日条にみえる。

今日南京有二合戦一云々、大和国併春日御社興福寺等負所寺僧領知無二一歩公田一、仍賜二官使六人一、国司重副二目代一、可二検注一由、去十三日被二宣下一、任二勅定一致二沙汰一之間、山階寺上座法橋信実与二国司一親昵之間、法橋奉行之処、大衆結レ欝、急発二向信実住房一、信実整レ兵相禦、如レ此之間、及二合戦一両方相互中レ矢被レ疵レ者不レ知レ数、其庭死者数十、官使逐電帰参云々

平氏知行国となったのはこの後で、八月五日に平基盛が補任され[95]、一二月二九日には教盛に替わるが[96]、この二人の国司のもと、平治元年秋まで、目代中原貞兼による検注作業が行われることになるのである。

さて、市田弘昭氏は荘園整理令が内裏造営を重要な契機として発令されたこと、つまり、直接的には造内裏役の賦課範囲を確定するための役割を果たしたことを指摘された[97]。保元新制はその第一条、第二条が荘園整理令にあたるが、これも藤原信西が主導した内裏造営を契機としていたことも市田氏の指摘があり、最近では保元の荘園整理と内裏造営が密接な関連を持ちつつ並行して進められたことを五味文彦氏が具体的に跡付けておられる[98]。

ところが、先に述べたように、大和に検注の宣下があったのは保元三年七月のことである。前年保元二年一〇月には新造内裏遷幸が行われており[99]、すでに内裏造営事業が終結した後のことなのである。つまり、保元整理令をもっともよく体現したものとしてこれまで評価されてきた大和国検は、その保元整理令が直接の目的とした内裏造営とは関係がなかったということになる。

ここで注目したいのは、平氏の大和知行に関する菊池武雄氏の所説である。菊池氏は、平清盛に大和が与えられたのは、後白河第二皇女の斎宮卜定に伴う野宮役賦課のためである、という見解を、一九五五年発表の「平氏受領表」[100]に付せられた解説文の中で述べておられる。これはその後の研究では全く顧みられていないようである。また菊池氏もこの論拠を全く挙げておられないのだが、重要な指摘であると考える。というのは、検注事業も終りに近づいた頃、次のような文書が現れるからである。

（端裏）「野宮柴垣切符 平治元年」

「刑部録中原（貞兼）」（花押）

大和国

注進可レ令レ搉二進伊勢初斎王遷坐料野宮柴垣一事

東大寺雑役加納三百七十八町二百六十歩

所当柴垣十八丈九尺 町別五寸定

右、件柴垣、且任二　宣旨之状一、且任二先例一、今月内可レ令二搉進一也、期日有レ限、不レ可レ致二緩怠一之状、

注進如レ件

平治元年八月　日　　雑掌秦成安(101)

領域が確定された東大寺の雑役加納三七八町に対し、町別五寸の割合の柴垣として、野宮役が賦課されているのである。大和国東大寺雑役免庄二一ヶ所にも、同じ平治元年八月に柴垣が合わせて一一丈六尺一寸分、宣旨によって支配されている。(102) このような一国平均役のための正確な領域確定こそが検注作業の主眼であったと考えられるのである。

検注の宣下が保元三年七月にあったことはすでに述べたが、保元元年一〇月に設置されて以来精力的に活動してきた記録所(103)の、大和国に関する活動がはじめて現れるのもちょうどこの時期である。次に引く栄山寺の公験目録注進状(104)によると、

注進　栄山寺公験目録事

合

壱通弐枚　天平神護元年官符

壱通弐枚　永延二(三カ)年官符

(中略)

已上拾参通

右、依二今月十二日宣旨一、進上如レ件

とあるように、大和国検の宣下のあった七月一三日の前日、一二日に文書調進の宣旨が出され、その後記録所の沙汰がなされている例がみられるのである。[105]

記録所の活動が一国平均役賦課のための荘公領域確定と関わることはすでに指摘されている。[106]以上の検討より、菊池氏のように当初より野宮役賦課を目的としていたと断ずるにはまだ不十分であるが、保元三年七月より大和では記録所券契と国内検注の両方により、一国平均役賦課を目的とした荘園整理、荘公領域確定が進められ、その結果、先にみたように野宮役賦課に至ったものと考えられるのである。恐らく、大和国として内裏造営を負担し得なかったために、[107]造営事業終結の後、改めてこうした政策がとられることになったのであろう。[108]荘園公領の領域支配の上に立つ高権を示すとされる保元新制の、荘園整理策の貫徹を見るべきであろう。

なお、平氏知行国時代、興福寺の動きは全く見られず、詳しく述べる用意はないが、前任の国司が興福寺衆徒に追却された後、平氏の知行下では興福寺領・寺僧領は検注の対象からはずすという妥協策がとられたのではないかと考えられる。[109]従来の研究では保元国検が興福寺の膝下でも成功したのは平氏の持つ武力のためであると評価されていることがある。[110]が、それを直接示す史料はなく、興福寺が有していた強大な武力の存在からいっても、武力を背景とする検注を興福寺が黙認したとは考え難いのである。

以上、保延・天養・保元の三度にわたる、亡弊化した大和支配の再建の企てを不十分ながら検討した。これらを通してみるとき、天養の場合は確証がないが、中央政府の国家行事のための国宛、一国平均役賦課を契機とした政策であると思われることは重要である。平安後期の荘園整理について、内裏造営のための荘園整理令という図式を市田氏が確認されたのは、まさに画期的な業績であったが、更に、造営事業などの国家的行事が国司支配の再建、地方政治の粛正を促す契機となったことを指摘したいのである。

しかしながら大和の場合、度々の国司支配の再建計画はいずれも成功したとは言い難い。強硬な検注の成功を収めたと評されてきた保元国検の場合も、興福寺勢力を抑え得たわけではなく、以後、国司支配が定着したわけでもないのである。

平教盛の後、摂関家に近侍したことのわかる源季長が飛驒守から大和へ遷任されているが[111]、大和守としての活動徴証を全く残さないまま間もなく飛驒守に復している[112]。その後も幾人かの大和守の補任はあるが、名目のみの地位であると思われる。例えば、承安二（一一七二）年一〇月二六日の除目で任ぜられた大和守宗季（姓未詳）は、早くもその翌日、

見二下名聞書一、大和守宗季解官、除目任レ之、下名解書、依二凡卑之者一也云々[113]

というように、凡卑の者であるという理由で解官されるという乱暴な状況であり、中央政府は大和守の補任などに関心を失っているようである。第二節で見たように、興福寺は大和国の盟主的存在であり、このような状況のもとで、大和国も内乱を迎えることになるのである。

おわりに

平安前期の大和はむしろ富裕な国と評価され、国司の地位も低いものではなかった。摂関後期、一一世紀前半には、大和守に摂関家近臣が補任される例が多く、摂関家の神事・仏事への奉仕を行った。摂関家は自家の経済

的基盤である国司を庇護する立場にあり、その下で国司は順調な国内支配を展開した。

一一世紀後半より、摂関勢力の退潮に伴い、こうした関係も変容を遂げる。摂関家と結合した興福寺勢力の拡大により、後盾を持たない国司の権力は弱体化し、国力は著しく疲弊する。一二世紀前半には国司は吏務を放棄し、大和守は有名無実の存在となった。一方、興福寺は実質的に大和国を統率する立場にあったと考えられる。

鳥羽院政期以後、三度にわたり実質的な国司権力によって国内支配の再建が企てられる。これらは国家行事のための国宛、一国平均役の賦課と密接な関係を持つと考えられる。しかし、いずれの場合も国司支配が定着したわけではなく、恒常的な国司支配は不可能であり、中央政府が興福寺勢力を抑えることはできなかった。大和国司は形骸化し、興福寺が事実上大和を掌握したまま内乱を迎えるのである。

以上が本章のまとめである。論旨が多岐に亘り、触れ得なかった点が余りにも多いが、鎌倉以降特殊な形の中世を迎える大和国の前史、中央貴族の言う〝亡弊〟の国の有様を国司権力の推移を中心に述べてきたつもりである。

最後に内乱前後の状勢について簡単に見通しを述べておきたい。

治承三（一一七九）年一一月のクーデターによって平氏の覇権が確立した翌年、治承四年六月には前権中納言源雅頼の二男、源兼忠が大和守に補任されている。除目の様子を伝える『玉葉』の同年七月二日の記事に、

伝聞、去月廿八日有㆓小除目㆒云々、山城守行隆左少弁、如㆑元、大和守兼忠右少弁、如㆑元、此外不㆑記、抑被㆑任㆓大和守㆒、南都事殊可㆑有㆓沙汰㆒之故云々

とあるように、同年五月の以仁王挙兵に与同し、平氏との対立を深める興福寺に対する、平氏政権の何らかの南都政策の一環であったことは疑いない。(114) しかし、その内容が明らかになる前に、両者の関係の急速な悪化の結果、一二月の平重衡による南都焼打によって、大和国は一挙に平氏軍政下に入ったようである。翌年の正月、東大寺、

興福寺の寺領収公が諸国国司へ宣旨で命じられているが、大和では、

今日、遣二武士一(115)〔今度不レ遣二大将軍（重衡）一、只私郎従持二宣下一、所二行向一云々〕、停二廃大和国庄一、并令レ安二堵無罪之僧綱已下一、可レ征二伐有罪之凶徒党類一云々

と、実際には平氏郎従が直接、荘園停廃に携わっているのである。

平氏政権下の大和について、これ以上検討する余裕はないが、焼打、所領収公、そして堂舎再建といった動きの中で、後の状勢からみて、むしろ興福寺の支配体制の再編が進められたのではないかと考えられる。(116)源兼忠の後、大和守の補任は一三世紀初頭までみることができるが、実際に国務を執ったことのわかる例は全くない。鎌倉幕府も守護を設置せず、興福寺の大和一国支配が確立していくのである。この間の事情は、平氏の政策や内乱下での状勢、また頼朝の寺院政策、そしてとりわけ興福寺寺内組織の変容と大衆の台頭といった諸問題の検討を通して解明されるべき課題である。

（1）『中右記』保延元年九月七日条。
（2）上横手雅敬「棟梁と坂東」（『日本中世政治史研究』、塙書房、一九七〇年）に中央貴族の坂東観をよく示す言葉としてとりあげられている。
（3）永島福太郎『奈良文化の伝流』（中央公論社、一九四四年）、『奈良』（吉川弘文館、一九六三年）、「大和守護職考」（『歴史地理』六八―四、一九三六年）などの諸論考。田村憲美「郡支配体制の再編と興福寺」（『日本中世村落形成史の研究』、校倉書房、一九九四年、初出は一九八二年）。大山喬平「近衛家と南都一乗院―「簡要類聚鈔」考―」（岸俊男教授退官記念会編『日本政治社会史研究』下、塙書房、一九八五年）など。
（4）棚橋光男「中世伊勢神宮領の形成」、「寛御厨と権禰宜」（『中世成立期の法と国家』、塙書房、一九八三年、初出は一九七五年、一九七六年）。
（5）土田直鎮「公卿補任を通じて見た諸国の格付け」（『奈良平安時代史研究』、吉川弘文館、一九九二年、初出は一

九七五年）。

（6）山城・大和には管内に格の高い神社が多く存在し、国司が祭祀に関与するために、国司に一定以上の家格が要求されたのではないかと考えられる。

（7）『御堂関白記』『小右記』『権記』寛弘八年八月一一日条など。

（8）朧谷寿「大和守源頼親伝」（『古代学』一七―二、一九七〇年）。

（9）『小右記』寛仁二年一二月三日条。

（10）林屋辰三郎『古代国家の解体』（東京大学出版会、一九五五年）一四六頁、一八二頁など。

（11）『御堂関白記』寛弘元年三月二二日条。

（12）『権記』寛仁元年八月九日条。

（13）例えば、『左経記』長元元年一二月一一日条に、頼通が中宮の安産を祈禱させた折り、「於二山階寺春日御社等一始二宮御祈一、……件供米至二于御産期一、可レ運二送寺家一之由、依二関白殿仰遣一、仰二国守保昌朝臣許一先了」とある。

（14）天皇、院、貴族の遠隔地の社寺参詣のときには、沿道の国司の供給が不可欠であり、その協力が恒例であったこと、国司の負担が莫大なものであったことについては、新城常三『新稿社寺参詣の社会経済史的研究』（塙書房、一九八二年）第一章第二節、「平安貴族の参詣」に詳しい。

（15）『康平記』康平五年正月一三日条。春日詣の定文はこの他、仁平年間のものが『台記別記』の春日詣部類記に載せられている。

（16）この他の金峰山詣などの大和国司所課については新城常三『新稿社寺参詣の社会経済史的研究』（前掲註14）に事例が載っている。

（17）『御堂関白記』寛弘六年七月五日条。

（18）『神木動座記』所引の『小右記』寛弘三年六月二七日条。

（19）『御堂関白記』寛弘三年七月一五日条。

（20）以上、簡単に述べたが、この事件の詳細は朧谷寿「大和守源頼親伝」（前掲註8）に詳しい。

（21）ここに見える近江、備中の国司は源済政、藤原済家であるが、佐藤堅一「封建的主従制の源流に関する一試論―摂関家家司について―」（安田元久編『初期封建制の研究』、吉川弘文館、一九六四年）によると、ともに道長家司である。

(22) 永島福太郎氏はこのような摂関家の国司寄りの立場や、源頼親の三度の大和守補任を、公的立場にある摂関家による興福寺の荘園抑制策と評価される（『奈良文化の伝流』、前掲註3）がそこまで言えるかどうかは疑問である。大和守源頼親自身、大和の公田に広大な私領を設定しており（泉谷康夫「公田変質の一考察」、『律令制度崩壊過程の研究』、高科書店、一九九二年、初出は一九五九年）、朧谷氏が推定されているように、興福寺と頼親の衝突は、両者の所領をめぐる争いが発端であろうと考えられるからである。また永島氏は摂関期に大和国は摂関家の知行国になったと言われるが、根拠は摂関家近臣の源頼親が三度大和守に補任されていることだけであり、従えない。

(23) 一一世紀前半の大和国衙については、泉谷康夫氏が田所勘判の分析より、この時期が国衙機構の確立期であるとされた（「平安時代における国衙機構の変化―目代を中心として―」、『日本中世社会成立史の研究』、高科書店、一九九二年、初出は一九七七年）。また田村憲美氏によると、同じ時期、国衙主導の郡郷再編がなされたという（「郡支配秩序の再編と興福寺」、前掲註3）。一一世紀前半には大和国衙も順調な展開を示していたと言えるであろう。

(24) 井原今朝男「摂関家政所下文の研究―院政期の家政と国政―」（『日本中世の国政と家政』、校倉書房、一九九五年、初出は一九八一年）、元木泰雄「摂関家家政機関の拡充」、「院政期政治構造の展開―保元・平治の乱―」（『院政期政治史研究』、思文閣出版、一九九六年、初出は一九八一年、一九八四年、一九八六年）。

(25) 元木泰雄「摂関家における私的制裁」（『院政期政治史研究』、前掲註24、初出は一九八三年）。

(26) 『扶桑略記』永承四年一二月二八日条。

(27) 『扶桑略記』『百練抄』永承五年正月二五日条。興福寺に限らず寺社の訴えによる国司の配流は院政期にはしばしば見られるが、この頼親配流が初例であり、事の重大さが知られる。以後、「雖二源頼親なりと一、依二山階寺之憂□一、被レ流」（天喜四年五月日東大寺起請案、百巻本東大寺文書、『平安遺文』八〇一号）などと寺社側の先例として引用されることになる。

(28) 頼親の方も道長の死後、大和国から絲や紅花を送るなど、摂関家に対する批判者である藤原実資にも接近しているのが注目される（『小右記』長元四年三月一九日条、七月六日条）。

(29) 『愚管抄』巻第四。

(30) 大山喬平「近衛家と南都一乗院」（前掲註3）。大山氏は『簡要類聚鈔』や『大和国奈良原興福寺伽藍記』の記載

から、「事の実態については種々の問題点を残すにせよ」という限定詞付きながら、承保二年の覚信の南都下向に際し、大和国務の興福寺への寄附があった、とされている。しかし、承保二年以降も大和守の補任・活動は存続しており、制度として正式に大和国務が寄附されたとは考え難い。ただ、本章二節で触れるように、ちょうどこの頃を画期として興福寺の支配体制や大和国司の権力に変化が認められるのは事実であり、覚信下向との関係を問わなければならないだろう。

(31) 元木泰雄「摂関家における私的制裁」(前掲註25)。

(32) 『今昔物語集』巻二八第三一。

(33) 新潮日本古典集成『今昔物語集　本朝世俗部三』(新潮社、一九八一年)による。「狛ノ者」とは「高麗ノ者」、つまり、大和国のことなど知らない者、の意という。

(34) 赤松俊秀氏はこの説話の大和守藤原輔公を藤原輔尹の誤写であろうと述べておられる(『古代中世社会経済史研究』、平楽寺書店、一九七二年、一九五頁)。しかし、輔公の大和守在職徴証は明らかであり、輔尹とする必要はない。

(35) 一二世紀前半に大和国で徴収された明証のある中央賦課の課役は、大和にある氷室の氷を都へ運上する氷馬役ぐらいである。これは主水司から郡ごとに割り宛てるという賦課形態をとっており、国司所課とは言い難い。諸儀礼・諸行事の国宛の具体的な状況のわかる史料はむしろ稀であるから確言はできないが、恒例行事の軽微な負担さえ大和国が勤仕した例は見られない。

(36) 小山田義夫「伊勢神宮役夫工米制度について—院政期を中心として—」(『流通経済論集』二—二、一九六六年)所載の表参照。なお嘉保元年の国宛の際にも大和国から解状が提出されており(『中右記』同年一一月一九・二三日条)、その内容は不明であるが、後に述べる大和国の状況から考えて、〝申返〟—国解による国宛の辞退や負担の軽減申請—であった可能性が高いと考えられる。

(37) 国司権力を考えるには、官物収納や検注権の動向の問題が最も重要であろう。こうした研究に朝倉弘「大和雑役免庄考」(『奈良工業高等専門学校研究紀要』一八、一九八二年)があるが、史料が東大寺領の特定荘園に集中しているため、包括的な国司権力の動向の復原は困難なようである。

(38) 『続史料大成』一八。

(39)『中右記』承徳元年三月二九日条。

(40)『中右記』承徳元年三月二〇日条。

(41)坂本賞三「王朝国家の諸国支配に関する一考察」（『史学研究五十周年記念論叢　日本編』、福武書店、一九八〇年）が、官使派遣による雑役徴収を論じている。

(42)『群書類従』第三輯。

(43)『高野御幸記』天治元年一〇月二四日条。

(44)勝光明院造営の経過は、角田文次「鳥羽殿勝光明院について―平安時代における御堂造営の建築史学的一考察―」（『建築史』六―一～三、一九三四年）や『京都の歴史』第二巻（京都市、一九七一年）第二章第一節に詳しい。

(45)先述したように一二世紀に大和国に国家的行事の国宛がなされた例は極めて稀であり、この時の国宛は異例のことと言える。この間の事情については後述するが、ここでは具体的な徴収形態を問題とする。

(46)本所沙汰については、平山浩三「一国平均役荘園催徴の一形態について―院政期を中心に―」（『日本史研究』二三〇、一九八一年）参照。

(47)『長秋記』保延元年八月一九日条。

(48)『為房卿記』寛治六年二月七日条。

(49)『台記別記』仁平元年八月一〇日条。なお、このときの春日詣の所課を割り宛てた定文は『台記別記』同年六月二六日条に収められている。必要部分を次に引用する。

定

一可㆘参㆓春日社㆒給㆖雑事

（中略）

一饗

十日、佐保殿御装束

上達部殿上人

資泰朝臣

舞人陪従料十四前

摂津守朝臣

（中略）

屯食十五具、裹飯十果、秣蒭、国司

行事頼方朝臣、憲親朝臣、為頼朝臣

社頭装束

進日同付二国司一

行事為親朝臣

この定文によると一〇日の供給の一部と装束の調進が国司所課とされているが、本文に引用した春日詣当日の記事から、それが形式に過ぎなかったことがわかる。装束についても八月一〇日条に、「着到殿、装束先例国司調レ之、今度興福寺上座信実調レ之、渡二用佐保殿屏風一」とあるように、実際には国司が調進していないのである。

(50) 国司庁宣は康和元（一〇九九）年の栄山寺領の所当官物・臨時雑役を免除したもの（栄山寺文書、『平安遺文』一四二〇号）、国司免判は嘉承二（一一〇七）年、東大寺へ香菜免荘園の検注権の移譲を認めたもの（東大寺政所下文案、東大寺文書、『平安遺文』一六七八号）を最後として残っていない。

(51) 『中右記』保延元年五月六日条。

(52) 『中右記』天仁元年正月二四日条。

(53) 永島福太郎『奈良文化の伝流』（前掲註3）、および「春日社興福寺の一体化」（『日本歴史』一二五、一九五八年）。

(54) 米田雄介「栄山寺の興福寺末寺化をめぐって」（赤松俊秀教授退官記念事業会編『赤松俊秀教授退官記念国史論集』、一九七二年）。米田氏に従って末寺化の例を列挙すると、次の通りである。まず栄山寺の興福寺末寺化は別当の補任状況から見て康平二（一〇五九）年から承保二（一〇七五）年の間に認められる。金峰山については、寛治七（一〇九三）年に興福寺は金峰山を末寺であると称して興福寺僧を金峰山検校に補任しようとし（『中右記』一〇月二七日条）、金峰山の拒絶にあっている。しかし、その後間もなく両者の間に本末関係の成立していることを示唆する史料がある（『中右記』寛治八年三月六日条）。また多武峰常楽寺は叡山の末寺であったが興福寺が末寺化をはかって多武峰を焼き払う暴挙に出（『中右記』天仁元〈一一〇八〉年九月一一・一四～一六日各条）、末寺にならなければ大衆が上洛して力づくでも末寺にすると脅している（『長秋記』天永四〈一一一三〉年閏三月二〇日条）。米田氏はこのような動向から、一一世紀末に興福寺による大和支配の画期を想定されている。このような動きは、久野修義氏（「中世寺院の成立に関する一考察―九～一二世紀東大寺をめぐって―」、『日本中世の寺院と社会』、塙書房、一九九九年、初出は一九七八年、その註114）や稲葉伸道氏（「興福寺政所系列の組織と機能」、『中世寺院の権力構造』、岩波書店、一九九七年、初出は一九八一年）が指摘されている一一世紀末の寺内機構の変質や先に触れた覚信下向の問題との関連を追求せねばならないだろう。

(55)『永久元年記』所引『中右記』六月五日条。

(56)泉谷康夫「公田変質の一考察」（前掲註22）参照。

(57)田村憲美「雑役免荘園の構造と在地の動向」（『日本中世村落形成史の研究』、前掲註3、初出は一九八〇年）参照。

(58)久野修義「覚仁考―平安末期の東大寺と悪僧―」（『日本中世の寺院と社会』、前掲註54、初出は一九八〇年）。

(59)寺僧領については、島田次郎「畿内荘園における中世村落」（『日本中世の領主制と村落』下巻、吉川弘文館、一九八六年、初出は一九六七年）。

(60)斉藤利男氏は、「十一～十二世紀の郡司・刀禰と国衙支配―「中世的郡郷制」再検討のために―」（『日本史研究』二〇五、一九七九年）の中で一一世紀から一二世紀にかけての売券の分析をされたが、大和国では寺僧が売却主体の場合は俗人の場合に比べて在地証判や保証文言のあるものが少なく、「寺社権門勢力の浸透した大和では、寺僧組織に属することが在地証判にかわる保証の役割を果していたと思われる」と述べておられる。

(61)応保二年四月日僧俊成注進状（中村直勝氏所蔵文書、『平安遺文』三二〇六号）。

(62)島田次郎「畿内荘園における中世村落」（前掲註59）によると、寺僧領は雑役免田や荘園内に存在するばかりでなく、平安末期の史料によると、ほぼ同じくらいの割合で公領内にも存在するという。また他寺領については、例えば永久四年の東大寺請文案（京都大学所蔵東大寺文書、『平安遺文』一八五七号）によると、東大寺領喜荘・北田中荘がそれぞれ興福寺覚厳大法師、同寺住僧林賢によって妨げられている。他にも東大寺領に関してこうした史料は多く見られる。

(63)『兵範記』保元三年七月一七日条。

(64) 仁平元年九月日大伝法院住僧陳状案（『根来要書』下、『平安遺文』補二二一号）。

(65) 吉村茂樹『国司制度崩壊に関する研究』（東京大学出版会、一九五七年）第三編第四章「留守所の発展」。吉村氏は大和国留守所の未成立について、国司の権力が強く、在庁官人の発令権が認められなかったため、というように解釈されているが、そうでないことはこれまでの記述から明らかであろう。

(66) 今谷明「鎌倉・室町幕府と国郡の機構」（『室町時代政治史論』、塙書房、二〇〇〇年、初出は一九八七年）。

(67) 大石直正「平安時代の郡・郷の収納所・検田所について」（豊田武教授還暦記念会編『日本古代・中世史の地方的展開』、吉川弘文館、一九七三年）参照。

(68) 『永久元年記』所引『重隆記』四月一四日条。このような興福寺による大和国内での武力動員の例は、竹内理三「寺院の封建化」（『竹内理三著作集第五巻　貴族政治の展開』、角川書店、一九九九年、初出は一九四九年）や井上満郎「院政政権の軍事的編成」（『平安時代軍事制度の研究』、吉川弘文館、一九八〇年、初出は一九七二年）に詳しい。

(69) 永万二年三月二八日某寺所司等解（陽明文庫所蔵『兵範記』仁安二年秋巻紙背文書、『平安遺文』三三八八号）。

(70) この事件の経過は、大山喬平「近衛家と南都一乗院」（前掲註3）に詳しい。

(71) この点に関連して、当該期の大和国支配についての田村憲美氏の見解（「郡支配秩序の再編と興福寺」、前掲註3）について触れておきたい。

田村氏は、藤氏長者の意をうけて発給される文書である勧学院政所下文の機能的考察から、一二世紀前半、大和国司公権は国司から藤氏長者（勧学院政所）に転移し、平安末期までは藤氏長者が国務を掌握した、と結論された。確かに勧学院政所下文には、この時期在庁官人や郡司に宛てたものが見られ、藤氏長者が一定の国務関与をなし得ていたことは否定できない。しかし、その内容を見るとほとんどが私領相論の裁許であり、この場合の勧学院政所は基本的に、下からの解状をうけて裁許・安堵を行う裁判機関としての性格を出るものではなかったと考える（この点摂関家政所下文の国務介入の性格と同質である。井原今朝男「摂関家政所下文の研究」、前掲註24参照）。収納、検注といった国司公権を藤氏長者が持ったとは考えられず、田村氏のように藤氏長者を知行国主とする見解は当を得ないのである。田村氏は天養年間、当時藤氏長者であった藤原忠通が知行国主になっていること（本章第三節参照）もその傍証の一つとされているが、これは逆に私見を裏付けるものと考えられる。というのは、藤氏長者が国司公権を独占していたのならば、このとき改めて知行国として与えられる必要はなかった筈であり、藤氏長者が国務を執り検注を行う根拠としては、重ねて国司公権が必要であったことを示すからである。

とはいうものの、藤氏長者が大和国に独特の関与をしたことは事実である。田村氏も挙げておられるが、官底での訴訟審理を下達する官宣旨に、「其上任二当国（大和国）例一、被レ成二副勧学院下文一畢」というように勧学院政所下文が副えられるのが国例となっていたことはそれを示している（応保二年五月一日官宣旨案、東南院文書、『平安遺文』三二一二号）。田村氏はこれを官宣旨を施行する国司庁宣の役割に比せられているが、このような藤氏長者の権限を単なる国司公権に擬することは適当でない。本節で述べたように興福寺が事実上大和一国を勢力下に置き、中央の沙汰も成り難かったために、官の権威と共に、興福寺に対する上級権力である氏長者の権威の両方が必要であったものと考えられる。本章第二節で見たような、人夫徴収にあたって官使の権威だけでは十分でなく、関白の御教書（恐らく長者宣であろう）が必要とされている事態（二九五頁参照）が、その後の興福寺勢力の一国拡大に伴い、一国慣例化したと考えられるのである。藤氏長者の関与は興福寺の勢力拡大を前提とした、氏長者の権威によるのである（藤氏長者の国務関与の性質について別に一節を費やす予定であったが、その余裕がないため、概略をここに示しておいた）。

(72)『中右記』保延元年四月一日条。重時の前の大和守をみると、民部巡で補任されたものが多い（表2）。玉井力「受領巡任について」（『海南史学』一九、一九八一年）は、院政期には熟国は院司受領が独占しており、巡任（蔵人・外記・検非違使尉・式部丞・民部丞・史などを一定年限勤めた者が叙爵した後、受領に任命される制度）による補任は下等の不人気な国ばかりであることを明らかにしている。かかる巡任によってしか受領になれなかった無力な下級貴族が、この時期大和の国務を執り得たとは到底考えられない。

(73) 水谷類「国司神拝の歴史的意義」（『日本歴史』四二七、一九八三年）によると、国司神拝とは一〇世紀から一一世紀にかけて一般化した国司の就任儀礼であり、国司や国衙在庁の国務開始に先立って在地神祇の承認を得ることであるという。水谷氏は『中右記』のこの記事について、「山階寺（興福寺）大衆が国司の神拝を拒否した理由として、国司が神拝に事寄せて国中を直さんと欲したからというのは、詳細不明で理解しがたい」と言っておられるが、大和国の国内支配が興福寺勢力によって形骸化していたことを考えるならば無理なく理解できるのである。大和守重時にとって、神拝は興福寺大衆が看取したように、国内再建の決意表明だったわけである。

(74) 重時の活動のわかる史料は多いが、例えば、永久元(一一一三)年の興福寺嗷訴のときには、院の直接の命により平正盛、忠盛と並んで宇治で大衆を禦ぎ、数十人を射殺している(『永久元年記』所引『中右記』)。
(75) 元木泰雄「院政期興福寺考」(『院政期政治史研究』、前掲註24、初出は一九八七年)。
(76) この事件は上横手雅敬「院政期の源氏」(『御家人制の研究』、吉川弘文館、一九八一年)、角田文衞「聖武天皇陵と興福寺僧信実」(『王朝の明暗』、東京堂出版、一九七七年、初出は一九七五年)に詳しい。
(77) 『中右記』保延元年六月二一日条。保延の飢饉については五味文彦「保元の乱の歴史的位置」(『院政期社会の研究』、山川出版社、一九八四年)に詳しい。
(78) 『長秋記』保延元年八月二二日条。
(79) 保延元年一〇月一八日に大和守行元の在職が認められる。(大和守行元田地寄進状、播磨清水寺文書、『平安遺文』二三三一号)。
(80) この間の経過は、五味文彦「院政期の東大寺文書」(『院政期社会の研究』、前掲註77、初出は一九八一年)が東大寺文書から跡付けている。
(81) 『台記』天養元年九月二五日条。
(82) 元木泰雄「摂関家における私的制裁」(前掲註25)参照。
(83) 前掲註(71)参照。
(84) 『台記』天養元年一一月六日条。
(85) 忠実・忠通の対立の事情、忠実と大衆との結合については元木泰雄「摂関家における私的制裁」(前掲註25)参照。
(86) 『興福寺別当次第』。この他、寺内の動向を規制していた反忠通派の動向については大山喬平「近衛家と南都一乗院」(前掲註3)参照。
(87) 『台記』天養二年正月二六日条。
(88) 同右。
(89) 市田弘昭「平安後期の荘園整理令—全国令の発令契機を中心に—」(『史学研究』一五三、一九八一年)。
(90) 康治荘園整理令については市田弘昭氏の他、槇道雄氏もその存在を認めておられる(「鳥羽院政期における荘園整理」、『院政時代史論集』、続群書類従完成会、一九九三年、初出は一九八二年）。しかし、両氏の所論の主要な根拠である年欠の一一月九・一二日付修理権大夫雅□書状二通（京都大学所蔵『兵範記』保元二年冬巻紙背文書、『平安遺文』四七五五号、四七五六号）については、これを康治頃のものとする両氏に対し、五味文彦氏は保元元年のものと主張されている（「荘園・公領と記録所」、『院政期社会の研究』、前掲註77）。

(91) 保元国検に論及したものはたいへん多いが、これを中心にして論じているものに、有本実「平氏の台頭と院政―平清盛の知行国把握をめぐって―」（『日本歴史』三五、一九五一年）、高田実「平氏政権論序説」（『日本史研究』九〇、一九六七年）がある。両氏の論文はともに平氏の知行国支配の特質を探るという視角を持っている。しかし、本章で述べたように大和国はかなり特異な様相を呈した国であり、平氏知行国の一般的な性質を導くことができるとは思われない。また、平氏知行国が本格的に展開するのもずっと後のことである。

(92) 『兵範記』保元元年閏九月一八日条。

(93) 同右。

(94) このとき検注の宣下をうけた国司の名は不明であるが、『兵範記』保元二年正月一二日条に国司としてみえる藤原重能かと思われる。

(95) 『兵範記』、『山槐記』同日条。

(96) 『山槐記』同日条。有本実氏は『古活字本平家物語』の記事により、教盛の後、再び基盛の補任があるとされるが（「平氏の台頭と院政」、前掲註91）確証は他になく、従い難い。

(97) 市田弘昭「平安後期の荘園整理令」（前掲註89）。

(98) 五味文彦「信西政権の構造」（『平家物語、史と説話』、平凡社、一九八七年、初出は一九八七年）。

(99) 『兵範記』保元三年一〇月八日条。

(100) 菊池武雄「平氏受領表」（『世界歴史事典』二十二　史料編日本』、平凡社、一九五五年）。これは事典の一項として書かれたものであるが、平氏受領をすべて表示し、『平家物語』の平氏受領三〇余ヶ国といわれる状態は治承三年一一月の院政停止後に初めて実現したことを明らかにした、極めて評価の高い仕事である。平氏の大和知行に関する部分は短いので全文を次に掲げておく。

保元三年基盛ついで教盛が守に任ぜられた大和国目代は清盛の家司中原貞兼であった。これは後白河院第二皇女の斎宮卜定にともない翌年入るべき野宮の課役を山城・大和・尾張などに賦課するに当り、殊に検注と徴収の困難を予想される、南都堂衆の勢力の強い大和国に対して、知行主を摂関から、武士団の棟梁清盛に換えたという意味に過ぎない。

これは恐らく平氏の大和知行から平氏知行国の特質を見出そうとする有本実氏等の研究に対する批判の意を含んだ文章であると思われる。この点でも私は菊池氏に賛成である。なお、「知行主を摂関家から」清盛に換えたというのは正しくない。

(101) 平治元年八月日大和国雑掌秦成安切符（東大寺文書、『平安遺文』三〇二三号）。

(102) 平治元年八月日東大寺雑役免野宮柴垣支配切符（東大寺文書、『平安遺文』三〇二二号）。野宮役については、稲本紀昭「野宮役・群行雑事・帰京雑事―平安末期における―」（『ふびと』三六、一九七九年）。稲本氏は右の二通の文書を、保元の段階で一国平均役が体制的に成立したことの例証として使っておられる。

(103) 保元の記録所の活動については、佐々木文昭「平安・鎌倉初期の記録所について」（『日本歴史』三五一、一九七七年）など。

(104) 栄山寺文書、『平安遺文』五〇三二号。

(105) 保元三年七月二八日官宣旨案（栄山寺文書、『平安遺文』二九三六号）。

(106) 美川圭「院政における政治構造」（『院政の研究』、臨川書店、一九九六年、初出は一九八八年）。

(107) 『興福寺別当次第』によると、保元二年、興福寺領にも造内裏役が賦課されている。別当隆覚は前例がないとして別当を辞任さえしたが、代わって寺務を執行した上座信実が造内裏役を勤仕したという。しかし、大和国への国宛として、国司が造内裏役を負担したわけではないようである。五味文彦氏は『兵範記』保元二年一〇月二二日条の造営賞による叙位加階に預かった国司を検討し、造営事業の負担は諸国七道へ公平に配分されたことを明らかにされたが、その中で、山城・大和・伊勢・志摩など一〇ヶ国二島の国司が造営を負担した形跡はないという（「信西政権の構造」、前掲註98）。

(108) 註(107)で述べたように山城国も造内裏役を負担しなかったのであるが、山城でも大和とほぼ同じ時期に一国検注作業が始まっていることもこれを示すのではないだろうか。

(109) この根拠をとりあえず三つ挙げておく。

① 目代中原貞兼が諸荘園に対する指示を書いた文書が葛上郡について残っているが（平治元年九月二日大和国目代下知状案、東大寺文書、『平安遺文』三〇二四号）興福寺領は対象に入っていない。
② 保元三年一一月の興福寺衆僧申状案（尊経閣所蔵興福寺牒状、『平安遺文』二九五八号）は、山城・河内・摂津の国司の収公を愁うものであるが、大和については言及していない。
③ 東大寺領小東荘内にも興福寺僧二人の私領があったが、次の史料によると両人の私領は特別扱いをうけているようである。「其後平治元年国司検注、如レ前擬レ注二取余田一之時、……然間其内興福寺僧領殊号レ被二免除一、庄民属二両人一俄対二捍寺役一」（年欠東大寺三綱等解案、東大寺文書、『平安遺文』未収録）。

(110) 有本実「平氏の台頭と院政」（前掲註91）など。

(111) 『山槐記』永暦元年九月二日条。季長が摂関に近侍している例は『兵範記』保元三年八月一一日条など。

(112) 『山槐記』応保元年一二月一七日条。

(113) 『玉葉』承安二年一〇月二八日条。

(114) 源兼忠と平氏とのつながりを示す史料は皆無であり、この補任が何を意図していたか今のところ不明である。

(115) 『玉葉』治承五年正月七日条。この後、一九日には平宗盛が大和を含む畿内・近国九ヶ国の惣官職に補任されている。

(116) 島田次郎氏は「畿内荘園における中世村落」（前掲註59）で、この時期に「寺僧領全体に関する興福寺当局の支配体制に質的な転換があった」ことを推定されている。治承五年六月には興福寺寺辺新制が発布されている。また、寿永元年には興福寺が一国平均役の徴収に関与した徴証もあるという（田村憲美「郡支配秩序の再編と興福寺」、前掲註3）。

第二章　摂関家の南都統制について——勧学院弁別当を中心に——

はじめに

中世の大和国は、興福寺が一国を事実上領有する守護不設置の宗教領国として、国制上に独特の地位を占め続けた。このような大和国、興福寺を知ることによって、中世社会への展開の一つのあり方を探ろうという研究の動きが現れている。(1)

しかし、何故に興福寺がかくも強大な勢力になり得たかという最も基本的な問題を含め、平安期の興福寺の様相はほとんど明らかになっていない。興福寺関係の史料の僅少さがその一因ではあろうが、そのためだけに見過ごされてよい問題ではないのである。

寺院としての興福寺の特質は、それが官寺であると共に藤原氏の氏寺であったということである。というよりも、氏寺として出発した興福寺が政界における藤原氏の隆盛にともなって、官寺としての扱いを受けるようになったという方が正しい。このような藤原氏の氏寺という立場が、興福寺の隆盛を招いた一つの大きな要因である(2)

ことに間違いはないであろう。

本章の課題は、平安期におけるこうした摂関氏長者と興福寺の関係の制度的な考察である。元木泰雄氏は、一連の摂関家家政の研究の中で、氏寺興福寺の問題にも言及された。(3) それによると、院政期、特に藤原忠実のときに、院政成立による摂関家の政治的後退、藤原支流の輩出と院への接近という政治動向の中で、摂関家は宗教的権威である権門寺院興福寺を包括しようとするという。本章では、こうした政治史と密接に関わりつつ生み出される制度の変遷を追い、氏長者摂関藤原氏の存在によって規定されている興福寺と中央との関わりの一端を明らかにしたい。興福寺を中心とする南都の秩序は煩雑であり、その全体像をここで提示することは到底不可能であるが、とりあえず氏長者摂関家側の基礎的な考察を試みたものである。

ところで、氏長者についての基礎的な研究としては竹内理三、橋本義彦両氏の優れた論稿があり、氏長者の機能ないし権限として①氏神の祭祀および氏寺の管理、②大学別曹の管理、③氏爵の推挙、④氏の共有財産の管理、の四点が指摘されている。(4) その後も、殿下渡領の研究や氏爵の研究を中心に解明が進んでいる。(5) 本章の対象となるのは当然藤氏長者についての①の機能であるが、そこで藤氏長者のもとで氏寺・氏社の管掌に当たったのが藤原氏の大学別曹勧学院であり、その職員である勧学院別当なのである。

勧学院の寺社統制に関しては、桃裕行氏『上代学制の研究』に載せられた附論(6)が正面から扱った唯一のものであるが、著書の性質上事項の網羅的な列挙にとどまっている。そのほかでは、元木氏が摂関家私的制裁の一環として勧学院への拘禁刑を取り上げ、(7) 井原今朝男氏は摂関家訴訟体系として勧学院での裁判の問題に触れておられる。(8) また、稲葉伸道氏、田村憲美氏が興福寺寺院組織の考察の中で、勧学院からの発給文書に言及されている。(9) これらの研究に触れながら、勧学院、特に勧学院の弁別当に焦点を当てて述べていきたい。

第一節　勧学院の興福寺管掌の成立

1　勧学院の組織と職員

先にも述べたように、氏長者の氏寺・氏社、特に興福寺・春日社に対する管掌の実務に当たったのが、勧学院であり、その職員たる勧学院別当である。いうまでもなく勧学院は本来藤原氏学生のために創建された大学別曹であり、当初から寺社管掌の役割を担っていたわけではない。本節では、勧学院が何故興福寺のことを扱うようになるのか、その時期は、といった全く未検討の問題について検討したい。(10)

最初に、おもに桃氏の著書に依りながら、勧学院の組織について簡単に触れることにする。

勧学院は、弘仁一二（八二一）年藤原冬嗣によって創建された藤原氏学生のための寄宿舎であり、その後間もなく大学寮別曹として公認されたらしい。(11)氏長者の管掌下にあり、職員としては別当および下級職員である知院事、案主、雑色、仕丁などが置かれていた。ここでは以下の論述に特に関連する別当についてのみ、やや詳しく触れておく。

『西宮記』には勧学院についての次のような説明がある。

藤氏学生別曹、長者及公卿別当、弁・有官・無官別当行二院事一、有二学頭一、有二年挙一(12)

これによって、勧学院別当には公卿別当、弁別当、有官別当、無官別当の別があることが知られる。

公卿別当の活動例は、記録上にはほとんど現れない。一〇世紀には『貞信公記』に藤原定方・藤原清貫・藤原保忠の補任がそれぞれみられ、(13)『朝野群載』所収の応和元（九六一）年五月一五日付の有官別当補任の長者宣に大納言（藤原）在衡の署名が見えるが、(14)一一世紀には藤原道綱が勧学院の儀式の場において『権記』、『御堂関白

表1　勧学院弁別当一覧

氏長者	弁別当		任年月日		辞任理由	備考
道長	藤原朝経	★	寛弘9(一〇一二)・9・22	☆	長和4(一〇一五)・2・18　任参議	
頼通	藤原経通	★	長和4(一〇一五)・3・15	☆	寛仁3(一〇一九)・12・21　任参議	
	藤原定頼	★	寛仁4(一〇二〇)・9・21	☆	寛仁4(一〇二〇)・11・29　任参議	
	藤原重尹	★	寛仁5(一〇二一)・3・4	☆	長元2(一〇二九)・1・24　任参議	
	藤原経輔	★	長元2(一〇二九)・10・―	☆	長暦3(一〇三九)・12・18　任参議	
	藤原義忠	★	長暦4(一〇四〇)・6・30	☆	長久2(一〇四一)・11・1　卒	
	藤原資仲	★	長久3(一〇四二)・2・16	☆	康平5(一〇六二)・3・12　遷任修理大夫	永承2(一〇四七)・1・22　任造興福寺長官 康平5(一〇六二)・3・5　任造興福寺長官
教通	藤原泰憲	★	康平5(一〇六二)・5・8	☆	治暦元(一〇六五)・12・8　任参議	康平5(一〇六二)・6・19　任造興福寺長官
	藤原伊房		治暦2(一〇六六)・1・28			治暦2(一〇六六)・3・23　任造興福寺長官
師実	＊藤原実政	★	承保2(一〇七五)・1・20	☆	承暦4(一〇八〇)・8・14　任参議	
	＊藤原正家	★	承暦4(一〇八〇)・8・22	☆	応徳元(一〇八四)・6・13　遷任若狭守	
師通	藤原季仲	★	応徳元(一〇八四)・7・23		承徳2(一〇九八)・12・27　任権中納言	嘉保3(一〇九六)・10・15　任造興福寺長官
	藤原宗忠	★	承徳2(一〇九八)・12・29		嘉承元(一一〇六)・12・27　任権中納言	承徳2(一〇九八)・12・29　任造興福寺長官
忠実	＊藤原為隆		嘉承元(一一〇六)・12・28			
	＊藤原実光		保安2(一一二一)・3・3			
	藤原宗成		～保延元(一一三五)・2・27			
忠通	藤原顕業	★	保延4(一一三八)・7〈5イ〉		久安4(一一四八)・5・8　出家、同13薨	
	＊藤原光房		久安4(一一四八)・5・12		氏長者交替　忠通→頼長	
頼長	藤原資信		久安6(一一五〇)・10・4		保元元(一一五六)・9・13　任権中納言	
忠通	＊藤原資長		保元元(一一五六)・9・16			
基実	＊藤原俊経		永万元(一一六五)・9・―		治承3(一一七九)・10・9　辞大弁	
基房	藤原重方	★	治承3(一一七九)・10・21		氏長者交替　基房→基通	
基通	＊藤原兼光		治承3(一一七九)・11・27		氏長者交替　基通→兼実	治承5(一一八一)・6・15　任造興福寺長官
兼実	＊藤原光長	★	文治2(一一八六)・3・16		文治4(一一八八)・10・14　辞右大弁	文治2(一一八六)・6・28　任造興福寺長官
	＊藤原親雅		文治4(一一八八)・10・27			文治4(一一八八)・11・28　任造興福寺長官
	＊藤原親経		建久4(一一九三)・2・7		氏長者交替　兼実→基通	建久4(一一九三)・2・1　任造興福寺長官
基通	＊藤原宗隆		建久7(一一九六)・12・5			

註1．弁別当の名は『弁官補任』による。但し、藤原宗成は『弁官補任』に名が見えないが、『中右記』保延元年2月27日条などで在任が確認できるため補った。
2．＊は、弁別当が当時の氏長者の家司であることを確認できたものを示す。
3．任年月日は主に『弁官補任』により、他の記録で補足・訂正したものである。
4．★は、補任時に①藤原氏の弁官中、②参議兼任者を除いて、③最上﨟の者、という原則を満たしているものを示す。
5．☆は、上記の三条件から外れたときに、弁別当を辞任しているものを示す（したがって、印のない者は、参議兼官後も弁別当在任）。

記』に各一度登場するのみで[15]、以後は消滅したものとみられる。ただ注意しておきたいのは、桃氏も指摘されているように、右にみられる公卿別当はすべて大納言であり、藤原氏出身の大納言を補す慣例があったと思われることである。

弁別当は藤原氏の弁官中から補任され、別当弁、氏院弁、鎌倉期頃からは南曹弁などとも呼ばれている。勧学院の最も重要な職務であり、単に勧学院別当や氏院別当という、普通はこれを指すと考えてよい。初見は一〇世紀中葉天暦年間に名の見える藤原有相であるが[16]、その活躍が目立つのは一一世紀以後である。『弁官補任』には、寛弘九（一〇一二）年九月二一日に補任された藤原朝経以来、一一・一二世紀にわたって弁別当の補任がほぼ漏れなく記されていて補任状況を知ることができるのであるが[17]（表1参照）、そこから、少なくとも一一世紀の間は、弁別当の補任に次のような原則があったことが知られるのである。すなわち、①藤原氏の弁官であり、②参議を兼帯するものを除き、③最上位に位置するものが補任される、という原則である[18]。これは、「勧学院多被レ仰二氏上臈弁一也[19]」という『中右記』の後の記述からも裏付けられる。この点は後の論旨に関わる重要な点なので、特に注記しておきたい。

有官別当・無官別当はともに六位の者が補せられ、併せて六位別当と呼ばれる。有官別当は藤原氏出身の諸司の判官が、無官別当はその名の通り官職を持たない者が補任されており、弁別当の下で更に雑務に当たっている。無官別当を後別当と呼んでいる例もある。

勧学院内部の組織としては、すでに一〇世紀後半に政所の存在が確認できる[20]。当初の機能は勧学院の経営や勧学院の諸行事の運営であったと思われる[21]。なお、勧学院別当を勧学院政所別当と呼んでいる事例はなく、別当は政所に限定されない勧学院全体の別当だったと思われる。別当といえば政所別当や侍所別当を指す摂関家家政機関の職員とは性格を異にしているのである。

以上、勧学院の職員と機構について本章に必要な範囲で概観した。触れ得なかったほかの重要な論点についての詳細は桃氏の著書に譲り、次項に進むことにしたい。

2　勧学院による氏人の統制

次に、従来ほとんど言及されたことがなかったが、勧学院が藤原氏氏人の管掌に関わっていたことを示す例を検討する。

仰書
送勧学院

被二太政大臣宣一偁、備前国鹿田庄者、任二度々官符旨一召二国司寄人等一、殊被二苛責一之由、度々言上、仍去年十二月為レ聞二其実否一、差二左京大属眞髪部久鑒一、下二遣彼国一、爰理兼朝臣竊以上洛、多注二無実一経二奏聞一、公家偏任二国解文一、解二却久鑒所帯官一、又被レ下下可レ追二捕庄司等一宣旨上、理兼朝臣逐電帰国、召二集数百人兵一、去月廿五日乱二入庄内一、捕二縛久鑒并庄司等一、打二開庄倉一、下二取地子米三百廿石一、運納遷替訖、……件庄氏之長者、代々伝知、以二其応輸一、充二用大原野二季祭饗・興福寺長講法花両会料一、而庄家悉亡、旧貫欲レ絶、仏神例用物可二闕怠一、理兼朝臣猥参二氏族之末交一、是破二祖宗之本志一、已類二木中之蠹一、何踏二廟前之塵一、本系取レ氏、又除二其名一、莫レ令レ預二参氏事一、是與二氏諸卿一、僉議所レ定也、須下伝二後代一、懲中彼不義上者

寛和二年十一月廿日　　別当民部大丞藤原為信奉[22]

これは、備前国司藤原理兼の放氏に関する史料として著名なものであるが[23]、この宣旨形式の仰書が勧学院に送られていることに注目したい。奉じている別当は民部大丞という官職から考えて勧学院有官別当であろう。藤原理

兼は備前国司在任中、藤原氏の氏財である鹿田荘と問題を起こしたために、藤原氏公卿の僉議によって氏から除名され、「氏事」からの追放が決められているのであるが、その処置が勧学院に向けて指令されているのである。

「氏事」＝氏の行事というと、まず考えられるのは氏寺・氏社の法会や祭祀であろう。氏寺である興福寺、鹿島、香取、春日、大原野、吉田といった氏社における法会・祭祀について、平安期の故実書には、例えば次のような記載が見える。「勧学院進㆓会参人交名㆒」(24)、「別当弁以㆓可㆑参㆑祭五位已上差文㆒、奉㆓長者㆒」(25)、「勧学院別当弁以下、可㆑参㆑祭五位以上差文、奉㆓長者㆒」(26)。これらから、勧学院が氏人の把握という機能を担っていることは明らかであろう。このほか、煩雑なので一々あげないが、行事当日の運営にも勧学院別当が携わっている例は多くみられる(27)。

また、永承二（一〇四七）年の興福寺再建事業の様子を詳細に記した『造興福寺記』には、五位以上の氏人三六六人もの名が列挙され(28)、それに対して造営料を課す二月二一日付の廻文が載せられているが、この文書は氏長者藤原頼通の宣を勧学院別当が奉じた長者宣であり、「宣㆓下勧学院㆒、以㆓雑色等㆒令㆓催廻㆒」とあるように、勧学院が実務にあたっている。数百人にも及ぶ藤原氏の構成員の名を勧学院が管掌していたものと考えられるのである。

以上のように、勧学院が藤原氏氏人管掌の機能を果たしていたことは明らかである。藤原氏の行事から追放された藤原理兼に対する制裁措置が、勧学院に向けて命じられている意味も、以上のような機能を認めればたやすく理解できるのである。何故、このような役割が生じたかは不明であり、他氏の大学別曹の場合の検討などが必要であるが、勧学院が〝氏院〟とも呼ばれていること(29)、『江家次第』によると、藤氏長者が伝領し長者の地位の象徴である朱器台盤が勧学院に保管されていることなども、単に大学別曹に留まらない、いわば〝氏政機関〟としての勧学院の側面を示しているといえるであろう(30)。

藤原氏氏寺・氏社の中でも鹿島、香取、大原野、吉田の各社の場合、勧学院が祭祀以外のことに関わっている例はなく、勧学院の関与はこうした藤原氏側の行事の運営という機能を出るものではないと思われる。[31] この点、次に述べる興福寺・春日社に対する勧学院の関与とは区別する必要があると考える。[32]

3　勧学院の興福寺管掌

興福寺・春日社についての勧学院別当の関与としては、前述の機能にとどまらない様々な活動が諸記録に頻出する。興福寺関係の事務に関する勧学院別当の具体的な職掌については後述するが、まず、勧学院別当によるこのような興福寺管掌の成立について検討したい。

次に示す諸史料は、いずれも一二世紀に入ってからの勧学院弁別当の南都関係の活動に関するものであるが、その中で弁別当が「俗別当」と呼ばれている事実に留意したい。

・『永昌記』の記主藤原為隆は嘉承元（一一〇六）年一二月より約一五年間勧学院弁別当であった。天永元（一一一〇）年六月一六日条には、興福寺の氏封御倉の宝物を遷納するために興福寺に赴いた記事があるが、そのときの儀式の記述に次のような一節がある。

午剋僧正（興福寺別当覚信）以下被レ参二着馬道床座一、其儀、南柱懸二翠廉一、中央床敷二高来畳一、為二僧俗別当并僧綱已講座一僧正東面、下官西面、僧綱北面、西床寺主暹覚・維覚所司等加著、東床五師参着

中央の床に僧・俗別当と僧綱の座が準備されているのであるが、ここで「俗別当」に相当するのは、割書部分との対応関係から考えて、明らかに「下官」すなわち藤原為隆自身である。

・『春日社記録』旧記勝出の大治二（一一二七）年一〇月一一日条には、

十月十一日、俗別当弁殿参二御社一

2 (1066)	勅使権左中弁伊房「俗別当」	
3 (1067)	勅使権左中弁伊房	
4 (1068)	勅使右中弁隆方	
延久元(1069)	勅使左少弁正家	
2 (1070)	勅使左中弁伊房	伊房
3 (1071)	勅使左中弁兼蔵人頭伊房	
4 (1072)	勅使右中弁正家	
5 (1073)	勅使権左中弁隆方	
承保元(1074)	勅使右〈左歟〉少弁季仲	
2 (1075)	勅使左〈右歟〉中弁隆方	
3 (1076)	勅使右大弁実政「俗別当」	
承暦元(1077)	勅使右大弁実政	実政
2 (1078)	勅使左中弁正家	
3 (1079)	勅使右大弁実政	
4 (1080)	勅使右大弁正家「俗別当」	
永保元(1081)	勅使右大弁正家	正家
2 (1082)	勅使右大弁正家	
3 (1083)	勅使右大弁正家	
応徳元(1084)	勅使左中弁季仲「俗別当」	
2 (1085)	勅使左中弁季仲	
3 (1086)	勅使左少弁敦宗	
寛治元(1087)	勅使左中弁季仲	
2 (1088)	勅使左中弁季仲	
3 (1089)	勅使左中弁季仲	
4 (1090)	勅使左中弁季仲	季仲
5 (1091)	勅使左中弁季仲	
6 (1092)	勅使左中弁季仲	
7 (1093)	勅使右少弁有信	
嘉保元(1094)	勅使左少弁有信	
2 (1095)	勅使左少弁有信	
永長元(1096)	勅使左少弁有信	
承徳元(1097)	勅使左少弁有信	
2 (1098)	勅使左〈右歟〉中弁宗忠	
康和元(1099)	勅使右大弁宗忠「俗別当」	
2 (1100)	勅使右少弁俊信	
3 (1101)	勅使権右中弁長忠	
4 (1102)	勅使右少弁俊信	宗忠
5 (1103)	勅使右中弁長忠	
長治元(1104)	勅使右中弁長忠	
2 (1105)	勅使右中弁長忠	
嘉承元(1106)	勅使右中弁長忠	
2 (1107)	勅使右少弁実光	
天仁元(1108)	勅使右中弁実光	
2 (1109)	勅使権右中弁実行	
天永元(1110)	勅使右中弁為隆「俗別当」	
2 (1111)	勅使右少弁実光	
3 (1112)	勅使権右中弁実行〈蔵人頭〉	
永久元(1113)	勅使右中弁為隆	為隆
2 (1114)	勅使右中弁為隆「俗別当」	
3 (1115)	勅使左少弁実光	
4 (1116)	勅使左中弁為隆「俗別当」	
5 (1117)	勅使左中弁為隆「俗別当」	
元永元(1118)	勅使左中弁為隆「俗別当」	
2 (1119)	勅使左中弁為隆「俗別当」	
保安元(1120)	勅使左中弁為隆「俗別当」	
2 (1121)	勅使左少弁実光「俗別当」	
3 (1122)	勅使左少弁実光「俗別当」	
4 (1123)	勅使右中弁実光「俗別当」	
天治元(1124)	勅使左中弁実光「俗別当」	
2 (1125)	勅使左中弁実光「俗別当」	
大治元(1126)	勅使左中弁実光「俗別当」	実光
2 (1127)	勅使左中弁実光「俗別当」	
3 (1128)	勅使左中弁実光「俗別当」	
4 (1129)	勅使左中弁実光「俗別当」	
5 (1130)	勅使右大弁実光「俗別当」	
天承元(1131)	勅使右大弁実光「俗別当」	
長承元(1132)	勅使権右中弁宗成	
2 (1133)	勅使右中弁宗成	(?)
3 (1134)	勅使右中弁宗成「俗別当」	
保延元(1135)	勅使右中弁宗成「俗別当」	
	〈蔵人頭〉	宗成
2 (1136)	勅使右少弁資信	
3 (1137)	勅使左中弁顕業	
4 (1138)	勅使権右中弁資信	
5 (1139)	勅使左中弁顕□「俗別当」	
6 (1140)	勅使左中弁顕業「俗別当」	
永治元(1141)	勅使左中弁顕業「俗別当」	
康治元(1142)	勅使左中弁資信〈蔵人頭〉	
2 (1143)	勅使左中弁資信	顕業
天養元(1144)	勅使左中弁資信	
久安元(1145)	勅使左中弁資信	
2 (1146)	勅使左中弁資信	
3 (1147)	勅使左中弁資信	
4 (1148)	勅使左中弁資信	光房
5 (1149)	勅使左少弁光房「俗別当」	
6 (1150)	勅使右少弁資長	
仁平元(1151)	勅使右少弁資長	
2 (1152)	勅使右少弁資長	
3 (1153)	勅使右大弁朝隆〈蔵人頭〉	資信
久寿元(1154)	勅使右少弁資長	
2 (1155)	勅使左少弁顕遠	
保元元(1156)	勅使右中弁資長	
2 (1157)	勅使右中弁資長「俗別当」	
3 (1158)	勅使　　　資長「俗別当」	
平治元(1159)	勅使右大弁資長「俗別当」	
承暦元(1160)	勅使左少弁俊経	資長
応保元(1161)	勅使　　　俊経	
2 (1162)	勅使　　　俊経	
長寛元(1163)	勅使　　　俊経	
2 (1164)	勅使右少弁長方	
永万元(1165)	勅使左少弁俊経「俗別当」	
仁安元(1166)	勅使権右中弁為親	
2 (1167)	勅使右中弁俊経「俗別当」	
3 (1168)	勅使左中弁俊経「俗別当」	
嘉応元(1169)	勅使右大弁俊経「俗別当」	
2 (1170)	勅使右大弁俊経「俗別当」	
承安元(1171)	勅使右大弁俊経「俗別当」	俊経
2 (1172)	勅使右大弁俊経「俗別当」	
3 (1173)	勅使右大弁俊経	
4 (1174)	勅使左少弁兼光	
安元元(1175)	勅使左少弁兼光	
2 (1176)	勅使右少弁左衛門権佐光雅	
治承元(1177)	勅使左少弁兼光	
2 (1178)	勅使左少弁兼光	
3 (1179)	勅使左少弁光雅	重方
4 (1180)	勅使左中弁兼光「俗別当」	兼光

表 2　維摩会勅使(『維摩講師研学竪義次第』による)と勧学院弁別当

(*〈　〉は追筆、「　」は朱筆で書かれていることを示す)

年	維摩会勅使(『維摩講師研学竪義次第』による)	勧学院弁別当
承平6 (936)	勅使在衡	
7 (937)	勅使左中弁在衡	
[中略（勅使の記載なし）]		
康保元 (964)	勅使右中弁文範「俗別当」	
2 (965)	勅使文範	
3 (966)		
4 (967)	勅使左中弁済時	
安和元 (968)		
2 (969)		
天禄元 (970)		
2 (971)		
3 (972)		
天延元 (973)		
2 (974)	勅使左中弁佐理「俗別当」	
3 (975)	勅使左中弁佐里	
貞元元 (976)		
2 (977)		
天元元 (978)		
2 (979)		
3 (980)		
4 (981)	勅使左中弁懐忠「俗別当」	
5 (982)		
永観元 (983)	勅使左〈右歟〉少弁惟成	
2 (984)	勅使	
寛和元 (985)	勅使	
2 (986)	勅使右大弁	
永延元 (987)	勅使右少弁保信	
2 (988)	勅使	
永祚元 (989)	勅使右大弁	
正暦元 (990)	勅使右少弁	
2 (991)	勅使俗別当	
3 (992)	勅使俗別当	
4 (993)	勅使俗別当	
5 (994)	勅使俗別当	
長徳元 (995)	勅使俗別当	
2 (996)	勅使右京大夫	
3 (997)	勅使右中弁説孝	
4 (998)	勅使〈蔵人弁為任〉	
長保元 (999)	勅使	
2 (1000)	勅使	
3 (1001)	勅使	
4 (1002)	勅使	
5 (1003)	勅使	
寛弘元 (1004)	勅使	
2 (1005)	勅使右大弁〈左中弁歟〉説孝	
3 (1006)	勅使右少弁広業	
4 (1007)	勅使右大弁説孝「俗別当」〈親歟〉	
5 (1008)	勅使左〈右歟〉少弁輔尹	
6 (1009)	勅使左大弁説孝	
7 (1010)	勅使左大弁説孝	
8 (1011)	勅使左大弁説孝	
長和元 (1012)	勅使右少弁資業	
2 (1013)	勅使右大弁朝経	朝経
3 (1014)	勅使右中弁重尹	
4 (1015)	勅使左中弁通経[経通]	
5 (1016)	勅使権左中弁重尹	
寛仁元 (1017)	勅使右中弁定頼	経通
2 (1018)	勅使左中弁経通	
3 (1019)	勅使左中弁定頼	
4 (1020)	勅使	
治安元 (1021)	勅使重尹	
2 (1022)	勅使重尹	
3 (1023)	勅使	
万寿元 (1024)	勅使右大弁重尹「俗別当」	重尹
2 (1025)	勅使右大弁重尹	
3 (1026)	勅使右少弁家経	
4 (1027)	勅使右中弁経輔	
長元元 (1028)	勅使右大弁重尹	
2 (1029)	勅使左中弁経輔「俗別当」	
3 (1130)	勅使左中弁経輔	
4 (1031)	勅使左中弁経輔	
5 (1032)	勅使左中弁経輔	
6 (1033)	勅使左中弁経輔	
7 (1034)	勅使左中弁経輔	経輔
8 (1035)	勅使左中弁経輔	
9 (1036)	勅使右少弁俊家	
長暦元 (1037)	勅使左中弁経輔	
2 (1038)	勅使右中弁義忠「俗別当」	
3 (1039)	勅使右中弁義忠	
長久元 (1040)	勅使権左中弁義忠	
2 (1041)	勅使右少弁資仲「俗別当」〈左歟〉	義忠
3 (1042)	勅使左少弁資仲〈義忠歟〉	
4 (1043)	勅使左少弁資仲	
寛徳元 (1044)	勅使左少弁資仲	
2 (1045)	勅使左少弁資仲	
永承元 (1046)	勅使左少弁資仲	
2 (1047)	勅使右少弁師家	
3 (1048)	勅使左少弁資仲	
4 (1049)	勅使右少弁師家	
5 (1050)	勅使権左中弁資仲	
6 (1051)	勅使右少弁師家〈定成歟〉	資仲
7 (1052)	勅使権左中弁資仲	
天喜元 (1053)	勅使権左中弁資仲	
2 (1054)	勅使左中弁資仲	
3 (1055)	勅使権左中弁資仲	
4 (1056)	勅使権左中弁資仲	
5 (1057)	勅使右少弁定成	
康平元 (1058)	勅使左中弁資仲	
2 (1059)	勅使左少弁伊房	
3 (1060)	勅使左中弁資仲	
4 (1061)	勅使左中弁資仲	
5 (1062)	勅使右少弁正家〈左中弁泰憲歟〉	
6 (1063)	勅使左中弁泰憲「俗別当」	泰憲
7 (1064)	勅使右少弁正家	
治暦元 (1065)	勅使右少弁正家	

とあるが、『中右記』によると、この時期に勧学院弁別当の左中弁藤原実光が興福寺維摩会勅使として南都に下向しており、[33]「俗別当弁」が勧学院別当弁実光を指していることは間違いない。

・東大寺文書所収の養和元（一一八一）年のものと推定される八月九日付東大寺別当書状[34]は、東大寺領に賦課された造興福寺役の免除を求めたものであるが、書き出しの文言に、

　□寺政所仰二遣俗別当一之御状

とある。この宛所は「右中弁殿」であるが、当時の右中弁は勧学院弁別当である藤原兼光である。

・同じ藤原兼光について、翌養和二（一一八二）年二月七日条『中臣祐重記』には、

　巳時東西堂棟（上脱カ）、行事勅使左中弁兼光也、俗別当、造興福寺修理使也

とある。このほか計四ヶ所に、藤原兼光を俗別当と呼んでいる部分がある。[35]

・宮内庁書陵部所蔵『維摩講師研学竪義次第』は、毎年一〇月に興福寺で行われる南都三会の一つ、維摩会の講師等の歴任の次第であり、中央より派遣される勅使の名も記載されている。その勅使の名の横に朱筆で「俗別当」と注記されている年が多く見られるのである（表2参照）。維摩会勅使は必ず藤原氏の弁官から選ばれ、特に勧学院弁別当が任に当たる場合が多いのであるが、表2に示したように、「俗別当」と書かれている弁官は弁別当と一致すると言ってよいであろう。[36]

これらの史料によって、南都側は勧学院弁別当を興福寺「俗別当」とみなしていたことがわかるのである。

ここで、俗別当の制度について簡単に触れておこう。土谷恵氏によると、貞観年間に国家の寺院統制策の転換が認められ、僧綱制の縮小、それに伴う俗別当制による仏教統制が出現するという。[37]このような俗別当制は、菊池（現姓所）京子氏によると、僧尼の統制に関する俗権の統制、[38]橋本政良氏によると、僧または俗による専決を避け、国家の枠組みにはめる必要から国家が形成した「僧俗共治の形態を法制乃至行政システム」[39]と捉えられる。

いずれにせよ、国家による統制という側面を強調する評価である。また、弁官・大納言・大臣などが俗別当の任に当たっており、寺院と太政官を直接に結ぶものと考えられる。(40)

さて、問題の興福寺俗別当については史料的な制約から多くのことは知り得ないが、管見に入った限りの史料について、以上のような俗別当の性格を念頭において、考察を加えたい。

(a) 元慶八（八八四）年一一月一三日付の僧綱牒案には官符によって定められた南都諸寺の公卿の俗別当が列挙されている。(41) これによると興福寺の俗別当には、大納言藤原良世が補任されている。

(b) 『朝野群載』所収寛平二（八九〇）年八月五日の藤原菅根等荘園施入帳(42)は、藤原菅根等が藻原庄・田代庄を興福寺に施入したものであるが、その奥に次のような文言が加えられている。

奉二別当大納言卿宣一偁、宜下下二知彼寺一早令中領納上者、
同月廿日別当左少弁藤原朝臣佐世奉

この別当も興福寺俗別当と考えられるが、それが大納言と弁官であることに注意したい。興福寺への荘園の施入の事務が俗別当経由で行われ、その際、大納言の別当の宣を弁官の別当が奉る、という形で興福寺へ伝えているのである。なお、このときの大納言は史料(a)と同じ藤原良世である。

(c) 『西宮記』巻一四の裏書には、『醍醐天皇御記』逸文と推定されている次のような記事がある。(43)

延喜六年十月十三日、令三当時朝臣給二大納言藤原（脱アラン）一・興福寺申以二左大臣一為二検校一、前例以二氏中亜相一為二件寺別当一、今以二氏長者一可レ当二其事一申請、依レ請

多少意味が取りにくいが、従来藤原氏中の亜相（大納言の唐名）が別当に任ぜられていたものを、興福寺の申請によって、氏長者（当時の氏長者は左大臣藤原時平）に代える事を命じているのである。(44)

(d) 『貞信公記』によると、承平元（九三一）年四月一日には、再び大納言である藤原保忠が任じられていて、

史料(c)でみた氏長者の任別当は必ずしも固定したわけではないようである。
『朝野群載』に、長保三（一〇〇一）年の弁官の興福寺俗別当補任の宣旨がある。

(e)

補興福寺別当

左中弁藤原朝臣説孝

参議左大弁藤原朝臣忠輔伝宣、左大臣宣、奉レ勅、件人宜レ為二興福寺別当一者

長保三年十月三日　　左大史小槻宿祢奉[45]

以上の史料から、いずれも藤原氏の大納言および弁官が原則的に興福寺俗別当になっていることがわかる。藤原氏から任ぜられるということは、官寺であると共に氏寺でもある興福寺の特質を示していると言える。

さて、再びこの俗別当と勧学院別当との関係を考えてみよう。史料(e)でみた弁官の俗別当藤原説孝が勧学院別当になっていることは他の記録からも確認できる。[46] また、説孝の前任者はその『権記』の記主藤原行成であり、『権記』には勧学院別当としての行成の活動の記録も多く残されているが、ちょうど史料(e)のみえる長保三年一〇月を境として、それがみえなくなる。このことから、任命手続の関係はわからないが、遅くとも一一世紀初頭のこの段階で、俗別当の補任が勧学院別当の補任と重なっていると考えられるのである。[47] そして、後の記録に弁別当が俗別当とも呼ばれている例が散見されることは先にみた通りである。

勧学院別当と興福寺俗別当の一致は、公卿別当の場合も一例ではあるが確認できる。史料(d)でみた大納言藤原保忠は、興福寺別当に任じられたおよそ半年後に、今度は勧学院別当に任じられているのである。[48]

このように、興福寺俗別当と勧学院別当が一致するようになるという事実は何を示すのであろうか。史料的な制約から多くを推定に頼らざるを得ないが、以下のように考えておきたい。

官寺でありながら氏寺でもあるという興福寺の特質は、人事の補任の手続によく現れている。『延喜式』玄蕃

寮の条に、「凡興福寺維摩会、十月十日始、十六日終、其聴衆九月中旬僧綱簡定、先経二藤原氏長者一定レ之」、「凡興福寺別当三綱者、不レ依二諸大寺之例一、随二氏人簡定一補レ之」などとあるように、藤原氏人、特にそれを代表する氏長者の口入が公認されていたわけである。

官人俗別当の制は、興福寺俗別当には必ず藤原氏が補任されるというように氏寺としての側面に規定されているにせよ、官符や宣旨による補任であり、—実態は興福寺の場合あまり明確でないが—国家の寺院統制という性格が強い。したがって、このような氏長者の興福寺支配とは理念的に相容れないものであったと考えられる。氏長者を俗別当にするようにと申請した興福寺側の動き（史料(c)参照）は、官の統制を脱し、氏長者の保護下に入ろうとする寺側の姿勢と評価できるであろう。

一方、勧学院別当は前節で検討したように、藤原氏の行事の執行という職務を持ち、すでに氏寺の法会等に一定度の関与をしていた。そうした機能を前提に、興福寺別当に補任された者を勧学院別当に重ね任じることによって、興福寺統制の藤原氏私的機関への取り込みが計られたといえるのではないだろうか[49]。両者が一致する時期は更に遡るのではないかと考えているが、藤原説孝の例から一一世紀初頭には確実である。藤原摂関体制の本格的な成立は一〇世紀半ばの忠平執政期であり、その後の抗争を経て、一〇世紀後半の兼家の時代に安定確立をみるという[50]。こうした摂関家の確立と無関係な動きではないであろう。

さて、官人俗別当制度の変遷について最も明確な見通しを立てているのは平雅行氏であるが、俗別当の意義についての平氏の評価は次のように消極的である。「全体としては俗別当の寺院統制機能は意外に早く消滅し、宗派・寺院の自律的運営に委ねられていったと見てよかろう[51]」。興福寺も基本的にはこうした諸寺院の動向の中にあったことは間違いない。しかし、諸寺俗別当が消滅する中で、氏寺として藤原氏の保護・統制下にある興福寺では、勧学院別当に吸収される形で氏長者の下部機関として受け継がれ、南都側からの窓口としてその名称が残ったものと思われるのである。

平氏は、俗別当制の消滅後、国家の統制から脱し自立するかにみえた寺院勢力を再び統合するものとして、院政政権を位置付けられた。ところが、人事の面からみて、この院政政権が完全には把握しきれなかった唯一の寺院が興福寺であり、興福寺を中心とする南都仏教界だったのである。(52)このように朝廷・院の統制が貫徹せず、藤氏長者が一定の影響力を持つ興福寺とその膝下の大和国は、以後の国制の中で特殊な位置を占めることになるのである。

第二節　藤氏長者と勧学院弁別当

1　摂関期における弁別当と藤氏長者

前節では、国家の統制機関であった興福寺俗別当が氏長者の主宰する勧学院に取り込まれていったことを推定した。本節では、そうした氏長者と勧学院弁別当との関係の推移を考察し、藤原氏内部での氏長者の地位の変化やその政治的背景にも触れることにしたい。

興福寺俗別当の性格について、これまでは国家の統制という側面を強調してきた。しかしまた、別の側面からみれば、これは藤氏長者の氏内部における地位の相対的な低さを示すといえるかも知れない。大納言と弁官からなる俗別当は特定の家流や勢力に集中し得ないわけであり、一氏長者が興福寺について独自の権限を持っていたことは疑いないが一氏の共治という側面も指摘できるのである。服藤早苗氏は、摂関期〝氏公卿合議制〟の存在から、藤氏長者の氏寺社院等に対する統制力の弱さを指摘されているが、(53)傾聴すべき見解であると考える。

興福寺俗別当と勧学院別当との一致は、以上のような興福寺統制権のあり方を氏長者が一手に掌握しようとする動きであったと思われる。この時期、摂関家の確立と共に注目すべきなのは、摂関と氏長者の一体化という現象である。兼家以前は氏中官位第一の者を氏長者にするという原則によって摂関以外の藤氏長者の例が存在したが、摂関が廟堂最高の地位となった兼家期以後、官位の高下に関わりなく氏長者が藤原摂関家に集中するようになる。(54) 氏長者による興福寺統制権の取り込みは、以上のような中央政界における摂関家の覇権確立および藤原氏内での摂関家の主導権の確立という両面から説明できるのである。

さて、具体的に藤氏長者と勧学院別当による興福寺統制の様子を検討しよう。藤原行成が勧学院別当であった長保元・二（九九九・一〇〇〇）年頃に、彼の日記である『権記』には勧学院別当としての職務が散見される。興福寺関係では簡略な記事が多く、具体的な活動は知り難いが、比較的詳しい記事には例えば次のようなものがある。

（七月）廿一日　……丞相（藤原道長）被ㇾ仰下山階寺喜多院内新穿ㇾ池作ㇾ丘事、早可ㇾ令二制止一之由上、即書二長者宣一、送二僧正房一明日付二明久律師一

（八月）五日乙卯　詣二左府（道長）一、申二山階僧正返事一去廿一日遣仰事、廿七日返事也　喜多院穿ㇾ池作ㇾ丘、更非二不忠之事一、旧池也、然而依ㇾ恐二仰旨一令二満平一云々(55)

興福寺院家内の庭の築造について長者の意向を承り、長者宣を書いて興福寺別当に伝え、また興福寺別当の返事を長者に伝えているのである。前節でみたような、俗別当の大納言の宣を俗別当の弁官が奉じて興福寺に伝える形態（前節史料(b)）と比べて、ここでは藤氏長者—勧学院弁別当—興福寺別当という伝達ルートが形成されていることがわかる。このようなルートがいつ始まるかは明らかでないが、興福寺俗別当の流れを受け継ぐ勧学院弁別当が、今度は氏長者のもとで興福寺との連絡に当たるようになっているのである。(56)

この氏長者—勧学院弁別当という体制は、国家行事として行われる興福寺造営の際にも形を変えて機能してい

る。造興福寺は議定によって国宛や担当官の補任がなされ、明らかに国家の行事として行われるのだが、造興福寺長官には必ず勧学院弁別当である弁官が補任される。[57] そして、実際の造営では氏長者摂関の指示を受けて動いている。[58] 氏長者―弁別当が事実上国家行事における行事上卿―行事弁に転化しているのである。当初の俗別当の体制とは反対に、ここでは藤原氏の私的関係が国家行事に持ち込まれているのである。

このように、摂関期には勧学院弁別当は藤氏長者のもとで興福寺関係の事務に携わっており、それが公的な性格を帯びることさえあったのである。しかし、これまで述べたことと矛盾するようであるが、弁別当が完全に氏長者の配下に入ってしまったわけではない。というのは、弁別当は参議を除く最上位の藤氏弁官が任ぜられるという最初に述べた原則はほぼ守られており、長者の恣意的な補任によって特定の家流や摂関の家司に集中することはないからである。[59] また、職掌の上でも、弁別当がある程度独自の権限を保持していたらしいことは次の史料から窺われる。寛弘八（一〇一一）年の興福寺維摩会の竪義補任に関する『権記』の記述である。氏長者である道長が、藤原行成に竪義の補任について相談しているのであるが、その後に、行成は次のように記している。なお、先にも述べたように、行成は勧学院弁別当の経験者であり、このときの勧学院弁別当は行成の後任の左大弁藤原説孝である。

> 件竪義事、故真喜僧正及予為二寺別当一、依二先例一講了日、相共議定放二供解文一、非二専長者所レ被レ仰、但至二于連年宣旨一長者所レ被レ仰也、而当時別当定澄大僧都并左大弁知二寺事一之間、慥不レ知二先例一、一両度伺二長者御気色一、随二指帰一之間、事為二常例一、毎事如レ此内々被レ仰也[60]

自分と真喜僧正が〃寺別当〃であったときには、二人で議定して解文を提出し、長者の口入はなかった。ところが今は、別当定澄大僧都と左大弁は、すべて長者の内々の指図に従っている、というのがおおよその意味するところであろう。「故真喜僧正及予為二寺別当一」とか、「当時別当定澄大僧都并左大弁知二寺事一之間」などという表現は、行成や説孝が興福寺の別当と共に寺の事に携わるという、興福寺俗別当としての性格を残しているといえるが、それと共に、行成の時には弁別当の権限にかなりの自立性があったこと、しかし次第にそれが長者の配下に入っていく様子が窺われるのである。

以上のように、摂関期には、大納言―弁官の興福寺俗別当に代わって、藤氏長者と、そのもとで俗別当の系譜を引く勧学院弁別当が興福寺関係の事務に当たっていた。しかし、当初の弁別当は、補任の方法などからもわかるように、完全に長者配下の職員となっていたわけではないのである。

2　院政期における弁別当の変質

1

元木氏が指摘されたように、家政機関の充実、主従関係の強化という傾向がみられるのが院政期における摂関家の特質である(61)。同様に、氏寺興福寺に対しても、摂関家からの様々の接近の動きが指摘されている(62)。勧学院別当の補任についても、院政期、そのような動向上の興味深い動きが認められる。

表1に示したように、摂関期には勧学院弁別当には藤原氏弁官中参議を除く最上臈の者を補任するという原則が、ほぼ間違いなく守られてきたのであるが、院政期に入る一一世紀後半になるとそれが無視されるようになる。その画期となる事例は、白河院政期、氏長者藤原忠実のもとでの弁別当藤原為隆の補任である。

嘉承元（一一〇六）年、当時弁別当であった藤原宗忠が一二月二七日に権中納言に補任されて弁官を退いたため、忠実はその翌々日、藤原為隆を弁別当とした。これが異例の人事であったことについては、前任者藤原宗忠の証言がある。

勧学院多被レ仰二氏上臈弁一也、而乍レ置二上臈二人長忠顕隆一、被レ仰二最末下臈一、頗不レ被二甘心一事歟(63)

宗忠が慨嘆しているように、先述の原則に適合する弁官がいたにもかかわらず、左中弁藤原長忠、右中弁藤原顕隆の二人を差し置いて、より下位にある権右中弁の藤原為隆が任じられているのである。この人事の意味は、新たに補任された弁別当藤原為隆の政治的立場を検討することによって明らかになる。

藤原為隆は勧修寺家の人である。橋本義彦氏が明らかにされたように、勧修寺一流は公的立場としては実務官僚として多く弁官となり、また私的には院司や摂関家司を兼ねることにより、政界で重要な位置を占め、家門の隆盛をみた家である。[64] 藤原為隆は、右の史料にも登場した藤原顕隆の兄であり、藤原為房の息である。彼ら父子三人は、いずれも弁官から蔵人頭の要職に任じられた優れた実務官僚であった。ところが、私的立場としては、為房が後三条院判官代・白河院別当として活躍し、他方では師実・師通二代の摂関家家司として家政を執っているのに対し、子の為隆・顕隆兄弟はお互いに対照的な立場に身を置いている。兄為隆の方は「関白摂政のうしろみして、家の下文に判して」[65]と言われているように、忠実期の非常に有力な摂関近臣であるが、院に近侍した形跡はない。父為房の摂関近臣としての立場を継いでいるわけである。反対に弟顕隆は後に「よるの関白」[66]の異名をとり、「天下之政在二此人一言一也、威振二天一、富満二四海一、世間貴賤無レ不二傾首一」[67]と評されるほどの白河院政背後の権勢者となり、しばしば反摂関家・反興福寺の行動がみられる人物である。[68]

この時期、あらゆる人事権の掌握を目指す院は、興福寺の人事にも口入し始めていた。元木氏の指摘によれば、院の強引な人事権発動は興福寺との間にしばしば紛議をもたらすことになるが、その最初の事件は、白河院護持僧である東寺僧範俊が興福寺権別当となった康和二（一一〇〇）年一〇月のことである。[69]

このような点からみて、長忠・顕隆を退けて為隆を補した忠実の意図は、氏長者の興福寺統制制度への院の介入の抑止、より積極的には、家司弁官を任ずることによる興福寺統制機能の氏長者個人のもとへの包括にあると考えられるのである。[70]

このように始まった長者による恣意的な弁官家司の弁別当への補任は、次にみるような摂関家の分裂という動向の中で、代々の氏長者によって為されるようになり、先述の原則は全く崩れてしまう。ここに、勧学院別当は、完全に氏長者の配下の職員と化したのである。(71) 鎌倉期に成立した故実書『拾芥抄』には、摂関家家政機関として次のものが挙がっている。

関白家 大臣家大略同二摂関一、但弁別当・文殿・蔵人所等無レ之、近衛大将同レ之

執事　年預　弁別当　文殿別当　開闔家(衆)　蔵人所　侍所別当職事　御厩別当舎人　預家主居飼　御随身所別当番長　内舎人近衛　府生左右

家司　下家司　政所別当下家司家司　御服所　進物所　膳部(72)

ここで弁別当と記されているのは勧学院弁別当のことであろう。(73) 元来〝氏政機関〟であった勧学院の別当が、摂関の家政機関の職員と同列に扱われているのである。

2

以上で述べたように、院政期、氏長者忠実のもとで始まる弁別当の変質は、基本的に、摂関家の院への対抗関係の中で理解される。しかし、当該期以降の摂関家はもう一つ重要な問題を抱えていた。保元の乱前夜の忠実・頼長と忠通の対立、後白河院政下での近衛・九条・松殿各家の対立というような摂関家の分裂であり、それは鎌倉中期には近衛・九条両家からの五摂家の分立に至る。

このような摂関家の分裂の結果、摂関氏長者の地位が各家の間で交代に行われるようになれば、摂関家の家政職員と化した弁別当が、それに伴って交代されるようになるのは当然であろう。こうして長者の代替りに伴う弁別当の交代という現象がみられるようになるのである。

これが始めてみられるのは藤原頼長の氏長者補任の時である。白河院によって忠実が関白を罷免された後、長

男忠通が関白氏長者の位置に付くが、徐々に両者の対立が深まり、ついに久安六（一一五〇）年九月、忠実は忠通を義絶して氏長者の地位を奪い、自身の政治的後継者である頼長を氏長者にする。(74)これと同時に、勧学院別当が藤原光房から藤原資信へ交代されているのである。

『本朝世紀』には次のような興味深い記事を載せている。

（十月）四日丙午、今日左大臣於二東三条一召二大外記中原師業一賜二維摩会差文一、日来氏院別当牢籠之間遅引、今日以二参議右大弁資信朝臣一被レ補了、即差文加判了(75)

氏院別当が牢籠していた為に興福寺維摩会の事務が滞っていたというのである。

これ以前、氏長者であった忠通は父忠実との関係を悪化させると共に、忠通よりも忠実・頼長ラインに接近していた興福寺勢力を掌握できないでいた。特に、天養元（一一四四）年、忠通自身が大和の知行国主として企てた国内検注が、興福寺大衆の猛烈な反抗にあって失敗して以来、忠通は長者としての権威を喪失して興福寺に関する問題に関与し得なくなるという。(76)右の維摩会の記事もそれを示しているのではないだろうか。(77)このときに罷免された弁別当藤原光房は忠通の家司と思われ、(78)頼長の氏長者就任とそれに伴う弁別当の交代は、忠通色の一掃を目指す忠実・頼長側の政策と考えられるのである。(79)

その後、保元の乱で頼長は敗死し、宣旨によって再び忠通が氏長者の地位に着くが、そのときの行事の次第には次のようにある。

十九日戊午　今日　殿下被レ請二氏長者事一、……資長奉レ仰、率二家司大蔵少輔中原広安・下家司主計允親兼等一、向二東三条東町一、開二朱器倉一合二朱器目録一、地子所文書朱器目録等持参奉レ覧、朱器等不二持参一、又不レ覧也、次勧学院別当左大弁如レ旧由遣二御教書一、次被レ仰二有官并後別当等一(80)

長者の地位の象徴である朱器や、所領文書の受渡しの儀式と共に、勧学院弁別当の地位が御教書で確認され、また、有官別当以下があらたに任じられているのである。このときには弁別当の交代はないものの、長者代替りにおいて勧学院別当の補任が制度化されているのである。この後、家同士の対立が顕著になる平安末期、表1からわかるように、氏長者近衛基通、九条兼実あたりからは、代替りの弁別当交代が常例となっている。摂関家内部のいわば政変時の特例として出現した長者代替りに伴う弁別当の交代という現象が、摂関家の分裂の中で定着、制度化されていくのである。

以上のように、院への対抗、分裂する摂関家内部の競合という二つの政治動向の中で氏長者は興福寺管掌の独占をはかり、弁別当は長者配下の職員となったわけである。

ただ、付言しておくと、こうした動きによって各家から出る摂関が興福寺統制権を自己のもとに確立したことに間違いないが、院との対抗、藤氏支流の輩出の中できわめて目的意識的に摂関家の再建を計った忠実・頼長期は別として、特に摂関家主流の没落に終わった保元の乱以降、それが直ちに実質的な興福寺への統制強化になったか否かは別問題であろう。院の興福寺政策や長者から自立する興福寺大衆の動向などとの関わりから改めて検討せねばならない問題である。

第三節　勧学院の再編と文書授受の構造

1　勧学院訴訟機構の整備

勧学院弁別当は早くから藤氏長者と興福寺を結ぶ様々な役割を果たしてきた。しかし、勧学院という機構自体が明確に興福寺管掌という役割を果たす場となるのは、院政期に入る一一世紀後半以降のことである。

このことを明快に示す事例として、一一世紀初頭と一一世紀末の興福寺嗷訴のあり方を比較してみよう。寛弘三（一〇〇六）年六月の所領問題を発端として大和守源頼親と対立していた興福寺三綱以下大衆二〇〇〇人は八省院に参着して愁訴している。[81] 一方、寛治七（一〇九三）年八月に春日社領を損亡し、神人を打擲したとして近江守高階為家を訴えた興福寺大衆は、今度は勧学院に入って訴えているのである。[82] この後も長く、勧学院が嗷訴の際の神木着座の場になっている。勧学院が興福寺嗷訴の対象の場となっていることは、一一世紀後半までに、勧学院が訴訟機関として認識されるようになっていたことを示しているのである。

勧学院が、南都関係者を一方の当事者とするような訴訟を扱っていることは、桃氏が著書において史料を博捜して示されている通りである。その初見は『小右記』寛仁二（一〇一八）年六月一六日条で興福寺の召進した堂達僧を勧学院で勘問している事例であるが、早い時期の事例はこれ一つだけであり、裁判機関として本格的な展開を迎え、所見も豊富になるのはやはり一一世紀末からのことである。

まず、警察権の行使については、元木氏が明らかにされたように、一一世紀末より、おもに忠実・頼長による私的制裁の一環として寺僧に対する処罰が盛んに行われるようになり、勧学院が拘禁の場となっている。[83] 興福寺僧・春日神人は勧学院で問注を遂げた後、寺僧や神人の職を解いてから検非違使に引き渡している例があり、[84] 南都勢力については公権力に対するかなり強固な法圏を形成していたものと考えられる。

次に、所領争論の裁判に関する例は『為房卿記』応徳二（一〇八五）年七月二〇日条が初見である。「忠任田畠沙汰之間、寺家末寺庄園被㆓押入㆒之条、自㆓去五月九日㆒被㆑下㆓忠任券文於勧学院㆒、雖㆑召㆓末寺文書㆒、全不㆓献上㆒、恣被㆓濫訴㆒歟」とあるように、勧学院へ興福寺末寺の文書の提出が命じられており、一一世紀末には勧学院が文書審理機構を整備させていることが知られる。

また、後述するように、寛治二（一〇八八）年を初見として南都関係の訴訟裁決文書として勧学院政所下文が出現することは、勧学院政所の機能の再編を最もよく物語るものであろう。

以上、特徴的な事例を挙げて概観したが、訴訟機構の整備が進められて勧学院が南都関係の訴訟機関として確立するのは一一世紀末のことである。この時期はいわゆる権門体制の成立期といわれており、諸権門の家政機関の整備、文書発給、訴訟機構等々が整う時期である。勧学院の裁判機構としての確立も、大局的にはこうした動向の中で理解できる。

しかし、個別的・直接的な契機として考えねばならないのは、一つには前節で述べた摂関家の動向、もう一つは興福寺勢力の著しい拡大である。後者についてここで詳しく検討することはできないが、この時期に寺領・寺僧領の増加、強引な末寺化政策により、興福寺が大和一国を実質上領有するに至るのである。(85)このような動きをうけて、勧学院政所が、著しく膨れ上がった興福寺関係の雑務に当たる機関として確立したのである。

2　文書授受の構造

次に、大まかな枠組みを提示するにとどまるが、勧学院からの発給文書の性格や伝達経路を取り上げ、特に所領争論の訴訟手続きにおいてそれが国制上に占めた位置に言及したい。

まず、勧学院（藤氏長者）発給文書の性格について触れ、次に具体的な文書の動きに検討を加える。

a「勧学院政所下文」

表3は勧学院政所下文を初見から一二世紀の末までを示したものである。

これらは、その発給の仕方によって二形態に分かれる。一つは、上申文書を受けてその裁許を行っているもの、もう一つは、勧学院政所が一方的に発給するものである。(86)

前者に当たるものは①②③④⑤⑨⑫⑬⑭⑮⑯であり、勧学院政所の訴訟機関としての役割を示している。これ

表3 勧学院政所下文(12世紀末まで)

年月日	宛所	事書	出典
①寛治2(一〇八八)・8・10	大和国葛上忍海郡司并在地刀禰等	可早任先例、令停止春日社権預近助訴申氷馬役、兼亦糺返使等押取雑物事	史料編纂所所蔵『春日社旧記』平一三四
②康和3(一一〇一)・12・4	栄山寺	一、故頼俊朝臣女子訴申田地事、一、寺家四至内并郡内住人等不憚制止、或遊猟、或切損本願墓山樹木事	栄山寺文書 平一四六八
③康和4(一一〇三)・7・21	栄山寺	可早令停止多武峰妨、任官省符并国司免判等領知阿陀庄田地事	栄山寺文書 平一四九〇
④嘉承2(一一〇七)・10・20	興福寺僧春憲并東大寺権上座朝秀等政所	可早令分領大和国山辺郡池上庄田地事	『朝野群載』巻七
⑤天仁3(一一一〇)・2	大和国□十市東郡司刀禰等	□任検注状、以泰親元領作田畠弐拾伍町事	『福智院家古文書』三号
⑥大治2(一一二七)・7・15	春日社司等	社司等任位階次第、可着座事	『中臣祐賢記』弘仁2・3・25条
⑦久安元(一一四五)・6・10	春日社司等	□令遷宮間正預祐房奉抱御躰事	史料編纂所所蔵『春日社旧記』
⑧仁平2(一一五二)・9・25	春日社司等	権預祐宗・有貞座次事	『中臣祐定記』暦仁2・3・24条
⑨嘉応元(一一六九)・11・19	大和国在庁官人等	一、可依先例致沙汰高殿庄所当御油并副物事、一、可早令勤仕箕田庄所当香菜役事	東大寺文書 平三五二〇
⑩治承2(一一七八)・2・16	春日社司等	□遷宮間正預有政奉抱御正躰事	史料編纂所所蔵『春日社旧記』
⑪治承3(一一七九)・2・10	春日社司等	可早任先例催負所庄々令勤仕御遷宮勅使等儲事	史料編纂所所蔵『春日社旧記』
⑫寿永3(一一八四)・2・21	摂津国在庁官人春日社領垂水東牧司等	可早任院庁御下文、停止勅院事国役雑事并兵士兵糧米催武士狼藉等事	春日神社文書 平四一二四
⑬寿永3(一一八四)・2・21	摂津国在庁官人并春日社領垂水西牧司等	可早任院庁御下文、停止勅院事国役雑事并西海道追討使兵糧米催及武士狼藉等事	春日神社文書 平四一二五
⑭元暦2(一一八五)・3・23	大和国在庁官人并高市郡司刀禰等	可早停止中川庄非論、任長寛元年　長者宣為西金堂領高殿庄当郡北郷□事	東大寺文書 平四二三九
⑮文治2(一一八六)・12・5	大和国葛下忍海両郡司并石井庄官等	可早停止上人行俊妨、令僧尋珍領掌当庄事	春日神社文書 鎌一九六
⑯文治2(一一八六)・12・5	大和国葛下郡司并石井庄官	可早停止上人行俊妨、任証文等令僧尋珍知行当庄事	春日神社文書 鎌一九七
⑰文治3(一一八七)・12・24	大和国諸郡司并御墓守等	可早任先例催勤人夫役事	東大寺文書 鎌二九一
⑱建久5(一一九四)・4・10	春日社司	可早以権神主泰宗、令列五位権預等下事	『中臣祐賢記』弘安2・3・25条
⑲建久5(一一九四)・7・11	春日社司	可早以権神主正五位上泰宗、令列五位権預等下、従神事事	『中臣祐賢記』弘安2・3・25条
⑳建久7(一一九六)・12・21カ	春日社司等	可令遷宮□正預遠忠奉抱御躰事	史料編纂所所蔵『春日社旧記』

らはいずれも一方の当事者が興福寺、春日社、或いはその末寺関係者であることが確認できる。

井原今朝男氏は、摂関家政所下文の考察から、下からの訴訟提起を受けて、一方の当事者が香取・鹿島社、法性寺、平等院、東北院、祈禱寺、寄人関係、家領、知行国であれば摂関家政所下文、春日社、興福寺、その末寺関係者であれば勧学院政所下文を発給するという摂関家の二つの文書発給ルート＝訴訟体系が成立していたことを指摘されている。(87)これは本論にとって大変重要な指摘であって、例えば、勧学院政所下文についての次のような通説的見解も、多少の訂正が必要となるのである。「要するに下文は、摂関家と氏長者という同一格の、二つの立場のそれぞれに対応して摂関家政所下文とも勧学院政所下文ともなって、その役割をはたしたのであった(88)」。井原氏の指摘のように、摂関家政所下文の所轄が藤原氏の氏寺ともいえる寺々や特に氏社である鹿島・香取を含んでいることを考えるならば、氏長者という立場からの下文が勧学院政所下文であるとするのは不正確である。勧学院政所下文は、興福寺勢力下の南都世界に対する訴訟裁決を主要な目的とする文書として成立したのである。

次に、後者に相当するのは⑥⑦⑧⑩⑪⑰⑱⑲⑳で、勧学院政所のいわば行政機関としての性格を示すものといえる。春日社に対して神事の運営などの事務について指示したものが多い。なお、興福寺に宛てたものはみられないが、興福寺に直接指示する場合は、後に述べる長者宣が使われるためである。(89)

ところで、摂関家政所下文の場合、その訴訟裁決文書としての役割を重視する井原氏に対して、訴訟よりもはるかに日常的な荘園からの諸用途調進を政所下文の主要な機能である、とする見解がある。(90)行政機関としての役割をみるのならば、この点を勧学院政所下文の場合についても検討する必要があるだろう。

勧学院自体も多数の荘園を持っており、弁別当以下が経営に当たっている。ところが、勧学院から直接発給された所領関係文書は残存していないが、他の文書への引用の中にみえる例をみると「院別当御下文(91)」、「弁殿御下文[92]」、「勧学院別当下文[93]」と、いずれも政所下文ではなく、弁別当単署の下文と想像される別系統の文書が用いられているのである。従って、この点からも、勧学院政所下文は、南都世界への文書という性格を強く持って成立したものといえるのである。[94]

b「長者宣」

摂関の発給する文書のうち、摂関家政所下文に対し、御教書形式のものが殿下御教書であるが、勧学院政所下文の場合これに対応するのが長者宣である。

史料上は様々の文書が長者宣と呼ばれている例があり、[95]各種史料集での文書名の付け方もかなり多様であるが、[96]ここでは、御教書形式で「依㆓長者宣㆒」、「長者宣如㆑此」などの奉書文言を備えたものは明らかに他と異なる性格を持つと考えるので、それのみを長者宣と呼ぶことにする。[97]

このような奉書文言を持つ御教書形式の長者宣の平安期における例を通覧すると、次のような二つの特質が見出される。第一に、奉者は弁別当であること、[98]第二に、宛所は原則として興福寺別当であることである。[99]逆にいえば、弁別当が奉じ興福寺別当に宛てた御教書のみが、基本的に「長者宣」の奉書文言を持ち得るのである。[100]従って、長者宣という御教書は、第二節で述べた、藤氏長者―勧学院弁別当―興福寺別当という固定された伝達経路上を動く文書であるということができるのである。

以上で指摘したように、勧学院政所下文と長者宣という下文形式・御教書形式二系統の文書が、興福寺勢力圏への摂関家からの専用の伝達文書として機能していたのであった。すでに若干触れたように、これらの文書が摂関氏長者の氏長者としての立場から発給されるとするのは、誤りではないにせよ不正確である。摂関と氏長者は一体化して分かちがたく、その管轄の内の南都に関する部分を勧学院政所下文と長者宣が扱っていると考えるべきであろう。このことは、一節でその成立過程を検討した、興福寺俗別当に由来する、勧学院弁別当を経る氏長者から興福寺への伝達ルートに基づくものと考えると無理なく理解できるのである。

さて、最後にこうしたルートに沿って進行する訴訟手続について概観してみよう。

まず、藤氏長者（勧学院）への訴の提起は、なんらかの経路を経て弁別当に持ち込まれる。栄山寺領をめぐる栄山寺と興福寺僧喜範の紛争の際の訴の提起が、「以二弁別当正家一、令レ洩二申関白殿下一之処」[101]とあるごとくである。審理の進行は弁別当の主導下で行われるが、この過程で注目されるのは、興福寺別当の役割である。次の長者宣案は紙背文書として偶々残存したものであるが、それだけに訴訟の実務手続を知り得るものとして興味深い。

条々事
一、権律師光覚陳申條々事
右、光覚陳状 副千寛陳状、光覚書状、并證文案二通 遣之、問二千寛一可レ令レ言二上子細一者
一、寺僧慶弘申、千寛苅二取須恵庄麦一事
右、如二解状一者、所行頗渉二濫吹一間、可レ令三千寛言二上子細一者
一、元興寺申、丹生杣工押二妨安知（和カ）杣一事
右、解状遣レ之、事若実者、所行之至無二其謂一歟、若有二由緒一、宜レ二言上子細一者
一、藤原保平申、大垣庄事
右、為二対問一可レ召二進舞人光近一之由、去四月被二仰下一了、于レ今遅々、何様事乎、七个日内慥可レ令二召進一、若尚不レ参者、可レ給二長者宣於保平一也者
以前條々、依二長者宣一、上啓如レ件

五月四日　　右大弁有判奉

謹上　別当僧正御房(102)

第一条では権律師光覚の訴に対して、また二条では興福寺僧慶弘の訴に対して、千寛への尋問が命じられている。三条では元興寺の訴に対する事実の調査が、四条では藤原保平の訴に対し、興福寺舞人である光近(103)の召進がそれぞれ命じられている。このように、審理過程で論人に対する尋問、事実の調査、当事者の身柄の召進などが、長者宣によって興福寺別当に命じられているのである。

また、かなり早い時期の例であるが、藤氏長者に提起された春日社領内の私領争論が興福寺政所に委託され、長者の意を受けて興福寺別当が興福寺政所下文によって私領安堵を行っている例があり(104)、興福寺別当は南都における藤氏長者の代官的な存在であったとみなされるのである。

次に、審理終了後の裁決の伝達は、勧学院政所下文による場合と長者宣でなされる場合とがある。平安期には両者が並行してみられるが、次第に長者宣によるものに移ったとみられ、鎌倉期になると政所下文はほとんど吉書にしか用いられなくなっている(105)。

長者宣による裁決伝達の場合、田村憲美氏は水氷荘をめぐる興福寺僧義海と東大寺僧覚仁の私領争論などから、次のような文書の伝達経路を明らかにされた(106)。

裁許文書である長者宣は、一旦勝訴者に手交される。勝訴者はそれを実際の宛所である興福寺別当へ送達し、興福寺別当は確認の証として請文を勝訴者に送付する、というものである。これを確認できる事例は少ないが、この後に義海が提出した訴状に公験として「副進、長者宣案二通 一通仁平元年、一通保元元年 各副寺家請文、坪付一通(107)」とあることからも、おそらくは首肯できる見解である。

このように、藤氏長者の下での南都関係の訴訟においては、中央では勧学院弁別当、南都では興福寺別当が長者の意を承けて訴訟の審理・裁許の実務の重要な役割を担って動いているのである。前述したように、弁別当には氏長者の家司が任命される。また、この時期の興福寺別当には摂関子弟が多く送り込まれている。[108] そのような人脈の上で氏長者の南都統制が機能し得たのである。

さて、おおよそ以上のような興福寺勢力下の南都世界に対する勧学院の裁判は、当時の国家機構のうちで、どのような位置にあったのだろうか。

応保二（一一六二）年五月一日付官宣旨案所引の東大寺所司等解には、次のような文言がある。「以二仁平元年一重被レ下二宣旨一云『任二官勘状一宣下先畢、今乖二綸旨一、尤非二朝章一、宜レ停二止件妨一者、同下二知彼国一已畢』者、又其上任二当国例一、被レ成二副勧学院下文一畢」[109]。東大寺領清澄荘内薬園村の薬師寺による押妨を東大寺が朝廷に訴えたのであるが、薬師寺僧の押妨を停止せよとの「宣旨」と共に、当国＝大和国の国例として「勧学院下文」が発給されているのである。

田村氏は、このような藤氏長者＝勧学院政所の権限を大和国の知行国主のそれとして理解されている。そして、文書伝達経路の考察などから興福寺別当を大和国の目代に比し、勧学院政所下文を大和国の国司庁宣に、長者宣を知行国主の御教書である国宣に、そして長者宣を受けて興福寺別当のもとから発給される興福寺政所下文を大和の留守所下文に相当するものとされた。[110]

大和国司が当該期有名無実の存在となっているのは事実であるし、また、右のような文書の機能的な相似は首肯できるところであり、特に、興福寺別当が藤氏長者の代官であるとの位置付けにはさきに述べた点からも賛成である。ただ本章の主旨から言えば、長者の権限を大和国司公権の移動と解するのは正しくなく、興福寺勢力の拡大、事実上の大和一国領有の結果、氏長者摂関が興福寺関係について従来より保持していた独自の権限が拡大したと考えるべきであろう。興福寺の本所としての長者の裁判権が「当国国例」といわれる程に領域化し、その法圏の中では宣旨の効力をも補完するものとなったのである。

おわりに

以上、本章で指摘し得た主要な点は次の通りである。

・勧学院は、藤原氏学生のための寄宿舎として創建されたが、まもなく氏の行事に携わる機関として氏人の名簿を管掌し、藤原氏氏人の把握・統制を行っていた。

・摂関家の政界における覇権、藤原氏内部での主導権が確立した時期、摂関氏長者は国家の統制策として成立していた興福寺俗別当を、勧学院別当として藤氏私的機関に取り込んだものと推測される。ここに、藤氏長者—勧学院弁別当—興福寺別当という南都への伝達ルートが成立する。

・氏長者の興福寺統制権が強化されるのは、むしろ院政期のことである。院の興福寺問題への介入、摂関家の内部対立といった政治問題の中で、勧学院別当は氏長者配下の家政機関職員と同質化し、摂関家の分裂にともなって、氏長者の代替りに伴う弁別当の交代が一般になる。

・右の動きと同じ時期、直接には興福寺勢力の著しい拡大を受けて、勧学院政所が所領争論をはじめとする南都関係の事務に当たる機関として確立する。ここで、先述の伝達ルートに基づいた弁別当を経る文書経路が、南都に関して国制上の独自の位置を占めるのである。

摂関家と興福寺の間の基礎的な事実関係をいくつか明らかにできたと思うが、制度的な枠組みを論ずることに終始したため、多くの問題を残している。

一つには、弁別当の具体的な職掌が未だ不明確なことである。平安期の氏長者の日記や、記主が弁別当在任時の記述を含んでいる『権記』、『永昌記』、『中右記』などをもとに、記載の豊富な鎌倉期の日記を援用することによって、更に具体的な職務の復元が可能である。その上で、例えば、職掌の上から俗別当と弁別当がどうつながるのか、弁官であると同時に勧学院別当であることによって国家公権とどう関係するのか、また、ほとんど触れ得なかった維摩会への関わりなど興福寺の宗教的機能の問題などをも明らかにする必要があるだろう。

もう一つ重要なのは、制度に対する実態の面であり、具体的には院の介入との関わりや興福寺大衆勢力の成長などに関する諸点である。長者の権威の領域的な拡大を指摘したが、それは必ずしも長者の統制権の強大化を意味しない。むしろ、時代が進むにつれて院の介入は頻度を増し、大衆は益々氏長者や興福寺別当の支配から自立の傾向を示したものと考えられる。こうした諸問題を検討し、大和にもたらされた中世の諸相を明らかにすることを今後の課題としたい。

（1）大山喬平「近衛家と南都一乗院―「簡要類聚鈔」考―」（岸俊男教授退官記念会編『日本政治社会史研究』下、塙書房、一九八五年）、「中世の日本と東アジア」（『講座日本歴史3　中世1』、東京大学出版会、一九八四年）。
（2）竹内理三「寺院の封建化」（『竹内理三著作集第五巻　貴族政治の展開』、角川書店、一九九九年、初出は一九五八年）。
（3）元木泰雄「摂関家における私的制裁」（『院政期政治史研究』、思文閣出版、一九九六年、初出は一九八三年）、「院政期興福寺考」（『院政期政治史研究』、初出は一九八八年）。
（4）竹内理三「氏長者」（『竹内理三著作集第五巻　貴族政治の展開』、前掲註2、初出は一九五四年）、橋本義彦「藤氏長者と渡領」（『平安貴族社会の研究』、吉川弘文館、一九七六年、初出は一九七二年）。
（5）殿下渡領については、水戸部正男「殿下渡領の性質」（『法制史研究』四、一九五三年）、橋本義彦「藤氏長者と渡領」（前掲註4）、井原今朝男「摂関家領における代始安堵考」（『日本中世の国政と家政』、校倉書房、一九九五年、初出は一九八四年）など。氏爵については、宇根俊範「氏爵と氏長者」（坂本賞三編『王朝国家国制史の研究』、吉川弘文館、一九八七年）、田島公「「氏爵」の成立―儀式・奉仕・叙位―」（『史林』七一―一、一九八八年）など。
（6）桃裕行『桃裕行著作集第一巻　上代学制の研究〔修訂版〕』（思文閣出版、一九九四年、初出は一九四一年）「第

二章　平安時代初期の大学寮の盛要と大学別曹の設立、第四節　文章院及び大学別曹、二　大学別曹、ロ　勧学院、附　勧学院の氏寺　氏社管掌」。桃氏の見解はすべてこの著書による。

(7)　元木泰雄「摂関家における私的制裁」(前掲註3)。

(8)　井原今朝男「摂関家政所下文の研究―院政期の家政と国政―」(『日本中世の国政と家政』、前掲註5、初出は一九八一年)。

(9)　稲葉伸道「興福寺政所系列の組織と機能」(『中世寺院の権力構造』、岩波書店、一九九七年、初出は一九八一年)、田村憲美「郡支配体制の再編と興福寺」(『日本中世村落形成史の研究』、校倉書房、一九九四年、初出は一九八二年)。

(10)　桃裕行氏は、勧学院による社寺管掌の起源について、「氏人の学問教育と共に同じ精神方面である宗教信仰のことも便宜合せ管せしむるに至ったので、それが社寺の世俗的発達に伴って世俗的事務が増したのではなかろうかと考えられるのである」(『桃裕行著作集第一巻　上代学制の研究〔修訂版〕』、前掲註6、二四二頁)と説明されているが、具体的な分析をされているわけではない。

(11)　勧学院と大学寮との関係は、久木幸男「別曹をめぐる二、三の問題」(『大谷学報』四六―三、一九六六年)、犬塚富士夫「勧学院創設の背景」(『史学』五〇、一九八〇年)に詳しい。

(12)　『西宮記』(故実叢書本、以下同じ)巻八、諸院。

(13)　『貞信公記』延喜二〇年一二月一四日条、延長二年八月二五日条、承平元年四月一日条。

(14)　『朝野群載』巻第七、摂籙家。

(15)　『権記』長保二年二月二七日条、『御堂関白記』長和二年一一月二三日条に勧学院学生の中宮参賀に際して、右大将、中宮大夫がそれぞれ勧学院別当であることがわかるが、いずれも大納言藤原道綱である。

(16)　『九暦』天暦二年八月二六日条に勧学院別当弁の語を初見するが、これは『九暦』天暦四年七月二四日条に別当有相朝臣とみえる藤原有相と推定される。これは、桃裕行氏の指摘による。

(17)　『弁官補任』の弁別当の記載には時代によって精粗があるが、初出の寛弘九年の藤原朝経から平安末までは、名を落としているのは管見の限りでは藤原宗成(『中右記』保延元年二月二七日、同三月六日、同一〇月九日の各条などにより勧学院弁別当在任が確認できる)のみであり、かなり正確な記載と言える。表1は、『弁官補任』に基づき、他記録によって修正した勧学院弁別当の一覧である。
(18)　この原則を補任時・辞任時に満たしているものを、表1にそれぞれ★・☆で示している。
(19)　『中右記』嘉承元年一二月二九日条。
(20)　『扶桑略記』天徳四年九月二九日条に、勧学院院倉一宇と政所板屋二宇が焼失した記事があるのが初見である。
(21)　後述するように、勧学院政所が機構として興福寺関係の事務に当たるようになるのは一一世紀末以降である。
(22)　『朝野群載』巻第七、摂籙家。
(23)　この事件を扱った専論に、中野栄夫「寛和年間、殿下渡領備前国鹿田荘事件をめぐって」（土田直鎮先生還暦記念会編『奈良平安時代史論集』下、吉川弘文館、一九八四年）がある。
(24)　『西宮記』巻六、維摩会。
(25)　『北山抄』巻第一、春日祭。
(26)　『江家次第』巻第六、吉田祭。
(27)　このほか、本稿では直接検討できないが、鹿島・香取への奉幣使には、勧学院の学生が派遣されている。
(28)　佐藤圭「永承二（一〇四七）年における五位以上の藤原氏の構成」（『年報中世史研究』八、一九八三年）で、この長者宣に記された三六六名の藤原氏の交名の詳細な分析がなされている。
(29)　『江家次第』巻第二、大臣家大饗の項に、「藤氏長者朱器台盤、閑院左大臣冬嗣公御物、在勧学院、長者初任之時渡之、正月大饗用此器也」とある。ただ、勧学院に在るとするのはこの『江家次第』だけであり、岩井隆次「朱器台盤考」（『古代文化』三五―一二、一九八三年）によると、摂関家の本邸である東三条殿の東倉に納められていたらしい。
(30)　竹内理三氏は、「藤原氏の勧学院は弘仁十一年藤原冬嗣によって建てられ、初めは、藤原氏にして大学に学ぶものの宿舎であったが、次第にその規模を拡張し、藤原氏の氏族的事務を取扱うようになった」と、正確に指摘されているが（「氏長者」、前掲註4、一一一頁）、他には特にこれを明確に指摘した研究はない。ただ、こうした勧学院の機能も、年中行事である各社の祭祀以外では、本文に挙げた事例が記録にみえるすべてであり、政治・経済的集団としての氏の機能の低下によって、次第に形骸化したものと思われる。氏社の祭祀も、院政期になると氏人参加の数が著しく減少している（『殿暦』天仁元年二月三日条など）。

(31) 桃裕行氏は勧学院の氏寺氏社管掌機能を一括して扱い、それを次の八項目に分類されている。a寺僧神人に対する警察権、b社寺領等に対する裁判権、c氏と社寺との仲介・嗷訴、d濫行の積極的鎮定・調停、e祭祀・法会、f建物・仏像・宝物などの管理、g社寺司の叙任、h賦課。しかし、興福寺・春日社以外の氏社についての例が示されているのはeの項目のみであり、興福寺・春日社に対する勧学院の広範な関与とは区別すべきである。

(32) 春日社は元来興福寺とは関係がなかったが、興福寺がその隆盛に伴って春日社への接近を試み、支配下に置くに至るのである（永島福太郎「春日社興福寺の一体化」、『日本歴史』一二五、一九五八年）。春日社に関する勧学院の関与は、こうした興福寺勢力下に入ったことに由来するものと思われる。以下の論述で「南都」という場合は、このような春日社や興福寺末寺も含めた興福寺勢力圏を指している。

(33) 『中右記』大治二年一〇月一〇日条。

(34) 東大寺文書、『平安遺文』三九九七号。

(35) 『中臣祐重記』寿永元年一〇月一日条、同一一月二八日条、寿永二年二月二八日条。

(36) 『維摩講師研学竪義次第』は上中下三巻からなり、斉衡二（八五五）年から寛元二（一二四四）年までの記事がある。上巻・中巻は宮内庁所蔵で、コロタイプ印刷の複製版に「解題」を付して出版されている（宮内庁書陵部編、吉川弘文館、一九七三年）。下巻は京都大学所蔵であり、上記の「解題」に翻刻が載せられている。「解題」によると、上巻・中巻は建久頃の、下巻は鎌倉後期頃の成立とされる。

維摩会勅使の記載は承平六、七年に初見し、しばらく途絶えた後、一〇世紀後半から現れ、一〇世紀末からは毎年の記載がある。表2は、上巻・中巻に見える勅使の記載を忠実に記し、表1の勧学院弁別当の在任期間と対照させたものである。勅使の名の横に多く付け加えられている「俗別当」の朱筆書きに注目し、当時の勧学院弁別当と見比べれば、両者はほとんどが一致することに気付くであろう。この場合、「俗別当」の記載方法は時期によって二通りあるようである。まず、早い時期には同一人物に対しては最初の例のみに「俗別当」の朱筆を付している。長暦二年の義忠、長久二年の資仲などは勧学院弁別当と一致せず疑問を残すが、その次の泰憲からは見事に一致する。二つ目の記載方法は、弁別当為隆の時期以降であり、所出の全ての例に「俗別当」と付している。この場合は例外なく勧学院弁別当と重なっている。以上より、多少の問題が残り更に書誌学的検討が必要ではあるが、この書物に書かれた「俗別当」が勧学院弁別当を指していることを指摘し得たと思う。これが認められるならば、『弁官補任』に書かれている以前の弁別当を表2からさらに数人付け加えることができる。
(37) 土谷恵「平安前期僧綱制の展開」(『史艸』二四、一九八三年)。
(38) 菊池京子「俗別当の成立―とくに〝官人〟俗別当について―」(『史林』五一―一、一九六八年)。
(39) 橋本政良「古代寺院運営における三綱の役割とその選任について」(『ヒストリア』九五、一九八二年)。
(40) 菊池京子「俗別当の成立」(前掲註38)など。俗別当の制度はまだ研究の蓄積が少なく、諸寺別当制と併せて今後の研究が待たれる分野である。上記諸論文の他に俗別当を扱ったものに、湯浅吉美「東寺における官人俗別当」(『史学』五三―二・三、一九八二年)、同「延暦寺の俗別当について」(『国史研究会年報』四、一九八三年)、岡野浩二「延暦寺俗別当と天台座主」(『駒沢史学』三三、一九八五年)がある。諸寺別当制の研究動向については、牛山佳幸「諸寺別当制をめぐる諸問題」(『古代史研究の最前線』第二巻、雄山閣出版、一九八六年)参照。
(41) 東南院文書、『平安遺文』四五四七号。
(42) 『朝野群載』巻第一七、仏事下。
(43) 所功『平安朝儀式書成立史の研究』(国書刊行会、一九八五年)「第一編　第三章　『西宮記』の成立」二二〇頁。
(44) 「左大臣を以って検校となす」と書かれているが、「検校」とは他寺の例からみると、大臣が俗別当を兼任する場合の俗別当の異称であるらしい(岡野浩二「延暦寺俗別当と天台座主」、前掲註40、その註91参照)。
(45) 『朝野群載』巻第七、摂籙家。
(46) 『権記』寛弘五年九月一三日条など。
(47) 行成の勧学院別当としての最後の記事は、『権記』長保三年九月一〇日の勧学院物忌の記事である。毎年一〇月一〇日から興福寺維摩会が行われ、前年までは行成がそれに携わった記事が見えるが、この年には記述がない。従って、一〇月三日の説孝の興福寺俗別当補任に伴って、勧学院別当も交代していると判断されるのである。また、行成は同年八月二五日に参議に補任されており、一節で指摘した勧学院弁別当在任の原則からいえば、ちょうど弁別当を交代すべき時期である。
(48) 大納言藤原保忠は、『貞信公記』によると、承平元年四月一日に興福寺俗別当に補任され、同年一〇月二日に勧学院別当に任じられている。
(49) 興福寺別当と勧学院別当が一致することは本文に挙げた事例より確実であると思うが、両者の関係について、俗別当の補任が先行し、それに勧学院別当が重ね任じられると考えたのは、両方への補任記事が存在する藤原保忠の例（前掲註48）を重視したからである。

また、『貞信公記』天暦二年二月には、次のような注目すべき記事がある。

二日、以二式部丞清雅一補二勧学院別当一事、仰二元鑒一

三日、清雅山階寺別当官符・宿院別当宣旨未レ下之間、且可レ令二行事一、以二助縄書一示二送有相朝臣一

二日条で勧学院別当（式部丞という官職から考えて有官別当であろう）に藤原清雅が任じられているが、翌三日条の「清雅山階寺別当官符」を清雅を山階寺（興福寺）の別当（俗別当）に補任する官符、と解釈できるならば、二日条と関連付けて、有官別当の場合も興福寺俗別当に補任された者を勧学院別当に重ね任じている根拠になり得るであろう。

このように、興福寺俗別当が勧学院別当に重ね任じられることによって藤氏長者のもとに取り込まれたとするのが本節の結論であるが、これが認められるとすれば、先に述べた勧学院別当には藤原氏の大納言・弁官が任じられていること、および弁別当の補任の①②③として挙げた原則も、本来は興福寺俗別当に関する慣例だったのではないかと考えられるのである。ただ、これを確認するには興福寺俗別当の史料が余りにも少ないため、今のところは保留しておきたい。

(50) 橋本義彦「貴族政権の政治構造」（『平安貴族』、平凡社、一九八六年、初出は一九七六年）。

(51) 平雅行「中世移行期の国家と仏教」（『日本中世の社会と仏教』、塙書房、一九九二年、初出は一九八七年）。

(52) 元木泰雄「院政期興福寺考」（前掲註3）。もちろん、院も絶えず興福寺内や興福寺維摩会の人事への介入を試みるのであるが、それ故にしばしば興福寺大衆の反発を招き、大衆は院に対抗し得る唯一の勢力である氏長者に接近し、あるいはそれを利用するのである。院と興福寺大衆の角逐と摂関家の立場について、元木氏が詳細に分析されている。

(53) 服藤早苗「摂関期における「氏」・「家」―『小右記』にみられる実資を中心として―」（『家成立史の研究―祖先祭祀・女・子ども―』、校倉書房、一九九一年、初出は一九八七年）。但し、服藤氏の指摘された〝氏公卿合議制〟は院政期の記録にも現れる。従って、これのみによってこうした結論を導くのは無理であり、更に多面的な検討が必要であろう。

(54) 橋本義彦「藤氏長者と渡領」(前掲註4)。

(55) 『権記』長保元年七月二一日条、同八月五日条。

(56) 大納言の俗別当が勧学院公卿別当に一致する例もあるが(前掲註48)、摂関期には勧学院公卿別当が消滅する(本文で前述)。これも、氏長者が弁別当を直接自らの下に把握したことによると考えられる。

(57) 平安期、興福寺の再建は永承、康平、永長、治承の四度行われているが、永承二年正月二二日に藤原資仲が造興福寺長官に任じられて以来、例外なく勧学院弁別当を兼ねる弁官が補任されている(表1備考欄参照)。『玉葉』に「件長官、先例必氏院別当所二兼帯一也」(文治二年六月二八日条)とあり、『職原抄』下には「造寺司。東大。興福。長官、東大寺者大弁必兼レ之。興福寺者南曹弁兼レ之。」とある如くである。

(58) 『造興福寺記』によると、造営に関してはすべて氏長者である左大臣藤原頼通の宣を受けて弁別当である造興福寺長官藤原資通が実務に当たっている。

(59) 表1からわかるように、摂関期の弁別当で、この原則を満たしていないものは藤原伊房のみである。伊房の任弁別当は治暦二年正月のことであるが、このとき権左中弁伊房より官が上で、かつ参議でない藤氏の弁官に左中弁藤原師基がいるのである。また、伊房は参議任官時にも「(右大弁)十二月二日任、今日参議、氏院別当如レ故」(『弁官補任』延久四年の項)とあるように、弁別当を辞任していない。この時期は記録が少なく、事情は不明なのであるが、伊房が造興福寺長官を兼ねていることと関係があるのではないかと考えている。勧学院弁別当が造興福寺長官を必ず兼任することはすでに述べたが、この時期の大規模な興福寺造営に当たって伊房が抜擢され、長くその任にあったのではないかと思われるのである。この後、一一世紀末の藤原季仲・宗忠も参議任官後も弁別当を辞任せず、原則に当てはまらないが、この時も興福寺の造営中であり、同様の事情が想定される。

(60) 『権記』寛弘八年一〇月九日条。

(61) 元木泰雄「摂関家における私的制裁」、「院政期興福寺考」(前掲註3)の他、「摂関家家政機関の拡充」、「院政期政治構造の展開―保元・平治の乱―」(『院政期政治史研究』、前掲註3、初出は一九八一・八四、八六年)。

(62) 元木泰雄氏は、特に忠実・頼長が寺僧に対する厳しい私的制裁を通して院政期摂関家が権門寺院興福寺の統合をはかったことを指摘されている(「摂関家における私的制裁」、前掲註3)。大山喬平氏は、一一世紀末、関白師実の息覚信の南都下向をもって摂関家の南都政策の画期とされている(「近衛家と南都一乗院」、前掲註1)。また、日下佐起子「平安末期の興福寺―御寺観念の成立―」(『史窓』二八、一九七〇年)によると、院政期になると、藤原氏貴族の日記に興福寺の呼称として「御寺」の語がみえるようになり、氏の意識の昂揚が指摘できるという。

(63) 『中右記』嘉承元年一二月二九日条。

(64) 橋本義彦「勧修寺流藤原氏の形成とその性格」(『平安貴族社会の研究』、吉川弘文館、一九七六年、初出は一九六二年)。

(65) 『大槐秘抄』。

(66) 『今鏡』巻二、すべらぎの中。

(67) 『中右記』大治四年正月一五日条。

(68) 元木泰雄「院政期興福寺考」(前掲註3)。

(69) 同右。

(70) 従来の原則からいえば、このときの弁別当には顕隆・為隆よりも上位の藤原長忠になるはずである。この長忠は院司でも摂関家司でもなく、政治色の薄い人物のようである。したがってこの人事は、院の介入の排除というよりも、家司弁官を任ずることに重点があったものとみられる。

(71) 表1に*印で示したように、特に氏長者忠通より後はほとんどの弁別当が氏長者の家司である。例外は藤原資信・藤原重方であるが、前者は当時の氏長者頼長の強引な補任であって頼長との人脈が想定され(後掲註74・76)、後者は「伝聞、右大弁重方補二勧学院別当一云々、……是前相国被二申請一之故云々」(『玉葉』治承三年一〇月二一日条)とあるように、平氏政権下での清盛の口入という特殊な事情による補任である。

(72) 『拾芥抄』中、第八、院司部。

(73) 藤木邦彦「奈良・平安期に於ける権勢家の家政について」(『平安王朝の政治と制度』、吉川弘文館、一九九一年、初出は一九五二年)では、この記事に見える「弁別当」を弁官で摂関家の別当を兼ねる者と解しているが、弁別当の語をそのように使う例は他になく、また、摂関家の政所別当等は別に記されていることからも藤木氏の解釈は不自然である。割書部分に摂関家以外の大臣家では弁別当・文殿・蔵人所はない、と書かれていることからも、弁別当を摂関氏長者の家政職員と化した勧学院別当と解するべきである。

(74) この事件の詳細は橋本義彦『藤原頼長』(吉川弘文館、一九六四年)に詳しい。

(75)　『本朝世紀』久安六年一〇月四日条。
(76)　この氏長者の交代に当たって、頼長は日記に次の様に記している。「去夏勧学院藤不華、摂政令占曰、長者及弁別当可レ慎」(『台記』久安六年九月二六日条)。この記事もこの辺りの事情を暗示するものではないだろうか。
(77)　元木泰雄「摂関家における私的制裁」(前掲註3)。
(78)　藤原光房について、橋本義彦氏は摂関家司とされている。その明確な根拠は今のところ捜し得ていないが、『台記』久安三年正月二九日条では忠通の推挙によって異例の昇進を遂げていることなどから、忠通の家司と推定される。
(79)　このときに補任された弁別当藤原資信が頼長の家司である確証はみられない。しかし、この時(久安六年)の『公卿補任』の資信の項に「公卿補勧学院別当例」とわざわざ頭書している如く、すでに参議を兼ねている弁官を弁別当に新たに補任するのは異例のことであり、頼長側の強引な人事と判断されるのである。
(80)　『兵範記』保元元年七月一九日条。
(81)　『御堂関白記』寛弘三年七月一三日条。このときも当時の氏長者道長の命を受けて、弁別当藤原説孝などの勧学院所司が折衝に当たっているが、訴訟の場としてみた場合、未だ勧学院の機能が確立していない段階と考えられる。
(82)　『後二条師通記』寛治七年八月二六日条に「興福寺大衆京上之由、世間之人驚レ耳、酉剋向二勧学院一云々」とあり、翌二七日条には「興福寺大衆於二勧学院一訴申云」とある。なお、この事件は、興福寺嗷訴に春日神木が動座された確実な史料の初見として、春日社と興福寺の一体化を示すものとしても注目されている(永島福太郎「春日社興福寺の一体化」、前掲註32、など)。
(83)　元木泰雄「摂関家における私的制裁」(前掲註3)。
(84)　『中右記』嘉承元年一〇月二〇日条など。桃裕行『桃裕行著作集第一巻　上代学制の研究〔修訂版〕』(前掲註6)、二一九頁。
(85)　米田雄介「栄山寺の興福寺末寺化をめぐって」(『赤松俊秀教授退官記念国史論集』、一九七二年)は、興福寺による極めて強引な末寺化の政策が一一世紀後半に集中してみられることを、栄山寺の他、多武峰、金峰山、清水寺などの例から指摘している。また、多少時代が下るが一二世紀後半には「大和国併春日御社・興福寺等負所領知、無二一歩公田一」(『兵範記』保元三年七月一七日条)とか、「如二伝聞一者、大和国数万余町之公田、皆以虜領云々」

（仁平元年九月日大伝法院住僧陳状案、『根来要書』下、『平安遺文』補二三一号）といった、興福寺による事実上の大和領有を物語る史料がみられる。

(86) この分類は井原今朝男氏が摂関家政所下文の考察に用いられたものによっている（「摂関家政所下文の研究」、前掲註8）。

(87) 井原今朝男「摂関家政所下文の研究」（前掲註8）。

(88) 林屋辰三郎「公家文書」（『日本古文書学講座3　古代編II』、雄山閣出版、一九七九年、四章）。

(89) 興福寺に対して専ら水平間の互通文書である御教書形式の長者宣が用いられるのは、後述するような興福寺別当の地位を示すものといえる。一方、春日社に対しては絶対に御教書形式の長者宣は出されない。鎌倉期以降、春日社宛の御教書が出てくるが、それはすべて、長者の宣を弁別当が奉じた一般の長者宣ではなく、弁別当の宣を更に下級の職員が奉じた御教書、「氏院別当宣」というべきものである。これは、橋本初子氏の明らかにされた別形態の院宣・綸旨に比すべき文書で、いわば「別形態の長者宣」であり、春日社司の格の低さを示している。橋本初子「別形態の院宣・綸旨―「御奉行所候也」という文書について―」（『史林』六二―五、一九七九年）参照。

(90) 元木泰雄「摂関家政所に関する一考察」（前掲註61）。

(91) 長承三年一二月八日大和国大宅荘下司大和宗時解（東大寺文書、『平安遺文』二三〇八号）。これは、勧学院領と東大寺領の争論に関するものである。

(92) 久安六年一一月一五日陰陽頭賀茂某下文案（井上四郎氏所蔵『春日経供養家記抄』紙背文書、『平安遺文』四七二五号）。これは、勧学院領荘園の下司補任に関するものである。

(93) 久寿二年二月一七日大法師範助解（京都大学所蔵東大寺文書、『平安遺文』二八一二号）。これは、範助が勧学院使の押妨の停止を求めたものである。

(94) 中村直勝氏（『日本古文書学』上、角川書店、一九七一年、「第四章　第二類　第二節　其五　勧学院政所下文」）は、「勧学院は……ときには藤氏長者の所領問題にも関知したので、かなり広い範囲の活動地域を持つに到った」とされているが、そのような例はみられない。

(95) 勧学院政所下文や前掲註(89)で触れた氏院別当宣を史料上長者宣と呼んでいる例は多い。

(96) 林屋辰三郎「公家文書」（前掲註88）一三九頁で指摘されているように、たとえば『平安遺文』でも典型的な殿下御教書を藤氏長者宣と命名している事例は多い。『平安遺文』一八四三号など。

(97)　長者宣の語義については、富田正弘氏の優れた整理があるので紹介しておこう。第一義の長者宣は、勧学院所司に対する長者の口頭命令。第二義のそれは、元来その口頭命令を手元にとどめるためのものであった文書が当事者に伝えられるようになった、宣旨形式のもの。第三義の長者宣が、御教書形式の文書である。（『国史大辞典』第九巻、吉川弘文館、一九八八年、「ちょうじゃせん」の項）。この内で、古文書学上の文書様式としては、第三義の御教書形式のものをいうのが普通である。

(98)　長者宣の奉者については、「（長者宣は）様式は家司の奉書である点、摂関家御教書と同じである」（佐藤進一『古文書学入門』、法政大学出版局、一九七一年、一一五頁）とする説明がある。すでに詳述したように、この時期の弁別当は弁官家司から選ばれるから家司の奉書とするのも誤りとは言いきれないが、より正確に弁別当の奉書と定義すべきであろう。ただ、鎌倉期になると弁別当以外の奉者の長者宣もみえるようであり、その検討は今後の課題としたい。

(99)　長者宣の宛所については、田村憲美氏が「管見の範囲では、五月一日「駿河上座御房」宛長者宣（春日神社文書、『平安遺文』補四二四号）などの一、二の例外を除き、すべて別当に充てられている。別当不在時などは、三綱のうち上席の者に充てる慣例であったごとく思われる」（田村憲美「郡支配体制の再編と興福寺」、前掲註9）と述べておられるのが妥当な見解かと思われる。なお、佐藤進一氏によると（『古文書学入門』、前掲註98、一一五頁）、藤氏長者宣は、春日社・興福寺宛が多く、香取鹿島両社や大和の談山神社にも宛てられたと説明されている。が、春日社に宛てた長者宣の実例はなく（前掲註89）、鹿島、香取、多武峰談山神社に宛てたものは確かに存在するが、いずれも鎌倉中期以降のものであり、当初の伝達経路は興福寺に限られていたと考える。

(100)　この点で『春日大社文書』二二二一号（『鎌倉遺文』一二八一三号）の「鷹司兼平長者宣」とされている次の文書は興味深いものである。

学侶訴申宗兼等事、院宣副関東請文如レ此、宗兼被レ召二返関東家人役状一云々、此条為二学侶本訴一歟、可レ処二流刑一之由即又被二仰遣一候了、且春宮大夫請文如レ此、断罪之法不レ可レ貽二不宝（審カ）一、任二　院宣之旨一、早可レ奉レ帰二坐神木於本社一之由可下令二下知一給上者、依二　摂政殿御気色一執啓如レ件

「（異筆）建治三年」　　奉行右少弁信輔

八月九日

謹上　興福寺別当僧正御房

（礼紙書裏書）「長者宣建治三八九」

（礼紙書）「私啓

氏院弁辞退之間、別可㆑申之由沙汰候、仍馳申候也　」

当時の摂政氏長者鷹司兼平の意を承けて、興福寺別当に対して出された御教書であり、端裏書にも「長者宣」と記されている。ところが、礼紙書に書かれているようにこのとき弁別当の任が空席であり、代理に右少弁平信輔が奉じている。すると、文書の文言にまで変化が生じている。つまり、「依㆓長者宣㆒」などの長者宣常套の奉書文言が使えず、「依㆓摂政殿御気色㆒」となっているのである。

(101) 承徳二年八月一五日栄山寺別当実経置文案（栄山寺文書、『平安遺文』一三九七号）。

(102) 興福寺本信円筆『因明四相違』紙背文書、『平安遺文』三五四八号。

(103) 光近は、『楽所補任』長承元年の項に興福寺の舞人としてみえる狛光近であろう。

(104) 承暦四年八月二二日興福寺政所下文（一乗院文書、『平安遺文』補一九号）、同九月一二日興福寺政所下文（一乗院文書、『平安遺文』補二四号）など。この訴訟の経過については、田村憲美「郡支配体制と開発」（『日本中世村落形成史の研究』、前掲註9、初出は一九八〇年）参照。

(105) 稲葉伸道「興福寺政所系列の組織と機能」（前掲註9）。

(106) 田村憲美「郡支配体制の再編と興福寺」（前掲註9）。

(107) 永暦元年三月日興福寺僧義海申文（陽明文庫所蔵『兵範記』仁安二年秋巻紙背文書、『平安遺文』三〇九〇号）。

(108) 大山喬平「近衛家と南都一乗院」（前掲註1）。

(109) 東南院文書、『平安遺文』三二一二号。

(110) 田村憲美「郡支配体制の再編と興福寺」（前掲註9）。

第三章　平安後期公家訴訟制度の研究——院政期の権門裁判を中心に——

はじめに

院政期の公家訴訟制度の研究は、棚橋光男氏の著書『中世成立期の法と国家』(1)に収められた一連の論稿以来、院政期独自の法と制度の構造を把握しようとする棚橋氏の問題設定を批判的に受け継ぐ形で進められてきたといってよい。

まず、棚橋氏の見解を修正しつつ、太政官の裁判機構について明確な構造を提示しているのは、下向井龍彦氏の論文「王朝国家体制下における権門間相論裁定手続について」(2)である。下向井論文は、棚橋氏にあっては理解がやや不十分であった「官底」の語義を確定するなど、(3)詳細な制度面での研究の進展をもたらしている。

しかし、下向井氏のもっとも重要な論点は、王朝国家論の立場から国制の基調の転換点とされている一〇四〇年代を画期として、権門間相論の審理権が国衙から太政官に移行したとする点である。この時期以降、太政官に持ち込まれた相論は、陣定—弁官という枠組みを基本に官底勘状・明法勘文・官問注・官使注文といった審理を組み込みつつ、最終的には官宣旨による判決が下される。下された官宣旨は後の判決の「客観的根拠」となる重要なものであったという。

一〇四〇年代画期説が認められるかどうかは別として、「後期王朝国家」段階の相論裁定手続としてここで描かれているのは、制度的にきわめて高度に発達した構造である。「中央政府が訴の受理、審理から裁定まで一貫して行う相論裁定手続」として描かれた本文を読むと、開かれた窓口を備え、厳格な審理手続が案件に応じて適用され、公卿の合議によって審理方法と判決が決定され、最終的には万能の効力をもつかのような官宣旨により裁許される、といった具合の、きわめて合理的な裁定手続が想定されているようである。この結果、棚橋氏にあってはいまだ多様な論点のままに残されていた魅力ある課題を、かなり強引に制度的枠組みの中に押し込めてしまっているようにも思われる。

これに加えてもっとも本質的な問題点と思われるのは、郡・国・太政官と裁判所が重層する構造にあった「前期王朝国家」から、太政官に裁判権が一元化していく「後期王朝国家」へという図式を描いたことで、これにより下向井説は、法圏の重層性・非完結的な構造、といった中世の裁判の大きな特徴への見通しをまったく欠いてしまったといわざるを得ない。

これに対してかなり異質の裁判制度像を提出しているのは、美川圭氏「院政における政治構造」である。(4) 美川氏の所論は多岐にわたるが、その力点は、棚橋氏や下向井氏の研究が描き出した制度像を相対化しようというところにあると思われる。官宣旨の実際の効力への疑問、太政官裁判が常に確固たる制度として存在したのではないという指摘、訴訟制度の整備に対する消極的な姿勢の指摘など、(5) これによって従来の裁判像は再検討を余儀なくされている。

とくに、「一般に、公権力は私権力相互間の対立に対して、第三者としてこれを調停する権力として成立する」(6)

という「常識」を退け、院庁の裁判や摂関家の裁判の拡がりを指摘するなど、「第三者的でない裁判」がむしろこの時期の主流であることを明らかにした意義は大きい。

こうした視点を継承するならば、さしあたっての課題は、第三者的でない複数の重層する権門の裁判の実態を明らかにし、それらがどのように秩序を維持していたかを解明することであろう。(7)

そこで、本章では美川氏の問題意識をうけて、所領相論を中心とする裁判を取り上げ、権門の側に視点をおいて、次のような手順で院政期の広義の公家訴訟制度の実像を検証したい。(8)まず、一節では、太政官裁判の研究の再検討を行う。二・三節では、史料の豊富な摂関家を取り上げて権門裁判の実態を具体的に検討する。四節では、そうした権門裁判を含めた広義の公家訴訟の構造に触れたい。

第一節　院政期の朝廷裁判と院・摂関

1　家領荘園の相論

まず取り上げるのは、貴族の一族間相論の事例である。橋本義彦氏の研究(9)が示すように、この時期には藤原諸流の分立が目立つ。最近の市沢哲氏による『公卿補任』にみえる家名の成立に関する分析によっても、貴族の家分裂の最初のピークが院政期にあることが明らかである。(10)家の分裂は家産の分割をもたらし、それが一族間の相論に発展することもしばしばである。このような種類の相論はどのように解決されているのであろうか。

摂津国山道・野並両荘はそれほど名を知られている荘園ではなく、ここを対象にした研究があることも聞かないが、藤原北家頼宗流の家領であり、鳥羽院政初期の長承元（一一三二）年より、激しい相論が頼宗流の一族間で行われているのを知ることができる。この種の相論は故実の伝承を事としたこの時期の貴族の日記にはほとんど記されず、実情のわからないことが多いが、幸いなことにこの件の場合、当時内大臣であった藤原宗忠が相論の当事者であったため、彼の日記『中右記』にかなり詳しい記事が残っており、宗忠のような上流貴族の関わった訴訟審理の実情がわかる貴重な事例となっている。(11)

この両荘は、これに一二年先立つ保安元（一一二〇）年一一月、宗忠の養母である「西御方」より「女子」（宗忠の女であろう）に処分されたことがみえている。(12) その後長く所見がないが、この長承元年六月より宗忠の提訴にはじまる激しい相論の記事が続いている。宗忠の相論の相手は、「民部卿後家」なる女性であった。故「民部卿」は、宗忠の叔父にあたる（ただし宗忠より一一歳年少）藤原宗通である。彼女は宗通からの伝領を主張、両荘を押領（宗忠側からみて）していたらしい。相論の経過をたどる前に、それに深く関わるため、宗忠と宗通・宗通室、この両者の立場についてふれておきたい。

藤原宗忠は、彼に親しい叔母の全子が藤原師通の北政所、忠実の生母であったこともあり、摂関藤原忠実の非常に有力な近臣であった。「殿下従誕生之昔、及執柄之今、廿六年間、誠無二心所奉仕也」(13) という言葉などはこのことをよく物語っている。一方、白河院との関係についていえば、彼には院司としての経歴もあるものの、一貫してやや距離をおいた批判的な立場に立っていた。

一方の藤原宗通の政治的な立場は、宗忠とは対照的である。早くから白河院との関係が深く、宗忠に言わせると「上皇被仰合万事、仍天下之権威傍若無人也」(14) というほどの権勢者であった。いま問題にしている相論の当事者である宗通室「民部卿後家」は、藤原顕季の女であるが、顕季も院の重臣として有名な人物である。(15)

この長承元年は鳥羽院政の四年目、白河院との不和により失脚し長く政界を退いていた藤原忠実が、正月には内覧に復帰した年である。以上のような政局と両当事者の立場を念頭に置いた上で、相論の経過に注目したい。最初に事件について詳しく述べられているのは、六月二二日の記事である。

廿二日　殿下以前馬助盛国被仰之趣、「①山道・野並庄事、以示給旨、触九条尼上之処、全不承引、仍於此家不能切也、早々可然様可沙汰也」者、予申云、「然者可申召候歟、可随仰也、但従院令問申給時、宗忠申旨非道之由、可令申給者、此事不可申候」、重仰、「予可申院也、若被問仰者、任文書理由可申也、更々不可申非理事」者、重申云々(衍カ)、「然者可申院候、若被最(尋カ)仰者任理可申由、恐悦テ承了」旨、申了、盛国三ヶ度往反、②此事保安二年沙汰出来、故院御在生間不能申出、空送年月也[16]

これ以前、宗忠は関白藤原忠通にことの子細を訴えたらしく[17]、それに対する忠通の返事からこの日の記事は始まっている（傍線部①）。それによると、宗忠の訴えた山道・野並両荘について、忠通は「九条尼上」に触れたけれども彼女は承引しなかったので、「此家」＝忠通家においては裁定できなかったという。「九条尼上」というのは宗忠の相論相手「民部卿後家」のことである[18]。この結果、『中右記』の記事はやや意味がとりにくいが、この件は鳥羽院に奏聞されることとなった。すなわち、朝廷の法廷に繋属することになったわけである。

さて、この後の訴訟審理の経過について、『中右記』の記事を拾っていくと、次のような展開が知られる（日付は『中右記』の記載条）。

院奏を経た後も、鳥羽院はすぐには動かなかったようで、九月になっても「左右の仰せ無し」との院の態度が頭中将より宗忠へ報告されている（九月五日）。殿下忠通も「宣旨」が発給されるよう策動しているが（一〇月一日・一一月七日）、一一月になってようやく実質的な審理が始まったもようで、「民部卿後家」が陳状を提出（一一月一〇日）、宗忠側の申文とともに明法家に下されている（同一三日）。この結果、明法勘文が「官」に提出され、宗忠は自分に理がある勘申結果であった由を伝え聞いている（一二月八日）。こののち勘文は院に奏され、院は関白（忠通）に触れて沙汰すべし、との意向を頭中将より忠通に伝えている。ところが忠通はどういうわけか、勘文は内大臣（宗忠）に有理であるが、「民部卿文書」を召すべきである、と主張、宗忠は優柔不断な忠通の態度を日記の中で非難している（同一二日）。この「民部卿文書」とはのちの記述からみるに故民部卿藤原宗通の処分状のようである。

年が代わって長承二（一一三三）年、いまだ相論の決着はつかず、三月になって宗忠は重ねての申文を院に提出（三月八日）。この直後に一時は院より判決の出されるような気運が漂うが（同一三日）、今度は逆に「民部卿後家」が先に進めた「処分」（先の「民部卿文書」のことであろう）が実書である、との院の判断があり（同一九日）、相論は再び持ち越されることとなった。

大殿藤原忠実がこの件に関して『中右記』に登場するのはこれ以後である。

・早旦参大殿昨日従宇治出給也、山道庄事委申之処、早参院可申切由、有御気色也（三月二一日）

・巳時参大殿、被仰云、「山道庄事、宣旨早可申下」者、乍悦退出（四月二五日）

これらの記事によると、なかなか裁定がでないことに焦燥する宗忠は大殿忠実に子細を報告、忠実は参院して裁定することを約束し、ついで、「宣旨を早く申し下すべし」と述べて、宗忠を悦ばせている。

実はこののち宗忠自身の病気などのために『中右記』の記事が途切れるので、結局のところこの件がどのように決着したのか、明確に知ることはできないのではあるが、[19] 以上の経過から、ここで特に注目したいのは次の三点である。

第一。はじめに藤原宗忠が提訴したのは、関白忠通に対してであり、忠通の「家」内部での調停が失敗に終った結果、官に持ち込まれたこと。つまり、摂関のいうなれば「家の裁判」と朝廷の法廷にある種の重層性が認められることである。こうした権門の裁判の実像および重層性については次節以降で扱うので、ここではこれ以上深入りしない。

第二。「官」に明法勘文が提出されている点、「宣旨」の発給が問題になっている点、などからして、この相論が院庁ではなく官で審理されていることは間違いないが、太政官の訴訟審理の場として従来の研究では非常に重視されている陣定が開催された形跡はまったくなく、終始鳥羽院・関白忠通・大殿忠実の主導のもと、明法家の判断を交えながら、三者の口入や折衝のうちに審理が進行していることである。従来の訴訟制度の研究では訴訟審理機関として非常に高い評価を受けている陣定であるが、実際のところ、一般の相論について陣定が開催された率は意外に低いのではないだろうか。多くの審理は今の例のように、院の主導、摂関や大殿、ときに天皇との合議の上で進行するのが通例だったのではないだろうか。

この点は、第三点とも関連するであろう。第三は、相論の発端および宗忠の出訴の時期と、この間の政情との関係である。最初に引用した記事によると、この件が「出来」したのは保安二年であったといい、しかも、宗忠は「故院御在生の間、申し出る能わず、空しく年月を送」った、つまり、白河院の在生中は提訴できなかったと述べている（傍線部②）。保安二年というのは忠実失脚の直後である。さらに興味深いのは、白河院の死は大治四年のことであったが、宗忠にとって障壁となっていたらしい白河院の死後も彼は直ちには訴訟を起こすことはせず、実際に宗忠が出訴したのはそれからさらに二年余を経たこの長承元年になってからだという事実である。この年は先にも触れたように、忠実の内覧復帰の年である。以上の点を年表ふうにまとめると次のようになる（▼印を付した件は政局の動きを示す）。

保安元（一一二〇）　――　「西御方」、山道・野並両荘を処分
　　　　　　　　　一一月　▼白河院、忠実の内覧を停止
　　二（一一二一）　――　山道荘のこと「沙汰出来」
大治四（一一二九）　七月　▼白河院没
長承元（一一三二）　正月　▼忠実、内覧に復帰

これをみれば相論の展開が当時の政局と深く関連していることは明瞭である。「民部卿後家」は、忠実の失脚を機に白河院の権勢を募って両荘を押領、忠実を頼みとしていた宗忠は背後の支えを失って長年提訴できず、白河院の死、さらに忠実の政界復帰を待ってはじめて訴訟を起こし、訴えを公にすることができたわけである。

もっとも宗忠も、第一の点として述べたように、最初の段階では関白忠通の仲裁に期待しているから、忠実の復帰を過度に評価することはできないかも知れない。しかし、窮地に立った宗忠の切札が、忠実の力で局面を有利に展開することであったのは間違いない。

とくに、忠実が「宣旨を早く申し下すべし」と述べているのは重要である。内覧に復帰した忠実は、直接国家の意志決定＝宣旨の発給に関与し得る立場にあった。その系列に連なることによりはじめて家領の維持が実現できているのである。

山道・野並両荘の場合、これが院領荘園であったことも摂関家領であったことも確認できない。いわゆる「職の体系」に属さないいわば完結した家領の場合でさえ、このような状況がみられるのである。逆に、この状態が院・摂関を本家として上に戴く形態の荘園に移行する過渡期の形態を示しているともいうことができるであろう。

2　朝廷の裁判と院・摂関

頼宗流家領荘園の相論から得た所見をもとに、これまでの研究を再検討してみたい。

下向井氏は、権門間所領相論の裁決のされ方を検討し、一〇四〇年代を境として訴訟がすべて太政官に持ち込まれること、国衙が訴訟審理権を喪失したことを指摘している。このうち、国衙が審理権を喪失したとする点には疑問があるが、訴訟が太政官に集まるようになる傾向が確かにあることは付されている表からも首肯できる。

ただし、四〇年代画期説は前期王朝国家から後期王朝国家への政策転換という仮説に基づくものであり、そのまま認めることはできない。この点については、後三条親政期を太政官の訴訟機関整備の画期とすべきであるとの美川氏の批判に従うべきであろう。この変化の要因は一様ではなく、ここで検討することは到底できないが、延久荘園整理令、記録所の設置などの一連の朝廷の政策と関連付けて、この時期に朝廷が直接荘園の認定・停廃、それに関わる相論裁定に積極的に関与し出すという美川氏の所論は、従来の研究を踏まえて説得力がある。(20)

さて、院政期の訴訟審理機関として、棚橋氏の研究以来もっとも重要視されているのは、公卿会議である陣定である。棚橋氏の表現は多様かつ微妙なのであるが、たとえば「裁決の実質的内容を構成したのは陣定における審議＝「定」であった」とか「陣定は、院政期以降、とくに所領相論の裁決機関としての性格を急速に強め」などとして、陣定に「最高議決機関」との評価を与えている。(21)

棚橋氏の見解を批判的に継承しているのは下向井氏である。下向井氏は「後期王朝国家」の相論裁定手続の一環として、「太政官に係属した相論は、公卿の最高会議である陣定で討議決定された審理方針にもとづいて上卿の指揮のもとで進行し、最後にまた陣定で裁定され官宣旨（裁定宣旨）で判決が布告される」と述べており、陣定が訴訟審理過程の必須の手続であるかのように解釈している。

一方、美川氏の見解はかなり異なっており、一二世紀中期以降陣定が衰退した事実にとくに注目している。これによって下向井氏の審理手続の理解が通時的に妥当しないことがまず明らかになるが、美川氏の場合も陣定の衰退＝太政官の裁判の限界、とする視点があり、太政官裁判における陣定の比重をやはり高く評価している如くである。

しかしながら、まず、棚橋説に対する諸氏の批判がすでにあるように、陣定はあくまで諮問機関なのであり、審理の「議決」を行うわけではない。つぎに、前項でみたように、陣定の盛時であった一二世紀前半においてさえ、陣定が必ずしも召集されていない相論もある。棚橋氏の作成した陣定における訴訟関係記事の一覧[22]をみると、陣定に持ち込まれている相論は、なかば儀礼化した国司や大宰府の申請雑事の他は、国家の重事として正式な手続が要請される伊勢神宮をはじめとする諸社の相論が大半を占めている。記録に残された部分が実態のどれほどの部分を伝えているかという問題もあるが、官に繋属した一般の相論がすべて陣定の合議を経ているとは考えにくいのである。

右の問題を正確に位置付けるためには、院政期の一般の政務処理の実態如何という基本的な問題に立ち戻る必要があるように思われる。

院政期の制度研究は、議定制などの分野で非常にきめ細かな実証がなされている一方、通常の政務処理に関しては、院は従来の太政官機構の背後から人事権を操ることにより政務に口入していた、などとする不正確な理解が長く通説とされてきた。この時期の日記類に目を通せば一目瞭然であるにもかかわらず、院が実際に弁官や職事からの奏をうけ、また彼らを動かして直接政務運営を行っている事実はようやく最近になって正当に評価され始めたことである。[23]

さらに、院のみならず摂関も、国家意志の決定に関与し得る構造になっていたことを井原今朝男氏の研究は指摘している。[24] 院の専制下、政治状況に左右される非常に不安定な構造ながら、院・天皇・摂関（大殿）の間を頭弁が巡って意見調整を行うのが、当該期の政務処理の基本的な姿である。

そしてこうした中で、儀礼化したものやとくに必要ありと判断された案件が陣定に付されるのである。相論の場合も例外ではない。合議は訴訟審理の不可欠の要素ではないのである。一例をあげてみよう。時代は下るが後白河院政期、藤原忠親の『山槐記』には、忠親が蔵人頭として果たした職務が数多く記されているが、その中で応保元（一一六一）年八月の阿波国高越寺の訴える相論である。

八月五日、前阿波守説方が忠親のところへやってきて「高越寺解状」を提出。忠親は「可奏聞之由」を答えている。[25] 翌日より忠親は院（後白河）・内（二条）・大殿（忠通）の三者の間を往復し、他の件とともにこの相論の処理に奔走することになる。まず、大殿は「早可奏聞」との意見、参内し奏聞したところ「前関白可被計申」、院もこれと同意見で大殿忠通の裁定に一任している。ところが忠親が再び大殿に計ると、大殿は「可被問論人歟」と論人を尋問することを提案、困惑した忠親が再び参内して天皇の意向を仰ぎ、天皇も「早可問論人」と、大殿の処置に賛成している。[26] このように、蔵人頭を介した三者の協議により、審理の方法が模索されているのである。

この事例の時期は「陣定の衰退期」にあたるが、陣定が行われなくなっても裁判審理が消滅したわけではなく、また以上のような構造は前節でみた一二世紀前半の山道荘の相論と基本的に変わるものではない。繰り返すが、官に付された一般的な相論の審理の決定は、院・天皇・摂関（大殿）の折衝を基本として進むのであり、公卿の合議は不可欠の手続ではないのである。

以上のような構造が認められるならば、院・摂関の立場は非常に重要である。院の場合は例示するまでもないであろうから、摂関家の例を若干あげておこう。

山道荘と同じ藤原宗忠家の家領越後国小泉荘は、根本家領と推定される重要な荘園である。ここが子息宗能に譲与されたときの宗忠譲状が残されているが、その末尾には、「抑国司有停廃之時者、早申殿下可沙汰也、定有許容歟」という文言が付されている。[27] この荘園も摂関家を本家に戴くタイプの荘園ではないが、予期される国司との紛争に際しては殿下の威に頼るべきことが記されているのである。

実際にここに述べられているような国司との荘園整理に関わる紛争が起こったとき、摂関がどのように解決しているかは、たとえば、家領の例ではないが『中右記』天永二（一一一一）年五月の記事に、春日社領壬生野荘の停廃について、殿下が宣旨発給の過程に口入したことによって「早除壬生野庄之外、自余所々可停止由、被下宣旨也」[28]と、壬生野荘が荘園整理から除外されている例にみることができる。

また、香取社大禰宜大中臣家が相伝する末社大戸宮社領は「件社領者親父助員時、白河院御時、後二条長者殿下申下宣旨、被定神戸田畢」[29]とあるように、後二条殿下藤原師通が「宣旨を申し下し」社領に定められたという。さらに、石清水の宝塔院領の諸国荘園は「去承安元年注子細申殿下、自殿下依被　奏聞公家、被下　宣旨状偁、号領主宜令停止、皆付院家云々」[30]とあるように、殿下を通じて宣旨を入手し相論を断っている。同様の例は、厳浄院とそれに付随する荘園の相伝に関する叡尊という僧の起請文に、「若他門他家横致諍論之時、数輩門弟同心連署、言上殿下、奏聞公家、参可待裁定矣」[31]と、殿下を通して公家に訴えるべきことを定めていることにもみられる。

以上、摂関が所領の安堵や裁許に関する宣旨の発給に直接関与している事例を示した。

院政期にはいる一一世紀後半、朝廷が関与する相論の激増は、このようにその裁定に直接関与し得る院や摂関家への求心を強めることとなった。摂関家についていえば、院政の成立による摂関家の政治的後退、という政治史の通説とは逆に、「宣旨を申し下す」ことのできる権門として、少なくとも諸権門間での地位を相対的には上昇させたということができるのではないだろうか。山道荘や小泉荘にみられたように、藤原宗忠のような上流貴族の場合でさえ、このような摂関家の威に連なることで、所領の維持が可能なのである。院政期に、家領荘園が院・摂関家を本家として戴く形態に再編されていくのは、こうした動向の一環と捉え得るであろう。

宗忠家領の相論を導入として述べてきた本節の主要な論点は次の通りである。

① 官に繋属した相論は、院・天皇・摂関（大殿）の協議・折衝による処理が基本であり、陣定を過大に評価することはできないこと。

② 一一世紀後半からの中央に提訴される相論の多発により、裁定文書である「宣旨」を申し下すことのできる院・摂関の地位が相対的に上昇し、権門の系列の頂点が形成されていくこと。

以上である。第二点は、次節以降に扱う院・摂関家の権門裁判の拡がりとも密接に関連するはずである。

第二節　摂関家の裁判（一）—紙背文書の分析を中心に—

1　裁判機構の成立

前節で引用した『中右記』の記事からも、朝廷での訴訟裁定が摂関家の裁判と二重の構造をなしていることがわかる。このような権門の裁判は、黒田俊雄氏によって執務機関と家司制、発給文書、私的な主従組織、知行体系などとともに権門成立のひとつの指標とされているが、(32)院政期の特定の権門の裁判を直接の対象にした研究は院庁のそれを含めて皆無である。その一端に言及している研究としては、棚橋氏が文書勘注や対決問注の手続にみられる朝廷の裁判機構と権門の家政機構の相似面を指摘、訴訟・審理の技術の伝播の担い手として法曹官僚層の役割を重視し、(33)また、上杉和彦氏は摂関家をはじめとする権門の訴訟裁定の場での明法家の勘申の重要性を評価しているが、(34)いずれも事例の列挙にとどまり、具体的な相論裁定の手続にそれがどのように関わるのかが明らかになったとはいいがたい。

このような中で、摂関家での裁判について、唯一まとまった見解を示しているのが井原今朝男氏の論文「摂関家政所下文の研究」(35)である。この論文は文書の機能的な分析を主眼とするもので、裁判を正面から扱った研究ではないが、本節に関わる指摘がなされている。私なりにそれをまとめると、とくに次の三点が重要である。

① 院政期の摂関家では、訴訟の一方当事者が鹿島・香取社、法成寺・平等院・東北院、祈禱寺、寄人関係、

家領、知行国などの摂関家関係者であれば摂関家政所下文を、春日社、興福寺、その末寺関係者であれば勧学院政所下文が発給されるという、二つの文書発給ルート＝訴訟体系を成立させていた。

② 政所下文による裁決・執行にあたっては、国家権力が摂関家の家政運営にまで介入することができた半面、摂関家も国家機能を恣意的に運用しそこに基盤を置いていた。

③ 政所下文が在地で円滑に機能し得ない場合、在地の申請によって摂関家の下家司が殿下御使として派遣され、現地末端機関と共同で執行にあたった。これは、強制機構というよりも、現地での訴訟調停機関的性格が強かった。

以上の事実関係については、ほぼ異論はない。[36] 本節は、井原氏の指摘を別の材料から裏付けることにもなるであろう。

さて、このような特徴を備える摂関家の裁判機構が成立するのはいつであろうか。すでに九世紀末から一〇世紀初めにかけての太政官符は、諸院・諸宮・諸王臣家が百姓の嘱請を承けて争訟を行うこと、また、使者を遣わして訴訟を弁定することを禁じており、私的権力の裁判行為がかなり遡って存在することを示している。[37] また、貴族の私的制裁として従者等に対する拘禁刑が一一世紀よりみられ、独自の法圏が形成されていくことを元木泰雄氏が指摘している。[38]

裁判機構の成立がいつか、という問題を立てれば、当然何をもって裁判とするのか、という問題が起こるのであるが、本稿の立場からは、民事的な相論の裁決文書が独自に現れるという点から、政所下文の成立を重視したい。摂関家政所下文の初見は頼通時代の寛徳二（一〇四五）年のことで、[39] その成立は一一世紀半ばとみられるが、井原氏の指摘にもあるように、一二世紀初頭院政下で本格化する。政所における文書勘申や訴論人の対決問注の所見がいずれも院政期以降であるという事実と合わせ、以下に述べるような訴訟審理の構造が成立するのは一一世紀末から一二世紀初頭であろうと判断できるのである。この時期はさきに述べたように、太政官の裁判機構が一定の充実をみせる時期である。これと並行して相論解決を目的とする権門の裁判機構も整備されるのである。以下、従来まったく研究のなかった権門裁判の実像を、摂関家を舞台にできるだけ具体的に描くことをさしあたっての目標として、考察を続けたい。なお、摂関家の「二つの訴訟体系」のうち勧学院での裁判にはかなり特殊な面があるので、次節で別に検討することにする。

2　摂関家の裁判の実態

摂関家での裁判の実態を考えようとする場合、見逃すことのできない重要な史料は、摂関家家政の中心人物として活躍した平信範の日記『兵範記』の紙背に残された膨大な量の文書である。これは、『兵範記』本文にはまったく記すところのない、相論の詳細な手続を明らかにできる稀有の史料群である。従来は、各々の論旨の中で部分的にしか利用されてこなかったが、このような性質の文書の場合、文書群としての検討が特に必要であり、それが断片的な史料を生かすために有効でもある。信範が家政の中心として活躍するのは保元の乱直後から仁安元年頃までのことである。(40)この時期はおおよそ、摂関は基実、その背後で大殿忠通が摂関家の実権を握っていた時期に相当する。本項ではこの時期のものと推定できる紙背文書を主な史料として、信範の立場に留意しながら文書に即して具体的に検討を加えたい。(41)

1　解状

表1は本章で扱う時期の『兵範記』紙背に残された解状・陳状の一覧である。この時期の紙背には、断簡も含め解状三一通、陳状三通の計三四通が存在する。(42)ただし、このうち解状は正文ではない。『平安遺文』を始め各種の史料集は正文として扱っているが、ここに残る解状は同一人の筆による案文である。写真で確かめたところ、

表1 『兵範記』紙背文書所収解状・陳状一覧(年月日順)

番	年月日	訴人(論人)	提訴先1	2	事由	備考	蔵	所収巻	遺文
①	保元元・11・23	山階小野郷司兼貢御人散位藤原経成	申請　関白殿下政所□□	忠通	①浄妙寺前預所宇治大輔君、寺領に注入する田畠の糺返　②山階住人大宅氏、浄妙寺所領内の経成相伝二段の作手の押取	具書の坪付注進状案(平二八五三)あり	京	保元二冬	二八五八
②	(保元元または2)(後欠)	□叡山西塔院住僧湛禅	申進　申文事	忠通	小椋荘より誂えた西塔院釈迦堂後戸閼伽棚修理料榾榑を摂関家領柿御園住人が盗み取ることを訴		京	保元二冬	四七八七
③	保元3・12・6	證菩提院御領近江国神崎西郡三条院田寄人等	申進　申文事		皇后宮日吉行啓饗膳并雑事の免除	挙状(法務某書状)あり(表2―⑩)	陽	仁安二冬	二九六〇
④	保元4・2・―	岡屋殿御庄田堵北殿膳部勝部武友	申請　本家政所裁事	不明	殿預光兼が年来相伝の作手を押妨することを訴		京	仁安三正月	二九七〇
⑤	保元4・3・―	法眼和尚位行暹	陳申	基実	興福寺東金堂衆暹融、押領する私領古木荘の妨の停止	陳状	陽	仁安二冬	二九七三
⑥	平治元・8・13	(興福寺伝燈法師位義海)	(前欠)	官カ	覚仁の押領する私領水氷荘の領掌	⑪とほぼ同文	京	仁安三正月	三〇一九
⑦	保元〔マヽ〕4・10・13	東北院供僧大法師禅俊	(恩裁)	基実	御懺法衆に召さるべきこと	相論にあらず	陽	仁安二冬	未収
⑧	平治元・11・17	伊勢国須可御庄下司為兼法師子息僧兼真	申請　殿下政所裁事	基実	和泉判官、為兼法師・妻・子息等を禁固、息子二人を殺害、罪科に処すべし		陽	仁安二冬	三〇三七
⑨	平治元・12・5	藤原太子	申請　大殿下政所裁事	忠通	①僧暹明弟子・太子舎弟僧珍猷の濫訴を停止、山城国稲八間荘を元の如く領掌　②国司の収公した飛驒国白川荘務の回復	「重解」	陽	仁安二冬	三〇四一
⑩	(永暦元)	興福寺従儀師教経	申請　長者殿下政所裁事	基実	檜前寺別当職の補任		陽	仁安二冬	三〇四六
⑪	永暦元・3・―	興福寺伝燈法師位義海	申請　院庁裁事	後白河院	覚仁の妨を停止し、水氷荘を領掌	⑥とほぼ同文	陽	仁安二冬	三〇九〇
⑫	永暦元・8・―	(近江国某厩住人等)	(前欠)		社役以外の他役免除(前欠にて詳細不明)		京	仁安三正月	三一〇三
⑬	永暦2・11・―	殿下織手村岡兼清	申請　申文事	基実カ	右衛門督織手と称し、□□兵衛尉の許より狩召すことの免除		陽	仁安二冬	三一六七
⑭	応保3・3・―	大和国宇陀神戸検校玉造有里	申請　殿下　政所裁事	基実	有直、非姓他人を以て検校職を相論し、軍兵を率いて神主有里の住宅に打入り狼藉するを停止		陽	仁安二冬	三二五二
⑮	応保3・3・―	野口御牧下司散位藤原朝臣定遠	申請　殿下政所裁事	基実	領家御領重富保田を以て御牧加納の不足を引き満たすべきこと		京	仁安二正月	三二五三
⑯	長寛元・5・―	法眼和尚位行仁	(記載ナシ)	基実カ	大和国大和社神領、盛親所領の地主作人の狼藉停止		陽	仁安二秋	三二五六
⑰	長寛元・6・―	法印和尚位智順	申請　殿下　政所裁事	基実	所領越後国二田社、覚智の非道の妨を停止	摂関家知行国(越後)	陽	仁安二冬	三二六〇

⑱	長寛元・9・7	殿下政所御使近清	申進　中文事	基実カ	(某国某荘)在庁が荘内を追捕、作田を苅取		陽	仁安二夏	三二六七
⑲	長寛2・7・—	東北院御領越前国曽万布庄百姓等	申進中文事	基実	①収公田17町を免除し、元の如く35町荘領とすべきこと　②桑代綿の免除　③□□役の停止	「重解」	陽	仁安二夏	三二九六
⑳	長寛2・7・—	白山住僧弁延	申請　国裁事	基実カ	乃宇白山宮長吏執行職拝任	摂関家知行国(越後)	陽	仁安二夏	三二九九
㉑	長寛2・7・—	近江国浅井西郡今西庄大番舎人等	陳申		官使を申し下し牓示内に打ち籠め舎人を停廃する訴に反論	陳状 ▼信範筆にあらず	陽	仁安二秋	三二九七
㉒	長寛2・7・—	垂水東御牧吉志部村熊里定使藤井貞宗	重　進上　中文事	基実	牧の公文山田助俊・次田成俊ら竹池の水を切落すことを訴、御使の派遣を要請		陽	仁安二秋	三二九八
㉓	長寛2・8・5	御領田堵大江依行	申請　左京権大夫殿政所裁□	平信範	伯父僧良尋、作手を妨	信範家領、山城国カ (所在不明)	陽	仁安二秋	三三〇〇
㉔	長寛2・8・—	清原貞包	申請　殿下政所裁事	基実	上西門院保定使の田畠押妨	大番舎人の訴	陽	仁安二秋	三三〇六
㉕	長寛2・10・27	散位中原朝臣兼俊	申進　中文事	基実	①別結解として所当を京に進上せんと欲する事　②荒野10町を給田に募らんとする事	摂関家知行国(越後)	陽	仁安二秋	三三一三
㉖	長寛2・11・20	興福寺伝燈法師永玄	申請　殿下御使大番一人事	基実	観自在院領栗太南北郡の百姓未進		陽	仁安二夏	三三一六
㉗	長寛2・11・29	仮名藤井花元	申請　祭主裁事	伊勢祭主	私領伊勢国桑名神戸内東□村、前預所平俊基の非道押妨	「重解」	陽	仁安二夏	三三一八
㉘	長寛2・12・—	野口御牧下司住人等	申進　陳状事	基実	六条修理大夫(平頼盛)定使宗次、領内住人譜代私領・殿下御領・寺領等を押領	陳状 ▼信範筆にあらず	陽	仁安二夏	三三二四
㉙	長寛3・3・—	院御願法華堂御領呉庭御庄	申進　中文事		東北院御領山本御園下司永仁の妨	法住寺法華堂カ	陽	仁安二秋	三三四〇
㉚	永万元・11・—	梅宮社司等	申請　是定左大臣殿政所裁□	藤原基房	興福寺住僧仲覚後房の狼藉	勘解由次官藤原光盛の挙状あり(表2-⑦)	陽	仁安二秋	三三六八
㉛	永万2・3・28	(某寺所司)	(前欠)	基実カ	盛孝、字立野下庄を押領		陽	仁安二秋	三三八八
㉜	(年月日不詳)(後欠)	建部社神官庄司等	申進　中文事	基実カ	大番舎人が田率在家等雑事を勤めざる事		陽	仁安二夏	四八一八
㉝	(年月日不詳)(後欠)	犬上東郡大番舎人僧良命	申請　殿下　政所御裁事	基実	①領田8町2段を召使宮行に双六の質として押領さる事　②(後欠にて不明)		陽	仁安二冬	四八一九
㉞	(年月日不詳)	(断簡ニテ不明)	(不明)		在庁官人の非道を訴(詳細不明)		陽	仁安二冬	四八二四

註1.「訴人」「提訴先1」欄は、解状の冒頭の「○○解　申請▽▽裁事」の部分をそれぞれそのまま引用した。
2.「提訴先2」には、文面等から判断できる限り解状が直接提出された法廷の主催者をあげたが、忠通か基実か判断がつかないものが多い。註(41)参照。
3.「蔵」欄の「京」は京都大学所蔵『兵範記』紙背文書、「陽」は陽明文庫所蔵『兵範記』紙背文書であることを示している。
4.「遺文」欄は『平安遺文』の文書番号である。

すべて信範自身の筆と認めてよいようである。また、陳状三通のうち、一通は信範筆かと思われるが、残り二通は他筆である。以上のもつ意味は文書の動きを復元する上で重要である（後述）。

さて、これらの解状を内容から検討してみよう（数字は表1の番号を示す）。

まず、訴人の性格をみると、何らかの摂関家関係者からの訴が大部分を占めている。外部からの訴と断定できるのは②㉙㉜などであり、摂関家関係者を訴えた、本主の懲戒権に期待するタイプの提訴である。前者の中では、国衙に対する訴が多い。

これらのうちまず目につくのは興福寺・大和関係の解状の多さで、計七例を数える（⑤⑥⑩⑪⑭⑯㉚）。次節で述べるように、これらの管轄は摂関家政所ではなく勧学院であり、ここに解状が含まれるのはやや不可解である。審理段階では両者は未分離であったのかとも思われるが断案を得ない。知行国関係は、長寛年間の越後国ばかり三例（⑰⑳㉕）、偏っているのが単なる偶然なのか否かは不明である。

そのほか、摂関家政所以外の法廷への解状が存在することにはとくに注目される。信範自身の家領からの「左京権大夫殿政所裁」の申請（㉓）は性格が異なるので別として、官（⑥）、院（⑪）のほか、伊勢神宮祭主（㉗）や藤原基房家（㉚）に提出されたはずの解状がある。院および官の法廷との関係は後述する（第四節2項）が、後の二者の場合は解状の提出される対象と裁許を出す主体が違っていることもあることを示している。㉚の例は、橘氏の氏神梅宮社より興福寺僧の狼藉を訴えた解であるが、橘氏の是定であった藤原基房の政所にまず提訴され、そこでは解決がつかずに信範のもとに付されたことが、一緒に残っている手続文書から判断できる。(43) ㉗の「申請祭主裁」の場合も同様の事情が想定できる。このように、法廷が幾重にも存在し、解決がつかない場合より高次の権威を求めて上昇するという、摂関家をひとつの頂点として流動性をもった法廷の重層構造がみてとれるのである。

2　挙状その他

訴人の申請や要求を記した解状がどのような手段で提出され、どのように処理されるのか、といった点については、例えばこの時期の太政官の裁判制度についてならば、ほとんどわからない。しかし、この文書群の場合、解状や陳状とともに、それに付随する多数の手続文書が残されており、これにより個々の文書の動きを具体的に知ることができる。

まず注目されるのは、解状に添えられた挙状の存在である。提訴ルートに「載せる」役割を果たす挙状の機能については、南北朝期の公家訴訟制度の研究ではすでに注目されているが、(44)院政期の、しかも権門の法廷に数多くみられることは重要であろう。同じ案件についての解状と挙状がそろって残っている好例は二例しかないが、挙状だけがある場合でもその差出と宛先を検討することによって、解状の動きが推定できる。記された文言から解状の挙状であると判断してよいものを表2に整理している（以下、数字は表2に付した番号を示す）。

表2に示したように、挙状の宛先はほとんど平信範自身である。しかし、⑧のように、他人に宛てられたものも存在する。この例の「中宮権大進殿」は藤原光長で、信範と同様摂関家家司であることが確認できるが、彼のもとに提出された解が、さらに信範の手元に届いたのであろうことをこの例は示している。差出に目を向けると、そのことは更にはっきりする。修理権大夫源雅国（①②）や勘解由次官藤原光盛（⑦⑨）は、彼ら自身も摂関家家司であるにもかかわらず、受理した解状を直接摂関のところに取次するわけではなく、このように一旦信範のもとに送付しているのである。そのほかの挙状の差出を特定することは難しいが、摂関家領からの解状の場合は、預所に相当する人物であろうと考えるのが自然であろうか。この場合も解状は殿下のもとへ直接送達されるのではなく、信範の手元に届けられているのである。解状はいわゆる職の体系をそのまま遡上するわけではなく、一旦家司信範の所に収束するしくみになっている。

表2　解状の挙状

番	年月日	差出	宛先	内容	蔵	所収巻	遺文
①	(保元元)・11・9	修理権大夫雅□〈国〉	甲斐判官代殿〈信範〉	「小弓御庄開発方申文一通」進覧、国司の荘園整理に対し政所下文を申請	京	保元二冬	四七五五
②	(保元元)・11・12	修理権大夫雅□〈国〉	甲斐判官代殿〈信範〉	「小弓開発御庄重解」、同右	京	保元二冬	四七五六
③	2・20	権少僧都(草名)	少納言殿〈信範〉	「八多庄解」摂関家領、摂津国	陽	保元三四～七月	四七六三
④	9・5	頼□	六条殿〈信範〉	「御使解状」進上、知行国関係か	京	仁安二正月	未収
⑤	9・5	右少将□□	左京権大夫殿〈信範〉	「榎並御庄解状」摂関家領、摂津国	京	仁安二正月	四七九四
⑥	10・27	安丞(?)	権大夫殿〈信範〉	「南喜殿庄」重ねての「解状」、「御下文」を申請	陽	仁安二夏	四七九五
⑦	(永万元)・12・8	勘解由次官(草名)〈藤原光盛〉	右少弁殿〈信範〉	「橘氏申円提寺事」の「解状」(表1-㉚)南京僧を訴え、「御下文」申請	陽	仁安二夏	四八一三
⑧	2・8	法橋□□	中宮権大進殿〈藤原光長〉	「東北院御領尾張勅□□解状」	陽	仁安二夏	四七九九
⑨	6・5	勘解由次官光盛	左京権大夫殿〈信範〉	「梅宮社解状」、藤原基房御教書	陽	仁安二冬	未収
⑩	(保元3)・12・8	法務(花押)	少納言殿〈信範〉	證菩提院神崎勅旨の解(表1-③)と具書の挙状	陽	仁安二冬	二九六二
⑪	7・26	法橋□□	平少納言殿〈信範〉	「東北院供僧公俊申文一通」(相論にあらず)	京	仁安三正月	未収

註1・年代比定の困難な年欠文書が多いため、年代順に並べることはせず、『兵範記』の巻の順に表示し、他の史料等により年代の確定ができたものは( )内に示した。しかし、宛先となっている平信範の官歴などから、おおよその年代幅を推定することはできる。ここに関連するのは以下の通りである。

「甲斐判官代殿」　～保元元(一一五六)・11・28
「少納言殿」　保元元(一一五六)・11・28(任)～応保元(一一六一)・9・15
「左京権大夫殿」　応保元(一一六一)・9・15(任)～永万2(一一六五)・8・17
「右少弁殿」　永万2(一一六五)・8・17(任)～仁安2(一一六七)・正・30

2・[蔵][遺文]の欄は表1に同じ。

挙状には、「早可令申上給候」⑤、「以此旨可令申沙汰給候也」⑦、「相計可然之様、可令申入給候也」⑩などの、殿下への取次を依頼する文言が付されるのが常である。信範のところに集まった解状は、彼から殿下（または大殿）に進覧されるのである。説話集『古事談』巻六「康貞、池田ノ庄ノ解ヲ草シテ文殿ニ召サル ル事」には、「同比、東北院領池田庄解ヲ朝隆執事之時、執申状中云」と始まり、近衛院のときのこととする説話を載せている。(45) 上申されてきた解状の名文に目を止めた関白忠通が、荘民に依頼されて解状を起草した江外記康貞という下級官人を自家の文殿の職員に抜擢する話であるが、最初に登場する「執事」藤原朝隆の、状を「執り申す」という行為は、今みてきた信範の職務と一致する。(46) 解状はこのように家政機関の中心に位置する家司のもとに付され、彼から殿下のもとに上申されるのである。

「今生安堵只此一事候」⑥などという嘆願の文句が記された挙状や、「仍可申上　禅定殿下政□候、其時必可御助言候也」(47) のような執りなしの依頼や泣き落しの言葉が連ねられた数多くの訴人の書状は、信範の位置が訴人にとって重要なものであったことをよく物語っている。訴人にとって、繋属の可否はもちろん、裁定が有利に運ぶための鍵を握る存在として、摂関の意志決定を左右しうる信範のような家司との関係がまず最重要の問題なのである。

さて、解状が信範のもとから摂関に「執申」されると、その指示を仰いだ信範は、ここで解状の写を作成、控えとして残し―現存する解状がすべて信範筆の案文であるのはこのためであろう―、正文のほうは信範からの一定の指示を添え、所々に送達されることになる。

> 平等院領橋本御庄解遣之、如申状者、尤不便聞食、凡彼院領治暦・康和　宣旨厳制厳制　制　制　（後略）(48)

末尾のところの奇妙なこの文書は、平等院領橋本荘からの解状を送達するときに付された信範自筆の添状で、作成の途中信範が字を書き誤ったらしく、「制」の字を何度か練習した後廃棄され、紙背文書として偶々残ることになったものである。「もっとも不便に聞こしめし」たという殿下の意向を受け、信範より一定の指示を付して解を担当者のもとへ書き送ろうとしたことがわかる。

このように担当の家司や荘官に解を送付して何らかの沙汰を指示する場合と、信範が自ら相手本所や国司に解を送付し相手との交渉を開始したり、陳状を要求したりしている場合があったようである。前者の場合、担当者は奉行として、訴陳の進行その他の審理の責任者となる。陳状が信範のところに残っている(表1—⑤㉑㉘)のは後者の場合と考えてよいであろう。

以上、ここまでの訴訟審理の手続は次のように整理することができる。

a　解状が挙状によって信範のところに付される。

b　信範、解状を「執申」し、摂関の指示を受ける。

c　信範、解状の写を作成して手元にとどめ、解状そのものは所々に送付。他本所・国司などへ陳状の請求や交渉を行う。または担当者に付して沙汰をさせる。

3　審理・裁定

この後の処理に一定した手続を見いだすことは不可能である。実質的な審理が進行したと仮定して、その場合のいくつかの手続をみてみることにしよう。

家司を仲介に訴陳の応酬が進むと、両当事者の対決問注や法家勘申が要請されている例がある。『兵範記』紙背文書中では、安楽寿院侍紀友国と九条殿御所侍紀友包との田地相論についての永暦二(一一六一)年八月日付明法博士坂上兼□勘文が一連の手続文書の案文とともに残っており、(49)訴論人の対決問注・明法勘文の作成依頼が奉行の家司の主導により行われていることがわかる。この件の問注と法家勘申の過程については棚橋氏の詳細な検討(50)があるので繰り返すことはしないが、家司の下で実務を行っているのが「主税允安倍」であることは他の例と併せて注目される。この人物は長寛元年六月日関白左大臣藤原基実家政所下文案(51)に署名している「大書吏」「主税允安倍」であろうと思われるが、「大書吏」などの職名をもつ摂関家の下家司が問注の実務に当たっている例はほかに伊賀国黒田荘での問注の時にもみられ(52)、担当の奉行家司が中心になって下家司が実務に当たりながら審理が進行する状況が窺われるのである。政所下文の伝達や在地での調停など、井原氏の指摘する職掌とあわせて、担当者＝家司、実務の処理＝下家司、という分掌が明瞭である。

もうひとつ、付け加えておきたいのは、審理過程における国衙の役割である。『兵範記』紙背文書中には、次のような国司請文があわせて三通含まれている（表3）。

　　東明寺陳状謹給□了、相子細重可言上候、恐々謹言

　　十一月十日　伊豆守経□(53)

これは伊豆守藤原経房の「東明寺陳状」の請文である（表3―①）。東明寺とは伊豆国走湯山権現の神宮寺で摂関家とのつながりは特に確認できず、当時伊豆国は摂関家知行国でもないため、この陳状は摂関家領かそれに類する訴人からの解状に反駁したものだと思われる。その件について、陳状が送られて現地の国衙に調査が依頼さ

表3　国司請文

番	年月日	差出	宛先	内容	蔵	所収巻	遺文
①	11・10	伊豆守経□〈房〉	（ナシ）	「東明寺陳状」の請文、子細を尋ね重ねて言上すべし	京	保元二冬	未収
②	8・9	但馬守藤原親□〈弘〉	（ナシ）	「大将野御庄解」の請文、在庁に尋ね言上すべし	陽	仁安二秋	四八三
③	2・20	伊豆守義□〈範〉	平少納言殿〈信範〉	詳細不明、「沙汰者所下向仕候也」	陽	仁安二冬	未収
参考	12・29	神祇大副大中臣師親	左京権大夫殿〈信範〉	「朝明郡上社□□申文」、調査結果の報告「郡司支配案」を進上	陽	仁安二夏	四七九六

註・表2註に同じ。

れ、それを承諾した国司の請文が信範の手に届いたものと推測できる。

このことに関連して次の事例は注目される。信範の父平知信の日記『知信記』紙背には、摂関家大番舎人珍光時と酒人兼貞との数ヶ条にわたる田地相論がやはり摂関家政所で争われたときの文書勘注記が前後欠ながら残されている。(54) それによると文書勘申と対決問注の結果、文書の残存部分で事情が分かる六ヶ所の論田の内、四ヶ所について「左右可依御定」、文書審理だけでは解決のつかない二ヶ所については「尋問国郡可被裁断歟」という勘申者の判断が示されている。文書の審理、当事者の問注だけでは解決できない在地での状況が、国郡の調査に委ねられているわけである。このような摂関家の裁判機関の下でも、国衙が在地の審理機関として一定の役割を担っていることが確認できるのである。(55)

さて、以上のような手続を経て、最終的に政所下文が発給されることになる。これについても大殿忠通の指示を伝える信範宛の御教書が数通残っている。「後不及諠譁者、相計天可下給候」と、下文の発給が指示されているものや、ときには「蹔可被取置給之由」と、発給が見合わされていることもある。(56)

審理の方法、最終裁許ともにすべてこのように摂関―執事家司を中心に動くのであり、摂関家の場合、少なくとも院政期には近臣による合議の存在はまったく認められない。(57) それだからこそ、先にみたような、摂関の意志を左右し得る位置にある信範のような家司との縁が、最重要になるわけでもある。

3　法圏の拡がり

先にもふれたように、井原氏は摂関家での裁判について、一方当事者が必ず摂関家関係者であることを指摘している。このことは基本的に間違ってはいないが、及ぶところの範囲を井原氏があげているような狭義の家産内部に限定することもできない。

権門裁判には、家産内部からの訴のほか、a「訴人が論人の本司・本主に提訴し、本主の主従制的な懲戒権に期待する、という原則」と共に、b「ひろく権威のある権門を訴人が選択してこれに訴を提起するという原則」が存在するという。(58)このうち、とくにbの点がその権門の権威の高低、法圏の拡がりの指標となるであろう。この点に留意して、一般権門と摂関家の間の大きな違いが存するのは次のような点であろう。

院政期の摂関家の法廷で行われた大規模な相論として最もよく知られているのは、久安年間の伊賀国黒田荘の官物率法についての東大寺と伊賀在庁との問注である。久安四（一一四八）年、伊賀守藤原信経は太政官に解状を提出し、東大寺領出作公田の官物を三斗とすべきことを訴え、いったん官宣旨により申請のまま認可されるが、(59)東大寺側は承伏せず、翌久安五（一一四九）年より藤原忠通家の政所に舞台を移して東大寺権上座覚仁と伊賀目代中原利宗の間で口頭での烈しい訴陳の応酬が二度にわたって繰り広げられている。(60)

この当時、伊賀国は忠通の知行国であったことが確認でき、この裁判は、知行国主としての裁判権による事例と理解されている。その事実自体に異論はないが、この相論を単純に知行国主の裁判権に一般化してしまうことはできない。一般の知行国主がこれほどの規模の権門国衙間相論の対決問注を行い得るほどの権威も機構の裏付けをも持っていたとは考えにくいし、事実そうした事例もないのである。

また、この前年には官宣旨による裁定が出ており、いったん官で裁定されたはずの相論を摂関家が引き継いで審理しているわけで、一知行国主としての裁判を越えた側面をみることができるのではないだろうか。(61)

もう一例。これを遡る長承二（一一三三）年、同じ黒田荘で東大寺東南院門主である覚樹僧都の私領矢川・中村の「領使藤井友国」の解状が藤原忠実家に付され、名張郡司の妨害を訴えている。(62)忠実家では二度にわたり、郡司・国司の押妨を停止する旨の政所下文を下している。(63)

井原氏は、この当時も伊賀国は摂関家知行国であると推定し、この事例も知行国主としての裁定と理解しているが、長承年間に伊賀国が知行国であった確証はなく、この場合は逆に知行国ではなかったことが証明できる。(64)知行国主の裁判権とは認められないのである。

覚樹僧都の提訴が忠実のところへ持ち込まれたのは、赤松俊秀氏が早くに指摘されているように、(65)覚樹の姉妹の師子が忠実の室であるという縁によるものであろう。この例は、摂関家で扱われる相論が、井原氏のいうように一方当事者が摂関家家産内部のものとは必ずしも限定されないことを示している。何らかの縁があれば摂関家の法廷に持ち込むことができるのである。

さて、この二度の政所下文はその文面をみる限り、訴人覚樹の言い分をそのまま認可した、典型的な「若事実者」式の一方的裁許の判決である。この判決が実際に知行国でもない伊賀国の国司や郡司の押妨を停止するために有効に機能したか、という問題にはこの場合史料的には答えようがないし、自力救済社会の中で絶対的な効力の有無を問うこと自体、どれほどの意味があるか疑問である。

この事例の場合、覚樹僧都の側が摂関家を相論の裁許・調停をなし得る権力であると判断して解状を提出しているという事実の自体が重要であるというほかない。政治状況に大きく左右されることがあるにせよ、摂関家は「宣旨を申し下す」ことのでき、国衙機構をも動かし得る、国家権力に直接連なる権門として一般権門から卓越した充分な実力を有していたし、それ故に摂関家へのさまざまの求心力が働くことになるのである。

以上、煩雑な記述に終始したが、重要な点を次のようにまとめておこう。

① 摂関家の裁判は、摂関—執事家司を基軸に構成され、審理方法・裁決等すべてここで決定される。合議は認められない。

② 審理は必要に応じて、訴陳の応酬、問注、明法勘申等の手続がとられ、担当の家司の下で、下家司が実務を担当する形で進む。国衙機構の審理機関としての役割も認められる。

③　このような摂関家の管轄する裁判は、必ずしも整然とした集権的な構造を持つわけではないが、重層する法廷のひとつの頂点に位置して、何らかの有縁関係によってつながった社会的な拡がりを持っている。

以上のようにまとめられるが、制度的に明確な像を一般化して描くことはほとんど不可能である。提訴された訴に対し、積極的に両当事者間の調停交渉に乗り出すか、厳格な審理を施すのか、「事実者」的判決を出してあとは当事者の自力救済的な行動に委ねるのか、あるいはまた官に持ち込んで「宣旨を申し下す」かは、訴人の意向もさることながら、多分に両当事者の政治的立場や当時の政治状況、裁許者との有縁の程や訴人のさまざまの訴訟技術等々の要素に左右されるものであったものと思われる。

第三節　摂関家の裁判（二）—勧学院の裁判と興福寺—

1　勧学院の機構と裁判

前節でも述べたように、院政期の摂関家では、摂関家政所下文が裁決文書として発給される訴訟処理ルートとともに、勧学院政所下文が発給されるルートをも整備していた。後者のルートは、井原氏の指摘にあるように、基本的には春日社や興福寺・興福寺末寺の関係者が一方当事者であるような訴訟を扱っている。

勧学院は本来藤原氏の大学別曹として創設されたが、早くから氏人や氏社・氏寺の統制・管轄にあたる氏長者配下の機関としての役割をも果たしてきた。(66) とくに、興福寺・春日社関係の事務に関わっていることは、記録類に頻見されよく知られている。

裁判機関の活動としては、すでに摂関期に刑事事件の勘問が勧学院で行われていることが記録にみえ、(67) 院政期にも、元木泰雄氏が指摘しているように、(68) 興福寺僧の拘禁の場として利用されている例がある。

所領相論に関して、勧学院が審理を行う機関としてみえる初例は、『為房卿記』応徳二（一〇八五）年七月二〇日条で、「忠任田畠沙汰之間、寺家末寺庄薗被押入之条、自去五月九日被下忠任券文於勧学院、雖召末寺文書、全不献上、恣被濫訴歟」とあるように、勧学院への興福寺末寺文書の提出が命じられており、院政期初頭の一一世紀末までには、文書審理の機能を備えていることが確認できる。裁決文書である勧学院政所下文の初見が寛治二（一〇八八）年である事実は、(69)このこととよく符合している。これらは前節で述べた摂関家一般の訴訟機構の整備の時期と対応している。

勧学院の機構の中心に位置するのは、弁別当と称される弁官兼任の別当で、氏長者と興福寺とのいわばパイプ役として活躍していることが、藤氏長者や弁別当歴任者の日記の在任時の記載から知ることができる。訴訟審理の場合、先にみた摂関家政所での執事別当に相当する役割を果たすのがこの弁別当である。そうした史料は数多いが、たとえば大和の栄山寺からの訴が「以弁別当正家令洩申関白殿下之処」(70)というように弁別当を通して持ち込まれており、提訴窓口としての役割が、また「頭中将使大和則元、与僧良厳相論事、見合両方文書之処、弁別当為隆時良厳有理之由」(71)のように、以前の判例が弁別当の名とともに記されており、訴訟担当者としての役割が明瞭である。このほか、訴訟担当者として当事者間の意見調整、調停に当たっている例も多い。

弁別当の下には有官別当・無官別当と呼ばれる六位相当の別当のほか、知院事、案主、雑色などの下級職員が置かれていた。これらの職員は身分的に摂関家政所の下家司に相当し、職務の上でも先にみた下家司の役割とほぼ対応する働きをしていることが確認できる。(72)

このように、勧学院は摂関家政所とほぼ対応した人的機構を備え、摂関家に持ち込まれる訴訟の南都に関する部分を分掌していたのである。(73)

2　勧学院の裁判と興福寺

前項で述べた限りでは、勧学院の管轄する裁判の様相は摂関家政所のそれと変わりはない。勧学院の裁判の特徴を規定しているのは、事実上大和一国を領有する興福寺の役割である。両者の重層関係を検討するために、大和国での所領相論を取り上げたい。

次の史料は、進行中の審理の手続を示す長者宣の案文である。後に述べることになる相論の裁決の長者宣の実例はかなり残っており、そうしたものが通常の文書だと我々は思いがちであるが、この例は興福寺側の紙背文書中にたまたま残存したものだけに、審理段階の実情を示す日常的な文書として興味深い。

条々事

一、権律師光覚陳申条々事

右、光覚陳状副千寛陳状、光覚書状、并證文案二通遣之、問千寛可令言上子細者、

一、寺僧慶弘申、千寛苅取須恵庄麦事

右、如解状者、所行頗渉濫吹間、可令千寛言上子細者、

一、元興寺申、丹生杣工押妨安知(和カ)杣事

右、解状遣之、事若実者、所行之至無其謂歟、若有由緒、宜言上子細者、

一、藤原保平申、大垣庄事

右、為対問可召進舞人光近之由、去四月被仰下了、于今遅々、何様事乎、七个日内慥可令召進、若尚不参者、可給　長者宣於保平也者、

以前条々、依　長者宣、上啓如件

五月四日　　右大弁有判奉

謹上　別当僧正御房(74)

この文書は嘉応二（一一七〇）年かその翌年のものと推定され(75)、奉者は当時弁別当であった右大弁藤原俊経、宛所は興福寺別当尋範、氏長者藤原基房の意を奉じた長者宣である。第一条では権律師光覚の、第二条では興福寺僧慶弘の訴に対して千寛という僧への尋問が命じられている。三条では元興寺の訴に関する事実の調査が、また四条では藤原保平という人物からの訴に対して舞人光近の身柄の召進が命じられている。このように、審理過程で論人への尋問、事実関係の調査、当事者の召進などの実務が興福寺別当に依頼されるのである(76)。

次に、裁決の執行・伝達について述べる。摂関家政所下文に対応する文書は勧学院政所下文であるが、南都関係の訴訟の場合、御教書様式の長者宣が多用されている事実にも注目される。一般に御教書様式の文書が公験となるのは早くとも鎌倉以降であろうが、長者宣の場合は院政初期より裁決文書としてみられるのである。さて、両者を順に検討しよう。

まず、勧学院政所下文であるが、実質的な裁決文書としての勧学院政所下文の現存する例は鎌倉初期までで、時期が下るにつれ長者宣に一元化していったものとみられる。それ以前の勧学院政所下文と長者宣の使い分けの基準は、案件の重要度によるかとも思われるが、明確にすることはできない。

勧学院政所下文による裁決について、その執行のされ方をよく示している史料がある。嘉応元年一一月一九日の勧学院政所下文(77)は、大和国高殿・箕田荘の所当に関する東大寺と興福寺西金堂等の相論二ヶ条についての裁定文書であるが、それとともに次のような文書が発給されているのである。

「(端裏)高殿箕田被下長者宣之由、被送山階寺状案、左中弁俊経奉」

東大寺訴申条々内、高殿箕田等庄事、被成本院下文了、早任件状跡、差遣寺家使可令致其沙汰者、依

長者宣、上啓如件

嘉応元―
十二月七日　　　　　　左中弁 在判 俊経 奉

謹上　興福寺別当僧正御房(78)

勧学院政所下文が発給されるとともにこの長者宣が興福寺へ送られ、寺家の使者を派遣して判決を執行することを興福寺別当に命じているのである。これが常態といえるかどうかはわからないが、この例により勧学院政所下文による判決の執行に興福寺自身が深く関わっていたことが確認できる。

次に、長者宣について。長者宣は摂関氏長者の意を弁別当が奉じた御教書であり、宛先はほとんど全てが興福寺別当、稀に三綱クラスの僧侶に宛てた例もあるが別当不在時などの特例とみられ、形式上、氏長者―弁別当―興福寺別当という固定されたルート上のみを動く文書である。したがって、裁定の結果にかかわらず、受益者には形式上は興福寺別当を宛先とする文書が交付されることになる。ここに長者宣による裁許の大きな特徴がある。

相論の内容は次節で取り上げる予定なので必要箇所に触れるにとどまるが、保元の乱後の数年にわたり、興福寺の義海という僧の訴により、東大寺僧覚仁との間で大和国水氷荘の領有が激しく争われた。現存する義海の解によると(79)、義海の領掌が不当である由の覚仁の主張が二点挙げられ、義海は各々の点に反駁を加えている。覚仁の主張のひとつは、義海が以前賜わったとしている二度の長者宣について、「興福寺敢無一決之仰」とするものであった。これによると、覚仁は長者宣が実際に下されたことは認めながらも「興福寺一決之仰」がないことを理由に義海の領有を不法としていることになる。

「興福寺一決之仰」とは何のことであろうか。これに対して義海は次のように反論している。「水氷庄相論事、寺家無一決□奏上之条、又以詐偽也、両度　長者宣皆被問寺家、随勘申所□□」、つまり、寺家一決の仰せがないとする覚仁の奏上は偽りであり、この長者宣は寺家の勘申を経ているので有効だ、としているのである。

さらに、このとき義海は解状の副進文書として、「長者宣案二通」とともに「各副寺家請文」とあるように「寺家請文」を提出している。これは具体的には興福寺別当の請文を指すのであるが、このように長者宣とそれに対する興福寺別当請文がペアでみられる例は多い(80)。つまり、長者宣により権利を付与された当事者は、形式上興福寺別当に宛てられたその長者宣に対して、興福寺別当の承認を受ける必要があり、承認を受けた証として興福寺別当請文をうけとり、長者宣とともに公験として所持していたのである(81)。

以上をまとめると、提訴を受けた勧学院では興福寺に勘申を命じ、その勘申によって長者宣が下され、受益者はその長者宣を承認する興福寺別当の請文を所持する、というように、二度にわたる興福寺の承認を経るのが、もっとも正当な認定手続と認識されていたということになる。

このように、大和国内の相論に関しては、勧学院での裁判は、実質的な審理の過程、裁決の伝達、執行にまで、かなりの部分を、興福寺（別当）にいわば委託する形で行われており、氏長者の裁許と興福寺別当の認定が二重の構造をなして、所領秩序が維持されていた。

以上の点は、勧学院の裁判の領域的な拡がりと密接に関係している。大和国に関しては、直接には興福寺と関係のない私領主間の相論や公家領の相論・安堵に勧学院政所下文や長者宣が下されている例も少なくない。一国領有する興福寺の実力を前提として、それに対する命令という形をとる裁決がなされるのであり、それ故に、氏長者の裁定が下されることが「当国例(82)」といわれるような権門裁判の領域的な拡がりがみられるのである(83)。

3　氏長者への求心構造

以上、勧学院の裁判における興福寺の役割を重視してきたが、今度は藤氏長者の方の積極的な役割をみることにしよう。次の史料は永万二（一一六六）年三月二八日某寺所司等解(84)の一節で、寺領に対する盛孝という人物の非道を訴えた部分である。

盛孝又構謀計、依訴申　殿下政所、去去年閏十月比、□勧学院雑色召上御庄住人等、被対決之日、盛孝之謀□露顕云云、仍相待　御裁定之処、還盛孝依構賜　長□、興福寺別当成恐、不被致沙汰之間、盛孝恣相語西金堂□唯経房并字愛成房等、募顕真等威、苅取作物、追捕在□

これによると、訴訟は勧学院に持ち込まれ、両者の対決もすみ、盛孝の敗訴の色は濃厚で裁決がでるばかりになっていた。ところが、盛孝が長者宣を「構え賜わった」ため、興福寺別当は「恐れを成し」て沙汰をせず、盛孝の非法は増すばかりであったという。勿論これは相論の一方当事者の発言であることを考慮に入れねばならないが、ここから判断する限り、盛孝はおそらく正規の手続とは別に氏長者に接近して長者宣を入手し、興福寺別当の権威を封じるという戦術により、相論の不利を挽回しているのである。

このような訴人と氏長者の私的な結合による裁決、という性格が逆に氏長者側から積極的に押し出されることになるのが、藤原頼長が氏長者であった保元の乱以前の状況である。次の史料は、仁平三（一一五三）年、『兵範記』にみえる事件である。

南京寺僧故宗覚五師真弟子兄弟隆兼・玄重、相論前師処分、互訴申　長者殿、而舎弟玄重道理之由、早有裁定、成賜長者宣先了、而近日大兄隆兼付縁申達子細、此間更玄重亦処非理、改玄重以隆兼可令領知之由、為賜長者宣、召返前長者宣之処、玄重挿着懐中、隠遁所々(85)

隆兼・玄重というふたりの僧の間で前師の遺領相論が起こり、はじめは玄重の方に長者宣が下された。ところが隆兼は「縁に付して子細を申し達し」、逆転判決を得たという。こののち、玄重はもとの長者宣を持って賀茂上社へ逃げ込み、頼長の派遣した武士との間で流血沙汰、触穢事件に及ぶことになる。二度目の裁定は長者との「縁」を前提に、武力さえともなった裁決が強行されているのである。

この一件については、この時期の藤原頼長による南都掌握策の一環であったに違いない。[86]保元の乱後に守荘という所領の回復を訴えた円印という僧侶の書状は、このときの南都の事態と乱後の状態を次のように対比して述べている。この主張も記主が相論の当事者であることを割り引いて聞かなければならないが、それにしても乱前後の状況をよく物語っていると思う。

□御勘当之間、無申達方□処、近来南都事等、或□公家皆正直御沙汰出来、年□外道事等、悉改定候了、即此御庄□其非道随一也、円印道理之由、御□聞及、定皆所存知候也、□時節相応之比候、……如此訴訟、不依人任道理、聖代吉例、近来南京沙汰候歟[87]

「御勘当之間」とは、久安六（一一五〇）年の忠実による息忠通の義絶をいうのであろう、このとき忠実は次男の頼長を氏長者にするのであるが、それ以来南都では「申し達す方なし」というように正常な訴訟機能が麻痺して「外道の事」が行われ、乱後の状況を述べる円印の言葉を裏返しにすれば「人に依り道理に任せざる」訴訟が行われていたことになる。

このように、頼長時代は、所領を媒介とした主従関係の設定ともいえる、訴訟裁許の権能を自らの勢力拡大の積極的な手段に使った特異な時期であったということができる。権門の裁定には多かれ少なかれ主従的な側面があるに違いないが、その性格が特に前面に押し出された場合の実例をここにみることができるであろう。

藤氏長者と興福寺の重層関係には場合によっては特殊な側面もあるが、前節でみた法廷の重層構造が領域的な形にもっとも鮮明に現れたケースとみることもできる。平時は下部機構への依存が顕著でありながら、常に上部への求心力が働き得る構造である。このように、興福寺の実力を前提としながらも、裁決は常に氏長者の権威へ上昇する構造をなしているのである。

第四節　公家訴訟制度の構造

1　院庁の裁判と太政官の裁判

第二・三節での検討により、摂関家の裁判の具体像がかなり明らかになったものと思う。次の課題は、このような権門の裁判を含んだ公家訴訟制度の全体像を明確にすることである。本来ならばその前にふれておかねばならないのは、摂関家を上回る機構と法圏の拡がりを持っていたはずの、院庁での訴訟審理の実態である。ただ、院庁の場合、『兵範記』紙背文書のように実態を具体的に知り得る史料はなく、また、私的権門の裁判としてみるかぎり、法圏の広狭において摂関家とは格段の差があるであろうにしても、基本的な構造として摂関家と差はないと判断できるので[88]、そのことを明記した上で、煩雑な事実の提示は省くことにしたい。

院の場合、以下の論述の関係上、具体的な訴訟手続の解明よりも重要なのは、一権門であると同時に専制君主であった院の二重の性格のための複雑さ、そのために論者の間でやや混乱を生んでもいる、院庁での裁判と太政官の裁判との関係如何のほうである。

これについては、五味文彦氏[89]と美川圭氏との間で、大きな見解の相違がある。五味氏が、「公正さを欠く官中沙汰」から「公平な院中沙汰」へという流れを主張し、とくに後白河院庁の訴訟裁定を保元の記録所の後を承けるものとして高く評価したのに対し、美川氏が五味氏の根拠とした院庁下文による限り、院庁における訴訟は後白河院政期においてさえ必ず院の関係者を一方当事者としていること、したがって院庁の裁判に第三者の裁定という性格はみいだせないことを指摘したが、これは実証的に正当な批判であった。

ここにおいて五味氏の図式が成り立たなくなったことは疑いないが、それでは院と官の関係はどのように把握すべきであろうか。美川氏は、院や摂関家、権門の裁判と太政官の裁判は「別系統の裁判の世界を形成していた」と表現されているが、この点は妥当であろうか。五味・美川両氏とも、院・官の裁判を提訴から裁定までそれぞれ完結した制度のように考えている点は共通している。

次の史料は山城国浄妙寺と伏見荘との境相論に対して出された後白河院庁下文である。長いものなので、必要部分を引用する。

院庁下　山城国在庁官人等

可早任万寿官符、停止伏見庄民等妨、為木幡浄妙寺領見作田佰伍拾町事

四至　□限大路　南限岡屋河
　　　西限伏見坂紀伊郡堺　北限車路

右、彼寺所司等去二月廿七日解状偁、謹検案内、木幡浄妙寺者、……而今入道範家初号伏見庄之私領、押取浄妙寺之供田、或発軍兵而追却作人、或遣車馬而苅運見稲、依此濫行被問実否之日、……而図帳相違、地頭難糺之上、領主者大弁也、勅使者少史也、官中沙汰難背弁命、仍忘理非、詳不断決、便以此趣、重経奏聞之刻、於記録所可令糺決之由宣下又畢、仍守綸言、相待裁定之間、一決不降、三年空暮、伏案事情、……早任先規可被禁遏、望請天恩、且依往昔之旧跡、停止妄認之境論、且下明時之新符、糺返点領之田土、……者、伏見庄等所為、甚以左道也、早停止其妨、任万寿官符、以件見作田佰伍拾町、可為浄妙寺領之状、所仰如件、在庁官人等宜承知、不可違失、故下

永暦元年五月五日　主典代散位中原朝臣（花押）

（以下、署判省略）(90)

訴人である浄妙寺側は官に訴えたが、相論の相手である伏見荘の領主が弁官の平範家であり「官中の沙汰、弁の命に背き難し」との理由で審理が滞ったため、官に再び訴え、その結果記録所で糺決すべきことが宣下された。

しかし判決は降りず、この年の二月二七日にもう一度解状を提出、その結果発給されたのがこの院庁下文である。この文書は、五味氏が「公平な院中沙汰」の例として掲げ、美川氏が伏見荘は院領である可能性が高いとして退けたまさにその史料なのであるが、両氏とも、官での裁定が降りなかった結果浄妙寺が院庁に訴えて交付されることになったという事実認識は同じなようである。

ところが注意したいのは、引用された浄妙寺の解状の末尾には「望請天恩」とあることである。「天恩」「天裁」というのは一般に官への上申に使われる文言である。さらに浄妙寺側は「明時之新符」を下されるようにと望んでいる。これを素直に解釈すれば、前々年八月に即位した二条天皇の裁定が下されることを望んで書かれた解状であるとするほかない。つまり、この解状はこれまでの解と同じく、官に提出されたものとみることができる。官での審理が円滑を欠いたため、院が自らの院庁に移して裁定を行ったのであろう。このように、官への提訴が院で沙汰され、院庁下文による裁決がなされることもあり得たのである。そのような法廷間の流動性を認めることができるのである。

また、明らかに院庁で審理されている案件について、官の機構が利用されている事実もみられる。養和元（一一八一）年、伊賀国在庁と東大寺僧覚仁が院庁で対決問注を遂げたときの文書目録に「養和年中、於院庁、国与寺彼此対問之尅、自官所送官符也〈隆職宿禰沙汰也〉[91]」とあり、官底の文書審理機構が院庁の沙汰のためにも動いていることが確認できる。

第一節で若干ふれたように、当該期の政務処理は、弁官・職事による奏事が基本であった。官に提起された問題は奏事手続によって院に奏され、摂関等との折衝を経ながら担当の上卿・弁に付されて処理される。他方、院庁に提起される諸問題は、院司を経て院のもとに届き、院庁で処理される。ともに院へ上奏され、裁断を下すのが両方ともに基本的には院である以上、そこに流動性が生じる非完結的な構造になっていても不思議ではない。

次の史料は、興福寺領荘園への造内裏役所課に関しての興福寺と河内国司との紛争である。

興福寺領河内国日置庄、依造内裏所課未済、国司押取仏聖料、依関白殿仰、於官欲問注彼是之処、院奏已了、可為院庁沙汰之由、国司令申事、彼庄住人蔵人所燈楼作手也、造宮之時依仰訴申被沙汰免云々、仰云、於官被召問可宜(92)

興福寺側からの提訴に始まるのであろう、初めは関白の仰によって官で審理が行われようとしていた。ところが河内国司は院に奏し、院奏を経たのだから院庁で沙汰すべきだと主張、問注審理の場の選択自体が問題となっている興味深い事例である。結局院の仰により、官で審理をすることに落ち着いているが、河内国司の行為のように、官に訴えられた案件についても自分に有利な院の法廷に移管させることが法廷戦術になっているのである。院と官の法廷はこうした流動性を相互に有している。(93)訴人にとっては自分に有利な法廷に審理を持ち込むことが、重要な訴訟術なのである。

以上、両者の流動性を指摘したが、美川氏の明らかにした院庁が扱うのは「院中祗候の輩」に限られるという原則が変わるわけではない。(94)「院中祗候の輩」しか扱わない原則、と言い換えた方が正確であろうか。しかも、誰が「院中祗候の輩」かは院のその時々の恣意が決定するのである。

このように、官・院の裁判は、相互に微妙な流動性をもちながらも、統合されることはなく、「院中祗候の輩」と院が認めた者は院庁で扱う、という分掌関係をもって、いわば二つの最高裁として並存していたのである。

2 摂関家の裁判と官・院の裁判

摂関家の場合にも、前項で院と官の関係として述べたような、法廷それ自体の相互の流動性が認められる。次の史料をみてみよう。

平信範が家政機関の中心担当者としての位置にいた、第二節で取り扱ったのと同時期の『兵範記』紙背文書中、仁安二年冬巻の紙背に、興福寺伝燈法師位義海という僧の解がある。中間部を欠くが長文なので、冒頭と書止の部分のみを次に引用する。

興福寺伝燈法師位義海解　申請　院庁裁事
請特蒙　庁裁、任相伝文書理并　鳥羽院宣下二代　長者□停止覚仁妨、如元被糺返苅取作田稲、領掌当寺領水氷庄□

（中略）

右、謹検案内、……幸属明時之化、欲止不当之妨、凡田地領掌□以公験相伝為模、以子孫相承為基、古今不易之例也、何於義海一□道理哉、望請　庁裁、早任文書理、如元令領掌件庄、兼可糺□作田之由、被宣下者、将仰正道之厳矣、仍勒在状、謹解
永暦元年三月日　興福寺伝燈法師□(95)

引用部分からもわかるように、興福寺僧義海が大和国水氷荘に対する東大寺の悪僧覚仁の押領を、後白河院庁に訴えたものである。解状によると、義海は以前に二度の長者宣を賜わっていたが、覚仁はその無効を主張して「宣旨を申し下し」、水氷荘を押領していたという。

ところで、同じ義海の解は、『兵範記』仁安三年正月巻の紙背にも存する。こちらは前欠で後半の一部が残っているにすぎないが、先のものより半年余り早い平治元年八月一三日の日付をもっている。(96)『平安遺文』所収の活字は脱漏が甚だしいが、写真本で校訂してみると、両者は年月日を除けばほとんど同文の文書であることがわかる。ただ、ひとつ大きく異なるのは、さきに引用した方が「望請　庁裁」としている傍線部について、後者は「望請　天裁」としているところである。前者が院庁へ提訴しているのに対し、後者は官に訴を持ち込んでいるのである。

以上より、義海は平治元年八月に官に対して覚仁の押領を訴える旨の解状を提出。却下されたのであろう、半年余り後の永暦元年三月にもう一度同文の解状をしたため、今度は院庁に提訴したことがわかる。ところで問題は、官や院に提出された解状がなぜ『兵範記』紙背に残っているのか、ということである。これについては、次の二つの考え方ができるであろう。

① 義海は、信範を通じて官・院への提訴を試みたが失敗、信範の手元に解が残ることになった。

② 義海は官、続いて院に提訴したが、官・院では受け付けられず、摂関家の管轄の問題であるとして摂関家の法廷に移管され、信範のもとに残ることになった。

①の可能性もないわけではないが、当時平信範は弁官でも蔵人でもなく、また院司としての活動も顕著ではないため、朝廷や院庁の訴訟受理の窓口としての役割は考えにくく、②の方が妥当であろうと思われる。官や院の裁定を望んだ義海の意図に反して、官・院ではこれを受け付けず、摂関家に移管されたものであろう。義海は「且為無縁之身、不致沙汰、徒抱相伝券契」と自らの「無縁」を嘆いている。同じ事件に関しても「有縁」の覚仁は「宣旨を申し下す」ことができ、「無縁」の義海の解は差し戻される。特別な縁をもってしない限り、興福寺関係の一般的な相論は摂関家で、という原則はかなり強固に存していたようである。

次に、鎌倉初期の例になるが、建久二（一一九一）年三月、興福寺領狭山荘についての興福寺と河内国司との相論に関して、『玉葉』には九条兼実亭を諮問に訪れた右大弁藤原親雅と兼実との間で交わされた問答が記されているが、その中で親雅は次のような質問をしている。

問注所事、兼尤可被申定歟、先々寺家望申氏院問注、他諸司・諸国等、又望申官庁・院庁等、今度又同前歟(97)

このような相論の場合、寺家（興福寺）は氏院での問注を望み、他の諸司や諸国は官庁や院庁での問注を希望するという。これに対し兼実は「問注所事、於今度者、氏院尤宜歟、件趣同可奏聞」と答えている。

ここでわかるのは、前項であげた『吉記』の記事と同様、訴人が自分に有利な場で問注に持ち込もうとする動向であるが、この場合は官・院と並んで同レベルの選択肢のひとつとして勧学院が併記されていることは、このような問題に関して摂関家の法廷が単に官の法廷の下級審に当たる位置にあったわけでは必ずしもないことをよく示している。このように、広義の朝廷の訴訟制度は、官・院庁・摂関家の三者による一種の分掌を基軸として、相互に流動性をもった非完結的な構造にあったということができるであろう。

3 訴訟機関の重層と統合―記録所の意義と限界―

院政期の訴訟制度は、このように院・摂関が「属縁」者の訴訟を分掌することにより相互に補完、両者が朝廷の訴訟制度の裾野を広く構成していた。第一節で指摘した太政官裁判の構造と合わせ、二重の意味での補完関係にあったということができる。

ここで重要なことは、この関係が自らの法圏の拡大を志向せず、概して相互の競合を欠いた禁欲的な態度で一貫していることである。先にみたように裁定の場を争うのも、訴人側の動きとして現れるのであり、裁判権力相互間で裁判権の拡大を積極的に目指すような動きはみられない。院の専制化は、最高の権威者である院への提訴の集中をもたらしたであろうが、院自身はその動きの組織化に不熱心である。五味氏の理解には反して、裁判権力としての統一高権は生まれないのである。

しかも、補完関係にあった官・院・摂関の裁定そのものについてみれば、それが何らかの統一された明確な規範を共有して、安定した秩序を構築していたわけでもない。院庁や摂関家においても「理非裁判」を標榜し得るような、対決問注や文書勘申の機能が成立していることは重視すべきであるが、その一方で、訴人と裁定者との「縁」関係こそが、判決を規定するもっとも重要な要素であったといっても過言ではなく、訴人からすれば法廷の選択そのものが非常に重要な意味をもっていたという事実が何よりもよくこれを物語っている。

それでは、院政期を通じて、このような制度状況を統合する方向性はまったくなかったのであろうか。記録所の活動、とくに、近年評価の高い、保元の記録所の活動をこうした観点からみてみよう。

保元記録所の基本理念を打ち出していた保元新制のうち、第二条の条文には「可令同下知諸国司停止、同社寺院宮諸家庄園本免外加納余田并庄民濫行事」として、加納田を整理すべきことなどを定めているが、条文の最末に、「但帯宣旨并白川鳥羽両院庁下文者、領家進件證文、宜待天裁」という、これまでもたびたび取り上げられてきた有名な規定がある。(98)

従来の研究でこの文言は、院庁下文が宣旨と同等の国政文書となったという根拠として、またはそれに対する反論の中で言及されてきた。(99)しかし、ここまで述べてきた立場からすると、国政文書か否かという問題設定自体あまり意味をもつものとは思えない。この史料に即してみても、宣旨や院庁下文を所持する領家はそれを提出して「天裁」を待て、としているだけで、院庁下文の効力を無条件に認可しているわけでもない。この条文だけから無理な解釈を導き出すよりも、この規定が現実にどのように運用されているかを調べる方が有益であろう。

保元記録所で扱われた訴訟審理のうち、以前の院庁下文や院の裁判が問題になっていることのわかる事例は三例を数える。年代順にあげてみよう。

① 保元二年五月二八日官宣旨案(100) 高野山が紀伊国神野・真国荘と石清水宮領野上荘との境について、提出した鳥羽院庁下文の「四至条文無異議歟」という記録所勘状を得、官宣旨によりそのまま神野・真国荘の四至が認められている。

② 保元三年三月三日太政官牒案(101) 石清水護国寺の宿院極楽寺院主職とそれに附属する荘園についての勝清と玄清という人物の相論で、玄清は鳥羽院の裁許を得ていると主張したが證文を進めなかったため、記録

所では訴訟を担当したとされる「右大弁顕時朝臣」に事情を照会したが、顕時は「覚悟せず」と述べたため、勝清の方に理がある由を勘奏、勘奏に基づいて太政官牒が発給されている。

③　保元三年七月二八日官宣旨案[102]　栄山寺と金峯山との所領相論である。金峯山は證文として鳥羽院庁下文を提出したが、「久安二年鳥羽院庁下文者、僧覚実以師任法師之寄文為規模、随申請暗被仰下歟」と院庁下文の効力を否定する記録所の勘申に基づく官宣旨により、栄山寺の勝訴に終わっている。

これらの例を見ると、いずれも院庁下文に絶対的な権威を認めているのではなく、実際にその内容を細かく審査し、勘申していることがわかる。その結果、①の場合は院庁下文が有効と認められたわけであるが、とくに③の場合、院庁下文の真偽如何ではなくて、それが「申請に随いて暗に仰せ下さるか」という、理非判断の審理手続を経ていない一方的裁許であるとして効力を否定している点は重要である。

このようにみてくれば、新制第二条の末尾の文言の意図は、提出された院庁下文について、過去の裁許の内容に踏み込んで理非の判断を下すことにあったとしてよいであろう。官と院の裁許の重層の統合が図られているといえる。③の例では栄山寺が多く所持する勧学院政所下文が記録所に提出され、審理をうけていることが、同時に残されている栄山寺側の所進文書目録から判断できる。[103]記録所の設置されていた期間は、他の時期に例をみない徹底した審理が貫徹し、院の裁許でさえ厳正な理非の審査により相対化する、理非判断機能を備えた審理機構が存在していたのである。

しかし、院政期の記録所の最大の特徴はその臨時性にある。記録所の存在意義はまず財政維持のための荘公確定作業にあるのであり、裁判はそのための手段に過ぎない。保元の記録所のあとも五味氏の主張に反して、院庁の裁判がその理念を受け継いだわけではなく、もとの状態に復することになる。院政期を通じて、自覚的な裁判権力としての統一高権はついに存在しないまま、鎌倉期を迎えるのである。

おわりに

これまで研究のなかった権門裁判の実態を描くことをひとつの目標としてきたため、細かな事実の提示に終わった部分もあるが、以上の主要な論点は以下の通りである。

① 従来の研究が指摘するように、一一世紀末より朝廷は訴訟審理機構の一定の整備をはかり、激発する相論に対処している。裁定の主体は陣定ではなく、政治状況にもよるが、院・天皇・摂関の協議による。裁定に直接関与し得る立場にある院・摂関の地位は、相対的に上昇することになる。

② 右の動きと並行して、権門の裁判制度の整備も進む。摂関家では摂関―執事家司を基軸に、一定の審理機構を備えた裁判が、家産関係者を中心に有縁関係を前提とした広がりをもって、法圏を形成している。

③ 勧学院は摂関家政所と対応した機構を備え、摂関家の訴訟の南都に関する部分を分掌している。大和国関係の相論裁定は、平時には興福寺に大きく依存する形で領域的に展開する。しかし、氏長者への求心構造を常に潜在させている。

④ 院・摂関を頂点とするような訴訟機構は、太政官の裁判機構と流動性を持ち一種の分掌をなしながらも、統合への志向を基本的に欠いたまま、広義の朝廷の裁判を構成するものであった。

荘園公領制の展開にともなって激発する相論は、朝廷、諸権門の訴訟機関の整備を促し、文書審理や問注等の一定の審理手続がみられることになる。しかし、一方で、その訴訟の繋属から裁定までに縁故関係が深く関わっている。この両者の矛盾は、もちろん院政期特有の現象ではないであろうが、後者のあり方が全体の構造を規定して展開するのがこの時期の大きな特徴といえるであろう。

したがって、「はじめに」で述べたような下向井氏が描き出したあまりに合理的な裁判手続は実態とは程遠いものであるし、五味氏の説く「荘園公領制の秩序の確定をなしたばかりか、中世の裁判制度の原型をつくりあげた」、統一高権による公平な院中沙汰、という理解も権門裁判の本質とは相容れないものであるといわざるを得ない。

徹底した理非判断による訴訟裁定を訴訟制度の達成とみるのならば、鎌倉期になって恒常的に設置されることになる記録所は、明らかにその一歩を踏み出したものといえる。訴訟裁定そのものを明確な目的とした政策は、鎌倉期以降、幕府の影響のもとに、しかし以上のような院政期に成立した構造に規定されながら、展開するのである。

（1）棚橋光男『中世成立期の法と国家』（塙書房、一九八三年）。

（2）下向井龍彦「王朝国家体制下における権門間相論裁定手続について」（『史学研究』一四八、一九八〇年）。以下の下向井氏の説の引用は、特に断わらない限りこの論文からのものである。このほか坂本賞三『荘園制成立と王朝国家』（塙書房、一九八五年）も下向井氏の見解を全面的に承認し、自説に組み込んで論を展開している。

（3）この点については、下向井龍彦「官底」（『ことばの文化史　中世4』、平凡社、一九八九年）でさらに詳説されている。

（4）美川圭「院政における政治構造」（『院政の研究』、臨川書店、一九九六年、初出は一九八八年）。以下、美川氏の説の引用は、特に断わらない限りこの論文による。

（5）美川圭氏はその後の研究でも、裁判機構の存在を自明の前提とする研究の克服の必要性を提言している。美川圭「院政をめぐる公卿議定制の展開―在宅諮問・議奏公卿・院評定制―」（『院政の研究』、前掲註4、初出は一九九一年）。

（6）近藤成一「中世王権の構造」（『歴史学研究』五七三、一九八七年）が院権力について述べている言葉である。近藤氏は明記していないが、この言葉は鎌倉幕府権力成立についての石母田正氏の見解（「『中世政治社会思想上』解説」、『石母田正著作集第八巻　古代法と中世法』、岩波書店、一九八九年、初出は一九七二年）によっていると思われる。石母田氏は自立的諸集団・諸身分・諸勢力間の「国際関係」の規制・調停に民事裁判における鎌倉幕府の裁判権の主たる機能があり、日本では土地の私的所有と相論の展開を待ってはじめて右のような「第三の権力」として公権力が成立するとしている。荘園公領制の成立期である院政期にあてはめても裁判権力成立の意義を捉えた重要な指摘といえる。しかし、近年の幕府初期裁判制度の研究が指摘するように、幕府裁判でさえはじめから「理非」を究める第三者的な公権力として成立したわけではない。矛盾したいい方であるが、「第三者でない公権力」の出現を問題にすべきであろう。

(7) 諸権門の裁判は従来「本所裁判」の名で総称されてきたが、本章で扱う院・摂関家の裁判に対して「本所」という語は実態に合わず適当ではないので、本章では「権門裁判」あるいは「権門の裁判」と称する。なお、大饗亮「本所考」(牧健二博士米寿記念論集刊行会編『牧健二博士米寿記念日本法制史論集』、思文閣出版、一九八〇年)では史料上の「本所」の語について、「本所は所領庄園における裁判権の所在を、所司・百姓の側から、あるいは第三者からの呼称であって、その所領庄園における最高の裁判所である」と述べ、裁判権の所在を指す語と解釈しているが、論拠不十分で説得的ではない。

(8) 研究の対象を裁判制度としたとき、もっとも困惑するのは何をもって「裁判」とするのかという最も基本的な問題である。手続法のほぼ完全な欠如が大きな特徴であり行政と訴訟の未分離が著しい院政期の「裁判」を定義することは困難である。訴訟の内容や当事者の立場などから一定の範囲を区切ることはできるかも知れないが、限定は問題を矮小化することにもなりかねない。したがって、本章では、非常に漠然とした言い方ではあるが、所領相論を中心に史料上「相論」と書き表されているような種類の二当事者間の紛争の解決のされ方を扱う、とするにとどめたい。

(9) 橋本義彦「貴族政権の政治構造」(『平安貴族』、平凡社、一九八六年、初出は一九七六年)。また、このような動向の個別研究としては同「勧修寺流藤原氏の形成とその性格」(『平安貴族社会の研究』、吉川弘文館、一九七六年、初出は一九六二年)。

(10) 市沢哲「鎌倉後期公家社会の構造と「治天の君」」(『日本史研究』三一四、一九八八年)。市沢氏の分析によると、院政期にはとくに北家藤原氏からの家の分立が目立つ。

(11) この事件に関する史料の引用はすべて『中右記』である。ただし、史料大成本『中右記』では宗忠の訴訟相手である「民部卿後家」を「民部卿俊家」と翻刻するなど、この付近の記事の翻刻には非常に誤りが多く使用に堪えないほどである。「民部卿俊家」ならば、すでに死去した宗忠の祖父にあたる人物で、意味が通らない。宮内庁書陵部所蔵の『中右記』九条家古写本は現在補修中とのことで閲覧できなかったため、以下の論述には、同部所蔵の九条家新写本、京都大学所蔵の勧修寺家新写本により校訂したものを使用した。〔編者註〕その後九条家古写本の補修が終わったので、引用史料はその写真によって校訂した。

(12)『中右記』保安元年一一月一二日条。

(13)『中右記』康和五年一二月一日条。

(14)『中右記』保安元年七月二二日条。

(15)以上のような両家の立場については戸田芳実『中右記—躍動する院政時代の群像—』（そしえて、一九七九年）第一章「立身の道」に詳しく述べられている。下記略系図も参照。

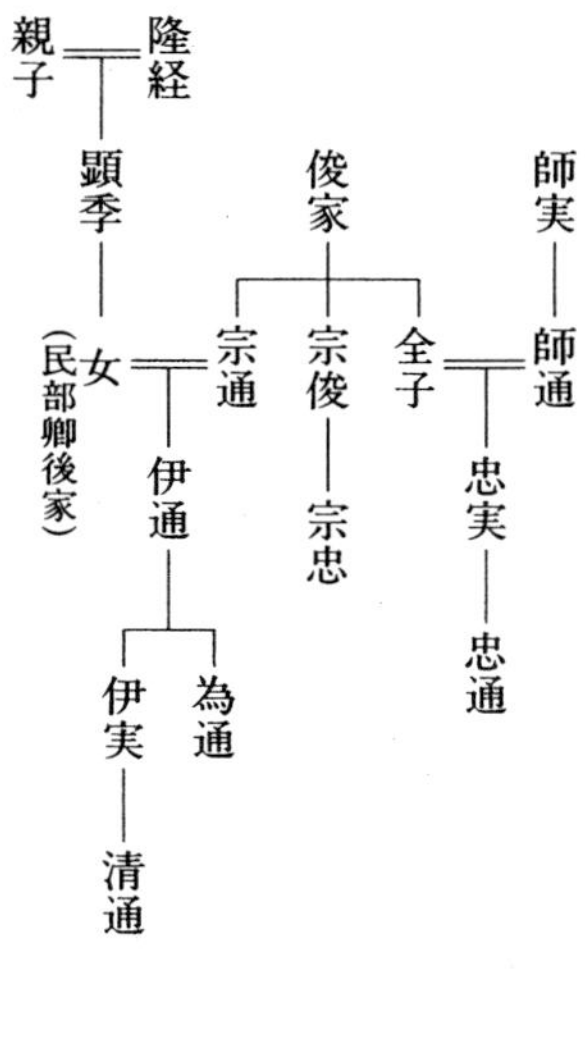

(16)『中右記』長承元年六月二二日条。

(17)『中右記』長承元年閏四月一五日条に、「午時許参殿下近衛、亭心閑申万事、次両庄之事申了」とあるのがこれに当たるものかと思われる。

(18)事件の経緯からみてこう考えるのが自然であろう。また、「民部卿」藤原宗通は天永二年、九条に新邸を構えており（『中右記』六月二三日条）、「民部卿後家」藤原顕季女との間の息男である藤原伊通がそれを伝領したらしく、伊通はのちに「九条大相国」と呼ばれていることなども、この傍証になる。

(19) このときの直接の裁定がどのようなものであったかはわからないが、山道荘に関する平安末期の史料があるので、参考にあげておこう。まず、『詞花集』巻第九には、次のような詞書を付した平忠盛の歌が載っている。これは忠盛の播磨守在任期間などの点からみて、久安六（一一五〇）年の歌と比定できる。

播磨守に侍ける時三月ばかりに船よりのぼり侍けるに、津の国にやまぢといふところに参議為通朝臣しほゆあみて侍るとききてつかはしける　平忠盛朝臣

ながゐすな都の花も咲ぬらんわれも何ゆゑいそぐ綱手ぞ

つぎに、『山槐記』治承四（一一八〇）年一〇月二三日条には、次のような記事がある。

左中将清通朝臣在山路庄自福原去、二里許日来尋逢、今日雖被催、当日申鹿食之由、仍左少将通資朝臣可勤云々

この二つの史料によると、宗通の子孫である為通や清通が山道荘に滞在していることがわかる。したがって、結果的に宗忠側は当荘の領有を認められなかったようである。

(20) 上杉和彦「十一世紀の朝廷訴訟制度」（『人民の歴史学』一一〇、一九九一年）も、延久の記録所の意義を重視してこの見解を基本的に支持している。

(21) 棚橋光男「院政期の法と国家」（『中世成立期の法と国家』、前掲註1、初出は一九七九年）。

(22) 棚橋光男「院政期の訴訟制度」（『中世成立期の法と国家』、前掲註1、初出は一九七八・八〇年）。

(23) たとえば、曽我良成「王朝国家の政治機構」（『古代史研究の最前線第2巻　政治経済編下』、雄山閣出版、一九八六年）、井原今朝男「中世の天皇・摂関・院」（『日本中世の国政と家政』、校倉書房、一九九五年、初出は一九九一年）など。

(24) 井原今朝男「中世の天皇・摂関・院」（前掲註23）。

(25) 『山槐記』応保元年八月五日条。

(26) 『山槐記』応保元年八月八日・九日条。

(27) 保安四年八月八日右大臣藤原宗忠譲状写（南部文書、『平安遺文』一九九四号）。小泉荘については戸田芳実『中右記』（前掲註15）二八〇〜四頁に詳しい記述がある。この宗忠譲状について『平安遺文』は「本書稍疑ハシ」との注記を付しているが、内容からみて「一概に捨て難い」という戸田氏の判断に従う。

(28)『中右記』元永二年五月二日条。
(29)香取社大禰宜大中臣真平譲状（香取大禰宜家文書、『平安遺文』三三二四号）。
(30)養和元年一二月二日後白河院庁下文案（石清水八幡宮記録一、『平安遺文』四〇一二号）所引の同一〇月日石清水宝塔院々主法印成清解状。
(31)保延七年二月二五日僧叡尊起請文案（井坊氏文書、『平安遺文』二四四一号）。
(32)黒田俊雄「中世の国家と天皇」（『黒田俊雄著作集第一巻　権門体制論』、法蔵館、一九九四年、初出は一九六三年）。
(33)棚橋光男「祭文と問注記―院政期の法、素描―」（『中世成立期の法と国家』、前掲註1、初出は一九八二年）など。
(34)上杉和彦「摂関院政期の明法家と朝廷―中世公家訴訟制度成立史の一視角―」（『日本中世法体系成立史論』、校倉書房、一九九六年、初出は一九八六年）。
(35)井原今朝男「摂関家政所下文の研究―院政期の家政と国政―」（『日本中世の国政と家政』、前掲註23、初出は一九八一年）。
(36)ただし、井原今朝男氏の研究は、サブタイトルが「院政期の家政と国政」と付けられているように、一般権門の「家政」代表例のような形で摂関家政所をとりあげ、「国政」の担い手である院や天皇との対比の上で、特に②のような論点を出している。私は、前節でも若干述べたように、摂関家はむしろ院に近い存在で、一般権門家政のモデルとすることはできないと考える。井原氏の指摘は、摂関家固有の問題として考えるべきである。井原氏の国政機構と権門家政の共同執行、という結論も、院と摂関家に限って成り立つと思うし、その限りで非常に有効な視点を与えてくれるものであると考える。
(37)寛平八年四月二日太政官符、延喜五年一一月三日太政官符（ともに『類聚三代格』巻一九）。
(38)元木泰雄「摂関家における私的制裁」（『院政期政治史研究』、思文閣出版、一九九六年、初出は一九八三年）。
(39)寛徳二年五月一八日関白左大臣藤原頼通家政所下文案（内閣文庫所蔵文書、『平安遺文』六二三号）。
(40)平信範の摂関家家司としての活動は保元の乱前後を通じてみられるが、乱を画期として明らかに変化している。保元の乱以前の摂関家は、よく知られているように、忠実・忠通父子の不和対立による分裂状態にあり、それが乱の重要な原因のひとつであった。信範はほぼ一貫して非主流派の忠通と忠通息基実に近い関係にあり、忠実からはやや疎んじられていた。両派の対立が激しくなってきた仁平四（一一五四）年六月一二日、忠実の女高陽院泰子の家司として長年勤め上げた高陽院納殿・御蔵町別当の職を一方的に解任されている（『兵範記』同日条）のはそのあたりの事情をよく物語っている。

保元の乱後、忠実の失脚、忠通の摂関復任により、一転して信範は忠通家の家政を文字通り一手に担う働きをすることになる。また忠通が関白を辞任して基実が後を襲うと、信範は家司の中の重職である年預家司に任じられていることが確認できる（『兵範記』保元三年八月一五日条）。

しかし、忠通（長寛二年二月没）・基実（仁安元年七月没）が相次いで死ぬと、彼は摂関家司を退いたようで、その徴証がなくなる。とくに仁安二年二月一一日の蔵人頭への任官以降は頭弁としての活躍が職務の中心となっている。

(41)『兵範記』の紙背文書は、右のような信範の職歴を反映して、蔵人頭補任前後で明らかに文書群の性格が変化しており、この時点を境に、①摂関家家政文書群、②蔵人関係文書群、にほぼ大別することができる。本章で扱うのは①群のうち、信範が家政の中心に位置した保元以降と推定される文書であり、ここに訴訟関係文書が多くみられることが確認できる。そのうち特に注目されるのは、仁安二年夏巻・秋巻・冬巻（以上、陽明文庫所蔵）および仁安三年正月巻（京都大学所蔵）の紙背文書で、ここには一括して廃棄されたと推定される、関白基実の在任期（保元三年八月～仁安元年七月）とほぼ一致する時期の文書が含まれており、訴訟担当者としての信範の活動をみるに最適の文書群である。なお、長寛二年二月に忠通が没するまで、摂関家を代表する立場にあったのは、関白基実よりも形の上では引退した大殿忠通であった。この両者の家政機関は重複しており、基実が主体であるようにみえる場合も忠通が実権を握っていることが多い。以下の論述では煩雑さを避けるため、両者を特に区別せず、殿下あるいは摂関と称することにする。

(42) ここに含まれる解状には訴訟文書とはいいがたいものもあり、一般家政の処理形態としてみた方が実情に近い。しかし、両者の峻別は不可能であり、上申文書をうけての何らかの裁許、というほどの意味で、広義の裁許として、一括して考察することにしたい。

(43) この解状を信範のもとに送達した次のような挙状が存在する（表2―⑦）。

橘氏申円提寺事、任先例成遣是定下文之処、南京僧不承引之由、所進解状也、且被成下御下文、且遣御使、可有御沙汰歟之由所候也、以此旨可令申沙汰給候也、恐々謹言

十二月八日　勘解由次官（草名）奉

謹上　右少弁殿

これによると、是定の下文では効果がなかったために、摂関の政所下文が求められていることがわかる。なお、このときの橘氏是定が藤原基房であったことは、『玉葉』安元三年六月五日条などから判断できる（宇根俊範「氏爵と氏長者」、坂本賞三編『王朝国家国政史の研究』、吉川弘文館、一九八七年）。

(44) 橋本初子「公家訴訟における文書の機能論的考察」（『古文書研究』一四、一九七九年）。ここで指摘されているような、申状―挙状―裁許状―施行状という一連の文書の流れの上に制度的に位置付けられた「挙状」と、本章でいう挙状の性格を同一視できないのはいうまでもない。しかし、武家訴訟の手続では挙状は必要とされないという事実と比較して挙状を必要とする公家訴訟の範囲の狭さを指摘する橋本氏の見解は、何らかの有縁関係を絶対の前提とする権門裁判を考える上で示唆される点が大きい。

(45) 『古事談』巻六（亭宅諸道）―四三。全文は以下の通り。

康貞、池田ノ庄ノ解ヲ草シテ文殿ニ召サルル事

同比、東北院領池田庄解ヲ朝隆執事之時、執申状中云、非啻殿下軽《（ママ）》之御威、兼又成梁上之奸濫ト書タリケルヲ御覧ジテ、此解状者、非田舎者之草、可然之学生、儒者ナドノ書タルニコソ。尋ヨト被仰ケレバ、召尋庄官等之処、暫ハ秘蔵不令申、殿下御定也トテ問ケレバ、江外記康貞ト申者ニ觸縁誂候ト申ケリ。仍被召康貞於文殿云云

なお、国史大系本『古事談』は「朝隆執筆之時」としているが、これでは意味が通らない。宮内庁書陵部本を底本とする古典文庫『古事談』下（現代思潮社、一九八一年）に従って「執事」とした。ただし、表題は底本にない。

(46) 執事家司（執事別当とも）とは、年預家司とともに、摂関家家政の中枢に位置する家司の称である。平安末期になると制度化して、摂関の交替などの際に執事と年預が補任されている例がみられる（『玉葉』文治二年三月一六日条など）。これは院庁にみられる執事別当・年預別当の制に明らかに対応するものである（院の執事・年預については、槇道雄「院領荘園関係申請雑事の処理形態」、『院政時代史論集』、続群書類従完成会、一九九三年、初出

は一九八四年、が整理している）。平信範が執事別当を務めたという確証はないが、基実が関白に就任したときに年預に任命されていることは確認できる（『兵範記』保元三年八月一五日条）。院庁においても執事・年預の用語はしばしば混同されているという槇氏の指摘もあり、信範をここでいう「執事」の位置にあるとしてもよいであろう。
(47) 某書状断簡（京都大学所蔵『兵範記』仁安二年正月巻紙背文書、『平安遺文』四八〇三号）。
(48) 信範書状土代（京都大学所蔵『兵範記』保元二年冬巻紙背文書、『平安遺文』未収録）。
(49) 永暦二年八月日明法博士坂上兼□勘文（陽明文庫所蔵『兵範記』仁安二年秋巻紙背文書、『平安遺文』三一六一号）、ほか、同、『平安遺文』三一四〇・三一六二・三一六五号。
(50) 棚橋光男「法書『法曹至要抄』」（『中世成立期の法と国家』、前掲註1、初出は一九七九年）一四八～一五六頁参照。
(51) 香取大宮司家文書、『平安遺文』三三五九号。
(52) 久安年中、東大寺と伊賀国の間で争われた相論は、家司の藤原季兼を奉行として二度の問注が行われているが、その下で問注に当たっているのは、初度の問注が「案主」の紀親元・中原貞清、「知家事」の紀則盛・惟宗忠行、「書吏」の安倍成親・安倍親兼（『平安遺文』二六六四・二六六七号）、二度目の問注では、「案主」中原貞親、「知家事」惟宗忠安・惟宗忠行（『平安遺文』二六六六号）といった案主・知家事・書吏などの肩書を持つ摂関家の下家司である。両度の問注ともに参加している惟宗忠行は、「御使」として判決を東大寺に伝える役割も果たしている（『平安遺文』二六六八号）。
(53) 一一月一〇日伊豆守藤原経房書状（京都大学所蔵『兵範記』保元二年冬巻紙背文書、『平安遺文』未収録）。
(54) 年月日欠酒人兼貞・珍光時論田勘注案（陽明文庫所蔵『知信記』天治二年至五年巻紙背文書、『平安遺文』一九九九号）。なお、『知信記』紙背にも勘注記など摂関家での訴訟関係史料が数多いが、これは平知信が藤原忠実のもとで、忠通のもとでの平信範と同様の位置にあったためと思われる。
(55) 下向井龍彦氏は一〇四〇年代を境に国衙は審理機構としての役割を喪失するとしているが、権門裁判のもとにおいてさえこのように在地での審理機関として重要な位置にある。院政期の太政官の裁判においても国衙が依然重要な役割を担っていることについては、上杉和彦「十一世紀の朝廷訴訟制度」（前掲註20）などに批判がある。
(56) （平治元年）閏五月七日藤原忠通御教書（陽明文庫所蔵『兵範記』仁安二年冬巻紙背文書、『平安遺文』二九八〇号)、七月一〇日藤原忠通御教書(陽明文庫所蔵『兵範記』仁安二年冬巻紙背文書、『平安遺文』四七九一号)。

(57) 摂関家において家政に関わる問題の議定が行われている例は多いが、所領相論を審議している例は、院政期にはまったくみられない。しかし、鎌倉中期になると、仁治元(一二四〇)年を初見として「殿下評定」の場で、荘園所領に関する相論を取り上げるようになるという(岡田智行「院評定制の成立―殿下評定試論―」、『年報中世史研究』一一、一九八六年)。この事実は、鎌倉期の相論裁定の比重の高まりを示すが、裁定のあり方からいうと院政期の方が摂関の恣意が貫徹する構造であることを示してもいる。これは院の場合にも共通するであろう。

(58) 棚橋光男「院政期の訴訟制度」(前掲註22)一一六頁参照。

(59) 久安四年一〇月二九日官宣旨(狩野亨吉氏蒐集文書、『平安遺文』二六五五号)。

(60) 久安五年五月六日東大寺僧覚仁・伊賀国目代中原利宗問注記案(東大寺文書、『平安遺文』二六六四・二六六七号)、久安五年六月一三日伊賀国目代中原利宗・東大寺僧覚仁重問注記(京都大学所蔵東大寺文書、『平安遺文』二六六六号)。

(61) 竹内理三編『伊賀国黒田荘史料』二(吉川弘文館、一九七九年)二五七号の東大寺別当寛信のものかと推定される年欠の書状(東大寺文書、『平安遺文』未収録)は、竹内氏がこのときの相論に関する文書であろうと推測しているが、これによると「問宣旨」が発給されていることがわかる。確証とはなし難いが、前年に官宣旨が発給されていることと併せ、この裁判が公的な側面を有していることのひとつの証明になるのではないだろうか。

(62) 長承二年一二月一七日前太政大臣藤原忠実家政所下文(東南院文書、『平安遺文』二二九五号)。

(63) 長承三年一〇月日前太政大臣藤原忠実家政所下文(東南院文書、『平安遺文』二三〇六号)。

(64) 『中右記』長承三年二月一二日条や同年九月二一日条によると、伊賀守藤原光房が重任を申請していることが知られる。したがってこのときの伊賀国が忠実の知行国ではないことは明らかである。

(65) 赤松俊秀「杣工と荘園―伊賀国玉滝・黒田荘―」(『古代中世社会経済史研究』、平樂寺書店、一九七三年、初出は一九六三年)。

(66) 勧学院の機構については、桃裕行『桃裕行著作集第一巻　上代学制の研究〔修訂版〕』(思文閣出版、一九九四年、初出は一九四七年)第二章の附論「勧学院の組織・経済・氏寺・氏社管掌」に概略が述べられている。なお、勧学院がなぜ興福寺・春日社関係の機関として摂関家政所から独立した位置にあるのかについては、寺院の俗別当制との関連で理解できる。興福寺俗別当を勧学院の別当に重ね任じることで、国家的な制度であった俗別当の制が氏の機関である勧学院に取り込まれ、さらに院政期には、氏の機関としての性格を残していた勧学院も摂関家の家政機関と同質化する。こうした点については、岡野浩二「興福寺俗別当と勧学院」(『仏教史学研究』三四—二、一九九一年)がある程度明らかにしている。また、田村憲美「郡支配体制の再編と興福寺」(『日本中世村落形成史の研究』、校倉書房、一九九四年、初出は一九八二年)、稲葉伸道「興福寺政所系列の組織と機能」(『中世寺院の権力構造』、岩波書店、一九九七年、初出は一九八一年)が、勧学院と興福寺の関係にふれている。

(67)『小右記』寛仁二(一〇一八)年六月一六日条に「日来堂達法師於勧学院被問之由云々」とあり、興福寺より捕進された興福寺堂達僧を勧学院で問注していることがわかる。しかし、摂関期にこのような事例はほかになく、この時期に勧学院が訴訟審理機関として確立していたとは思われない。

(68) 元木泰雄「摂関家における私的制裁」(前掲註38)。

(69) 寛治二年八月一〇日勧学院政所下文(春日社旧記、『平安遺文』一二六四号)。

(70) 承徳二年八月一五日栄山寺別当実経置文案(栄山寺文書、『平安遺文』一三九七号)。

(71)『中右記』長承二年七月二二日条。

(72) 勧学院の下級職員の訴訟審理過程での役割がわかる例を挙げておこう。天永元(一一一〇)年の東大寺と興福寺の相論は、勧学院の所轄のもとで使が派遣され、在地問注が行われているが、在地に赴いて国衙官人や郡司とともに問注を主催しているのは、「知院事」左史生紀守俊である(天永元年一二月一三日伊賀国名張郡々司等勘注、東大寺文書、『平安遺文』一七三九号)。保延五(一一三九)年に勧学院で行われた東大寺・春日社間の対決問注では、「知院事」中原貞清・高橋清定と無官別当である藤原祐経が問注官として審理を主導している(保延五年七月二九日勧学院政所問注記、東大寺文書、『平安遺文』二四一三号)。また、永万二年三月二八日の某寺所司等解によれば、「去去年閏十月比」に「勧学院雑色」が寺領の荘民を召して対決を行ったという(陽明文庫所蔵『兵範記』仁安二年秋巻紙背文書、『平安遺文』三三八八号)。このように、弁別当の主導の下で、下級職員が訴論人の召喚や問注の実務、在地での調停にあたっているのがわかる。これは二節でみた家司—下家司の役割分担とちょうど対応している。

(73) 稲葉伸道「興福寺政所系列の組織と機能」(前掲註66)では、「私領主間の裁判権は十二世紀においては、興福寺政所にはなく、長者の意をうけた勧学院政所にあったといえるであろう」と述べているが、このように、明確な「裁判権」なるものを想定してその所在を二者択一的に考えるのは、実態からみて不適当であると考える。

(74) 興福寺本信円筆『因明四相違』紙背文書、『平安遺文』三五四八号。

(75) 奉者「右大弁」と興福寺別当「僧正」の地位が同時に当てはまるのは、嘉応二年正月任右大弁の藤原俊経（『弁官補任』による）と、仁安二年一〇月任僧正、承安二年転大僧正の興福寺別当尋範（『興福寺別当次第』）であり、従ってこの文書は『平安遺文』の比定通り、嘉応二年もしくは承安元年のものと断定できる。

(76) これと同様の性格の長者宣がもう一例、春日大社文書にも残っている。（文治二年）五月一日近衛基通長者宣（『春日大社文書』二二〇号）。

(77) 嘉応元年一一月一九日勧学院政所下文（東大寺文書、『平安遺文』三五二〇号）。

(78) 嘉応元年一二月七日藤氏長者宣案（東大寺文書、『平安遺文』三五二六号）。

(79) 永暦元年三月日興福寺僧義海解案（陽明文庫所蔵『兵範記』仁安二年冬巻紙背文書、『平安遺文』三〇九〇号）。

(80) 長者宣・興福寺別当請文の関係はすでに田村憲美氏が指摘している（「郡支配体制の再編と興福寺」、前掲註66）が、田村氏は両者を知行国主の文書体系に比して理解しようとしており、本論の立場とは異なっている。

(81) たとえば鎌倉後期の公家領でも「長者宣并寺家之請文」が公験として備進されている例がある（延慶二年六月二一日俊覚陳状案、『古簡雑纂』七、『鎌倉遺文』二三七一七号）。

(82) 応保二年五月一日官宣旨案（東南院文書、『平安遺文』三二二二号）所引の東大寺所司等奏状。

(83) 田村憲美氏は、院政期の大和国に対する藤氏長者の権限を、国司公権を継承したものとし、知行国主の権限に比定して理解するが賛成できない。大和の国司権力が院政期にはほぼ消滅するという事実が藤氏長者の権威への求心を強めたのは確かであるが、両者の権限は同質ではない。私は興福寺による実力的な一国押領が論理的に先であり、藤氏長者の権限はあくまでそれを前提としたものであると考えている。

(84) 永万二年三月二八日某寺所司等解（陽明文庫所蔵『兵範記』仁安二年秋巻紙背文書、『平安遺文』三三八八号）。

(85) 『兵範記』仁平三年六月六日条。

(86) 保元の乱にいたるまでの南都と摂関家の政治情勢、特に頼長の南都掌握の姿勢については、元木泰雄「院政期興福寺考」（『院政期政治史研究』、前掲註38、初出は一九八七年）、鵜田泉「保元の乱と南都―頼長・尋範・恵信を中心に―」(『日本歴史』四九二、一九八九年)に詳しい。

(87) 七月一五日僧円印書状。『平安遺文』四八三三号に某書状として収められている書状断簡(陽明文庫所蔵『兵範記』仁安三年三月巻紙背文書)は、同四八一七号所収の僧円印書状(陽明文庫所蔵『兵範記』仁安二年夏巻紙背文書)と書体、字の配置、料紙の使い方などまったく同じで、内容からみても同一文書の断簡であると断定できる。本文引用部の前半は前者、後半は後者の一節である。

(88) ①院の場合も、「執事」と呼ばれる院司が中心に位置し、「奉行」の院司がそれぞれの件を担当する、という形で訴訟審理が進む。②院庁での裁判も院の意志が直接に反映するような構造になっており、合議制は存在しない。③基本的に、何らかの院関係者を一方当事者とするような訴訟を扱う。以上の三点、第二節で明らかにした摂関家の裁判と共通する。①については、院領荘園の家政処理、という観点からではあるが、槇道雄「院領荘園関係申請雑事の処理形態」(前掲註46)がある程度明らかにしている。②の点については、『吉記』寿永二年七月九日条に諸社訴訟のことを院中で議定している記事があり、これを重視する見解が最近発表されたが(犬飼智「「院中沙汰」をめぐって―『吉記』寿永二年七月九日条の分析を中心に―」、『史学雑誌』一〇〇―一一、一九九一年)、史料的に確認できるのはこれのみであり、内乱期の特例とする美川圭氏の見解に従う。犬飼氏は平時にも院近臣による「院中沙汰」の場が存在すると主張しているが、史料的な裏付けを欠いている。③については美川圭「院政における政治構造」(前掲註4)参照。

(89) 五味文彦「荘園・公領と記録所」(『院政期社会の研究』、山川出版社、一九八四年)。以下、五味氏の見解はすべてこの論文による。

(90) 永暦元年五月五日後白河院庁下文(大谷大学所蔵文書、『平安遺文』三〇九三号)。

(91) 年月日欠伊賀国玉瀧荘黒田荘文書目録案(根津美術館所蔵文書、『平安遺文』四〇〇一号)。

(92) 『吉記』承安四年九月八日条。

(93) 保延二年九月日明法勘文案(書陵部所蔵壬生家文書、『平安遺文』二三五〇号)。

(94) 美川圭氏が「院が第三者としては裁判を行わないという原則は容易に変化しなかったと考えられる」と述べているのに対し、「院が依然第三者としての裁判権を行使しえなかったと断定する点になお疑問をもつ」(佐々木文昭「美川報告「院政における政治構造」批判」、『日本史研究』三〇九、一九八八年)との批判がされている。このような誤解が多いようなので一言しておくが、美川氏は「行えない」ではなく「行わない」としたのである。この違いは大きい。

(95) 永暦元年三月日興福寺僧義海解案（陽明文庫所蔵『兵範記』仁安二年冬巻紙背文書、『平安遺文』三〇九〇号）。

(96) 平治元年八月一三日興福寺僧義海解案（京都大学所蔵『兵範記』仁安三年正月巻紙背文書、『平安遺文』三〇一九号）。

(97)『玉葉』建久二年三月一日条。

(98)『兵範記』保元元年閏九月一八日条。

(99) 鈴木茂男「古文書学的に見た院政」（『図説日本文化史大系』月報五、小学館、一九六六年）。このほか、竹内理三「院政の成立」（『竹内理三著作集第六巻　院政と平氏政権』、角川書店、一九九九年、初出は一九六二年）、田中稔「院政と治承・寿永の乱」（『鎌倉幕府御家人制度の研究』、吉川弘文館、一九九一年、初出は一九七六年）、橋本義彦「院宮文書」（『平安の宮廷と貴族』、吉川弘文館、一九九六年、初出は一九七九年）などがこの見解を支持している。

(100) 保元二年五月二八日官宣旨案（高野山文書又続宝簡集、『平安遺文』二八八四号）。

(101) 保元三年三月三日太政官牒案（『大日本古文書　家わけ第四　石清水文書之一』三一一号）。『石清水文書』三〇五号より三一二号までがこの相論の関連文書であるが、いずれも『平安遺文』には収録されていない。

(102) 保元三年七月二八日官宣旨案（栄山寺文書、『平安遺文』二九三六号）。

(103) 保元三年七月一六日栄山寺公験目録注進状（陽明文庫所蔵栄山寺文書、『平安遺文』五〇三二号）。

第四章　公家領荘園の形成とその構造

はじめに

公家領荘園の支配構造に関する通説的な見解は、永原慶二氏によって作られたといってよい。永原氏は、いわゆる寄進地系荘園について、それまでの通説であった荘園領主権の受動性を否定した。(1)古く一九〇六年、法史学者の中田薫氏は、寄進のあり方をa「職権留保付き領主権寄進」とb「本家の寄進」の二段階に分けて説明したが、(2)永原氏はaの理解を批判の対象にし、その寄進の主体となった在地領主の所領が決して「排他的な私的所領」ではなかったことを明確に指摘して、在地領主側に主導権があるかのように考えられてきた通説を批判したのであった。そして、荘園領主の権限は、むしろ国衙のそれに系譜をもつ国家的な性格のものであることを主張した。また、こうして成立した公家領荘園は、寺社領荘園とは異なり、荘園領主が直接に国家権力に連なっているという立場が荘園支配の原理になる点にその特徴を見いだしている。

これに対しては、やはり荘園領主側の受動的性格を強調する脇田晴子氏の批判があり、(3)また寄進という語感も手伝ってか、その受動性というイメージは一方では強く残っているように思われる。

しかし、荘園を公領と並ぶ中世を通じての国家的な土地制度として「荘園公領制」という概念が定着している現在、その「国家的な性格」に関する永原氏の重要な指摘を、氏の当時の理論的枠組み—荘園領主の封建領主化の不可能性・古代的性格といったような—からは離れて、新たな目で読み直す必要があるのではないだろうか。こうした視点からの研究はまだほとんど進められていないのである。

さて、旧来の説は、右の永原説にせよ脇田説にしろ、在地領主と荘園領主の関係如何が論議の中心であった。これに対して本論は、貴族社会内部での荘園領主相互の領有構造のあり方を問題にしたい。

この点についても永原氏は、別の論文で荘園領主間内部の権限の分有について論及し、公家領荘園の所職を媒介にした保護—被保護の関係を分析している。(4)

ところが、この場合は永原氏は中田説のb「本家の寄進」という語をそのまま踏襲して、一般公家領の天皇家・摂関家への寄進を得分権の寄進という意味で使用している。その結果、永原氏が一方で天皇家・摂関家に連なることによる国家的な性格の意義を強調するのと食い違って、やや混乱を生じているように思われる。これはのちに述べるように史料解釈の誤認によるところが大きいが、中田説は永原氏の中に根強く残っているともいえるのである。

ほとんどすべての公家領は、王家領もしくは摂関家領になることによってしか存続できなかった。この両者を本家として仰ぐことには決定的な意味があったはずである、そのような構造が院政期に形成されていく。「本家の寄進」という言葉で表されるような、一般公家層からの働きかけとのみ考えるのではなく、そういう方向付けを確定していった、院・摂関家側からの編成の動き、そして所領編成の時代段階差、その結果生じることになる貴族間の領有構造を明らかにすることが本論の課題である。

こうした視角から論を進めるにあたって、さらに以下の点を念頭におきたい。

まず村井康彦氏の研究。村井氏は永原説を継承しながらも、公家領の実証的な分析により独自の論点を提起している。(5) 村井氏の説は必ずしも体系化されたものではなく、多様な論点を含むが、ここでは、荘園成立にあたっての受領（国衙）のむしろ積極的な役割を重視すべきである、という指摘を継承したい。村井氏は、摂関期と院政期の荘園形成のありかたを明確に区別すべきことを指摘し、受領の所領形成の活動を摂関期の荘園寄進の中心に位置付けているが、それとともに、院政期の立荘の媒介としての国司の役割に注目すべきことを提言しているのである。

さらに、公家領の領有形態と院政期に成立してくる家格との関連を重視したい。各々の家はその家格に応じた領有の形態をとるが、網野善彦氏の指摘のように、「摂関期から院政期にかけて、家業の世襲を伴いつつ固定化してくる家格に応じて、それぞれのランクの貴族、官人の家領の実態を明らかにする仕事は、橋本義彦の研究以後、ほとんど進められていない」(6) のである。

なお、荘園の類型を表す語として寄進地系荘園・雑役免系荘園という区分が一般的であるが、それとは別に、荘園の発展段階としては小山靖憲氏が提唱された免田型荘園・領域型荘園という区分に従いたい。(7) 免田型荘園は国衙支配に規制された荘園である。小山氏のいう領域型荘園は、村落結合を基盤として考えられている概念であるが、ここではそうではなく、立券と四至の確定・不輸権の付与という立荘手続により成立する、(8) 制度的な意味で使用することにする。

第一節　摂関期の家領荘園

荘園公領制の成立が院政期であるという評価が定着して久しいが、それまで摂関政治の財政基盤と評価されていたこともあった摂関期の荘園については、その反動からか取り上げられることも少なく、実態もさほど明らかではないように思われる。院政期の荘園を特徴付けるためにも、摂関期との差異を量的な面―荘園の爆発的な増大というような―の単純な評価だけではなく、その構造の質的な変化を押さえる必要がある。いわゆる寄進地系荘園は摂関期に萌芽があり院政期に本格化するというのが一般的な説明であるが、両者の間には相当大きな構造的な差異がある。そのため、まず本節で摂関期の公家領の概略の素描を試みたい。

1　中流貴族の家領

摂関期の家領荘園の全体を見渡すとき、重要な位置を占めているのは、受領を歴任し、四・五位を位階の上限とする「諸大夫」と呼ばれる中下流の貴族の家領形成の運動である。

とはいうものの、この時期の、しかもこのクラスの貴族の家産のありようを知るためのまとまった史料はほとんど存在しない。その中で、村井康彦氏が分析の対象とされた、大江公仲家領の相続とそれに続く一族内相論に関わって作成された二通の文書は、その作成は院政期に下るが、摂関期の様相に遡り得る内容をもった、重要な史料である。

この大江氏は代々受領を歴任した典型的な「受領層」の貴族である。ところが嘉保元（一〇九四）年の暮れ、当主大江公仲は強盗放火殺人の罪に問われ、翌年隠岐国へ配流されることになった。このときに作成された嘉保二（一〇九五）年正月一〇日大江公仲処分状、(9)およびそれから三〇余年を経て、大江氏内部での相論に際して院庁に提出された大治五（一一三〇）年の大江仲子解文(10)により、大江公仲家の所領の全貌とその由緒を概観することができるのである。また、まったく別種の史料から、のちに円勝寺領となる遠江国質侶牧も、公仲の祖父大江公資から父広経へと伝えられた所領であったことがわかっている。(11)

大江氏の系譜ならびに相論の内容等は村井氏の研究に譲り、ここでは触れることはしない。

家領について。二種の史料から得られた大江氏の家領は表1の通りであるが、その内容はA・B二種のタイプに分かれることがみてとれる。

A型としたのは畿内・近国に所在する所領群で、表1の①〜⑩がそれにあたる。これらの荘園は、⑨大和国山口荘を別にして、後の史料にまったく再登場することのない、または後代の同名の荘園とのつながりがなんら見いだせない所領であり、荘号が付せられてはいるものの、それが国衙から認可されたものであったかどうかも疑わしい、恐らく規模もさほど大きくはなかったと思われる私領である。当時の中下流貴族のこの種の私領は、山城、大和をはじめ畿内近国に数多く点在していたのであろう。『今昔物語集』の猫怖じの大夫として知られる大蔵大夫藤原清廉は、五位の位階を持つ下級貴族であったが、一方で「山城・大和・伊賀三箇国ニ田ヲ多ク作テ器量ノ徳人ニテ有ルニ」[12]というように、山城、大和、伊賀に私領を所有する私領主であったことも想起される。

次にB型は、⑪伊勢国領田、⑫遠江国小高荘、⑬相模国早川牧、さらに⑭遠江国質侶牧といった遠隔地の所領である。このうち⑪は公仲の父広経が伊勢守在任中に買得し、⑫は同じ広経が本主より伝領したことが記されているが、相伝所領とされている⑬⑭は、村井氏が推測されたように、公仲の祖父大江公資の受領在任中に集積されたものと考えるのが妥当である。大江公資の相模守在任は記録に明証があり、[13]遠江守歴任を裏付ける史料も存在している。[14]これらはいずれも大江氏の受領活動と何らかの関わりを持って形成されてきた所領であるということができる。

摂関期に上流貴族への寄進の対象とされたのは、概ねこの第二の型の荘園である。大江氏の場合、これらは藤原道長息男の藤原長家に寄進されている。⑭遠江国質侶牧の場合、長暦年間（一〇三七〜一〇四〇）の寄進であるごとがわかるので、[15]他の荘園もこの頃の寄進とみなしてほぼ間違いないであろう。当時の藤原長家は正二位権

表1　大江氏の所領(⑭を除き大江公仲のとき)

型	国・荘名	由緒・領有関係・伝領など	後の領有関係
A型	①山城国石田	先祖相伝所領、故伊州広経(公仲父)、曾孫持々丸に宛給す	
	②山城国梅津	同右、故伊州、広言(公仲子)に宛給す	
	③山城国藤泰荘	故伊州、僧春照より負物代として伝領、公仲養子以実(公仲子)に宛給す	
	④大和国無耶荘	範海(公仲子)に宛給す	
	⑤大和国池辺荘	同右	
	⑥大和国国府荘	本名池尻、以実に宛給す	
	⑦大和国淡路荘	荘地子・佃米を室家大江氏・女子月料に宛て、公験を以実に預く	
	⑧大和国生坂荘	同右	
	⑨大和国山口荘	相伝所領、故遠州公資(公仲祖父)、御勢を募らんがために故民部卿長家家に寄進、故九条太政大臣信長(長家女婿)伝領、事の沙汰は本家に申す、有経(本名以実)に譲与	大江仲子・有経の一族内相論、相論後京極大納言源雅俊に寄進
	⑩摂津国河埼荘	元天安寺領、故伊州買得し公仲へ宛給、公仲、弾正小忠藤原盛仲へ譲与	
B型	⑪伊勢国領田	荘名不詳、父伊州在任中買得、室家大江氏へ	
	⑫遠江国小高荘	故伊州、本主より伝領、荒野たるにより右馬頭兼実(信長養子)へ献上し開発を企てる	大江仲子より伊勢神宮に寄進、小高御厨に
	⑬相模国早川牧	山口荘に同じ	近衛基通家領
	⑭遠江国質侶牧	大江公資の私領、長暦年中に藤原長家へ寄進 ㋐大江公資→(子)広経→(外孫)藤原永実→(子)永範 ㋑藤原長家→(女婿)藤原信長→信長後家→(永範に所職売却)	藤原永範より待賢門院御願円勝寺に寄進

典拠史料　①〜⑬　嘉保2・1・10　大江公仲処分状案(平一三三八)、大治5・—・—　大江仲子解文案(平二一七七)
　　　　　⑭　大治3・8・—　藤原永範寄進状案(平四六九二)

註・村井康彦「公家領荘園の形成」(註5)所収の表をもとに訂正・追加して作成した

大納言の地位にある。このように受領として設定した私領を、任終後に有力貴族に寄進して安定をはかるというのが、もう言い古されたことではあるが、受領による荘園設定の一般的なパターンである。

右のような大江氏の所領群を当該期の中流貴族の典型と考えることが許されるならば、その内容は次のようにまとめることができる。摂関期の中流貴族の所領は、畿内近国に点在する小規模な私領と父祖の代からの受領歴任地に設定された荘園から構成される。荘園寄進の中核をなすのは後者であり、これが有力貴族への寄進の中心である。さて、今度はその寄進の対象である上流貴族、摂関期の「権門高家」の側の動向に目を向けることにしよう。

2　上流貴族の所領

当該期の上級貴族は、一方で一〇世紀に起源を持つような比較的安定した荘園を経営しているが、それはここでの検討の対象ではない。また、脇田晴子氏の指摘のように、雑役免系の起源の荘園も軽視することはできない(16)が、所領を仲介とする貴族間の編成のあり方を考えるのがここでの目的であるから、いわゆる寄進地系荘園を対象として考察する。

一一世紀的な荘園の寄進は、先述したような受領層の寄進行為による成立に特徴を持っている。たとえば『小右記』寛仁二（一〇一八）年五月二〇日条によると、中宮妍子領の摂津国宿荘は、中宮大夫の藤原佐光が摂津守のときに立てた荘園であるという。任終にあたって妍子に寄進することにより、荘園の維持をはかったものであろう。また、同じ『小右記』長元元（一〇二八）年八月二四日条では、尾張守源則理が「美作庄券文」を藤原実資のところに持参し、実資への寄進を行っている。これが源則理の尾張守終見の史料でもあり、先の例と同様、受領任終の寄進行為が明瞭に読み取れる。

寄進の実態を記した史料は意外に少なく、ここに挙げた二例が同時代の史料として明瞭な事例であるが、藤原長家に寄進された先の大江氏家領を始め、後代の史料や状況からみてそれと判断できるものは多い。やや時代は下るが院政期の初頭の荘園整理に関する史料に「諸国庄薗溢満、……国司密々皆実所レ被レ立也」[17]とあるように、受領は荘園形成の底流を常になしている存在なのである。

さて、このような寄進の対象とされた上級貴族層の顔ぶれをみてみよう。たいへん著名な事例であるが、天喜年間の伊賀国の荘園新立の状況である。天喜元（一〇五三）年三月二七日官宣旨に引用された伊賀国司解のいうところでは、当時の伊賀国は興福寺・東大寺・伊勢神宮といった寺社の荘園のほか、伊賀郡には右大臣（藤原教通）家・東宮大夫（藤原能信）家・侍従中納言（藤原信長）家の、また山田郡には内大臣（藤原頼宗）家・按察大納言（藤原信家）家・民部卿（藤原長家）家等の所領が乱立している。[18]これらはいずれも「前司公則朝臣之立券所々」であり、このときの国司申請整理の対象とされているのである。

ここに登場する家々は、藤原道長の子・孫で占められている。すなわち、教通・能信・頼宗・長家は道長息、信長は教通の、信家は長家の子で道長孫に当たる。「御堂流」の人々に前任国司による新立荘園が集中しているのである。前節でみた藤原長家の名もこの中にはいっている。

道長子孫に寄進が集中している事実は、『小右記』の有名な「天下之地、悉為二一家領一、公領無二立錐地一歟、可レ悲之世也」[19]という記事とともに注目されるが、「御堂流」の人々の政治的な立場が―特に道長死後は―必ずしも一枚岩ではなかったことを考えるならば、「摂関家」に寄進が集中したとの村井康彦氏の評価はやや不正確であろう。「摂関家」の家産にこれらの荘々が編成されたわけではない。「御堂流」に属する家々、それに始めに挙げた藤原実資家などを加えた、個々の家々が寄進の対象である。

これらの家は寄進に際して「為二本家一、勤二仕年貢雑事一」[20]とあるように、「本家」と称されるが、摂関期の寄進は、これら摂関期「本家」と寄進主との関係が強固な構造をなして体系的に編成されているのではなく、寄進者と被寄進者の個別的な関係によりなりたっていることに注意しておきたい。

3　一一世紀の荘園の特質

この点について、以上のような寄進の持つ意味、および寄進後の領有関係とその特質から触れておきたい。

「称二庄園一者、依二公験相伝、数代免判一、証拠分明所レ得之号也」[21]といわれるように、一一世紀の所領認定の基本になるのは国司免判である。国司免判による荘園認定=国免荘の成立時期には諸説があるが、「徴税請負人」化する受領の専権の確立と連動しているのは間違いないから、その確立期の一〇世紀末〜一一世紀初頭に国司免判による荘園、いわゆる国免荘が確立したとする見解に賛同したい[22]。

当該期、受領専権の確立にともない、朝廷側の受領統制策として作動していた受領功過定は、財政上の項目だけしか審査の対象とはしないから[23]、任国内の公田の増減や荘園の存否などを監査する機構は朝廷内には存しない。したがって、土地のチェックを行うのは次の新任受領ということになる。任初の国司申請によって行われる一国単位の荘園整理令が登場するのは[24]、国免荘の形成と表裏の関係にある。この時期の荘園新立・停廃はまったく受領を軸にして動いているのである。

このような中で、私領主がその私領を維持するには、代々の国判を獲得することが必要であるから、受領への圧力をかけ得る有力貴族と結ぶことが重要である。

山城国愛宕郡にある祇園感神院領の田畠は、長元六（一〇三三）年頃藤原頼通家に申請することにより頼通から「国司に免判を仰せ」て領有が認められている[25]。また、承保四（一〇七七）年に僧覚増なる者は、伊賀国司に対して解状を提出すると同時に「源大納言殿　政所」に対して「御教書を国司の許に遣わされ」て私領湯船荘の免除が実現されることを願っている。[26] 逆に、さきにみた大江氏の家領群のうち遠江国小高荘は大江広経が獲得した所領であったが、子の公仲は「国判を請うに便無し」という状況であったため、荒野になってしまったという。公仲はのちに改めて公験を本家に献上し、再開発・立券を企てている。[27]

寄進はこのような有力貴族との関係を恒常的に取り結ぼうとの行為に他ならない。受領の交替にもかかわらず、恒常的に受領に口入し得る「御堂流」を中心とする上流貴族に寄進が集中する。寄進の目的は受領に対する「威勢」で国判を獲得することにある。

さて、このように設定された摂関期の上流貴族の家領がほとんど次代へは続いていないことは、その領有構造を考える上で注目すべきことである。伊賀国の場合のあれだけの上級貴族の所領が一二世紀にはまったく痕跡をとどめない。藤原長家に寄進された大江氏の所領群やのち摂関家領となる荘園群の中のいくつかが、院政期につながる一一世紀起源の荘園として存続していることがわかるだけである。

このような一一世紀の荘園の脆弱性の理由を的確に指摘したものは少ない。大石直正氏はこの点について、三つの所説を挙げた上で、在地領主相互の争いによる不安定さを根本的な要因としている。[28] しかし、根底を規定しているのはそうなのかも知れないが、公家領の場合には、貴族間の領有構造の問題としても考え直す必要がある。

寄進が成立したのちの寄進者・被寄進者の権利関係を知るに適当な史料はないが、被寄進者側の消極性・受動性が顕著なことが挙げられるのではないだろうか。『愚管抄』によると、延久の荘園整理の際に藤原頼通は、自分の家領というのは下からの寄進をただ承認して受け入れたものに過ぎない、ということをいったと伝えられるが、[29] このことばはおそらく真実に近いであろう。この時期の寄進はあくまで国司に対する「威勢」の獲得を目的としており、寄進により免田型荘園の構造自体に変化が起こるわけではないのである。

先に述べたように、寄進を受けた上流貴族は「本家」と称される。「本家」の語は「本家の威を募る」などの言い方でしばしば用いられるが、「本家」にたいする寄進主の下級職を表す言葉がまだみられないことは注目される。重層的な所職の表現の未成立は、領有構造上の特質と対応しているはずである。

「預所」。荘を「預かる」という、本家の側の領有権を基準にするこの語で下級領主が位置付けられるのは、早くとも一一世紀の終わり頃からである。この時期の「本家」と寄進者との関係は、一定額の年貢納入と引換に「威勢を募る」関係にとどまるのであろう。

村井康彦氏は、摂関期の荘園寄進と院政期のそれを区別すべきだとし、受領層の寄進に前者の特徴を見ている。これは重要な指摘であると考えるが、寄進後の領有関係については両時期の差に留意せず、永原慶二氏の見解―鎌倉期の藤原定家領の分析から得られた―と同様の結論に落ち着いているのは疑問である。摂関期には荘園所職を媒介にした家産の編成、家司の組織化はまだみられず、寄進主と「本家」との安定した関係は成り立っていないのである。

以上より、摂関期の寄進荘園の特徴は次のようにまとめられる。

① 摂関期の公家領荘園の形成・寄進の主体として、受領層の活動を重視すべきこと。
② 「本家」への寄進は国判獲得が主要な目的であり、免田型荘園の構造自体に変化はないこと。
③ 寄進により生じる重層構造はいまだ確固たる構造をとるにいたらず、荘園所職を媒介にした公家層の家産への編成は未成熟であること。

しかしながら、一方でこうした「本家」側でも家産機構の整備が徐々に進行しつつあったことも見逃すことはできない。一一世紀半ばから諸家において政所下文が成立し始める事実は、[30]「本家」諸家の家産整備への志向を物語っている。ところがこのような動向は院政期に向けて順調に展開するわけではない。そのような院政期の動向が次節の課題である。

第二節　領有構造の再編

前節でみたような、摂関期に「本家」といわれていた家の家領の、院政期への展開の様子をみることにしたい。摂関期から院政期への移行は社会構造の大きな転換期でもある。院を中心とする貴族社会の再編成が進む中に、どのようにそれぞれの家領が位置付けられていくのであろうか。

1　藤原信長家領の場合

最初に取り上げる藤原信長は関白藤原教通の子で、摂関期の最盛期から院政期初頭にかけての人物である。信長は摂関期に威勢を振るった「御堂流」の一員であるが、院政期に入ってからも一時は父教通の後の関白の座を狙ったほどの有力者であった。しかし、頼通の子師実との政争に敗れ、承暦四（一〇八〇）年閑職の太政大臣に棚上げされるとともに、それと前後して自派の公卿の一掃をうけ、政治生命を失ったとされている。(31)

その信長領として諸史料から拾うことのできた荘園は表2の通りである。信長は同じ「御堂流」の藤原長家の女を室としているが（系図1）、父教通から伝領したであろう所領のほかに、この長家から女系を通じた伝領もうけていることが確認できる。たとえば前節でみた、摂関期に大江氏から藤原長家に寄進されていた荘園群は、このルートにより信長家領となっている。(32)これらのほか、信長が建立した九条堂（のちに城興寺となる）に附属する荘園がかなりあったようであるが、(33)具体的な荘名はわからない。以上、判明するものは少ないが、その政治的立場から考えて、一一世紀末当時の貴族としては一流の荘園群であったに違いない。

ところが、承暦四（一〇八〇）年の信長失脚前後から、信長家領の経営が傾いてくるようである。同年、信長は摂津国榎並荘をめぐり、藤原憲房後家と激しい相論を繰り広げる。(34)相論のさなかに信長は太政大臣に任ぜられ、

表2　藤原信長家領荘園

国・荘名	由緒・領有関係・伝領など	後の領有関係
①遠江国質侶牧	藤原長家より伝領、のち信長後家が藤原永範に所職売却	藤原永範より円勝寺に寄進
②相模国早川牧	藤原長家より伝領、信長より養子藤原兼実へ伝領	近衛基通家領
③大和国山口荘	同　右	大江氏より源雅俊に寄進
④摂津国榎並荘	教通より伝領か、信長相論に敗訴か	摂関家(近衛家)領
⑤尾張国櫟江荘	伝領関係未詳、東寺領大成荘の田畠と相博?	藤原頼長領、保元の乱後没官、後院領に
⑥下野国(荘名未詳)	未　詳	佐野荘(峰岸説)ならばのち藤原頼長領
⑦遠江国小高荘	大江公仲より藤原兼実(信長養子)に寄進	伊勢神宮領小高御厨
⑧信濃国椽原荘	鎌倉初期に城興寺(信長建立の九条堂の後身)領、信長時代に遡るか	
⑨信濃国倉科荘	同　右	

典拠史料　①　大治3・8・―　藤原永範寄進状案(平四六九二)
②③⑦　嘉保2・1・10　大江公仲処分状案(平一三三八)、　大治5・―・―　大江仲子解文案(平二一七七)
④『水左記』承暦4・6・25、29条など　⑤長治3・2・7　平盛正解(平一六五二)
⑥『中右記』永久2・8・3条　⑧⑨『吾妻鏡』文治2・3・12条

信長陣営は打撃を受けることになるが、どうやらこの相論のその後の旗色も思わしくはなかったようである。

嘉保元（一〇九四）年九月、九条太政大臣藤原信長没。[35] 遺領を引き継いだのは、長家の女である信長後家と、信長の子（実は養子）である藤原兼実であるが、このちも紛争や相論が絶えない。嘉承元（一一〇六）年、九条堂と堂領荘園の帰属をめぐって、信長の息の澄仁という僧が横川の悪僧を率いて信長後家らの住む二条亭を襲撃、庄司の男女を責亡するという大騒動が持ち上がっている。[36] また天永二（一一一一）年には朝廷に記録所が設置されるが、その記録所始の記事がこの信長後家と右京権大夫源家俊の相論（論所は不明）の審理であった。[37] 続いて永久二（一一一四）年、下野国内の荘園で、源為義の郎党が濫妨したとして今度は使庁での裁判沙汰が起こっている。[38]

このように、所領関係の記事などそれほど残っていない院政期にしては異常なほどに、信長遺領をめぐる紛争が記録に現れるのである。信長の失脚・没後の家領の不安定な状況が明瞭である。

このような情勢の中で、従来の領有形態も大きく変化していく。再び大江氏の家領を取り上げてみよう。遠江国質侶牧は、前代に大江氏によって藤原長家に寄進、長家女を通じて信長に伝領されたことはさきに述べた通りである。信長没後はその後家が「本家」とされている。[39]一方、下級職の方も姻戚関係を通じて大江広経より文章博士藤原永実に移っている。ところが、天永三（一一一二）年、藤原信長後家は一切経書写料捻出のため所有する所職をこの永実に売り渡している。こののち質侶荘は永実息藤原永範より待賢門院御願の円勝寺に再寄進され、王家領に組み込まれることになる。[40]

遠江国小高荘は、大江広経が入手した所領であった。その後荒廃したらしく、嘉保元（一〇九四）年春、大江公仲は再開発のため公験を信長息の右馬頭藤原兼実に献上し、立券を請うた。[41]ところが兼実にそのような力はなかったらしい。公仲の女大江仲子はこれをのちに伊勢神宮に寄進、今度は御厨として立てることに成功している。[42]

また、大和国山口荘・相模国早川荘をめぐって永久年中より大江氏内で一族間相論が起こる。両荘の「本家」は同じ藤原兼実であり、「若有㆓横妨㆒者、早可㆑訴㆓申右馬頭殿㆒也」と大江公仲の処分状には定められていた。[43]しかしこの場合も兼実が下級職の紛争の裁定に預かることはできなかったようで、訴人の大江仲子は院庁へ訴えを持ち込まねばならなかった。[44]この相論ののち、兼実を「本家」とする領有構造は破綻したようで、後の史料をみると山口荘は、おそらく相論直後に大納言源雅俊に再寄進されているし、[45]早川荘のほうはよくわからないが、鎌倉初期には近衛基通家領になっていることが確認

系図1　藤原信長家

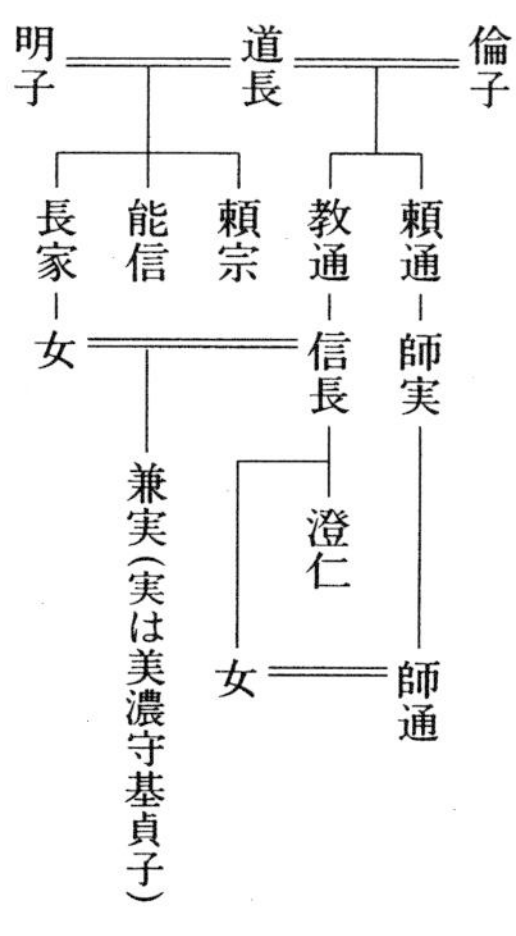

できる。[46]

さらにこのほかの信長家領のその後について、判明するものを挙げておこう。さきに相論事件として例示した摂津国榎並荘は、摂関家領として近衛家に相承されている。[47]また、尾張国櫟江荘は摂関家の藤原頼長領として所見がある。[48]下野国にあった荘名未詳の荘園は、峰岸純夫氏によれば佐野荘という荘園に当たるというが、[49]この推論が正しいとすれば、これものち頼長領としての所見がある。[50]九条堂は一時信長後家によって院の御願寺化がはかられ院庁下文で認定されているが、[51]付属荘園が信長子孫に相承された形跡はない。これらは具体的なルートはわからないが、いずれも王家・摂関家領に転じているのである。

以上のように、相論に際して、あるいは下級職の維持のために、「本家」としての藤原信長家の流れもはや弱体である。「はかばかしき末もおはせぬなるべし」[52]と評されているように、信長の有力な後継者がいなかったことが信長流の不振の直接の原因であろうが、一時は摂関の座を争ったこともある家柄が、摂関期的な領有関係を脱却できず、院政の下で進行する家格の再編とそれに応じた領有構造の変化の潮流に乗ることができなかったのである。次項でみる頼宗流の家領の変遷とはこの点で好対照をなしている。没落する信長家の場合、右記の荘園でみたように、従来の領有関係は破綻、以後はおもに下級領主の再寄進という形で、新たな領有構造のもとに再編成が進んでいくのである。

2　藤原頼宗流家領の展開

藤原頼宗は道長の子で、摂関期にはこれも「御堂流」として威勢のあった人物である。その子孫の家領領有の様子を今度は取り上げたい。藤原信長家が院政期の潮流に乗ることのできなかった没落型であるとするならば、藤原頼宗流に属する以下の両家の場合は、保身型ともいうべき展開をたどっている。

頼宗流は、家の中興の祖といえる藤原俊家をへて系図2のように三つの流の家々に分かれていく。このなかで政治的に顕著な活動がみられるのは中御門・坊門の両家である。[53] 坊門家は家祖宗通が「上皇被レ仰ニ合万事一、仍天下之権威傍若無人也」[54]といわれたほどの白河院の有力な近臣となることで勢力を伸ばし、宗通以降「通」の字を文字通り通字とすることになる一族である。対して中御門家の方は、中御門宗忠の『中右記』によると宗通家に押されながらも俊家以来の嫡流としての意識を有し、宗忠の段階では摂関家、特に藤原忠実と結び付いて政界に位置を占めている。両家は「一家」として親密な同族結合を保つが、同時に「一家」の主導権をめぐって対抗関係にもある。[55]

この両家の家領として諸史料から表3・4を作成した。俊家からの伝領が確認ないし推定できる所領がいくつかあるほか、院政期になってから寄進を受けて成立した荘園も見いだせる。たとえば摂津国輪田荘は橘経遠より藤原宗通へ寄進され、摂津守への宗通の口入により国判を得ることに成功している。[56] また、紀伊国神野真国荘は、紀伊国住人長依友より藤原成通に寄進されている。[57] 大和国河上荘は、本領主季清より藤原宗忠へ寄進が行われている。[58] 私領主からこのクラスの上流貴族への寄進は、この時代になっても下からの絶えざる働きかけとして続いているのである。

系図2　頼宗流藤原氏

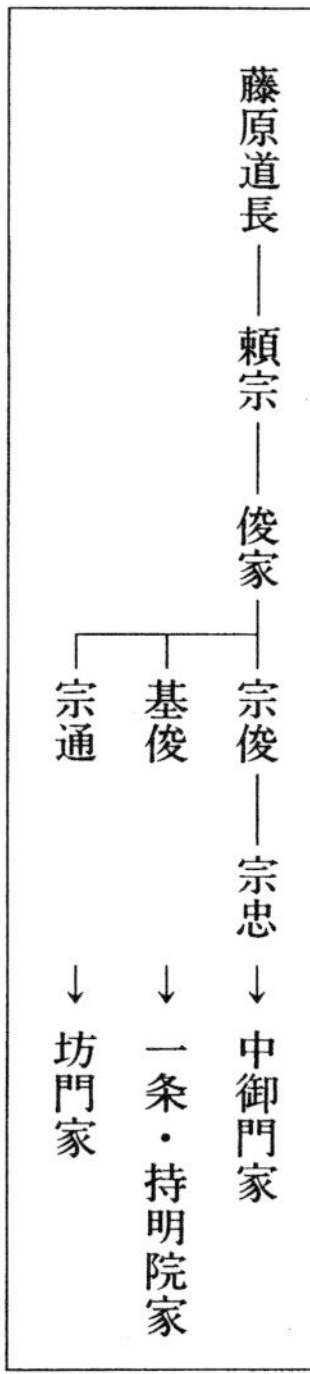

さて、この両家の場合、家領の領有はどのように維持されているのであろうか。問題としたいのは二点、ひとつは国司との関係、もうひとつは一族内の相論、である。前者は摂関期以来常に問題になっていることであるが、後者は家領に対する経済的比重の高まりとともに起こってきた、院政期のひとつの特徴といえる問題でもある。

まず第一の点から。越後国小泉荘は中御門家の根本家領である。『中右記』によれば、「今日越後守清隆朝臣送二小泉庁宣一也、免田三十町任レ旧也」[59]とあるように、免田型の荘園で、庁宣による免田の認定を受けていることがわかる。所領の一般的な認定がこのように国司との関係によっていることに前代と変わりはない。ところが摂関期の事情と大きく異なるのは、こういった所領の認定が国司と宗忠家との個別的な関係では完結し得ないことである。このときの越後守は藤原清隆で典型的な院司受領として知られる人物である。[60]こうした院司受領の増加や知行国制の一般化は、国司に対する一般貴族の地位を相対的に低下させることになる。庁宣の発給はひとり宗忠家の力ではなし得ない。この庁宣発給の記事のちょうどひと月前に『中右記』には「参二大殿一越後庄事申了」[61]という記載がある。この「越後庄」が小泉荘を指していることは間違いないから、大殿＝前関白

表3 中御門家領(藤原宗忠のとき)

国・荘名	由緒・領有関係・伝領など	後の領有関係
①越後国小泉荘	藤原俊家より相伝の所領、中御門家根本所領	鳥羽院御願金剛心院(一一五四年建立)領
②丹波国新屋荘	同　右	不　明
③摂津国山道・野並荘	藤原俊家より相伝か、坊門家と相論、中御門家敗訴か	鎌倉期坊門家より北野社へ寄進
④甲斐国鎌田荘	伝領関係不明、宗忠より藤原忠通に寄進	歓喜光院(一一四一年建立)領
⑤(不明)豊田荘	伝領関係不明、宗忠より「美福小堂」に寄進	不　明
⑥(不明)膽駒荘	同　右	不　明
⑦大和国河上荘	本領主季俊より宗忠に寄進、宗忠より宗忠女(徳大寺実能室)に	徳大寺家実能→公親(実能息)→「藤原氏」
⑧甲斐国大井荘	遠江前司源基俊、宗重女房(基俊女)に譲与、東北院領布施荘新荘か	

典拠史料　① 保安4・8・8宗忠譲状(平一九九四)、長寛3・1・一越後国司庁宣案(平三三二八)、長寛3・3・6藤原宗能譲状(平三三三五)
『中右記』元永3・3・23条、保安元・6・16、17、24条、長承2・7・27条、同8・27条
② 長寛3・3・6藤原宗能譲状(平三三三五)　③『中右記』長承元・6・22条など
④『中右記』保延3・4・1条　⑤⑥『中右記』康和4・4・19条
⑦ 年月日欠後白河院庁下文(平未収)　⑧『中右記』元永2・2・23条

表4　坊門家領(宗通前後)

国・荘名	由緒・領有関係・伝領など	後の領有関係
①阿波国河輪田荘	伝領関係不明	皇嘉門院領
②摂津国輪田荘	橘経遠より宗通に寄進、国司庁宣により立券	皇嘉門院領
③摂津国山道・野並荘	中御門家との相論、勝訴か	鎌倉期に北野社へ寄進
④丹波国今林荘	伝領関係不明、宗通→後家(一期)→重通	皇嘉門院領?、そののち延勝寺領
⑤肥後(前カ)国三重屋荘	伝領関係不明、宗通→後家(一期)→(伊通辞退)→行通	七条院領
⑥備中国(荘名未詳)	伝領関係不明、[宗通→後家(一期)か]→重通・季通兄弟の相論	不　明
⑦紀伊国神野真国荘	長依友より宗通に寄進	鳥羽院領
⑧越前国牛原泉荘	伝領関係不明	醍醐寺円光院領

典拠史料　①　永久5・10・13民部卿藤原宗通家政所下文(『朝野群載』)　③『中右記』長承元・6・22条など
②　長治2・2・10橘経遠寄進状(平補三)　⑥『兵範記』保元3・11・26条
④⑤『台記』久安6・11・30条　⑧『醍醐雑事記』巻第一
⑦　康治元・12・13鳥羽院庁下文案(平二四九二)

藤原忠実に申し入れることにより、おそらく忠実の口入によって、庁宣の発給が円滑に進んだことが確実である。

この小泉荘に関して南部文書に残されている宗忠の譲状には、右の記事にちょうど対応する次のような記載がある。

越後国小泉庄、自㆓大宮右大臣殿御時㆒伝㆓領此家㆒也……抑国司有㆓停廃㆒之時者、早申㆓殿下㆒可㆓沙汰㆒也、定有㆓許容㆒歟、仍所㆓申付㆒如㆑件(62)

小泉荘は、この時点で摂関家を本家としているわけではないが、このように国司の収公に対抗して、殿下の威勢に頼るべきことが申し置かれているのである。

このように、国判発給の可否に院や摂関の意向が反映する例はほかにも多い。たとえば、他家の家領の例であるが、白河院と鳥羽院の不和を物語る史料として知られる『長秋記』大治五年四月二六日条には次のような記事がある。

大僧正被レ談云、顕盛朝臣解官、院仰、其咎有レ四、一、前年侍従中納言申請上毛国所領免判、内々以二彼妹女房一所レ召也、而国司敦政以二顕盛一申二故院一、令レ随二停廃一、依二其事一御気色不快、数月不二見参一

白河院在世中、鳥羽院の口入により国判を得ようとした「侍従中納言」の所領について、白河院近習下野守藤原顕盛はそれに従わず、白河院の威勢によりこれを停廃したという。所領の認定・停廃が、院の勢力に連なることにより左右される好例といえる。

次に第二の点、相論の場合を考えてみよう。

摂津国の山道・野並両荘は、俊家以来の家領であるが、長承元（一一三二）年から翌年にかけて中御門家の藤原宗忠と坊門家側の宗通後家の間で、領有に関して激しい一族間相論が戦わされている。こうした貴族間の相論の実態はなかなか知ることができないのが普通であるが、この事件の場合、一方当事者である宗忠がかなり詳しい記録を日記に残しているため、経過が知り得る、院政期の裁判制度研究にとっても重要な事例である。相論の経過を詳細に追うことは今の課題ではないので、重要な部分を紹介するにとどめたい。はじめにこの事件が記されているのは『中右記』長承元年六月二二日条である。

殿下以二前馬助盛国一被レ仰之趣、山道・野並庄事、以二示給旨一、触二九条尼上一之処、全不二承引一、仍於二此家一不レ能レ切也、早々可レ然様可二沙汰一也者、予申云、然者可二申召一候歟、可レ随レ仰也、但従レ院令二問申一給時、宗忠申旨非道之由、可二令レ申給一者、此事不レ可レ申候、重仰、予可レ申レ院也、若被二問仰一者、任二文書理一由可レ申也、更々不レ可レ申二非理事一者、重申云々(衍カ)、然者可レ申レ院候、若被二最(尋カ)仰一者任レ理可レ申由、恐悦テ承了旨、申了、盛国三ケ度往反、此事保安二年沙汰出来、故院御在生間不レ能二申出一、空送二年月一也、□□女子申文一消息付二大僧正一了、密可レ被レ奏レ院之由示付了、可レ奏之由有二返事一

これ以前に宗忠は関白忠通のところに訴訟を持ち込んだらしいが、「この家において切る能わず」とあるように忠通の調停が不調に終わり、院奏を経ることになった。以後朝廷に舞台を移して審理が進むことになる。この記事の中で注目したいのは傍線を付したところである。

これによると、相論の発端は保安二（一一二一）年にあった。しかし宗忠は白河上皇の在世中には訴えることができず空しく年月を送ったといっている。さらに、白河上皇の没年は大治四（一一二九）年なのであるが、宗忠が実際に訴を起こしたのはこの記事のある長承元（一一三二）年になってからだという事実も重要である。この保安二年から長承元年というブランクは、宗忠にとってどういう期間であったのだろうか。

この問題は、当該期の政治状況から解くことができる。白河院政期、白河上皇との不和により関白忠実が失脚するのが保安元年の暮、白河上皇の没後鳥羽院政のもとで、忠実が政界に復帰、内覧に返り咲くのが長承元年の正月のことなのである。先の期間はこれにぴったり対応している。宗忠と相論相手宗通後家の政治的な立場を思い出したい。宗忠は忠実の片腕、一方宗通は白河院の近臣であり宗通室（後家）も白河上皇の近臣藤原顕季の女である。つまり、この相論の背景は次のように理解することができる。宗忠の背後にあった忠実の失脚に乗じるかたちで、白河上皇に近侍する宗通側は山道荘の押領を企てた。それに対する宗忠側では白河上皇の死、さらには忠実の政界復活を待たねば提訴に持ち込むことができなかったのである。

こののちの相論の経過をみると、院・摂関家の位置がさらによくわかる。相論の展開は『中右記』によってかなり詳しく追うことができるが、院政期の訴訟審理機関として注目されている陣定が開催された形跡は一度もない。審理はもっぱら鳥羽院と関白忠通、それに大殿忠実の三者の蔵人を介した合議・折衝によって進められているのである。相論の進展中には次のような記事がある。

巳時参二大殿一、被レ仰云、山道庄事宣旨早可二申下一者、乍レ悦退出(63)

ここでは大殿忠実が、裁許の宣旨を「申し下す」ことを宗忠に約し、宗忠は喜色を現している。復活した忠実は、このように宣旨の発給＝国家意志の発動に直接関与し得る立場にあるのである。このように、院・摂関家という国家機構に直接関与し得る権門を背後に仰ぐことにより、家領の領有が維持できているのである。

以上、二つの点から、頼宗流家領のありさまを検討した。ここで取り上げた荘園はいずれもこの段階では院や摂関家を本家としているわけではない。しかし、その維持のためには、院や摂関家の威勢に連なることにより、はじめて領有が保証されている、逆にいえばそのために政治状況と密接に連動せざるをえない、それ自体としては不安定な国免荘である。院や摂関家と結びつつ、こうした形で不安定ながら存続するのが一二世紀前半までの公家領のあり方ではないかと考えられる。本家の領有体系に組み込まれることになる一歩手前の段階なのである。

3 家領荘園の再編過程

摂関期から院政期への家領荘園の転換を考えるとき、制度的な画期をなすのはやはり延久荘園整理令である。摂関家領も例外とはしない強力な整理が進められ、公家領の多くも停廃の対象になったことは疑いなく、以後の再建がそれぞれの家の大きな課題になったであろうことは容易に想像できる。

しかし、そうした表面的な変化だけではなく、荘園領有関係の、さらにいえば貴族社会の編成に関わる大きな構造変動の一環として、一一世紀末の変化をみる必要もある。

延久の荘園整理のもっとも大きな特徴は、朝廷内部に記録所がおかれ中心的な機関として活動したように、土地所有の認定に中央で朝廷が積極的に関与したことに求められる。国司の土地政策の背後に朝廷が存在するようになったのである。近年明らかにされている、所領相論の裁判が国衙から朝廷に上昇する、(64)という事実も、土地所有認定機関の上昇と読みかえることができる。さらに先にも触れた院司受領の増加や知行国制度の定着は、こうした傾向を助長したはずである。

一方、こうした動きと並行して、勝山清次氏の明らかにされた、封戸制度の衰退が白河院政期の一一世紀九〇年代より進むという事実(65)に典型的にみられるように、律令的給付体系の弱体化が急激に進むことになる。「今の上達部は封戸すこしもえ候はず、庄なくは如何にしてかは公私候べき(66)」という藤原伊通の有名な言葉―伊通は先ほど取り上げた坊門家の宗通の子である―を引くまでもなく、貴族の経済生活に占める荘園の比重は前代と比べものにならないほど増加したであろうことは想像に難くない。公卿レベルの貴族に対する土地寄進も前代に増して著しく、ほかにもたとえば位田の荘園化など、国家的給付の荘園転化の動きも盛んである。また、この時期に貴族内の一族間相論が頻繁にみられるのも荘園の比重の増大の現れである。

しかし、一般貴族層の場合、これらの荘園を独自に編成することはできなかった。先述したような土地所有認定主体の相対的上昇のなかで、恒常的に所領を維持するには国家意志を発動し得る権門、王家か摂関家を背後に戴くことが必要不可欠であったのである。信長流はそれに失敗して従来の領有構造は破綻した。頼宗流の場合には、そうした系列下にみずからを位置付けていくことになる。

このような動きがさらに進むと、荘園の寄進ということになる。再び頼宗流の家領について、のちの展開を追ってみよう。

中御門家領では、さきに取り上げた小泉荘は、のちに鳥羽上皇御願金剛心院領になっている。金剛心院は久寿元（一一五四）年八月に供養が行われているが、のちの史料から小泉荘の立券が仁平三（一一五三）年一二月二八日であることがわかるので(67)、金剛心院の建立・供養に合わせて王家領としての立荘が行われたことがわかる。

このほか、『中右記』保延三（一一三七）年四月一日条によれば、甲斐国鎌田荘が藤原忠通に寄進されている。もっとも鎌田荘はのちに摂関家領としての所見なく、歓喜光院領となっている(68)。歓喜光院は美福門院御願、永治元（一一四一）年供養の寺院である。

坊門家領では、紀伊国神野真国荘が康治元（一一四二）年に鳥羽院庁に寄進されている。[69]丹波国今林荘が年不明だが延勝寺領[70]─延勝寺は久安五（一一四九）年供養─、越前国牛原泉荘は長承二（一一三三）年に醍醐寺円光院領として、[71]それぞれ御願寺領となっている。また、肥前国三重屋荘はのちに七条院領として所見がある。[72]この両家の場合、限られた事例からであるが、一一三〇～五〇年代、一二世紀半ばが寄進の画期である。

このようにすべての公家領が王家・摂関家の配下に編成されていくが、荘園の集中は寄進者の一方通行によって行われたわけではない。寄進により王家領・摂関家領に組み込まれるということは、被寄進者側の受動的な対応と説明することのできない決定的な意味を持っている。次節では王家・摂関家の側から、上からの編成としての荘園群形成のようすを、最終節ではそのような動向の結果生じることになる、院政期徐々に形成される家格に応じた、荘園所職を媒介にした貴族社会の編成の構造を考察することにしたい。

なお、やや本論からははずれるが、一般貴族の家領形態をみる上では相続のあり方も重要である。坊門家の場合をみておこう。

家祖宗通は先述したように院に密着して勢力を伸ばしたが、一方で摂関家に対しては藤原忠通に接近している。宗通の子伊通の女呈子は忠通養女として近衛天皇に入内しているし、それよりも重要なのは宗通女の宗子で、忠通に嫁ぎ皇嘉門院聖子を産むことになる。

こういった関係から、相続により皇嘉門院領化したものであろうと思われる所領をいくつか確認することができる。摂津国輪田荘・阿波国河輪田荘がそれと知られる例であるが、[73]のち延勝寺領となる丹波国今林荘も一時皇嘉門院領となっていた形跡がある。[74]このほかにもいくつかの荘園がこうしたルートにより坊門家から皇嘉門院領へ流入したものと推測できる。

当時の相続は分割相続が一般であるから、若干の根本家領を除くと個々の家の安定した荘園群は形成されない。また、姻戚関係を結ぶ同レベルの貴族間で女系を通じた所領の移動が顕著である。その場合、摂関家領への流入は右の例をはじめとして多く認められるが、摂関家領からの一般貴族領への流出はほとんど認められない。このように、伝領関係を通じても、王家・摂関家領への求心力が働いているのである。

第三節　王家領・摂関家領―領域型荘園の形成―

1　院政初期の荘園立荘

通説によると、白河院政期は後三条親政期の政策を引き継ぐ荘園整理令の発令が相次いだ荘園整理の時代ということになっている。荘園の乱立が始まるのは、次の鳥羽院政期からだという理解が一般化している。(75)

一方、白河院の荘園整理策とは対照的に、院政の成立により政治的後退を余儀なくされた摂関家はその経済基盤を荘園に移し、家産機構の整備をはかる、という理解が院政下の摂関家についての一般的な説明とされている。(76)

本項では以上のような理解に対して再検討を加えたい。結論をさきに述べると、王家領の設定はすでにこの時代に始まっているし、そうした立荘の手続には摂関家と共通した側面が多いのである。

1　王家領の場合

まず、白河院政初期における王家領荘園の立荘の具体例として、醍醐寺円光院・無量光院という二つの白河院御願寺領を取り上げる。この両院は御願寺としての規模はさほど大きくないが、『醍醐雑事記』にまとまった史料があり、立荘の手続が記されているためである。

円光院は白河中宮賢子の発願、ところが賢子が応徳元（一〇八四）年九月に没したため、その計画は白河院に引き継がれ、併せて賢子の菩提を弔うために翌応徳二（一〇八五）年に創建された御願寺である。創建当初に寺領として近江国柏原荘が施入され不輸の官牒を得ていたが、寺料に欠けるということで新たに越前国牛原荘が立てられることになった(77)。次の史料はその立荘に関するものである。

> 庄本主者東大寺五師忠範之(也カ)、白河院奉二為　堀河院母后中宮一被レ立二円光院一之時、為二六条右大臣顕房家御沙汰一、依レ被レ尋二庄券契一、忠範以二件文書一進二上遍智院僧都義範一、々々寄二進大臣殿一所レ被レ立也、其時見作田廿町、自余者荒野也(78)

これによると荘の本主は忠範という東大寺の僧であった。円光院が建てられたとき、右大臣源顕房（中宮賢子の父）の沙汰として「券契を尋ねる」ということが行われ、忠範は荘の文書を遍智院僧都義範に進上し、義範を経て顕房に寄進、そこで立荘がなったということが書かれている。

次の例は同じ醍醐寺の無量光院領山鹿荘の立荘に関する史料である。無量光院は白河院の鍾愛する皇女郁芳門院（＝六条院）の没（嘉保三〈一〇九六〉年八月）後、その菩提のために円光院の例に倣って建てられた白河院御願寺である。

> 庄本主者壱岐守能高、次子出羽権守能輔、々々之時六条院崩御之後、白河院被レ立二無量光院一之刻、為二此御堂一被レ尋二庄券契一、仍能輔以二当庄文書一寄二進六条院宣旨殿一（土佐前司、能仲之妻）、々々々進二上白河院一、自レ院施二入無量光院一(79)

ここでも同じように「券契を尋ねる」ことにより、本主能高の荘園が無量光院領として立荘されたいきさつが記されている。郁芳門院に近侍した六条院宣旨の立荘に際しての役割は、先の牛原荘の源顕房と共通するであろう。実は山鹿荘の場合、工藤敬一氏の詳細な研究があって、右記史料に記された立荘手続の実態には問題があるのだ(80)が、先の例と合わせて「券契を尋ねる」という行為を一般化して考えることは許されるであろう。

さて、牛原荘の場合、史料に挙げたように、本主忠範の所領はわずか二〇町の見作田に過ぎなかった。ところが関連史料によると、寄進地に国司の卜した荒野二〇〇町を合わせて「庄田開発庁宣」が発せられ、国司の助力を得た開発、四至定・牓示打の結果、結局二〇〇余町に及ぶ広大な領域型荘園が成立しているのである。(81)

山鹿荘についてはもとの田積はわからないが、おそらく右と同様のわずかな免田であろう、それをもとに院使・府使・国使が現地に臨んでの立券荘号手続の結果、工藤氏が明らかにしたような二郡にまたがる広大な領域型の荘園が立荘されているのである。

以上の御願寺領の設定方法は次のようにまとめられる。まず上からの「券契を尋ねる」働きかけ。それに応じる中小領主の小規模な私領の券契の献上。これに際しては殺到する多数の応募に対して、券契の由緒や荘の立地等々について、院側の厳格な審査が行われたことであろう。さらに、国司の介在を得ての大規模な荒野の開発、立券荘号。こうしてもとの狭小な私領とは似ても似つかぬ広大な王家領荘園が立荘されているのである。

御願寺領ではないが同様の例をもうひとつ挙げておこう。阿波国に立荘された仁和寺領篠原荘の事例である。仁和寺という寺の性格からして、これを王家領に準じて考えても構わないであろう。立荘当時の史料ではないが、のちになって起きた問題の処理に関連して、『中右記』にその経緯が語られている。必要部分を以下に抜き書きする。

往年故仁和寺依レ為二旧庄一、以二院庁下文一阿波国中所レ被レ立レ庄也、而加納千町許山相具被二打籠一由、国司所二訴申一也、早可二尋沙汰一也、件庄故為房朝臣所二沙汰一也、其時不レ問二四至一偏庄所二打入一歟(82)

件庄券彼国人許所二尋取一也、本冷泉院庄免田十一町、不レ指二四至一、而次第伝領寄二二条関白一之時成二卅七町一之後、代々国司依二卅七丁一免来也、当時仁和寺宮御領注二載桂（勝浦）郡四至一、田畠山野千五六百町被二押入一也、前司忠長任之時被レ入也(83)

これらを総合すると篠原荘の立荘は次のような経緯をとっている。まず、わずか三七町の免田をもとに、天永元（一一一〇）年九月の院庁下文により、院司藤原為房と威儀師顕俊の沙汰によって立荘。四至を問わず加納一〇〇〇町と山を打ち籠めたとある。さらに次の国司のときに田畠山野合わせて「千五六百町」が押入られ、勝浦全郡にまたがる郡規模の大荘園になったという。こののちその次の阿波国司の訴によって、もとの免田に戻されるのであるが、国司の意向によって郡規模の領域型大荘園の立荘がはかられていることは注目される。[84]

さらに、中野栄夫氏が「勅免地系荘園」と名付けた[85]ような勅旨田をもとにした立荘というタイプの荘園が立てられるのも同じ時期のことである。備前国香登荘や讃岐国多度荘などがこれに相当する。

香登荘の場合、基礎になったのは白河天皇の設定した勅旨田であり、堀河天皇のときに白河院により立荘されていることが後の史料から判明する。[86]中野氏の推定によると、和気郡香登郷の郷域をそのまま荘園化したものであろうという。[87]多度荘の場合も白河院の勅旨田が保安四（一一二三）年に立券されたことがわかっている。[88]これも四至表示をもつ領域型の荘園である。類例はほかにも多い。

このようにみてくると、白河院政がもっぱら荘園整理策を基調としていたとするのはかなり一面的な理解であることがわかる。王家領の設定は、このように上からの主導により、すでに始まっているのである。

2　摂関家領の場合

次に、同じ時期の摂関家領立荘の様子をみることにする。白河院政期の荘園整理政策がいわれるときに、よく引き合いに出されるのが次の史料である。

元永二（一一一九）年三月、上野国司は関白藤原忠実家が国内に五〇〇〇町にも及ぶ大荘園を立てようとしているとして白河院に訴え出た。『中右記』の記主藤原宗忠を介した白河院と忠実とのやりとりは次の通りである。

（白河院）上野国司有レ所レ申、近日関白家此国中有二立庄事一、是知信寄申也、件庄及二五千町一、斎院禊祭料紅花、彼庄地利也、仍不レ能二弁済一者、此事如何、縦雖二山川藪沢一、一国之中及二五千町一甚不便也、有二便宜一之時以二此旨一可レ伝二関白一也(89)

（忠実）只如レ此庄園以二人寄一為二家領一也、仍以二知信申旨一一旦仰二国司一許也、於レ今者可二停止一也(90)

国司の訴によって院からの追及を受け、藤原忠実家の立荘計画はここに挫折した。従来この事件は、荘園乱立をはかる摂関家と、荘園抑止の政策をとる白河院との対立、という図式の中で説明されてきた。

しかし、この時期の王家領荘園の立荘形態を追ってきた目でみると、王家領の設定と共通する性格をもっているように思われる。忠実は「人の寄するをもって家領となすなり」と院に弁明しているが、立荘の推進者が忠実の腹心の家司平知信であるから、単純な寄進ではありえない。最近の峰岸純夫氏の研究によると、この立荘計画は天仁元（一一〇八）年の浅間山大噴火による田畠荒廃後の再開発と関連するという(91)。国司の同意さえ得ていれば、先の阿波国の例と同様に、摂関家の主導下に、囲い込みによる広大な領域型荘園の立荘・開発が成功したとみてよいのではないだろうか。

事実、同じ時期に領域型の荘園としてまとまって成立した摂関家領の存在を、尾張国で確かめることができる。尾張国では寛治四（一〇九〇）年から承徳二（一〇九八）年まで藤原師実五男の藤原忠教が尾張守を務めているが、この寛治年間を画期として摂関家領荘園が多数設定されているのである。しかも、網野善彦氏の指摘のように、これらは従来の免田型荘園ではなく、開発をともなう領域型荘園として設定されているのである(92)。

長岡荘は、河東四郷、河西六郷の「往古十郷」と称される広大な荘園である。網野氏によると尾張国中島郡外縁部の新たな開発地に成立した一円的な荘園である。鎌倉期の相論文書によると、根本公験が「寛治本券」「寛治八年長岡庄本四至状」(93)といわれているように、寛治年間の成立にかかる領域型荘園であることが明らかである。長岡荘に隣接する摂関家領堀尾荘の成立もこれにやや遅れる頃であろうという。

また、荘園絵図で有名な富田荘の成立もこの頃である。これも新たに海辺部に開発・立荘された領域型の荘園で、のちに「寛治官符四至」[94]といわれているように、同じく寛治年間の立荘と考えられる。

さらに、事情はやや異なるが、摂関期から連続している摂関家領の拡充が行われていることも尾張国で確認することができる。良峯氏の道長への寄進で有名な小弓荘に関して、年欠だが保元元（一一五六）年のものと確定できる文書に、「当開□(発)四十六箇年罷成」とされているので、一二世紀の初頭より「開発方」が成立していることがわかるのである。[95]

以上、王家領・摂関家領に共通する院政初期の立荘形態をまとめておこう。

まず、「券契を尋ねる」働きかけによって得られた私領、以前に設定されていた勅旨田、その他―摂関家の例では確認できなかったが―小規模な免田が立荘の契機になっている。

このような狭小な免田を基礎として、数百町からときには数千町にも及ぶ領域型荘園が、開発をともなって設定される。この場合、阿波篠原荘での院司藤原為房や上野国立荘計画の時の家司平知信の役割は重大である。中央と在地とを媒介する領域化への取りまとめ、荘園設定の事実上の担い手は、院・摂関家に近侍する彼ら実務官僚であったといってよい。[96]

また、御願寺領の設定の場合、同様の役割を果たしたのが山鹿荘での六条院宣旨、牛原荘では源顕房といった、御願寺の造営に深く関与していた院・女院の縁辺の人であった。後に述べるように、このように立荘に関与した人々は、立荘後に何らかの荘園所職を得ることになる。

さらに、国司の果たす役割が重要である。尾張国の場合、直接史料には現れないが、尾張守藤原忠教の領導による立荘を考える網野氏の推測に間違いはないであろう。上野国の立荘事件の場合、国司の拒絶が立荘を未遂に終わらせたことは、立荘における国司の意向の重要性を逆によく示している。王家領の場合、たとえば山鹿荘では、後の史料に開発時のことが「本主」の名ではなく、国司の名と共に回想されている。牛原荘でも荒野をトして荘園を設定したのは国司の働きであった。立荘は院司・家司と国司との連携のうちに行われる。とくに郡規模やそれに近い広大な荘域設定の場合、国衙領の郷司や保司の寄進による立荘との説明は成り立たない。国司自身による国衙領の分割なのであり、国司を不可欠の媒介項とする国家的な立荘といってよいのである。

こうして成立した白河院政期の新立荘園は、従来の免田型の荘園とまったく性格を異にする領域型荘園である。そして、このタイプの荘園の立荘の主体は王家と摂関家に限られている。立券・四至確定をともなう領域型荘園の立荘を主体的になし得るのは国家意志の発動に直接関与して国衙を動かし得る王家と摂関家のみなのである。

このように考えるならば、当該期の摂関家の位置を、院政の成立による摂関家の政治的後退↓家産・家政機構の整備、という図式で捉える理解が不正確であることは明らかであろう。たとえば網野氏の場合も尾張国の摂関家領立荘について、「院政の確立によって、受領の人事権を奪われた摂関家が、その経済的基盤を徐々にこうした荘園に移していく過程の一端」を読み取ろうとしているが、摂関家の立荘はむしろ王家領と共通する側面が強い。白河院政期、王家・摂関家のみを立荘の主体として、領域型の荘園が新たに出現したのである。

2　荘園の寄進と立荘

以上のように、白河院政期に領域型荘園が成立してくる。これらの中には狭小な寄進地を基礎としているものもあるが、寄進地系荘園という従来の類型には当てはまりにくい、上からの設定という性格を強くもって形成されている。そして立荘に関わった院や摂関の縁辺の貴族や僧侶は、立荘後何らかの所職をその荘園について得ることになる。

このような立荘の形態に対し、一般貴族の寄進による王家領の立荘が盛んに行われるようになるのは、これと重なりながらもやや時代が下って、一二世紀の二〇年代後半以降、白河院政後期以降のことである。寄進の隆盛に先行する領域型の特権荘園の上からの形成が、前節でみたような不安定な一般貴族の荘園寄進を促すことになったということができる。藤原頼宗流の家領の場合、一一四〇年代前後が寄進の画期であった。こうした寄進の様相を、再び王家領・摂関家領について検討することにする。

1　王家領の集積

この時代の荘園寄進のいわば受け皿となったのは、鳥羽院政期に入るころから益々盛んとなった御願寺の建立である。とくに一一三〇年代は御願寺建立ラッシュともいえる時期で、多数の、しかも規模の大きな御願寺の造営が相次いでいる。(97)

平安末期の一大王家領荘園群である八条院領をみるとき、そこに含まれる二二〇余荘のうち、庁分の七九荘を除く大半が御願寺領で構成されている事実は、(98)御願寺領が王家領のうちのかなりの比重を占めていたことを物語っている。御願寺領以外の王家領の存在を軽視するわけでは決してないが、その主要部分として御願寺領の形成を考えることは許されるであろう。

御願寺領の研究はそれほど進んでいるとはいえず、わずかに安楽寿院領について永原慶二氏、福田以久生氏の、最近では上島享氏の研究があり、荘園集積の経緯に触れている。(99)これらが明らかにした事実のうち、御願寺の造営自体と並行して荘園の集積が進められているという点は重要である。寄進・立荘は寄進者の側から漫然と起こるのではなく、堂舎の造営や寺観の整備に合わせて御願寺領が形成されてくるのである。

前節から触れてきた関係上、遠江国質侶荘と越後国小泉荘を再び取り上げ、この時期の御願寺領化の様子を検討したい。

遠江国質侶荘は、すでにみてきたように「本家」藤原信長後家がその所職を手放し、下級職を相伝した藤原永実より子の永範が私領として受け継いできた荘園である。六勝寺の一、待賢門院御願円勝寺の大治三（一一二八）年三月の供養に合わせて寄進が行われている。以下、寄進の手続をみてみよう。

同年八月、まず永範より年貢三〇〇石の寺家への進上を請負う旨を記した寄進状が寄せられる。(100)これを受けて待賢門院庁では一二月、牒を遠江国衙に発し、女院庁の使者と国使がともに立券を行うことを命じた。(101)この中で「但於二預所一者、以二永範子々孫々一、永可レ令レ致二沙汰一」とあるように永範の子孫を預所に任ずることが確認されている。翌大治四（一一二九）年三月、先の院庁牒を受けて検注が行われ、立券文が作成されて、下司・在庁官人・女院使がともに署判を加えている。(102)さらに同年五月には、再び待賢門院庁牒が発給されて四至を堺し牓示を打つことが命じられている。(103)

上島享氏がすでに明らかにしているように、このような立券と四至の確定が立荘の根幹をなす。(104)それとともに寄進主体は預所として、その地位を新たな王家領の中に獲得するのである。これは寄進による立荘のかなり早い時期の例であるが、この立荘形態は、以後の王家領の立荘にも共通することになる。

次に、越後国小泉荘の様子をみる。この場合は立荘当時の史料を欠くため前後の状況からの類推を含むが、質侶荘の立荘

表 5　御願寺の建立(12世紀の事例)

供養年月	寺名	場所	願主
康和 3 (1101) . 3	證金剛院	鳥羽	白河上皇
康和 4 (1102) . 7	尊勝寺	白河	堀河天皇
天仁 2 (1109) . 6	證菩提院	京極	堀河中宮(篤子内親王)
永久 2 (1114) .11	蓮華蔵院	白河	白河上皇
元永元(1118) .12	最勝寺	白河	鳥羽天皇
大治 3 (1128) . 3	円勝寺	白河	待賢門院
大治 5 (1130) .10	法金剛院	双岡	待賢門院
長承元(1132) . 3	得長寿院	白河	鳥羽上皇
長承元(1132) .10	宝荘厳院	白河	鳥羽上皇
保延 2 (1136) . 3	勝光明院	鳥羽	鳥羽上皇
保延 3 (1137) .10	安楽寿院	鳥羽	鳥羽上皇
保延 5 (1139) .10	成勝寺	白河	崇徳天皇
永治元(1141) . 2	歓喜光院	白河	美福門院
康治 2 (1143) . 8	金剛勝院	白河	美福門院
久安 5 (1149) . 3	延勝寺	白河	近衛天皇
久寿元(1154) . 8	金剛心院	鳥羽	鳥羽上皇
長寛 2 (1164) .12	蓮華王院	洛東	後白河上皇
承安 3 (1173) .10	最勝光院	洛東	建春門院
承安 4 (1174) . 2	蓮華心院	仁和寺	八条院

註．独立した寺名・院名をもつ御願寺のみを取り上げて表にした。したがって、これがすべての御願寺というわけではない。

の事情とはかなり異なっている。

小泉荘は中御門家の根本荘園として藤原俊家以来同家に相伝されてきた荘園である。鳥羽院御願の金剛心院が久寿元（一一五四）年の供養であるが、造営開始の仁平三（一一五三）年一二月に金剛心院領として鳥羽院庁下文で立券が行われていることがわかるから、この場合も御願寺造営に合わせた立荘であるといえる。立荘後は鎌倉初期にも中御門家の子孫が預所となっていることが確認される。[105]

以上の経過をみれば寄進により立荘、寄進主は預所となり子孫に相伝される先と同じ典型的な寄進地系荘園の成立であるようにみえる。ところが、立荘前後の荘園の変化は単なる寄進による立荘では済ませることはできないものである。

前節で述べたように、小泉荘は中御門宗忠までの段階では摂関家の威勢により領有が辛うじて維持される、免田三〇町を基本的所領とする荘園であった。しかし、鳥羽院庁下文で立荘された金剛心院領としての小泉荘は、四至表示をもつ広大な、ほぼ岩船郡一郡に及ぶ領域型荘園に転化しているのである。[106]

免田三〇町から郡荘へという変化は、寄進というよりむしろ前節でみた荘園設定方法と共通している。寄進前後の荘名の同一性から単純な寄進と捉えるのは正しくない。この場合も国衙領の分割を担った国司の重要な役割を想定せざるを得ないのである。白河院政期の特徴としてみた立荘形態は、先のような通常我々が思い描くような寄進・立荘とともに、この時代にも続いているのである。

このように、公家領の御願寺領化といってもその経緯は一様ではない。しかし、公家領が国衙の介在を経て、新たに領域型荘園として再生することは共通している。御願寺の造営に合わせた荘園の設定。官使（院使）・国使の派遣による検注＝立券と、四至確定作業が不可欠の手続として行われ、そして寄進主の所領は新たな体系の中にはめこまれることになるのである。

2　摂関家領の集積

摂関家の場合、一項でみたような立荘の動きが、直ちに王家領のような荘園の大規模集積に発展したわけではない。保安元（一一二〇）年暮の、白河院との確執による関白藤原忠実の失脚事件は、摂関家の政治的立場を著しく後退させることになった。忠実が政界を退く保安二（一一二一）年以降、少なくとも史料的には摂関家領の新立はほとんど認められないのである。

しかし白河院没後、鳥羽院政下での忠実の政界再登場は、以後の摂関家領の充実と明らかに連動している。これを最もよく示しているのが「大和新庄」―荘名はわからないが―の寄進である。源雅光による「大和新庄」の寄進は『中右記』に所見があるが、(107) 雅光の大殿忠実への寄進の動きは大治五（一一三〇）年八月、忠実失脚の原因であった白河院の没一年後から始まっている。これは明らかに忠実復帰への動きを敏感に感じ取った寄進者の働きかけである。同じ時期の越中国阿努荘の高陽院（忠実女）への寄進も忠実の復帰と連動している。(108)

また忠実息忠通側への寄進も、おもに忠通女の皇嘉門院への寄進という形をとってこの時期に集中する。のちの九条家領の基礎をなすことになる皇嘉門院領の大部分はこの時期の成立であると考えて間違いない。(109)

この時期にみられる荘園寄進で、寄進の年代が確実なものを表6に挙げてみた。寄進の年がはっきりわかる例はむしろ稀であるが、一一三〇～四〇年代に多く確認できる。忠実復帰の天承元（一一三一）年から忠実・忠通父子の対立が表面化してくる久安年間頃まで、鳥羽上皇との提携のもとで、摂関家の政治的安定期なのであり、公家領の寄進はこの時期に集中してみられるのである。

さて、摂関家への寄進の手続をみてみよう。寄進を受ける際の摂関家側の手続として、政所下文の発給と検注の実施を挙げることができる。

源雅光による「大和新庄」の寄進をうけた藤原忠実は、「一日所ㇾ寄也、以二知信一可ㇾ成二政所下文一之由、仰

表6　摂関家への寄進(年代がわかる例)

国・荘名	寄進年月	寄進主	寄進先	典　拠
①大和国「新庄」	大治5(1130).8	源雅光	藤原忠実	『中右記』
②伊勢国和田荘	保延元(1135).8	藤原光房	皇嘉門院(忠通女)	九条家文書
③越中国阿努荘	保延年間(1135～41)	源憲俊	高陽院(忠実女)	『兵範記』紙背文書
④摂津国生嶋荘	康治元(1142)	源雅行	皇嘉門院	九条家文書
⑤能登国若山荘	康治2(1143)	源季兼	皇嘉門院	九条家文書
⑥能登国一青荘か	康治2(1143)頃	法橋信慶	藤原頼長	『台記』

下了[110]」と政所下文の発給を命じている。また、甲斐国鎌田荘を同じ藤原忠実に寄進した藤原宗忠は、「甲斐国鎌田庄奉レ寄二関白殿一、付二式部権大輔宗光一本券案文同進了、政所下文申請也[111]」と、公験を献上するとともに政所下文の発給を願っている。高陽院や皇嘉門院といった摂関家出身の女院に対する寄進の場合も、摂関家政所下文の発給がみられる。「凡当家代代之例、国司献二免判一之後、成二下家下文一為二家領一者定例也[112]」といわれるように、政所下文の発給は、摂関家領としての立荘を確定するものである。

　これとともに、検注が行われる。丹波国野口牧下司藤原定遠の解状に「殿下御領諸庄薗田地者、皆以二下家司宗重検注一為二規模一[113]」とあるのはよく知られた史料であるが、このように下家司の検注による田地の確定が行われる。「大和新庄」の場合、下家司とおぼしき僧元遠という人物が新荘に下向、検知を行っている[114]。また、これは寄進の際ではないが、藤原頼長が父忠実より尾張国日置荘を譲られたとき、政所下文を預所に給与するとともに、下家司尾張成重を遣わして検注を行わせようとしている[115]。武蔵国稲毛荘ではおそらく寄進直後に行われた検注に関する史料が残っている[116]。

　政所下文による立荘の認定と検注による領域の確定作業。こうした摂関家側の積極的な受け入れにより、摂関家領が成立することになる。

　能登国若山荘の場合、石井進氏が推測するように、寄進主源季兼がおそらく父から相承した私領をもとに、康治二(一一四三)年の皇嘉門院への寄進によって、のちに能登国田数帳にその年の立券として記載されたような五〇〇町に及ぶ安定した大荘園に転化していることは注目される。すべての寄進がこうした領域型荘園への移行を意味するとは必ずしもいえないが、それをなし得る主体としての摂関家の存在は大きい。(117)

院政期の摂関家は、院の動向により左右される政治的な不安定性を常に随伴している。忠実失脚中の不振はそれをよく物語っている。しかし安定期においては、唯一王家とともに国家機構を動かし得る最高権門として寄進が集中する。それを積極的に編成することにより、荘園群が形成されていくのである。

以上、王家領・摂関家領の成立の問題を扱ってきた。白河院政期、従来の免田型の荘園とは異なる大規模な領域型荘園が、上からの設定という性格をもって現れてくる。このような領域型の特権荘園を主体的に立荘できるのは王家・摂関家のみである。このような立荘が、不安定な一般公家領の王家・摂関家への編入を方向付けることになったと評価できる。王家・摂関家の側ではそうした動向をさらに強力に組み込むことにより、みずからの領有体系を形成していくのである。

第四節　家格の形成と荘園領有の形態

前節までで強調してきたのは、上からの荘園形成の動きである。王家領・摂関家領の形成にとって、寄進という行為は極言してしまえば立荘のひとつの契機に過ぎない場合さえある。それを受け止めた上からの強力な組み込みによって、院・摂関家を頂点とする集中的な領有構造が確定されていくのである。

本節で最後に問題にしたいのは、そうして形成されてきた荘園群が貴族社会内部でどのような形に編成されていくのか、という点である。上からの編成、それが院を中心として進む貴族社会の再編＝家格の形成に対応しつつ、新たな領有秩序が確立していく。

1項では、王家領・摂関家領の家産への編成をまず上から眺めてみたい。そして2項では、「一般公家」の側から各々の家格に特徴的な領有形態を概観したい。

1　家産機構の整備と預所

一一世紀末から一二世紀にかけてが諸権門の家産機構の整備が進む時期であることは、多くの研究の指摘するところである。荘園領有構造の上で、こうした動きの一環をなすのは、預所の設置である。この時期に出現する預所といえば、有名な悪僧覚仁の東大寺領荘園の預所としての活動が注目されているが、必死の経営再建策を取らねばならなかったこの時期の東大寺領の預所と、質量ともに一流の荘園であった摂関家領・王家領の預所では、その位置付けもおのずから異なるはずである。

摂関家領の場合、荘園を家司クラスの在京貴族に「預ける」という行為は嘉承二（一一〇七）年の『殿暦』の記事にみられる。

今日依二日次宜一、摂津国垂氷庄右大弁時範朝臣預レ之、和泉国信達庄預二兵部大輔師俊母一[118]

「預所」という職名はでてこないが、事実上これが預所の補任であることは間違いないから、一二世紀初頭のこの記事が史料上初見である。

もっとも『今昔物語集』は、藤原頼通の頃のこととして「長門ノ前司藤原ノ孝範」という者が「関白殿ニ候ヒシ者ニテ、美濃ノ国ニ有ル生津ノ御庄ト云フ所ヲ預カリテ知ケルニ」[119]と始まる説話を載せている。預所の補任が一一世紀後半の頼通の時代に遡る可能性はある。

王家領の場合、前節でみた牛原荘や山鹿荘の預所が早い例である。牛原荘の場合、荘の本券を提供した本主忠範が下司に、預所には立荘から程なくして醍醐寺円光院の賢尊という僧が補任されている。[120]山鹿荘では、同じように本主能輔の子孫が下司を相伝、立荘のときに仲介役をなした六条院宣旨（尼蓮妙）が荘を預り、以後彼女の子孫に相伝されている。[121]ともに白河院政期のことである。

これら上から設定される預所に対し、預所を子々孫々に伝えるという契約をともなう寄進が現れるのはやや下って前節で述べた一二世紀中頃の荘園寄進の全盛期に一般的である。院や摂関家などへの寄進の際の「寄文」には、「於二年貢一者〇〇可レ令二進済一、但於二預所一者〇〇子孫相伝可二知行一之状」というような文言が付せられるのが普通である。

このような寄進を単純に得分権のみの「本家職寄進」と考えるわけにはいかない。前節でみたように、寄進主の所領は設定される領域型荘園に「組み込まれる」ことになるのだから、所職の面からいえば、新たに設定された職の体系の内部に預所（領家）として新たな関係をもって「はめ込まれる」というのが正確であろう。

以上のように、預所の設置はさまざまの経緯をもって現れてくる。

さて、最近の井原今朝男氏の研究によると、院政期には年貢公事の徴収体制が固まり、預所を介して荘民から徴収がなされる収取手続の体制が成立するという。[122]預所の設定はこのような年貢公事の徴収体制の整備と連動している。〈本家―預所〉という構成をなし、年貢公事を請負う預所職が設定されているというのが基本的な上からの荘園編成形態といえるのである。ただし「預所職」を知行する公家の家格に応じて、「預所」はさまざまな形態をとることになる（後述）。

ところで、以上のような単純な理解は、長く通説とされてきた永原慶二氏の所説と食い違っている。

永原氏は、王家領では安楽寿院古文書を、摂関家領では建長五年の近衛家所領目録[123]をおもな分析の対象として、①荘務権をもつ「本家・領家職未分化の荘園領主権」と②荘務権なき「上分取得権からのみなる本家職」の二形態を抽出した。「荘務権」の有無による区分である。そして、後者の存在をもって天皇家・摂関家のふたつの最高権門＝本家を特徴付けるものとしている。特に、王家領はほぼ②型の荘園で占められるという。(124)この見解によると、本家により預所が設置されるのは①の方であり、②の場合は寄進主体の「領家」に荘務権があって本家による預所の設置はないことになる。

ところが、福田以久生氏によってなされた永原氏の実証に対する次のような批判は、右の解釈を成立させない。福田氏は安楽寿院古文書の詳細な分析により、永原氏が安楽寿院領成立時の寄進主だとした人名の表記は、実は鎌倉期の院領荘園の知行主であることを明らかにしたのである。そして、その人名の中には寄進主の子孫または、その後継者と考えられるものもあるが、大半は上から宛行われた預所職の所有者である可能性が高いことを指摘しているのである。(125)これは王家領は大半が②型の荘園であるとした永原説の一半を崩す重要な指摘であると言わざるを得ない。

福田氏の所論は永原氏の実証の誤りを指摘するにとどまっているが、さらに重要なことは、どのような成立過程をとるにせよ、それらの人名が年貢・公事の請負者として一様に記載されているという事実である。寄進者の子孫相伝の職と宛行の所職とがともに含まれているにもかかわらず、両者の編成は安楽寿院の相折帳からは同様にみえるのである。

さらに、永原説の根幹をなしている近衛家所領目録の分析にも重大な欠陥がある。永原氏の二類型は、そもそもこの史料の荘園群の大半を占めている「庄務無本所進退所々」と「庄務本所進退所々」と記された二種の荘園群の解釈によるところが大である。

ところがこの表記は永原氏の考えるような、本家＝近衛家の荘務権の有無を意味するものではない。詳論は避けるが、前者の「庄務無本所進退所々」に属する荘園群は近衛家嫡流から庶子へ分与された所領の総称なのである。(126)ここに記された「本所」とは、文字どおり「本の所」、すなわち近衛家本流を意味している。つまり、この二類型は荘園が近衛本流に所属しているかどうかの区分であるから、前者つまり庶子分の荘園に預所の名が書かれていないことに不思議はない。「荘務権」なるものが本家―領家のどちらにあるか、という区分では全然ないのである。(127)

このように、先の二類型把握の根拠となった永原氏の史料解釈には、かなり基礎的な誤認が含まれている。王家領・摂関家領ともに永原説の重要な根拠が崩れたいま、この内実のない区分法にこだわる必要はない。近衛家所領目録では、近衛家本流の保持する荘園には荘々に各々一人の人名が書かれている。同様のことは王家領の場合も、荘園ごとの負担を記した相折帳の類にみることができる。さまざまな成立の経緯をとるすべての荘園に、少なくとも上からの編成としては一律に、「預所職」の所有者が各荘に一人設置され、年貢公事の負担者として編成されている、という事実こそをこれらの史料から読み取るべきなのである。これが院・摂関家の荘園領有の基本的な編成形態である。

さて、実際の公家領の領有関係をみる場合、以上の考察ですべてを説明できるものではなく、領家が介在してさらに複雑な形をとることも珍しくない。「預所職」を知行する公家は、その家格に応じた領有構造をとり、それが〈本家―預所〉という単純形に収まらない構造を成す場合が多々あるのである。視点を移して、下級所職を保持する「一般公家」の側から、その家格に対応する領有の形態を眺めることにしよう。

2　家格の形成と領有の構造

玉井力氏の研究によると、鳥羽院政期には院を中心とする貴族秩序の組替えが一応完了し、一定の昇進ルートをもつ摂関家・清華家・羽林家・名家以下の家格が成立して貴族社会を構成しているという。(128)

こうした中で、摂関家の九条兼実が王家領の預所職を知行することを「家の瑕瑾」として拒否したことはよく(129)

知られているが、領有構造が家格のプライドによって規定されていることがここに窺われる。摂関家のみならず、各々の家は各々その家格に応じた領有形態をもっている。

網野善彦氏は、公家領をa王家領、b摂関家領、c上流公家領（久我・西園寺家など）、d中下流公家領（勧修寺・山科家など）、e官人的公家領（小槻・中原氏など）に分類している。[130] ここに例示された家名を上の家格でいうと、cが清華家、dが名家ということになるが、最小限これだけの区分をすることは必要であろう。[131] 以下ではcdの家領の特徴を概観したい。なお、eの官人的公家領は家業と密着して形成維持される特有の意義をもち重要であるが、今は考察の対象としない。

1　中流公家領

平安末～鎌倉初期の中流公家領として、史料の豊富な(ア)藤原定家家、(イ)吉田経房家、(ウ)平信範家、の三家を取り上げる。このクラスの所領が本家として仰ぐ権門から領有形態を特徴付けたい。

(ア)　藤原定家の家領（御子左家）

御子左家は始めの方で扱った藤原長家の末流であるが、鎌倉初期の定家の頃には八条院や九条家との密接な関係によって政治・経済的地位が維持される中流貴族になっている。この家の場合、和歌をもって諸権門とつながるという特殊な面を持っているが、家格からいえば「羽林」家に属する。

定家の家領については永原慶二氏の分析があるので、[132] それによって領有の形態をみることにする。永原氏により『明月記』より一五ヶ所の所領が検出されているが、そのうち知行国の国衙領の給与を除き、上級領主が判明するものは次の通りである。なお、これらの中には一時的に給付された所領も含まれるので、定家家領の全貌を通時的に示したものではない。

近江国吉富荘が新熊野社領（後白河院→後鳥羽院が管領）、播磨国細河荘が八条院領で、以上が王家領荘園。播磨国越部荘・下総国三崎荘・越後国苅羽郷と大社荘・越前国小森保・伊賀国大内東荘・大和国若槻荘・尾張国山田荘が九条家領の下級職である。そのほか、伊勢国小阿射賀御厨が伊勢外宮領であるほか、西園寺家から下野国真壁荘を給付されているのも注目される。

右のように、若干の王家領と多数の摂関家（九条家）領でおもに構成されていることがわかる。九条家領のうちには八条院をさらに背後に戴くもの（小森保）もある。永原氏の指摘のように、八条院―九条家という政治グループと連なることによる荘園所有形態が明瞭にみてとれる。

(イ)　吉田経房の家領（勧修寺家）

勧修寺は院・摂関家に近侍する典型的な実務官僚、「名家」に属する家柄である。平安末～鎌倉初期に活躍した吉田経房の処分状[133]から、家地を除いて九ヶ所の所領が判明する。この史料にみえるのは経房の処分時に譲与の対象になった所領だけであるから、このほかにも一時的な所領給付は更にあったことであろう。

先と同様に荘名と上級領主を列挙する。周防国石国荘・河内国高瀬荘が前斎院（高倉天皇皇女範子内親王）領、伯耆国稲積荘が長講堂領（後白河院が管領）、下野国大内荘が五辻斎院（鳥羽上皇女頌子内親王）領、安芸国志芳荘がもと上西門院領、美濃国平田荘内市俣郷が宣陽門院領で以上が王家領。筑後国味木荘・播磨国黒田荘が平等院領、伊勢国和田荘が九条家領で、摂関家領である。

個別に吉田経房と権門との人脈のあり方を精査する必要があるが、ここではとりあえずすべての家領が王家または摂関家を上位に仰いでいることを確認しておく。院・摂関家に近習して政治的地位を保った勧修寺家の性格をよく表している。

(ウ)　平信範の家領

平信範の平氏も勧修寺家と同じ典型的な実務官僚で「名家」に属する。信範は摂関家藤原忠通・基実の非常に有力な家司である。信範家の場合、所領目録の類は残っていない。信範の日記『兵範記』およびその紙背文書などから検出できた荘園を列挙すると次の如くである。ただし、信範の摂関家司としての地位は摂関家の内紛に左右されて動揺し、所職の改替や補任が目まぐるしいので、以下の所領を常に保持していたというわけではない。播磨国坂越荘・同大江嶋荘、(134)紀伊国吉仲荘、(135)近江国の基実家位田、(136)三河国志貴荘、(137)紀伊国賀太荘(138)である。吉仲荘は法成寺領で殿下渡領に含まれるが、そのほかは忠通または基実の家領である。このほかにこれも摂関家領の筑後国三池荘を家領としていた可能性が高い。

以上、信範家領として検出できたのはいずれも摂関家領であった。信範には後白河院司としての経歴もあるから、王家領の給付を受けていた可能性も充分あるが、史料上は見いだせなかった。

以上(ア)(イ)(ウ)から、中流公家の所領形態をまとめておこう。

① 家の、または家の当主の政治的な立場によってその比率はまちまちであるが、ほとんどすべての家領が、王家または摂関家の荘園領有構造にほぼ完全に組み込まれていることが明らかである。

② 定家家領は八条院―九条家に、平信範家領は摂関家（忠通・基実）に、というように、特定の権門との関係が荘園領有関係として現れている。永原氏が定家家領の分析から指摘した通りであるが、これはまさに特定の権門グループと密着しなければ存続できなかった中流公家にもっとも顕著な特徴であるということができる。

2　上流公家領

ここで上流公家というのは、大臣の職を世襲する「清華」の家々を想定しているが、清華家に含まれるのは、その成立に時代差はあるが、村上源氏（久我家）・藤原北家公季流（徳大寺家・三条家・西園寺家）・同師実流（大炊御門家・花山院家）を指す。(139)ところが、こうした家々の家領に関する史料は院政期の場合、きわめて少なく、まとまった形で残っているものはほとんどない。鎌倉後期では、西園寺家について、網野善彦氏の家領を精査した研究があるが、(140)所領形成期である院政期については史料の不在からまったく明らかになっていない。また西園寺家領の場合、家領は比較的新しく成立したとみられ、しかも鎌倉幕府との深い結び付きが重要な意味をもっているので、ここでの考察には適さない。

このようななかで、今のところ唯一手がかりになるのは、清華家筆頭と称される久我家の家領に関する岡野友彦氏の研究である。岡野氏の研究は久我家文書によるもので、この場合も史料の性格から鎌倉以降の研究が中心なのであるが、その中で中院流家領目録草案という史料の書誌学的な検討から、これが院政期半ばのものであることを論証し、さらに仁平四（一一五四）年前後の中院流（村上源氏久我家の前身）当主源雅定の財産処分に関する目録ではないかと推定されたのは、(141)大きな成果である。

中院流家領目録草案には源雅定の所領と推定された二八国八三ヶ荘の所領が記載されている。まず、先のクラスの貴族と比べると、やはり群を抜いた所領の多さが目を引くが、それだけではなく、家領の領有構造を考える必要がある。残念なことにこの史料の記載は国名と荘名のみで、領有の形を直接に知ることはできないが、岡野氏の詳細な分析をもとに、院政期の中院流の家領形態を考えることにしよう。

岡野氏の結論のうち、本論と関わって重要なのはさしあたって次の二点である。

① 所載所領八三ヶ荘のうち、確認できるものだけで三五ヶ荘が王家領であり、中院流家領は王家領の荘園所有体系に包摂されているということができる。

② これに対し、摂関家を本家と仰ぐ所領は確認できず、中院流の家領は王家領の領有体系にのみ依存している。

まず①について。清華家の筆頭とされる久我家でさえ、独自の荘園所有体系を編成し得なかったことは重要である。ここに摂関家と一般貴族との決定的な差が存する。すべての公卿家領は、王家領ないしは摂関家領となることによってのみ存続できたのである。

もっとも、岡野氏の年代比定が正しいとしてこの史料が仁平四年前後のものだと考えた場合、確認できる王家領三五ヶ荘のうち、この年以降創建の御願寺領になっているものが半数ほどあるから、この時点では王家領への編入が進みつつあるところだということができようか。

また、鎌倉後期における西園寺家の場合も、ほぼ王家領に包摂されていることが確認でき、摂関家をも凌ぐ勢力をもったとされるその時期の西園寺家でさえ領有構造上は本家になり得なかったことがわかる。

次に②について。ここに今度は久我家に代表される上流貴族とそれ以下の中流貴族との決定的な差が存している。この特徴も鎌倉後期の西園寺家と共通し、清華家クラスの貴族は摂関家領の下級職は保持していないことが確認できる。

中院流の家領の場合、この理由を岡野氏は村上源氏の政治的立場―摂関家勢力に対抗するために後三条・白河院によって登用されたという旧来の通説―に求めているが、摂関家と村上源氏とのむしろ密接な関係が最近の研究によって明らかであるから[142]、これは正しくない。そうではなくて、やはり家格の問題から解くべきであろう。摂関家は中流公家層は家司として編成しているが、清華家クラスの上流貴族を家司として家産に編成することは基本的に有り得ないのと同じことである。

さて、もうひとつの特徴にも触れる必要がある。このクラスの貴族の所職は史料上「領家」といわれることが多い。もっとも、同一実態を指して「預所」「領家」と呼び替えている例も多く、そもそもの語義に踏み込んだ検討が今後不可欠であるが、この点についてはとりあえず次のように考えていることを示しておきたい。

このクラスの上流公家に対する所職の給付や本家への寄進の史料はあまりないので、次の例をみておこう。

藤原成通が紀伊国神野真国荘を鳥羽院庁に寄進したときの史料である。藤原成通は第二節でみた頼宗流坊門家の宗通の子で、この家は清華家には属さないが、成通の時点ではそれに次ぐ有力な家柄と考えてよい。

権中納言兼皇后宮権大夫侍従藤原朝臣家去十一月三日寄文偁……望請　庁裁、件庄限以二永代一、可レ為二不輸祖(租)田一、永不レ可レ入二国使并寺使一、至二毎年貢一者、敢不レ可レ有二懈怠一、於二預所一者、永任二領家附属一、可レ被レ補者、任二申請旨一、為二御領一、使者相共堺二四至一打二牓示一、可二立券言上一……於二預所一者、任二彼家譲状一、可レ令二執行一之状、所レ仰如レ件[143]

寄進のときの寄文には、一般に「於二預所一者、〇〇子孫相伝可二知行一」とあり、寄進者が預所職を子孫相伝するという文言になるのが普通である。ところがこの場合、成通家ではみずからを「領家」として預所の補任権をとどめることを願い、院庁もそれを承認する文言になっている。

王家領・摂関家領の設定時に、「預所職」を知行する貴族が「預所」として臨むか、自らを「領家」と位置付けて「預所」に下級貴族を補任するか、これらは自身の家格に応じて決定されると考えておきたい[144]。

王家・摂関家をそれぞれの頂点とする荘園領有体系に組み込まれるということは、院政期に形成が進む家格の編成に応じた位置に、領有構造上もはめ込まれていく過程なのである。

以上二項にわたり、上からの編成と家格に応じた公家側の対応を論じてきた。形式的な構造の問題に終始し、「荘務権」の問題や家領の類型―永原氏の家領型・俸禄型の二類型―などの重要な問題に触れることができなかった。後日の課題としたい。

おわりに

以上の検討の結果、明らかになった点は次の通りである。

① 摂関期の荘園形成は、受領の動向に規定されている。この時期の寄進による上流公家領は、「威勢」を募られる存在である「本家」の受動性が顕著であり、寄進によって免田型荘園の構造自体が変化するわけではない。寄進により生じる関係も個別的であり、荘園所職を媒介にした家産の編成は未成熟である。寄進により成立した一一世紀の公家領の脆弱性は以上の点にあると思われる。

② 院政下、院・摂関家を頂点とする形で諸権門の系列化が進行する。摂関期に「本家」であったような家々も、この両者に連なることによってはじめて家領を維持し得るようになる。この背景には延久荘園整理令を画期とする国家的な土地所有認定の主体の上昇、院司受領の増加や知行国制度の進展などの動きがあった。こうした動向が進んだ結果、一二世紀の半ばごろから、不安定な公家領の王家・摂関家への編入が進み、両者の家産に編成される形で公家領が成立・再編されていく。

③ これに先立ち、院政初期の一一世紀末から一二世紀初頭にかけて、王家・摂関家のみを主体的な立荘の主体として、従来の免田型荘園とは異なる立券・四至定をともなった領域型荘園が設定されていく。この時期の立荘は上からの設定という性格がきわめて強く、立荘に当たっては国司の関与が不可欠である。こうした領域型荘園の成立が、②でみたような不安定な一般公家領の王家・摂関家への求心を促進することになった。王家領の場合、一一三〇年代前後に造営の盛況を迎える御願寺が寄進の受け皿となった。摂関家の場合は政治的な不安定を伴うが、一一三〇～四〇年代に寄進のピークを迎える。公家領はこうして王家領・摂関家領に組み込まれていくことになる。

④ 右記のような動向の結果確立した王家領・摂関家領の荘園群は、荘々に預所職を設定し、年貢・公事の担当者を編成する。一般公家領はその家格に応じた領有構造をとる位置に位置付けられていくのである。

以上により、公家領荘園形成過程の諸段階がかなり明確になったのではないかと考える。しかし、一方論じ残した問題は数多い。特に院政期の荘園整理令の評価が不可欠であるが、次の課題としたい。

（1）永原慶二「荘園制の歴史的位置」（『日本封建制成立過程の研究』、岩波書店、一九六一年、初出は一九六〇年）。
（2）中田薫「王朝時代の庄園に関する研究」（『法制史論集』二、岩波書店、一九三八年、初出は一九〇六年）。
（3）脇田晴子「荘園領主経済と商工業」（『日本中世商業発達史の研究』、御茶の水書房、一九六九年）。なお、この点のほかに、脇田氏は荘園領主経済に占める国家的給付が院政期においても依然重要であることを指摘し、これも永原説の重要な批判点になっている。この視点は近年の井原今朝男氏の研究（「公家領の収取と領主経済」、『日本中世の国政と家政』、校倉書房、一九九五年、初出は一九九一年）に継承されている。
（4）永原慶二「公家領荘園における領主権の構造」（『日本封建制成立過程の研究』、前掲註1、初出は一九五八年）。
（5）村井康彦「公家領荘園の形成」（『古代国家解体過程の研究』、岩波書店、一九六五年、初出は一九六二年）。以下、村井氏の見解の引用はすべてこの論文からである。
（6）網野善彦「荘園史の視角」（網野善彦他編『講座日本荘園史1　荘園入門』、吉川弘文館、一九八九年）。
（7）小山靖憲「古代荘園から中世荘園へ」（『中世寺社と荘園制』、塙書房、一九九八年、初出は一九八一年）。
（8）上島享「庄園公領制下の所領認定―立庄と不輸・不入権と安堵―」（『ヒストリア』一三七、一九九二年）。
（9）嘉保二年正月一〇日大江公仲処分状案（『続群書類従』第三三輯上、『平安遺文』一三三八号）。
（10）大治五年月日大江仲子解文案（『続群書類従』第三三輯上、『平安遺文』二一七七号）。
（11）大治三年八月日藤原永範寄進状案（東大寺所蔵『弥勒如来感応指示抄一』紙背文書、『平安遺文』四六九二号）。
「件牧元者、親父文章博士永実朝臣之外戚、先祖大江公資朝臣私領也、而以二去長暦年中一所レ寄二進故民部卿長家卿家一也、尓降公資朝臣処二分嫡男広経朝臣一、広経処二分于外孫永実朝臣一、永実処二分于永範一、次第相伝領掌年尚矣、又従二彼民部卿家一、九条前太政大臣家伝領、次同後家又領知、即為二本家一」と、伝領状況が書かれている。
（12）『今昔物語集』巻第二八第三一。
（13）『小右記』万寿元年一一月一三日条。
（14）『後拾遺集』巻一六所収の相模の歌の「大江公資の相模守にて侍りける時、もろともにかの国に下りて、遠江守にて侍りける頃忘られにければ」との詞書により、大江公資が相模守の任後遠江守として下向している事実が知られる。

(15) 前掲註(11)史料参照。

(16) 脇田晴子「荘園領主経済と商工業」(前掲註3)。

(17) 『後二条師通記』寛治七年三月三日条。

(18) 天喜元年三月二七日官宣旨案(『三国地志』巻一〇五、『平安遺文』七〇一号)。『平安遺文』によるこの史料に登場する権門の人名比定には誤りが含まれている。川島茂裕「寛徳庄園整理令と天喜事件」(『日本史研究』二二七、一九八一年)の指摘によった。

(19) 『小右記』万寿二年七月一一日条。なお、この記事は道長息の能信の荘園の雑人の濫行事件を評したものであるから、ここでいう「一家」とは狭義の摂関家ではなく、「御堂流」一門を指している。

(20) 前掲註(11)史料。

(21) 永保三年一二月二九日伊賀国司解(東大寺文書、『平安遺文』一二〇五号)。

(22) 泉谷康夫「国免庄の成立に関して」(『日本中世社会成立史の研究』、高科書店、一九九二年、初出は一九八〇年)。

(23) 大津透「受領功過定覚書―摂関期の国家論に向けて―」(『律令国家支配構造の研究』、岩波書店、一九九三年、初出は一九八九年)。

(24) 曽我良成「国司申請荘園整理令の存在」(『史学研究』一四六、一九七九年)。

(25) 延久二年二月二〇日太政官符(八坂神社文書、『平安遺文』一〇四三号)。

(26) 承保四年一〇月二三日僧覚増解案(村井敬義氏本東大寺古文書、『平安遺文』一一四五号)。なお、この解状によると、これ以前にも「宇治殿」(=藤原頼通)の仰によって免判を獲得したことがあるといい、それが先例とされている。

(27) 前掲註(9)史料。

(28) 大石直正「荘園公領制の成立をどうみるか」(『争点日本の歴史4 中世編』、新人物往来社、一九九一年)

(29) 「五十余年君ノ御ウシロミヲツカウマツリテ候シ間、所領モチテ候者ノ、強縁ニセンナド思ツ、ヨセタビ候シカバ、サニコソナンド申タルバカリニテマカリスギ候キ、ナンデウ文書カハ候ベキ」(『愚管抄』巻第四)。

(30) 中野淳之「諸家政所下文の発生と機能―公家権力の一側面―」(『ヒストリア』九八、一九八三年)。

(31) 坂本賞三「村上源氏の性格」（古代学協会編『後期摂関時代史の研究』、吉川弘文館、一九九〇年）、同『藤原頼通の時代』（平凡社、一九九一年）。
(32) 前掲註(9)・(11)史料。
(33) 『吾妻鏡』文治二年三月一二日条に、九条城興寺領として信濃国橡原荘・倉科荘の二荘がみえるが、このときの城興寺自体の領有関係や荘園の帰属はわからない。
(34) 『水左記』承暦四年六月二五日・同二九日条。以後同年二月から閏八月まで相論の記事が『水左記』に散見される。
(35) 『中右記』嘉保元年九月三日条。
(36) 『中右記』嘉承元年一〇月二二日条、『永昌記』同一六日・二七日条に詳しい。
(37) 『中右記』天永二年一〇月五日条。
(38) 『中右記』永久二年八月三日、一一月一日条など。
(39) 前掲註(11)史料。「又従二彼民部卿家一、九条前太政大臣家伝領、次同後家又領知、即為二本家一」とあり、信長後家が「本家」とされていることがわかる。なお、『平安遺文』によるとこの引用部分「後家」が「俊家」とされており、従来の研究ではこれを藤原俊家（藤原宗忠の祖父にあたる）のこととして相伝関係が考えられてきた（たとえば堀池春峰「遠江国質侶荘と待賢門院御願圓勝寺」〈読史会編『国史論集』一、読史会、一九五九年〉、以後の研究も堀池氏の見解を継承している）。しかし藤原信長と藤原俊家の間には姻戚関係もなく、また年代的にも相当無理をしないとのちの伝領がうまく説明できない。史料上も「同俊家」では意味が通じにくい。これは「後家」の翻刻の誤りである。〔編者註〕本編第一章註(100)～(102)参照。
(40) 前掲註(11)史料。
(41) 前掲註(9)史料。
(42) この事実はまったく別種の史料から裏付けられる。天承元年一〇月二二日遠江国小高厨上分米寄進状案（光明寺古文書、『平安遺文』二二一一号）という文書には「抑件御上分米、以二去保安二年三月五日一、山口得丸仲子仮名以二権禰宜度会忠倫神主一為二口入人一、可レ令二備進一之由、雖レ進二貢進文一、依レ無二其沙汰一、始終改二彼起請文一、今所レ定如レ件」とあり、大江仲子が山口得丸という仮名で伊勢神宮に上分米を貢進していることがわかるのである。この事実は福田以久生「相模国早河庄」（『駿河相模の武家社会』、清文堂出版、一九七六年）の補注で触れられている。

(43) 前掲註(9)史料。

(44) 前掲註(10)史料は、「大江仲子解申請　院庁　裁事」と始まっており、院庁に提訴された裁判である。

(45) 建暦二年二月二九日藤原氏寄進状案（『古簡雑纂』七、『鎌倉遺文』一九一八号）に、永久年間の相論の後、大江有経が「京極源大納言家」に山口荘を寄進したことが記されている。京極源大納言は源雅俊である。『中右記』永久二年一一月一六日条に「於二殿上一見二参殿下一之次、源大納言（雅俊）被レ申山口庄事、申二子細一了」とあるのは、簡略な記事で詳細はよくわからないが、これと関連する記事であろう。

(46) 『吾妻鏡』文治四年六月四日条。ただしこの条文には「早河庄」が二ヶ所に出てきてやや混乱しており、他に近衛家領としての所見がないことから、信用できないかも知れない。

(47) 『中右記』元永二年二月二三日条に遠江前司源基俊が榎並荘の相伝について記主藤原宗忠に相談している記事がある。また、保元二年四月日の関白藤原忠通家政所下文案（勧修寺家本『永昌記』紙背文書、『平安遺文』二八八〇号）は榎並荘の預所を高階清章の女子二人に安堵したものであるが、鎌倉期の文書と思われる榎並荘相承次第（同、『平安遺文』二八八一号）によると、この清章は先の源基俊からその女（清章妻）を経て榎並上荘を相伝していることがわかる。煩雑になったが、以上より、遅くとも『中右記』に所見のある元永二（一一一九）年段階で榎並庄は摂関家領であり、源基俊はその預所であると推定できる。

(48) 『兵範記』保元二年三月二九日条に引用する、故藤原頼長領等を没官することを命じた同二五日付の太政官符に頼長領として記載がある。

(49) 峰岸純夫「浅間山の噴火と荘園の成立」（『中世の東国―地域と権力―』、東京大学出版会、一九八九年、初出は一九八四年）。

(50) 前掲註(48)に同じ。

(51) 『中右記』康和五年三月一一日条。

(52) 『今鏡』巻四。

(53) 坊門家という家名は『尊卑分脈』の頭記によっている。中御門家にくらべてそれほど一般的ではなく、宗通流を指すのにふさわしくないかも知れないが、ほかに適当な呼称もないので、以下坊門家と称することにする。なお、鎌倉初期の有名な坊門信清の坊門家は別の家柄で、この流とは何の関係もない。
(54)『中右記』保安元年七月二二日条。
(55) こうした両家の関係については、戸田芳実『中右記─躍動する院政時代の群像─』(そしえて、一九七九年)に詳しい。
(56) 長治二年二月一〇日橘経遠寄進状(九条家文書、『平安遺文』補三一号)。この文書の奥に国司の免判が据えられている。正月一四日摂津守菅原在良書状(九条家文書、『平安遺文』補三八号)は、藤原宗通の摂津守への口入に対する返事である。
(57) 康治元年一二月一三日鳥羽院庁下文案(高野山文書又続宝簡集、『平安遺文』二四九一号)。
(58) 年月日欠後白河院庁下文案(興福寺本信円筆『因明四相違』紙背文書)。本文書は『平安遺文』未収録の未紹介史料である。後欠ながら、内容から判断して後白河院庁下文といい得るものである。東京大学史料編纂所の写真本を参照した。〔編者註〕本編第四章註(20)参照。
(59)『中右記』長承二年八月二七日条。
(60) 河野房雄「白河・鳥羽両院政下の内蔵頭」(『平安末期政治史研究』、東京堂出版、一九七九年、初出は一九六五年)。
(61)『中右記』長承二年七月二七日条。
(62) 保安四年八月八日藤原宗忠譲状案(南部文書、『平安遺文』一九九四号)。
(63)『中右記』長承二年四月二五日条。
(64) 下向井龍彦「王朝国家体制下における権門間相論裁定手続について」(『史学研究』一四八、一九八〇年)。
(65) 勝山清次「平安時代後期の封戸制」(『中世年貢制成立史の研究』、塙書房、一九九五年、初出は一九七八年)。
(66)『大槐秘抄』(『群書類従』第二八輯)。
(67) 建長七年一〇月二四日関東下知状案(色部文書、『鎌倉遺文』七九一一号)。
(68) 安元二年二月日八条院所領目録(内閣文庫所蔵山科家古文書、『平安遺文』五〇六〇号および『高山寺古文書』第三部一一一号)。
(69) 前掲註(57)史料。

(70)『山槐記』久寿二年正月五日条。
(71)『醍醐雑事記』巻第一。
(72)正安四年室町院御領目録(八代恒次氏所蔵文書)に七条院領としての所見がある。
(73)建仁元年七月一四日太政官符(九条家文書、『鎌倉遺文』補三九五号)、治承四年五月一一日皇嘉門院惣処分状(天理大学所蔵文書、『平安遺文』三九一三号)。
(74)康治二年四月一四日丹波国諸荘園目録(陽明文庫所蔵『兵範記』仁安四年夏巻紙背文書、『平安遺文』二五一一号)によると、「皇太后宮御領」として「今林」の名がある。皇太后宮は皇嘉門院である。
(75)竹内理三「院庁政権と荘園」(『竹内理三著作集第六巻 院政と平氏政権』、角川書店、一九九九年、一九五五・五八年初出を改稿)が、白河院政期に盛んであった荘園整理が鳥羽院政期には発令されず、荘園の立荘が相次いだことを指摘して以来の通説であるが、石井進「院政時代」(『講座日本史2』、東京大学出版会、一九七〇年)が能登・若狭の太田文の分析から一国規模での新荘立荘の画期が鳥羽院政期にあることを明確に指摘した。しかし、このような鳥羽院政期画期説に対する批判がないわけではない。

まず、槇道雄「鳥羽院政期における荘園整理策」(『院政時代史論集』、続群書類従完成会、一九九三年、初出は一九八二年)は、①荘園整理令は鳥羽院政期においても発令された形跡があること、②能登国における荘園新立の年代に関する石井氏の論証の誤り、を挙げて通説の批判を行っている。①に関しては史料解釈について検討を加える必要があるが、②については石井氏の徹底した反批判により能登国太田文の槇解釈は完全に論破されている(石井進「荘園の領有体系」、網野善彦他編『講座日本荘園史2 荘園の成立と領有』、吉川弘文館、一九九一年)。

一方、五味文彦「前期院政と荘園整理の時代」(『院政期社会の研究』、山川出版社、一九八四年)は、白河院政期の後半にはすでに立荘が数多くみられることを指摘し、後三条親政期・白河院政期前期を荘園整理の時代とし、白河院政後期以降を荘園立荘が相次ぐ時代として、鳥羽院政期画期説にかわり、白河院政前・後期の間を荘園政策の変化の画期とみている。これについては石井氏も自説を改めている(「荘園の領有体系」)。

以上の鳥羽院政期画期説批判も石井説を大きく覆すには至らず、結局時代幅の修正に終わっているのが実情である。しかし、私見によれば荘園整理令と荘園立荘は必ずしも対称的な政策と捉える必要はない。荘園整理政策に細かに触れる余裕はないが、荘園の立荘形態から、白河院政期の荘園立荘を、鳥羽院政期のそれの前提として捉える見解を以下に提示したいと思う。

(76) 竹内理三「院庁政権と荘園」(前掲註75)。また、井原今朝男「摂関家政所下文の研究—院政期の家政と国政—」(『日本中世の国政と家政』、前掲註3、初出は一九八一年)や元木泰雄「摂関家家政機関の拡充」(『院政期政治史研究』、思文閣出版、一九九六年、初出は一九八一・八四年)など元木氏の摂関家家政機関の研究も、院政の成立による摂関家の政治的後退を摂関家家政機関の充実の要因として捉える視角で一貫している。しかし、家政機構の整備・充実には—特に井原氏が強調するように家政と連動することにより国政が補完されるという家政と国政の「共同執行論」をとるならば—、当然それ相応の政治的実力が必要であり、実力を備える権門のみが家政の編成に成功し得るはずである。私は以上の説とは逆に、院政下の摂関家はむしろ貴族社会での地位を相対的に上昇させ、むしろ院と近い政治的位置を占めると理解する。以下の叙述はそれを荘園領有の面から述べたものでもある。

(77) 『醍醐雑事記』巻第一・一二。なお牛原荘については、笠島清治「越前国における荘園制社会の興隆と衰退—醍醐寺領牛ガ原荘を中心に—」(『地域史研究』一〇四、一九七〇年)がある。

(78) 『醍醐雑事記』巻第一。

(79) 『醍醐雑事記』巻第四。

(80) 工藤敬一「肥後北部の荘園公領制—山鹿荘と二つの玉名荘—」(『荘園公領制の成立と展開』、思文閣出版、一九九二年、初出は一九八五年)。本文引用史料では、郁芳門院の没後に券契文書の進上・立荘がなったかのように記されているが、事実はそうではなく、工藤氏の論証にあるように、すでに郁芳門院生前の寛治六(一〇九二)年に白河院領として成立しているのである。もっとも、寛治六年の立荘時に引き続き、無量光院に施入された永長二(一〇九七)年にも再び院使・府使・国使による四至牓示の確認がなされているから、御願寺領化の意義を軽視するわけにはいかない。なお、山鹿荘については、吉村茂樹「醍醐寺無量光院の創立と肥後山鹿荘—醍醐寺と村上源氏との関係—」(『古代学』六—四、一九五八年)もある。

(81) 長承元年九月二三日官宣旨案(『醍醐雑事記』巻第一二、『平安遺文』二二四一号)。また前掲註(78)史料に引かれた公験の中に「庄田開発庁宣一巻 六枚 応徳三年閏二月」がある。

(82) 『中右記』元永元年七月二五日条。

(83) 『中右記』元永元年九月一日条。

(84)『中右記』元永元年八月一一日条、一二日条など。
(85)中野栄夫『日本中世史入門』(雄山閣出版、一九八六年)第三章「荘園制社会の形成」。中野氏は「院が国衙領(郷など)を荘園として立券し、大寺院などに寄進して成立するもの」と定義している。
(86)建久四年九月二三日八条院庁下文案(『根来要書』上、『鎌倉遺文』六八七号)。
(87)中野栄夫「備前国香登荘」(『岡山県史研究』五、一九八三年)。
(88)「安楽寿院寺中日記寺領等事」所収「一、庄々事」(東京大学史料編纂所所蔵安楽寿院文書)。
(89)『中右記』元永二年三月二五日条。
(90)『中右記』元永二年三月二六日条。
(91)峰岸純夫「浅間山の噴火と荘園の成立」(前掲註49)。
(92)網野善彦「尾張国」(『日本中世土地制度史の研究』、塙書房、一九九一年、初出は一九八一年)。以下、尾張国の摂関家領についての見解は網野氏の研究に依拠する点が多い。
(93)嘉禎元年九月日前太政大臣家政所下文案・建長三年一〇月日摂政近衛兼経家政所下文案(宮内庁書陵部所蔵『参軍要略抄下』紙背文書、『鎌倉遺文』四八二九・七三七四号)。
(94)暦応元年一二月一五日荒尾宗顕代請文(『鎌倉市史史料編第二』、円覚寺文書一一八号)。
(95)一一月九日源雅国書状、同一一月一二日源雅国書状(京都大学所蔵『兵範記』保元二年冬巻紙背文書、『平安遺文』四七五五・四七五六号)。これが保元元年の文書であることについては、詫間直樹「地方政治の変貌」(橋本義彦編『古文書の語る日本史2　平安』、筑摩書房、一九九一年)で的確な論証がなされている。
(96)それとともに在地と中央を結んで荘園化の方向付けを担った、五味文彦氏のいう「下司級領主」(「守護地頭制の展開と武士団」、『岩波講座日本歴史5　中世1』、岩波書店、一九七五年)の意義は大きい。たとえば、牛原荘・山鹿荘の下司職を相伝することになる「本主」の忠範や能高。また、摂関家領の尾張国富田荘では立荘からまもない康和五(一一〇三)年、家符により大膳少進平季政という人物が下司に任じられている(『朝野群載』巻第七、同年二月一〇日右大臣家符)。五味氏のいう開発領主の組織者としての彼ら下司級領主の役割と、上からの編成の絡み合いの具体相の解明を今後の課題としていきたい。
(97)表5には、一二世紀創建の御願寺をまとめた。御願寺といっても内容は多様であり、表にあげたものは独自の寺名・院名をもつもののみで、不完全なものであるが、おおよその年代の分布は把握できる。
(98) 承久三年関東進献八条院遺領目録（醍醐寺文書、『鎌倉遺文』二九一二五号）。
(99) 永原慶二「荘園制の歴史的位置」（前掲註1）、福田以久生「安楽寿院領荘園について―「安楽寿院古文書」の検討―」（『古文書研究』九、一九七五年）、上島享「庄園公領制下の所領認定」（前掲註8）。
(100) 前掲註(11)史料。
(101) 大治三年一二月日待賢門院庁牒案（東大寺図書館所蔵宗性筆『唯識論第五巻問答抄』紙背文書、『平安遺文』二一二二号）。
(102) 大治四年三月二八日質侶荘立券文案（東大寺図書館所蔵宗性筆『唯識論第五巻問答抄』紙背文書、『平安遺文』二一二九号）。
(103) 大治四年五月一三日待賢門院庁牒案（東大寺図書館所蔵宗性筆『唯識論第五巻問答抄』紙背文書、『平安遺文』二一三四号）。
(104) 上島享「庄園公領制下の所領認定」（前掲註8）。
(105) 鎌倉期の小泉荘の境相論裁許の建長七年一〇月二四日関東下知状案（色部文書、『鎌倉遺文』七九一一号）に「仁平三年十二月廿八日立券状」とある。
(106) 前掲註(105)史料の四至記載から確認できる。この点については、高橋一樹「平安末・鎌倉期の越後と佐渡―中世荘園の形成と国衙領支配―」（田村裕・坂井秀弥編『中世の越後と佐渡』、高志書院、一九九九年）を参照。
(107) 『中右記』大治五年八月七日条が初見で、同年の一二月まで「大和新庄」に関する記事が続く。
(108) 永暦元年三月日前太政大臣藤原忠通家政所下文案（陽明文庫所蔵『兵範記』仁安二年秋巻紙背文書、『平安遺文』三〇八九号）に保延年間に高陽院に寄進されたことが記されている。これが藤原忠実の政界復帰に伴うものであることは、すでに久保尚文「越中における院近臣領荘園の形成」（楠瀬勝編『日本の前近代と北陸社会』、思文閣出版、一九八九年）が言及している。
(109) 皇嘉門院領については、忠通が忠実から伝領した所領の一部を割いて皇嘉門院に処分したとする見解があるが（飯倉晴武「九条家領の成立と道家惣処分状について」、『書陵部紀要』二九、一九七七年、など）、これは正しくない。皇嘉門院領としてみられる所領のうち、成立が確認できるものは、表6にあげた新立荘園や新立が推定できる荘園、それに皇嘉門院の生家からの伝領（第二節の最後に触れた）によるこの時期の新しい由緒の荘園ばかりであって、忠実時代からの伝領が確認できるものは一荘もない。

(110)『中右記』大治五年八月七日条。
(111)『中右記』保延三年四月一日条。
(112)天福二年六月二五日官宣旨（九条家文書、『鎌倉遺文』四六七四号）。
(113)応保三年三月野口牧下司藤原定遠解（京都大学所蔵『兵範記』仁安二年春巻紙背文書、『平安遺文』三二五三号）。
(114)『中右記』大治五年八月二五日条。
(115)『台記』久安六年七月一七日・二三日条。
(116)木村茂光「武蔵国橘樹郡稲毛荘の成立と開発」（『地方史研究』二二七、一九九〇年）。
(117)石井進「荘園の領有体系」（前掲註75）。
(118)『殿暦』嘉承二年五月三日条。
(119)『今昔物語集』巻第二七第二一。
(120)『醍醐雑事記』巻第一。
(121)『醍醐雑事記』巻第四。
(122)井原今朝男「公家領の収取と領主経済」（前掲註3）。
(123)建長五年一〇月二一日近衛家所領目録（近衛家文書、『鎌倉遺文』七六三一号）。
(124)永原慶二「公家領荘園における領主権の構造」（前掲註4）。
(125)福田以久生「安楽寿院領荘園について」（前掲註99）。
(126)近衛家所領目録の所領群は、よく知られているように、

a「相伝所々」　一四ヶ所　b「庄務無本所進退所々」五一ヶ所
c「寄進神社仏寺所々」　七ヶ所　d「年貢寄神社仏寺所々」　四ヶ所
e「庄務本所進退所々」六〇ヶ所　f「請所」二〇ヶ所
g「大番国々」　h「散所」　i「主殿」

のa～iに分けて記載されている。このうち永原氏の分析の対象になったのはb・e・fであるが、b・eの荘園

群の性格の差を「荘務権」の有無として類型化したのである。

この理解に対して、すでに槇道雄「公卿家領の成立とその領有構造」（『院政時代史論集』、前掲註75、初出は一九八六年）が批判を加えている。槇氏は、aは鷹司家への相伝分、bは近衛家庶流に譲与された所領で、abともに近衛家の管領から離れた荘園群であるとして、b・eの文言から「荘務権」の有無を読み取る永原氏の類型を批判している。

槇氏のbの解釈について、付された人名の検討から、これらが近衛庶流に譲与された荘園群であることに疑いの余地はなく、永原説の成り立たないことを明らかにした功績は大きい。ただし私見を付け加えておけば、bの荘園群は近衛家庶流に伝領されたとはいえ、①基本的に政所役が課せられること、②譲与の際に近衛家当主の承認が必要であること、の二点で槇氏のいうようにaと同じく近衛家の管領から離脱した所領であるとするのは正しくない。事実、正応三（一二九〇）年の宝帳布所進荘目録（近衛家文書、『鎌倉遺文』一七五一三号）は近衛家基の関白就任時に賦課された「宝帳布」（「政所役」にあたるであろう）の荘園の内訳を記したものであるが、ここにはaの荘園はみえないが、bの荘園は含まれているのである。

以上、槇説には不正確な点があり、この詳細な検討を含め摂関家領の負担体系や伝領の経過については後日の課題としたいが、b「庄務無本所進退所々」とe「庄務本所進退所々」が「荘務権」なるものの所在を基準とした区分でないことは明らかなのである。〔編者註〕本編第二章第一節参照。

(127) そもそも永原氏のいう「荘務権」とは、結局のところ具体的に何を指してそういうのかが不明である。「荘務権」のない「本家職」の存在を「本家」の特徴であるとしながら、一方で、本家の権限を大きく評価するという矛盾に陥っているのは、以上のような実証面での不正確な理解によるところが大きい。内実の曖昧な「荘務権」の所在を云々する前に、そもそもの「荘務」の内容を実証的に明らかにする必要がある。

(128) 玉井力「「院政」支配と貴族官人層」（朝尾直弘他編『日本の社会史3　権威と支配』、岩波書店、一九八七年）。

(129) 『玉葉』文治元年九月二五日条。

(130) 網野善彦「くげりょう」（『国史大辞典4』、吉川弘文館、一九八三年）。

(131) 近衛次将を経る公卿昇進ルートが羽林家であるが、玉井力「「院政」支配と貴族官人層」（前掲註128）によると、後白河院政期にこのルートをとる家々が急増し、旧来の公達＋新規近衛コースの院近臣家という形をとって定着していくという。いま考察の対象としている時期はまだこの家格の形成期にあたり、家柄を特定することが難しい。このため、清華家・名家を中心とした区分にする。

なお、橋本義彦氏は家格の大まかな区分として、摂関家は別格として、清華・大臣家を上流、羽林・名家を中流、それ以下の堂上家を下流貴族とするのが妥当であろう、としている(「勧修寺流藤原氏の形成とその性格」、『平安貴族社会の研究』、吉川弘文館、一九七六年、初出は一九六二年)。私も大体の目安として、上・中・下流貴族の語を橋本氏と同様に使っている。

(132) 永原慶二「公家領荘園における領主権の構造」(前掲註4)。永原氏は藤原定家の御子左家領の分析をもって「一般公家」領の特質を論じているが、これは中流公家領の特質と理解すべきである。

(133) 正治二年二月二八日勧修寺経房処分状案(勧修寺家文書、『鎌倉遺文』補三五八号)。

(134) 『兵範記』久寿元年五月一九日条など。

(135) 『兵範記』仁平三年一〇月二八日条など。

(136) 『兵範記』久寿元年一二月一九・二二日条など。

(137) 『兵範記』仁安元年九月二七日条など。

(138) 『兵範記』仁平三年五月五日条など。

(139) 玉井力「「院政」支配と貴族官人層」(前掲註128)。

(140) 網野善彦「西園寺家とその所領」(『国史学』一四六、一九九二年)。

(141) 岡野友彦「「中院流家領目録草案」(久我家文書)の検討」(『古文書研究』二九、一九八八年)。

(142) 坂本賞三「村上源氏の性格」(前掲註31)。

(143) 前掲註(57)史料。

(144) この点は、清華家の嫡流の場合、その家格の形成とともに受領の経歴をもたなくなる、という玉井力氏の指摘と密接に関わっている。〔編者註〕本編第二章第二節参照。

略年譜

※は本書収録論文

一九六四（昭和三九）年　一二月　五日　誕生
一九七一（昭和四六）年（　六歳）　四月　八日　京都市立修学院小学校入学
一九七七（昭和五二）年（一二歳）　四月　八日　京都市立修学院中学校入学
一九八〇（昭和五五）年（一五歳）　四月　一日　京都府立北稜高等学校入学
一九八三（昭和五八）年（一八歳）　三月三一日　京都府立北稜高等学校卒業
一九八四（昭和五九）年（一九歳）　四月　一日　京都大学文学部入学
一九八七（昭和六二）年（二二歳）
一二月　二日　報告「平安後期における大和国司」（卒業論文準備報告）
一九八八（昭和六三）年（二三歳）
一月一三日　卒業論文「平安後期における大和国司」提出　※
三月二四日　京都大学文学部国史学専攻卒業
五月二四日　報告「平安後期の大和国司と興福寺」（日本史研究会中世史部会、要旨は『日本史研究』三一三号）
一〇月一八日　報告「摂関家の南都統制について―勧学院弁別当を中心に―」（大学院入試提出論文準備報告）
一九八九（平成元）年（二四歳）
二月　　大学院修士課程受験提出論文「摂関家の南都統制について―勧学院弁別当を中心に―」提出　※
四月　一日　京都大学大学院文学研究科修士課程国史学専攻入学
同志社高等学校非常勤講師（九一年三月三一日まで）
五月二三日　報告「平安期摂関家の南都統制について―勧学院弁別当を中心に―」（日本史研究会中世史部会、要旨は『日本史研究』三三一号）

七月　　　京都民科歴史部会委員（九三年七月まで）
一九九一（平成三）年〔二六歳〕
三月　　　調査報告「調査成果の概要1高田町地区」（『播磨国大部荘現況調査報告書』Ⅰ）
一〇月　九日　報告「諸家政所下文の研究」（修士論文準備報告）
一二月　四日　報告「平安後期公家訴訟制度の研究―権門裁判の成立とその構造―」（修士論文準備報告）
一九九二（平成四）年〔二七歳〕
九月　八日　報告「摂関家荘園群の形成と伝領」（日本史研究会中世史部会、要旨は『日本史研究』三七〇号）
一一月一六日　報告「公家領荘園の形成とその構造」（修士論文準備報告）
一九九三（平成五）年〔二八歳〕
一月　　　修士論文「公家領荘園の形成とその構造」提出 ※
三月　　　調査報告「調査成果の概要2浄谷町地区」（『播磨国大部荘現況調査報告書』Ⅲ）
三月二三日　京都大学大学院文学研究科修士課程国史学専攻修了
四月　　　京都大学大学院文学研究科博士後期課程国史学専攻進学
　　　　　『史林』編集委員（九七年三月まで）
五月　七日　報告「摂関家領荘園群の形成と伝領」（京都大学文学部国史研究室）
七月　三日　報告「平安時代の『牒』について」（日本史研究会中世史部会、要旨は『日本史研究』三七九号）
七月三〇日　報告「興福寺僧領について―寿永二年食堂造営段米注文をめぐって―」（福智院家文書研究会）
一一月一六日　報告「公家領荘園の形成過程―摂関期から院政期へ―」（日本史研究会中世史部会、要旨は『日本史研究』三八三号）
一二月二七日　報告「もうひとつの日根荘―嘉祥寺領和泉国日根荘―」（京都大学文学部国史研究室）
一九九四（平成六）年〔二九歳〕
四月　一日　日本学術振興会特別研究員（九六年三月三一日まで）研究課題「古文書機能論からみた中世国家・社会成立史の研究」
四月　　　論文「摂関家領荘園群の形成と伝領―近衛家領の成立―」（『古代・中世の政治と文化』思文閣出版）※

五月一七日　報告「荘園類型論の再検討」（日本史研究会中世史部会サブグループ）
五月二一日　報告「賀茂社領について」（京都大学文学部国史研究室）
一一月　日本史研究会研究委員（九六年一一月まで）
一九九五（平成七）年〔三〇歳〕
三月　史料紹介「大覚寺聖教・文書」（分担執筆、『古文書研究』四〇号）
三月二六日　講演「もうひとつの日根荘―嘉祥寺領日根荘―」（第三八回泉佐野歴史教室）
六月　事典項目「荘園類型」（『日本中世史研究事典』東京堂出版）
七月一三日　報告「摂関家の裁判」（中世裁許状研究会）
九月　論文「もうひとつの日根荘―嘉祥寺領和泉国日根荘について―」（『ヒストリア』一四八号）※
九月一八日　報告「牒・告書・下文」（日本史研究会古代史部会、要旨は『日本史研究』四〇七号）
一九九六（平成八）年〔三一歳〕
三月三一日　京都大学大学院文学研究科博士後期課程国史学専攻研究指導認定退学
四月　一日　京都大学文学部助手
五月　七日　報告「平安時代の裁判―一方的裁許を中心に―」（中世裁許状研究会）
七月　一日　興聖寺一切経調査委員（九七年三月三一日まで）
七月　論文「院政初期の立荘形態―寄進と立荘の間―」（『日本史研究』四〇七号）※
一〇月　論文「播磨国大部荘の開発と水利」（『荘園を読む・歩く』思文閣出版）※
一一月三〇日　講演「俊乗坊重源と播磨国大部荘」（京都大学文学部博物館公開講座）
一一月　史料紹介「寿永二年三月「興福寺食堂造営段米未進注文」」（『南都仏教』七三号）※
一九九七（平成九）年〔三二歳〕
四月　山口大学人文学部専任講師・大学院人文科学研究科担当
五月　論文「興福寺院家領荘園の形成」（『日本国家の史的特質　古代・中世』思文閣出版）※
六月一五日　報告「平安中期の紛争解決」（中世裁許状研究会）
九月二八日　報告「荘園所職の成立をめぐって」（日本史研究会中世史部会サブグループ）

一〇月二六日　講演「大部荘の開発と水利」（シンポジウム「現代に生きる中世の景観―播磨国東大寺領大部荘―」、主催小野市・小野市教育委員会）

一二月　一日　山口県史編纂専門委員（九九年一一月一二日まで）

一二月　七日　講演「荘園現地調査と中世史研究」（山口大学史学会大会）

一九九八（平成一〇）年〔三三歳〕

三月　解説「海住山寺の歴史」（『京都府古文書調査報告書第十三集　興聖寺一切経調査報告書』京都府教育委員会）

五月一二日　国立歴史民俗博物館共同研究員（九九年一一月一二日まで）

五月　論文「牒・告書・下文―荘園制的文書体系の成立まで―」（『史林』八一巻三号）※

一九九九（平成一一）年〔三四歳〕

三月二三日　京都大学博士（文学）取得、論文題目「荘園制成立史の研究」※

三月三一日　講演記録「大部荘の開発と水利」（『シンポジウム現代に生きる中世の景観―播磨国東大寺領大部荘―記録集』兵庫県小野市教育委員会）

四月　一日　山口大学人文学部助教授に昇任

四月一一日　報告「家領と渡領」（大阪歴史学会中世史部会大会準備会援助報告）

四月二四日　報告「大会報告に向けて」（日本史研究会中世史部会サブグループ）

七月三一日　報告「中世初期の国衙と荘園」（日本史研究会大会準備報告Ⅰ）

九月　四日　報告「中世初期の国衙と荘園」（日本史研究会大会準備合宿）

一〇月　報告準備ペーパー「中世初期の荘園」（『日本史研究』四四六号）

一〇月　二日　報告「中世初期の国衙と荘園」（日本史研究会大会準備報告Ⅱ）

一一月　六日　報告「中世初期の国衙と荘園」（日本史研究会大会準備報告Ⅲ）

一一月一二日　没（三四歳一一ヶ月）

二〇〇〇年（平成一二年）

四月　報告要旨「中世初期の国衙と荘園」（『日本史研究』四五二号）

編集後記

良きライバルである友人の遺稿集を編集することほどつらいことはない。しかも、このような形での出版を、川端君が本当に望んでいたとは考えがたい。

まず、編集・出版に至る経緯を明らかにしておかねばならない。彼の報告が予定されていた日本史研究会大会（一九九九年一一月）が終了した頃より、指導教官であった先生方や友人の間より、遺稿集出版の話が持ち上がってきた。その旨をご両親に申し上げたところ、彼が学位を取得した直後より、論文の出版を勧めておられたとのことで、著書としてまとめたい旨のご返答を得た。その後、藤井譲治先生が思文閣出版に打診をされたところ、是非、出版したいとのありがたいご返事を得た。

具体的な編集作業に入るにあたり、指導教官の先生方や山口大学人文学部で同僚の先生方と相談し、編集の実務は、彼と近い時代を研究している友人上島享・佐藤泰弘・野田泰三・橋本道範・吉川真司が担当することとした。そして、編集の節目には諸先生方にご意見を伺い、ご指導を仰ぐこととした。

こうして、編集作業が始まった。本編に博士論文を収録し、その題目である「荘園制成立史の研究」を本書のタイトルとし、付編には、その他の既発表論文を収めることは、すぐに決まった。問題となったのは、卒業論文・大学院受験提出論文・修士論文などの取り扱いである。修士論文の一部は既発表論文と重複するが、他のほとんどが未発表のままであった。それらの掲載をめぐっては、編集担当の中でも意見が分かれた。まず、卒業論文などを取り寄せ、内容を検討することから始めた。執筆から一〇年以上経過した論文もあるが、いずれも現在の研究状況から考えても、公表する価値があるとの判断で一致した。ただ、「平安後期公家訴訟制度の研究―院政期の権門裁判を中心に―」(付編II第三章)の扱いには苦慮した。これは彼が修士課程三回生の時に、修士論文として執筆していたが、提出日になって、突然、提出を断念した論文である。「気に入らなかった」との理由しか、我々も聞いておらず、彼の真意は不明である。その後、若干手直しをした形跡があり、「未成稿」と記したファイルにとじられていた。彼は研究会で何度かその内容を報告しており、大山喬平先生を代表とする中世裁許状研究会で企画している論文集に掲載を予定していた。もちろん発表時には、適切な手直しをしたと思われる。画期的な内容を持つが、彼があえて提出しなかったものを、我々が公表しても良いものか。何度か議論を重ね、ご両親と何人かの先生方にご意見を伺った。

この問題は、「平安後期公家訴訟制度の研究」の扱いにとどまらず、未発表論文を第三者が公表することの賛否に関わることである。そもそも、遺稿集出版の意義とは何か、さらには、編集者としての見識をも問われている。議論は彼の遺稿集を出版することとは、という問題に突き当たった。

議論の末、遺稿集編集の基本的立場として、次のような合意を得た。

(1) 川端君の主要な研究業績を集めて、研究者川端新君の生涯を記念する

(2) 川端君の獲得した認識を公開して、広く学界に寄与させる

前者は友人としての動機であり、後者は研究者としての立場を反映したものである。かかる立場で、彼の研究者人生を振り返った場合、未発表論文はいずれも欠かせないもので、内容としても優れたも

のである以上、遺稿集に収録すべきとの結論に達した。ご両親にもご賛成をいただいた。

以上の経緯で、本書の構成が確定した。本編に博士論文、付編Ⅰにはそれ以外の既発表論文、付編Ⅱには未発表論文を収録した。各章の初出を明記しておきたい。

本編

原題「荘園制成立史の研究」、学位請求論文、一九九八年一二月京都大学提出、一九九九年三月京都大学博士（文学）取得

序　章　新稿

第一章　初出は、『日本史研究』四〇七号、一九九六年七月

第二章　新稿

第三章　初出は、『史林』八一編三号、一九九八年五月

原題「牒・告書・下文―荘園制的文書体系の成立まで―」

第四章　初出は、大山喬平教授退官記念会編『日本国家の史的特質　古代・中世』、思文閣出版、一九九七年五月

補論　初出は、『南都仏教』七三号、一九九六年一一月

第五章　初出は、『ヒストリア』一四八号、一九九五年九月

終　章　新稿

付編Ⅰ

第一章　初出は、上横手雅敬監修『古代・中世の政治と文化』、思文閣出版、一九九四年四月

第二章　初出は、京都大学文学部博物館編『荘園を読む・歩く―畿内・近国の荘園―』、思文閣出版、一九九六年一〇月

付編II
第一章　京都大学文学部卒業論文、一九八八年一月提出
第二章　京都大学大学院文学研究科修士課程受験提出論文、一九八九年二月提出
第三章　京都大学大学院文学研究科修士論文として作成、一九九二年一月成稿
第四章　京都大学大学院文学研究科修士論文、一九九三年一月提出、一部は改稿し本編第一章に収録

本編と付編の各論文では、執筆時期も異なり、いくつかの点で体裁の統一が必要となった。文章については、明らかな誤記以外は、彼の表記を尊重することとした。引用史料については、できる限り、写真・影写本にあたり確認し、誤りと判断されるところは改めた。論文・著書の引用では、論文の再録などの情報は編集・校正時点（二〇〇〇年九月）のものに改め、利用者の便を図った。史料の返り点については、若干、説明を要する。博士論文には返り点の記載がなかったため、本編には付さなかった。各章のもととなった雑誌論文には返り点が付されているので、彼の史料の読みは、そちらで確認していただきたい。付編については、全体としての統一に欠くが、原文にしたがった。付編II第三章には付されていなかった。その他、説明が必要と判断した箇所には、編者註を付けている。

付編II収録論文は執筆時からかなり時間が経過しており、本編執筆時に、彼自身の考えが変化した部分が何箇所かある。特に、院政期における摂関家の評価は、最も大きな変化である。読者には、本

編が彼の最終的な見解である旨をご理解いただきたい。また、前述のように、付編IIは彼が公表を意図した成稿ではない。このような形で出版したことに対する批判は、編者である我々が受けるべきであり、彼の意志とは異なった形での収録である旨をくみとっていただければ幸いである。もちろん、内容については学問的に厳しく検証されるべきであり、我々もそう望み編集を進めてきた。なお、編集・校正の責任はすべて我々にあり、最善を尽くしたが、至らぬ点は彼に心よりお詫びしたい。校正・索引作成は後輩である金井静香・衣川仁・酒井宏治・横内裕人の各氏にお手伝いをいただき、付編II第一章のデーター入力は唐澤寛氏にお願いした。また、思文閣出版の林秀樹・中村美紀・原宏一の各氏には大変お世話になった。

本書の編集会議や校正の確認作業は、川端君の実家の一室をお借りして、彼の霊前で、ご両親にもご同席いただき、進めてきた。いつも研究会をしてきたメンバーで、彼も参加し、議論しているように思えた。そして、このような形での出版を、彼がどのように考えているのかを自問してきた。今は、彼の研究が再びよみがえり、新たな潮流が生まれることを期待している。

編集後記は編集担当(上島享・佐藤泰弘・野田泰三・橋本道範・吉川真司)が協議のうえ上島が執筆した

跋

川端善明

長子、新の遺稿をこの一冊の論文集に編んで頂きましたことに、先ずは衷心よりの御礼を申し上げます。既に早く出版へとお心配り下さった師友の方々、貴重なそれぞれの時間を割き、細やかな故人への心寄せのもとに編集を進めて下さった五人の若い国史学者、そしてその出版を心よくお引受け下さった出版社、その当事の方々に、厚く御礼申し上げます。

新の死後ほとんど不日に、慫慂は友人上島享氏より得た。それより先、新が学位を受けた昨春、私は彼にその上梓を勧めていたが、しかしほとんど即座にそれを新は拒んだ。或るつながりを以て出版社との仲介ができるつもりで私はいたのだが、恐らく、父親の介在を、その専門にかかわることとして彼は潔しとしなかったのであろう、という以上に、それに向って準備を整えていた十一月の日本史研究会大会が、彼を拒ませたのであろうと私は考える。彼の集中は既に大会に向いており、その発表の結果が学位請求のこの論文内容をも大きく包みこむ——包みこまねばならない、そのように考えていたであろうと、この今、私は想像させて頂く。そのときまですべての上梓はみあわせる、と。

それが叶わなくなった今、上島享氏のお話は私にとって誠に有難いことであった。新がいなくなった現在にして私が形にとどめておきたいものは、学位論文である成果だけでなく、中世史学における彼の思惟の形成それ自体、つまりは彼の在った一切であった。新には、学位論文に解消された諸篇のほかに、既発表・未発表の幾つかの論があった。

とはいえ私は、国史学の専門外にいるものでしかない。——私には、文体というものへの一種の拘泥がある、内容はそれにふさわしい文体を必ず具えるという思いがある（——実はもう少し過激な思いがあるのだが）。そして私は、抜刷の形でその都度に新がくれた論文を、発表当初からその文体において肯定して来た。とはいえ、日本史学の専門の外にいるものでしか、私は、ない。未発表の論文の収録については殊に、上島氏たちの十分に客観的な判断をお願いした。

五人の若い国史学者が議論を尽してなされた判断のもとに、新の書き残した一切がこの一冊に構成されたことに私は、私の願いのままに、感謝申し上げる。ということに一つ、記し加えておかねばならぬことがある。未発表のうち公家訴訟制度に関する論（付編II第三章）は、大会ののち、或る研究会で話すという約束が成り立っていたということである。修士論文として書きながら提出しなかった、自ら「未成稿」と記してその或る段階を保存していて、死後の整理の際に私の見出したものである。公表する意志は彼自身にあった。

編集の仕事は、新の遺影のある隣りの部屋で行われた。私や私の妻はせいぜい校正を手伝うくらいのことしかできなかったが、一冊の成書の過程に立会うことは、私たちに嬉しかった。一冊のこの書しか新には遂にない、と思うことを抑えた。「課題」の語が彼の論文に多く記されていた。真に課題と呼べるほどのものでそれがあることを、私たちといえども読みとり、多くの課題を抱くほどの論であることを、私たちはよろこんだ。その課題を果すのはもはや新ではない、と考えることを抑えた。
五人の若い国史学者と何度も共に過して、彼らが異るテーマと、何よりも異る方法をもってそれぞれでありつつ、他のそれぞれのテーマや方法によく通じ、中世史研究の強力な、そして自然な協同を形成していることを、私は眺めた。そういう研究のおのづからの体制と趨勢のなかに新がいたことを、改めて私は貴重とした。学問に限らず、幼い日から師友に恵まれた新であった。

何も知らぬ最初から新を御教導下さった、そしてその死後、この書をまとめることに直ちにお心向け下さった国史学の師友は、京都大学での指導教授・主任教授をはじめ、ここにお名前のすべてを記し尽せぬほど多く、御懇情の序文を賜わった勝山清次教授に、勝手ながら代表となって頂き、改めて篤く御礼申し上げます。編集を進めて下さった五人の若い国史学者の方々、御自分の研究のための大切な時間をこの仕事のために大きく費して下さって、誠にありがとうございました。すべての方々に深く感謝申し上げます。

（二〇〇〇・一〇・一）

索　　引

【人　名】

あ行

か行

さ行

た行

な行

は行

【地　名】

あ行

か行

さ行

た行

な行

は行

ま行

や行

わ行

【寺社・邸宅名】

あ行

か行

さ行

た行

な行

は行

ま行

や行

ら行

【事　項】

あ行

か行

さ行

た行

な行

は行

ま行

や行

ら行

わ行

著者略歴

川 端 新（かわばた・しん）

1964年　京都府生
1996年　京都大学大学院文学研究科博士課程修了
　　　　京都大学文学部助手
1997年　山口大学人文学部専任講師
1999年　京都大学博士（文学）
　　　　山口大学人文学部助教授
同　年　11月12日　没

思文閣史学叢書

荘園《しょうえん》制《せい》成立《せいりつ》史《し》の研究《けんきゅう》

二〇〇〇（平成十二）年十一月十二日　発行

著　者　川　端　新

発行者　田　中　周　二

発行所　株式会社　思文閣出版
京都市左京区田中関田町二―七
電話（〇七五）七五一―一七八一㈹

印刷　同朋舎　製本　大日本製本紙工

ISBN4-7842-1054-7 C3021

荘園《しょうえん》制《せい》成立《せいりつ》史《し》の研究《けんきゅう》（オンデマンド版）

2016年11月25日　発行

著　者　　川端　新
発行者　　田中　大
発行所　　株式会社 思文閣出版
〒605-0089　京都市東山区元町355
TEL　075-533-6860　FAX　075-531-0009
URL　http://www.shibunkaku.co.jp/

装　幀　　上野かおる（鷺草デザイン事務所）
印刷・製本　株式会社 デジタルパブリッシングサービス
URL　http://www.d-pub.co.jp/

AJ818

ISBN978-4-7842-7026-2　C3021　Printed in Japan